当 代 世 界 学 术 名 著

意大利
刑法学原理
（注评版）

［意］杜里奥·帕多瓦尼（Tullio Padovani）／著
陈忠林／译评

中国人民大学出版社
·北京·

"当代世界学术名著"
出版说明

中华民族历来有海纳百川的宽阔胸怀，她在创造灿烂文明的同时，不断吸纳整个人类文明的精华，滋养、壮大和发展自己。当前，全球化使得人类文明之间的相互交流和影响进一步加强，互动效应更为明显。以世界眼光和开放的视野，引介世界各国的优秀哲学社会科学的前沿成果，服务于我国的社会主义现代化建设，服务于我国的科教兴国战略，是新中国出版工作的优良传统，也是中国当代出版工作者的重要使命。

中国人民大学出版社历来注重对国外哲学社会科学成果的译介工作，所出版的"经济科学译丛"、"工商管理经典译丛"等系列译丛受到社会广泛欢迎。这些译丛侧重于西方经典性教材；同时，我们又推出了这套"当代世界学术名著"系列，旨在迻译国外当代学术名著。所谓"当代"，一般指近几十年发表的著作；所谓"名著"，是指这些著作在该领域产生巨大影响并被各类文献反复引用，成为研究者的必读著作。我们希望经过不断的筛选和积累，使这套丛书成为当代的"汉译世界学术名著丛书"，成为读书人的精神殿堂。

由于本套丛书所选著作距今时日较短，未经历史的充分淘洗，加之判断标准见仁见智，以及选择视野的局限，这项工作肯定难以尽如人意。我们期待着海内外学界积极参与推荐，并对我们的工作提出宝贵的意见和建议。我们深信，经过学界同仁和出版者的共同努力，这套丛书必将日臻完善。

中国人民大学出版社

作者中文版序

　　除国际法外，刑法是法律科学中对各国具体政治和社会文化特征方面的差别最不敏感的法律学科。在刑法不同的历史形式之间，尽管也存在一些往往是非常重要的差别，但是在基本的理论范畴和法律制度方面，却有共通的基础。法律和犯罪的关系、犯罪成立的必要条件、排除社会危险性行为的问题、法律保护的利益的问题、罪过问题、刑罚的目的和可罚性的意义等，这些界定实证刑法存在范围的问题，在任何刑法制度中都居于核心地位。

　　上述特征的存在，使刑法的比较研究，即将解决上述刑法问题的方案进行对照，具有特殊的意义；这种比较不仅能丰富刑法理论的内容，同时也拓宽了刑法的前景。

　　在两个看似相距万里的法律世界之间，会发生令人难以置信的直接交流，本书的译者就是一个活生生的例子。他在意大利长期而紧张的学习，不仅使其熟练地掌握了意大利和欧洲法律理论的基础，同时，通过他热情而严谨的学术论著、讲座和讲演等学术活动，同样也使意大利的刑法学者们能够欣赏到中国刑法科学的发展水平，如概念的精确性、内容的丰富性，以及就广泛而有意义的问题进行对话的可能性。他在意大利的停留，在思想上和感情上都促进了意大利刑法学界对中国的了解。

本书用概括（但愿不是肤浅）的形式展示了意大利刑法"总则部分"的基础，真诚地希望通过本书的翻译能开始一个与前面相应的进程：让中国的刑法学者也能对意大利有进一步的了解。这是为了拓展相互了解的共同基础，促进新的交流，而在相互理解和合作的土地中撒下的一颗种子。衷心祝愿这颗种子结出丰硕之果。

杜里奥·帕多瓦尼

译者序

就现代刑法制度而言,意大利是"刑法的摇篮和故乡";就现代刑法理论而言,意大利是近现代各大刑法学流派的滥觞之地。意大利的现行刑法典,即1930年刑法典,"代表了当时在立法上最令人感兴趣的成就之一"[①],意大利的刑法理论在继承传统的基础上也有许多引人注目的发展。作为一个在意大利学习工作近五年的刑法工作者,译者深感有义务尽可能地介绍一些意大利刑法中有特色的东西,以促进我国刑法立法的完善和刑法理论的进步。为了读者能更好地理解本书内容,谨在此对本书的背景作一些必要的介绍。

本书作者杜里奥·帕多瓦尼(Tullio Padovani)1944年3月27日生于意大利乌迪内,1967年毕业于意大利学生质量最高的比萨高师法学院。1969年起在比萨大学担任刑法学教学工作,1973年为该校任职教授,1980年,年仅36岁的他,就跻身于意大利在40岁前获终身教授殊荣屈指可数的正教授之列,1988年起为意大利在社会科学和应用科学方面学生质量最高的比萨圣安娜高等大学学习与博士生院终身教授,《意大利刑事立法杂志》和《意大利刑法与刑诉法杂志》副主编;

---

① 《不列颠百科全书》,转引自上海社会科学院法学研究所编译:《刑法》,3页,北京,知识出版社,1981。

《犯罪与刑罚杂志》和《经济刑法杂志》科学委员会成员,意大利刑法学会会员,国际刑法学会会员,Peruviana 犯罪学会名誉会员,同时也是意大利全国预防与社会防卫协会创办人之一。其主要专著有《共同犯罪的特殊性》、《劳动刑法》、《惩罚的乌托邦——论刑罚体系的改革》、《刑法学》、《刑法中的犯罪构成》。《刑法学原理》是杜里奥·帕多瓦尼的代表作之一,自 1991 年出版以来,一直受到刑法理论界和司法界的高度评价,是意大利近年来再版速度最快的专著性刑法教科书。

本书在意大利受到热烈欢迎,不仅因为作者是当代意大利刑法学界一致公认的"最杰出、最受敬慕的"刑法学家,也不仅在于本书"学术的独创性与重要性"表现了作者"渊博的法律文化基础、睿智和广泛的兴趣为基础的、的确不同凡响的学者天赋",更重要的是,自 1980 年来,他一直以刑法学权威的身份参加了意大利司法部组织的各种刑法修改委员会[①],对立法精神的理解,更具有一般人无法比拟的权威性。此外,本书行文简明而有深度,不像许多意大利刑法作者那样空谈理论,恐怕也是其深受司法实践和刑法学者欢迎重要原因。

本书在意大利已被奉为经典之一,但在刑法理论源远流长、学派林立的意大利,其许多观点毕竟仍是一家之说。尽管书中对主要的观点也有较为客观的介绍,概约地说明与本书主要内容有关的其他学术观点或时代背景,相信对于有助于读者更好地了解意大利刑法学的现状和基本精神。

一、意大利刑法的基本范畴

(一)意大利宪法对刑法的意义

刑法以剥夺公民自由为主要制裁手段,不良的刑法无疑是对公民自由的最大威胁,因此,孟德斯鸠得出了"公民的自由主要依靠良好的刑

[①] 如在意大利司法部组织的 1980 年关于修改政治犯罪的委员会,1981 年—1989 年的刑罚标准修改委员会,1989 年—1992 年的刑法典修改委员会;1992 年—1994 年的劳动刑法修改委员会,1994 年—1996 年非刑罚化委员会,1998 年 — 2001 年刑法修改委员会中,作者都是法案的主要起草者之一。

法"的结论。如何防止、限制立法者滥用立法权，可以说是自启蒙时代以来刑法思想家探讨的重要课题之一（细心的读者可以体会到，如何防止立法者滥用立法权，始终是本书作者一有机会就强调的问题）。以刑罚这种刑法特有的调整手段来说明刑法和其他部门法律的区别，可以说是为全世界的法学界所公认的事实（遗憾的是，这一点并未为我国刑法学界所重视）。从分析刑法调整手段的特殊性入手，得出刑罚"都是直接或潜在地限制罪犯人身自由的手段"这一结论，并以这一结论为根据，来说明"当一种制裁措施直接或潜在地涉及剥夺人身自由时，立法者是不能随心所欲的：只有在最适当，即'完全必要的'情况下，立法者才有权规定刑事制裁"，这在国外刑法学大师们的论述中，也并不鲜见。[1] 但是，强调宪法对刑法的制约作用，强调宪法中有关"'刑罚'、'刑事责任'以及有关保护人身自由的规定"，是"立法时规定刑罚"、"实践中运用刑罚""必须遵循的基本准则"，这是欧洲、特别是意大利第二次世界大战后刑法理论和实践的鲜明特点。这一现象产生的原因很多，就意大利而言，归根结底可以说有两点：一是意大利现行刑法仍是法西斯专制时代制定的1930年刑法典。[2] 在第二次世界大战后，尽管该刑法典中许多明显带法西斯色彩的条文已被废除或陆续修改，但对法西斯专政在意大利轻易上台的闹剧记忆犹新的意大利人却深深地担心：不用具有强烈民主精神的战后宪法对刑法规定的内容进行诠释或限制，很难保证专制主义不利用原有的刑法框架借尸还魂。除原有刑法典的法西斯色彩需用战后宪法的民主精神来加以限制外，保证意大利战后宪法在法律体系中的特殊地位的违宪审查制的确立，使得宪法的最高法律地位不再是一种对立法机关的伦理约束，甚至只是引起空气振动的一句空言，而是成了对立法、司法、行政机关有直接约束力的行为准则，一切被控违反宪法的法律、法令及政府机关的决定，都可能因被宪法法院裁

---

[1] 注意：在国外刑法学中强调刑法（刑罚）的"必要性"，目前已不仅是公认的刑事立法必须遵循的原则，而且大有成为一切刑法理论基础的趋势。

[2] 至于意大利第二次世界大战后为什么没有用新的刑法典来取代1930年刑法典，请参见本书附录：《关于我国刑法学界对意大利现行刑法的几点误解》。

定违宪而失去效力。因此，意大利宪法实际上已成为各部门法中具有最高效力的直接渊源，任何不以宪法为依据对刑法所作的解释，都可以说没有法律依据。这即是意大利刑法学家言必称宪法的另一个根本原因。

（二）罪刑法定原则

本书的第二章"罪刑法定原则"，原标题为"Il Principio di Legalita'"，直译为汉语，应为"合法性原则"或"法制原则"。对该原则中的"合法性"的理解，以及该原则在刑法中地位、作用等问题上，意大利刑法学界有不同的看法。就该原则的含义而言，尽管意大利刑法学界的通说主张对该原则只能作形式主义的理解，即认为该原则包含刑法法源法律专属性、明确性和确定性、时间效力的限定性（即刑法只能适用于其施行期间的行为，既不得溯及其生效前，也不能延于其失效后的事实）三个有内在联系的从属原则。但是，主张对该原则还能作实质主义的理解（即将犯罪理解为对社会有实质危害的行为，而认定犯罪的根据不是立法机关制定的刑法，而是具有实质正义的法的观点）的权威人士也大有人在。① 至于该原则在刑法中的地位，意大利刑法学界也是众说纷纭，莫衷一是。从体系安排上来看，本书作者显然属于将罪刑法定原则作为统率刑法全局的基本原则来展开论述的。但是，对此有不同主张的观点也相当流行：如近年来与本书作者齐名的意大利刑法学家曼多瓦尼（Mandovani）就认为该原则只是认定犯罪的基本原则，而曾被视为意大利战后最杰出的刑法学家的安东里惹（Antolisei）则是强调该原则是决定意大利刑法渊源的基本原则。值得提醒读者注意的是，尽管在罪刑法定原则与三权分立关系问题上，本书作者有独到精辟的分析，但作者在罪刑法定原则问题上所持的严格的形式主义的态度（如在类推问题上不但反对不利于犯罪人的类推，也反对有利于犯罪人的类推；将不实行罪刑法定原则的国家等同于集权国家等），在意大利刑法学界肯定不是通说。总的来说，除赞成对有利于被告的规定可以适用类推外，

---

① 对"合法性原则"的实质理解，请参见《神话与现实：论罪刑法定原则内涵的价值冲突及我国刑法应有的立法选择》，载《现代法学》，1997（1）。

意大利刑法学界一般认为：在是否应禁止不利于被告的类推的问题上，"不可能有一个对一切时代和国家都适用的答案"①；在"禁止类推与民主自由之间""没有内在的必然联系"，"类推是利是弊，要看法官思维方式和司法的目的，并从根本上取决于人们对民主价值有无共识和司法独立与公正的程度"② 或"取决于公民与政府的关系，历史传统、法官素质、司法习惯"③ 等一个国家的主客观条件；第二次世界大战后的意大利之所以仍然选择了坚持严格的罪刑法定原则、禁止类推的做法，是由意大利战后党派林立（因而不可能有统一的价值观念）的现实和他们曾有过法官专横的历史等特有的历史和现实条件所决定的。战后意大利刑法学界对罪刑法定原则局限性的理解和对类推的宽容有多方面的原因，但最主要可能有两个：一是被启蒙思想家视为维护公民自由最根本保障的罪刑法定原则，在意大利不但未能阻止法西斯专政的上台，反而成了墨索里尼政权压制民主、镇压人民的工具；而在没有坚持形式主义的罪刑法定原则，并在一定范围内或多或少地允许类推的英美法系国家和斯堪的纳维亚国家，对公民自由的保护却始终走在欧洲大陆国家前面。另一个迫使意大利的刑法学界改变对罪刑法定原则看法的原因，则是出于对第二次世界大战结束后审理战争罪犯的实践的反思。由于当时的战争罪犯们多以他们的行为在行为时并不违法为主要的辩护理由，如果严格按照欧洲大陆传统的刑法观念，坚持形式主义的罪刑法定原则，就不可能对战争罪犯进行合法的审判。为了避免再次出现纽伦堡和东京军事法庭审判前纳粹和日本战犯的尴尬局面，1950 年的《欧洲人权条约》和 1966 年的《公民权利与政治权利公约》都在强调不得溯及既往原则重要性的同时，明确规定：不得用该原则来阻碍处罚"违反文明国家"（《欧洲人权条约》第 7 条第 2 款）或"所有国家"（《国际人权公约》第 15 条第 2 款）"公认的一般原则"的犯罪行为（如反和平罪、反人道罪）。面对上述残酷的事实，意大利的刑法学家不得不对曾被他们

---

① F. Antolisei, Manuale di Diritto Penale, p. 59.
② F. Mandovani, Diritto Penale, pp. 106~107.
③ F. Antolisei, Manuale di Diritto Penale, p. 59.

奉为圣条的罪刑法定原则进行深刻的反思。加之第二次世界大战刚结束不久，在欧洲大陆司法界和法学理论界都曾兴起过学习英美法、努力运用英美法中的衡平（equity）观念来指导定罪判案的实验。尽管这一实验终以惯于理性思维的欧洲大陆无法在实践中具体操作累积于英美法中的经验而终告失败，但不坚持形式主义的罪刑法定原则也能保障公民自由，这一点在欧陆国家也逐步成为有识之士的共识。特别是对罪刑法定原则的局限性有着切身体验的意大利刑法学者们，体会就尤为深刻。即使是坚持严格罪刑法定原则的本书作者也认为："仅靠确定性并不足以保障公民的自由，一个含义'确定的'犯罪规范，完全可能是专横与无理的产物。为了防止这种危险的出现，人们才要求必须由具有最大代表性的机关来制定刑事法律。据此可以得出这样的结论，要想充分发挥罪刑法定原则保障公民自由的作用，必须有一个民主的政体，有一个能够通过辩论来确定应对哪些行为进行处罚的议会。"

（三）犯罪概念

认为刑法学中犯罪论的研究对象只能是"犯罪的法律概念"，即形式概念，是本书作者的基本观点。但从书中用了大量篇幅来说明各种有关犯罪本质理论的不完全性这一点，读者们也可以看到犯罪本质在意大利刑法学中占有重要的地位。事实上，在刑法学教材中用较大的篇幅来探讨犯罪的本质特征，正是意大利刑法学区别于其他非社会主义国家刑法学的独有特色。意大利刑法学这一特点的产生，从历史渊源上，可以说近现代刑事法学的主要流派都滥觞于意大利，而每一流派的创立都与对犯罪本质的探索息息相关；就现实来说，由于意大利战后违宪审查制的确立，任何与宪法规定不符合的刑法规范都可能因被判违宪而失去效力，这更迫使意大利的刑法学者们不得不思考犯罪的实质与宪法所维护的利益之间的关系。在这种形势下，意大利刑法理论对犯罪本质的探讨，也开始脱离传统的将犯罪归结于"侵犯了社会生活根本条件"、"违反了共同文明生活的基本规则"、"具有严重社会危害性的行为"、"同国家利益和需要对立的行为"等主要在法律以外的社会伦理、道德、政治领域寻找理性答案的做法，出现在法律制度内部，即根据宪法维护的基本价值，来界定犯罪本质的倾向。本书中提到的布里可拉就是这种倾向的主要代表人物。这一倾向另一主要代表人物是略先于本书作者成名的意大利刑法学的后起之秀曼多瓦尼，他根据意大利宪法，给犯罪下了一个他认为是实质与形式相结合，并可以作为立法上的规定，且在司法中作为认定犯罪标准的犯罪定义。在他看来，"就意大利宪法而言，犯罪是指由不具有溯及既往效力的法律用明确的方式规定的，以客观方式表现于外部世界，侵犯具有宪法意义的价值（或有悖于宪法），可从原因和心理上归咎于主体，因侵害的价值与非刑法性制裁不相称，而应受抽象与宪法维护的价值相适应，具体与行为人人格相适应、符合人道并以对服刑人再教育为目的的刑罚制裁的事实（行为）"。这个定义很长，但译者相信，仔细地品味这个定义，读者体会到的一定不仅是如何认识犯罪的本质问题。很有意思的是，同本书的作者一样，在我国成为通说，并在德国开始有新的内容的（"现代意义"的"社会危害"是指那些社会机能障碍的现象，或者说那些阻碍或妨碍现代社会制度有效地运转的现象），以行为的社会危害性及其程度来概括犯罪本质的做法，在意大利刑法学界并没有得到多少人的赞同。意大利当代最著名的刑法学家安东里惹（Antolisei）曾巧妙借用宾丁的话——"故意不履行合同（这种民事侵权行为），危害的程度肯定大于偷一个苹果或带一条无牙的狗在街上散步（等犯罪行为）"，来说明了不可能用社会危害性程度来作为划分一般违法行为和犯罪行为的标准。

（四）犯罪构成

与我国刑法学界将犯罪概念和犯罪构成视为两个不同的刑法范畴不同，大陆法系的犯罪构成理论，实际上都是对形式主义的犯罪概念逻辑分析的结果。诚然，正如作者所指出的那样，"当人们把犯罪当做规范现象来考虑时，即作为一种符合法律规定的事实来考虑，就必须分析犯罪不同的侧面"，"在刑法学中离开分析的方法，就无法解释犯罪"；而作者所主张的犯罪构成三要件说，即在认定具体行为是否构成犯罪的问题上,"首先,要分析犯罪的客观方面,看其是否符合刑法规定的犯罪构成(即刑法分则规定的典型事实或日本刑法学中所说的构成要件该当性);然后,要看行为的实施是否具有正当的理由(违法性);最后,要查明行为人行为时的心理态度以及是否存在可以宽恕行为人的特殊情节(即罪过或所谓的'责任')"的构成理论,在意大利刑法学界也可以说是占主导倾向的学说。但译者这里想说明的是:本书所批评或不赞成的"统一的犯罪概念"和"两分的犯罪概念",在意大利刑法学界都有相当权威的支持。如战后意大利刑法"目的论学派"的主要代表人物德多易尔(Dettoil)就坚定地认为"犯罪是一个不可分割的整体","人们可以说犯罪有不同的'方面',但这些方面就像多棱镜的面一样,都不具有独立存在的价值和意义"。而认为犯罪构成只应该包括"主观要件和客观要件"的"二分的犯罪概念",则完全是一种可以和"三分的犯罪概念"分庭抗礼的学说。这种理论在意大利不但源远流长(该理论为意大利古典学派主要代表人物 Carrara 所创,早于贝林格的犯罪构成理论半个世纪),而且在现代意大利刑法学中也得到了极权威人士的修正和发展,如意大利刑法法律技术学派(亦称"第三学派")的创始人曼奇尼(Manzini)和刑法现实主义学派创始人安东里惹(Antolisei)以及刚才提到的曼多瓦尼等。附带说一下,在犯罪概念这一部分中,作者对与单位和企业有关的犯罪主体的论述,对于我们解决如何认定单位犯罪中的主管或直接责任人员,这个为我国刑法学界所普遍忽视,但具有重要的司法实践意义的问题,具有很重要的参考价值。而文中对犯罪被动主体的分析,对我们犯罪人实际上是同一个人,而只有保险人才是犯罪被动主体"区分犯罪对象、犯罪被害人,被侵害人(受犯罪侵害的人=被动主体)",也有一定的借鉴意义。

(五)意大利的刑事立法技术

与任何国家相比,意大利的刑法制度从整体上说有独树一帜的感觉。一个国家刑法制度的特点,当然首先是表现在内容上,但就意大利现行刑法制度而言,如果不谈一谈其卓越的立法技术,将是一个很大的缺陷。众所周知,意大利现行刑法典是墨索里尼专制统治开始之后的产物,这很可能是世界上唯一的一部诞生于法西斯统治时期,而至今仍在继续施行的刑法典。如果该法典不是出于当时主张刑法应与政治道德等脱离的法律技术学派之手,如果不是他们用卓越的立法技术极大地保留了自由刑法的传统,削弱了该法典的专制主义色彩,如果不是该法典在技术上仍被视为刑事立法史上一座难以逾越的高峰,很难想象在第二次世界大战后民主意识极为强烈的意大利,该法典的生命力仍能延续至今。在尽量不给法学家、法官解释法律留下余地这种立法思想的指导下,意大利现行刑法典立法技术上的特点可以概括为三个字:全、准、详。

首先得申明的是,这里的"全",并不是指意大利刑法典是一个包囊一切刑法规范的大杂烩;相反,正如本书作者所强调的那样,反对采用大而全的法典来包罗一切犯罪规范的立法模式,要求在刑法典中只规定那些危害明显、并对普通公民具有普遍意义的犯罪规范,才是意大利刑法立法的主要倾向。因此,这里说的"全",不是指刑法分则规定的具体犯罪而言,而是指在意大利刑法典总则中,几乎对刑法理论所涉及的问题都有明确的规定。在这一方面,任何其他大陆法系的刑法典与其相比,都可以说是望其项背。从形式上看,意大利刑法典总则共240条,是日本刑法典(70条)的三倍半,德国刑法典(79条)的三倍,比法国刑法典(176条)也多1/3。从内容上看,如果要找出对几乎所有犯罪构成要件都有专条规定的刑法典,意大利刑法典很可能是各国刑事立法例中的唯一:刑法总论中的许多具体的问题,如各种具体的犯罪情节、不作为的因果关系、因果关系中原因的竞合、身体受强制、激情状态实施的犯罪、因意外或不可抗力而引起的醉酒、病理性醉酒和麻醉品中毒、职业犯、惯犯、错误、因各种主客观情况而引起的刑法中的错误、刑事被侵害人、利用出版物进行的犯罪等,在很多国家都是留给刑法理论解决或由司法实践根据具体情况处理,但在意大利刑法典中均有明确的规定。

刑法规范用词"准",是意大利刑法典立法技术的又一特色。关于这个特点,我想细心的读者在阅读本书后一定会比我有更深的体会。这里只举意大利刑法典有关属地原则的规定作为例子。刑法典第3条第1款规定:"除本国公法或者国际法规定的例外情况外,意大利刑法对所有在本国领域内的人,本国人或外国人,具有约束力"。与规定同一问题的1975年德国刑法典第3条(该条规定,"德国刑法适用于本国内的一切犯罪行为"),法国刑法典第113—2条第1款(该款规定,"在共和国领域内实施的犯罪,适用法国刑法")相比,意大利刑法典的用词有两处不同:一是意大利刑法典在规定刑法的效力时不是用的各国通用的"适用"(applicare或英语里的"beapplicable"),而是用的"约束(obbligare)";二是约束的对象是"所有在本国领域内的人",而不是像其他国家刑法所规定的那样是"犯罪"或"犯罪行为"。由于"适用"在国外一般是指将某一规则运用于具体的场合(注意:在大多数国家的语言里,法律的"适用",很难像我国法理学那样作广义理解),因而"适用"刑法的主体一般就只能是国家的司法机关;但是,刑法的地域效力问题不仅是司法机关应否执行(适用)刑法的问题,同时也是,可能更为重要的是,在某一地域内的人应否遵守的问题。如果要想包括刑法效力的第二个内容,用"约束"显然就比"适用"更为确切。此外,各国刑法学界在解释刑法效力问题时,都说刑法空间效力问题是指刑法应在什么地方对什么人适用的问题,按此逻辑,显然刑法"约束(适用)"的对象应该是人,而不是犯罪或犯罪行为;在这个问题上,意大利刑法典的措辞(即"对……人,有约束力")也应该比其他刑法典更为"准确"。

规定内容"详",同样是意大利刑法典总则的鲜明特色。如有关犯罪情节的规定,除散见于有关犯罪未遂、利用印刷品犯罪、共同犯罪、犯罪主体的精神和生理缺陷、未成年人、惯犯、职业犯以及量刑等章节中的犯罪情节外,意大利刑法典还在第三章"犯罪"中单列一节,用12条的篇幅专门规定情节问题。在该节中,我们看到的不仅有其他章节未规定的各种普通的加重情节和减轻情节的专门列举,还可以看到对情节的认识错误、对被侵害人的认识错误、具有单个情节应如何处理、具有多个同一性质的情节应如何处理、同时具有加重和减轻情节应如何处理、加重情节加重和减轻情节减轻的限度以及主观情节和客观情节的分类及解释等问题的专门规定。其详细程度，其他国家有关犯罪情节的专门学术论文恐怕也很难达到，在各国的立法例中更可能是绝无仅有的。

二、意大利刑法中的犯罪形态

从内容角度看，意大利刑法制度中最有特色的部分可能是有关犯罪表现形态（Le Forme di Manifestazione di Reato）的规定。与我国刑法学界通说将犯罪形态只理解为故意犯罪发展阶段中的停顿状态不同，意大利刑法学界的通说认为：犯罪形态应该包括意大利刑法总则在第三章（"犯罪"）中各个以专节规定的"附情节的犯罪"、"犯罪的未遂"、"犯罪的竞合"（即各种应作为一罪处理的情况）和第四章（"犯罪人和被犯罪侵害的人"）中各个以专节规定的"犯罪人的竞合"（即我国刑法中的"共同犯罪"）四种情况。在这个问题上，我想最应该引起我们关注的，不是意大利刑法学界在这个问题上的分歧（如本书作者就认为犯罪的竞合或"罪数"，是一个界于法律的适用、犯罪的认定和刑罚的适用之间而无法准确定位的问题），而是在这些问题上，意大利刑法制度与各国立法例相比独有的内容。

（一）犯罪情节

在犯罪情节问题上，意大利刑法的规定有三个典型的特点。首先，意大利刑法将"情节"分为两种情况：一是可以在基本罪应处刑罚的基础上按比例加重、减轻、免除刑罚或法律另行规定法定刑的情节（尽管根据这些情节适用的刑罚也可能并未超出法定刑的范围，即也可能相当于我国刑法理论中的从重或从轻情节，但迫于没有更好的表述方法，本书中不太准确地将其译为"加重"或"减轻"情节），这类情节除一些散见于刑法总则、分则的规定外，主要是指集中规定在意大利刑法典总则第三章关于"附情节的犯罪"一节的规定中。还有一类情节主要是指意大利刑法典在总则第五章("刑罚的修改、运用和消除")中规定的情节。这二者的共同点在于它们都只有影响量刑轻重的作用,但根据前者,法官可能在法定刑的幅度外决定实际适用的刑罚;而根据后者,法官则只有权在法定刑幅度内考虑具体的制裁措施。在意大利刑法理论中,一般认为只有前者才是真正的情节,而后者则被称为"不纯正情节"。

意大利刑法中情节的第二个特点是:在适用多个加重或减轻情节时,刑罚的增加和减轻都具有"递增"或"递减"的性质。例如,某人犯盗窃罪,本应判处 3 年有期徒刑。但是,如果行为人实施盗窃是出于掩饰另一犯罪的目的,并对被侵害人的财产造成了严重的损害,那么该盗窃行为就具有意大利刑法典第 61 条第 2 项和同条第 7 项规定的两个普通的加重情节。如果这两个加重情节都应按最大幅度加重处罚的话(即都是应加刑 1/3 的情节),那么根据第一个被加重情节应加重的刑期是 1 年,而被第二个加重情节加重的刑期则是 1 年零 4 个月。换句话说,按此方法推算,对该实施盗窃的人宣判的有期徒刑就应是 5 年零 4 个月,而不是 5 年。因为,第二加重情节的基础刑期已不是 3 年而是 4 年了。

意大利刑法典第 62—2 条关于所谓的"一般减轻情节"(即法律没有明确规定,而由法官根据案情决定的减轻情节)的规定,可以说是意大利刑法中"情节"的第三个特点。该条规定,根据案件的具体情况,法官有权在法律明文的情节外决定一个减轻刑罚的情节。意大利 1889 年刑法典本有类似规定,但在强调严格限制法官裁量权的法西斯背景下,该规定在 1930 年刑法典中被取消。为了缓和形式的罪刑法定原则的不合理性,使法官能够更好地根据案件的具体的情况决定适当刑罚,法西斯政权垮台(1944 年)后意大利刑法中又重新恢复了这一规定。在意大利宪法颁布后,该规定更被赋予了有助于实现宪法规定的实质平等,实现刑事责任的个人化的意义。

(二) 犯罪未遂

自意大利中世纪的注释法学派最先用"*cogitare*，*agere*，*sed non perficere*（预谋、行动、未完成）"概括出"犯罪未遂（*contatus*）"的概念以来，犯罪未遂应受处罚已成各国刑事立法的通例。但是，在如何认定以及如何处罚犯罪未遂问题上，各国的刑事立法却有主观主义和客观主义两种倾向。从将犯罪视为行为人主观恶性体现的主观主义犯罪概念出发，采主观说的立法例将犯罪未遂定义为"任何以实施或有助于实施犯罪为目的的行为"，即将一切体现犯罪人犯罪意志（或表现行为人人身危险性）的行为，包括最微不足道的预备行为，都规定为可处罚的犯罪未遂行为的范畴。在当今各国，丹麦、挪威、冰岛、加拿大等国的刑法典可作为这类刑事立法例的代表（如加拿大刑法典第24条第1项规定，"具有犯罪之故意，为实现其犯罪而为作为或不作为者，无论依当时的环境犯罪是否可能，为有罪之未遂犯"）。采客观说作为犯罪未遂标准的国家，一般都以对社会的现实危险作为处罚犯罪未遂的理论基础。为了能有一个明确的认定犯罪未遂的客观标准，自1810年法国刑法典以来，世界各国（特别是欧洲大陆国家）普遍都将"实行的开始"（"*un commencemente d'exe'ution*"，我国通常译为"犯罪的着手"）作为区别可罚的未遂行为和不可罚的预备行为的界限。但是，什么是犯罪"实行的开始"，如何确定犯罪"实行的开始"就成了让各国刑法学家绞尽脑汁，却无法达成共识，以至被某些刑法学家（如德国的Geyer）悲观地认为"根本无法解决"的问题。

面对各种认定犯罪着手的理论都无法明确地划分犯罪的预备和实行行为的局面，意大利1930年刑法典的起草者们，决定在立法例上独辟蹊径，抛弃以"实行行为的开始"作为可罚的犯罪未遂的起点的传统模式。他们在继承、综合了意大利刑事古典学派"（行为手段）相称说"（*criterio d'idoneita'*）和"（行为方向）明确说"（*criterio d'univocita'*）的基础上，吸取了这两种关于划分预备行为和实行行为的理论的合理内核，在刑事立法例中首先创立了以"行为的相称性"和"行为（方向）指向的明确性"来作为确定未遂行为客观标准的立法模式，使意大利的犯罪未遂制度在各国刑法制度中独树一帜。

关于客观主义是意大利犯罪未遂制度主要的理论基础，意大利犯罪未遂制度不属于以"意外障碍"为犯罪未遂必要条件的"法国派"，以及意大利对犯罪未遂的处罚等问题，本书中有相当清楚的论述，译者在《关于我国刑法学界对意大利现行刑法的几点误解》中也有过一些分析。因此，这里主要向读者概略介绍一下意大利刑法中的犯罪未遂在构成要件方面的几个特点。

按照意大利刑法学界的通说，除不完全具备刑法分则规定的全部构成要件这个否定的因素外，犯罪未遂的成立还要求客观方面的"相称性"、"明确性"和主观方面的故意。

这里所谓的"相称性"，是指未遂行为具有对被保护法益造成现实危险的性质，或者说是"明显的发生危害的可能性"，是未遂行动本身显示出来的一种能够决定危害发生的"姿态"。关于这种相称性的认定，有三点需要提请读者注意。第一点是，这里所说的相称性，不能理解为未遂行为实际上具有引起犯罪结果的原因力，而是指根据主体在实施最后一个举动时所认识的各种条件，得出犯罪结果（极）可能发生的判断。正如本书作者所指出的那样，如果根据"行为结束后的实际情况来进行判断，就只能得出任何未遂行为都不具有相称性的结论"。第二点是，行为人的行为是否具有犯罪未遂的相称性，判断的对象不是行为人所用的"方法"（mezzo），而是行为人具体的"行动"（atti），即"表现行为人在特定时间中特定经验的一系列特定的举动（例如，开枪射击的动作，就是通过行为人的瞄准、位置、与被害人的距离、子弹上膛、枪的射程等一系列举动表现出来的）"。因为就"方法"而言，可能出现从抽象的角度看"相称"，但在具体的情况下却"不相称"，或者相反的情况。例如，从抽象的意义讲，"枪击他人"是与杀人相称的手段；但在具体的情况下，如被害人在射程之外，就不再是"相称的"杀人手段。又如，给人喝含糖饮料，如果抽象地看，不可能具有致人死命的性质，但给快昏迷的糖尿病人喝这种饮料，就是一种完全相称的杀人方法。因此，"只有以具体的行动作为判断的对象，才可能将未遂行为定义在现实（而不是假设或潜在）危险基础之上"。正是由于这个原因，意大利现行刑法典有关犯罪未遂的规定才用"行动"取代了1889年刑法典中使用的"方法"这一提法（意大利刑法典用词的准确，在这里又可见一斑）。在行为的相称性问题上，第三点应提请读者注意的是：与德国、日本等国的刑法规定或司法实践的做法不同，按意大利刑法规定，"不可能犯的未遂"（如以死人为对象，将阿司匹林当毒药等杀人未遂行为）不仅是不可罚的行为，而且是一种不同于犯罪未遂的刑法制度。不过，意大利刑法学界倾向于将这种犯罪理解为犯罪未遂的一种形式，而对这种未遂不予刑罚处罚（但可以采取保安处分）的理由，则是这种行为客观上不具有对法益造成现实危险相称的性质。在说明没有被实行的教唆犯或犯罪共谋不受处罚的原因时，人们也同样用这个道理来进行解释。

作为犯罪未遂成立所需要的第二个条件"明确性"，即意大利刑法典第56条规定的"以明确的方式指向实施犯罪"，意大利刑法学界有两种完全不同的理解。对该规定的主观理解认为，刑法典此规定目的在于强调未遂的成立，要求证明确有犯罪故意存在。但意大利刑法学界的通说认为，法律在这里谈的是未遂行为的"方式"（modo）（注意：不是"方法"），由于行为的方式只能是行为的客观方面，因此法律所规定的应该是犯罪未遂的客观性质。所以，未遂行为"指向的明确性"应该理解为，"行为人已实施的行为，必须能从客观上表明，行为人的行动明显地具有正在实施犯罪的性质"，或者说未遂行为中已经显示出来的行为人完成犯罪可能性。按照这种理解，那些纯粹的预备行为（如为杀人而买枪的行为），只要本身在客观上还没有实施犯罪所具有的现实危险（不包含犯罪完成的现实可能性），就不应属于刑罚处罚的对象；但那些界于具备刑法分则规定的构成要件的行为和纯粹的预备之间的行为，即所谓的"atti pretipici"（如为杀人而准备射击），如果客观上具有"明确地指向实施犯罪"的性质，则因构成犯罪的未遂，必须受到刑罚的处罚。不过，坚持这种观点的人通常都认为，这里所说的"行动指向的明确性"，只具有相对的意义，即这种"明确性"必须借助行为外的其他证据来加以证明。因为，从现实的角度看，单凭未遂行为本身就能证明

"行动指向明确性"的情况，即使有，也极其有限。（正是在这个意义上，人们才说意大利刑事立法抛弃了传统刑法以"实行行为的开始"，作为区分不可罚的预备和作为犯罪未遂行为标准的立法模式。）

犯罪未遂成立的主观要件只能是故意，而这种故意只能是完成犯罪的故意，而不是"试图"实施犯罪的故意（在绝大多数外国语中的"犯罪未遂"一词，若直译可能都应为"试图犯罪"）是意大利刑法学界的通说。但在如何理解作为犯罪未遂主观要件的故意时，特别是在间接故意是否有未遂形态的问题上，无论意大利的刑法学界，还是司法实践都尚无统一的认识。司法实践中占统治地位的意见认为，所有的故意犯罪都有未遂形态，间接故意也不例外。因为，既然未遂行为指向的明确性具有客观的性质，如果行为人已经明确预见到，自己行为可能引起与自己所追求的目标不同的具体危害结果，并已接受了这种结果发生的危险，即使危害结果实际上并没有发生，也没有任何理由排除行为指向具有"明确性"（如，某甲在纵火烧毁一座看上去无人居住的楼房时，已经预见到里面可能有人睡觉，并明知如果自己纵火烧楼的话，在里面睡觉的人可能被烧死，事实上也确实有人在该楼里睡觉，但该人因救火队员及时赶到而被抢救了出来）。但在理论界占主流地位的似乎是本书作者的观点，即认为犯罪未遂的故意只能是直接故意，法律规定的行为指向的明确性，同时也意味着行为人主观上有明确的犯罪目的，因而不赞成间接故意也有未遂形态的做法，甚至将这种做法等同于适用不利于犯罪人的类推。

（三）共同犯罪

除犯罪未遂外，意大利现行刑法关于共同犯罪的规定在世界刑事立法史上也占有极特殊的地位。从体例上看，尽管意大利刑法学界将共同犯罪理解为犯罪的一种表现形态，但意大利刑法典有关共同犯罪的规定并不是列在总则第三章"犯罪"之中，而是归于第四章"犯罪人和被犯罪侵害的人"名下（将犯罪人与被犯罪侵害的人在刑法总则中单列一章，也是意大利刑法典的特色）。中文版中的"共同犯罪"一词也不是严格意义上与中文相对应的意大利语"compartecipazione al reato",而是"concorse di persone nel reato"(直译应为"犯罪中人的竞合")这一表述的意译。当然,意大利刑法的共同犯罪制度最大的特点还在于它特有的内容。

严格地说,除我国、苏联等少数社会主义国家的刑法外,世界大多数国家的刑法中有的只是关于共同犯罪人的规定,没有共同犯罪的规定。按我国刑法学界的通说,世界各国有关共同犯罪人的规定可以归为两大模式:一是按共同犯罪中的分工将共同犯罪人分为实行犯、组织犯、帮助犯和教唆犯等;二是按共同犯罪中的作用将共同犯罪人分为主犯、从犯。前者利于定罪,却不利于正确地确定行为人的刑事责任;后者利于量刑,但在正确认定共同犯罪行为问题上,却有一定的困难。但意大利现行刑法制度中有关共同犯罪(人)规定的特点在于:它不对共同犯罪人进行分类,而只是简单地规定"当多人共同参与同一犯罪时,对其中的每一个人都处以法律为该罪规定的刑罚……"(意大利刑法典第110条)。意大利刑法典中有关共同犯罪的规定,实际上是抛弃各国刑法制度中普遍采用的先按一定标准对共同犯罪人进行分类,然后根据共同犯罪人的种类确定相应的刑事责任的传统做法,在立法例上创立了"对各共同犯罪人应同等对待"这一"决定共同犯罪刑事责任时应遵循的基本原则"。

意大利刑法所采用这种新的立法模式,日本刑法学界将其概括为"包括的正犯概念",并将其理解为以共犯独立性说为基础,将实施了"对犯罪的成立而言作为原因的"的人都视为"正犯"(参见木村龟二:《刑法学词典》,326～328页)。日本刑法学界对意大利刑法规定的这种不太确切的理解,如果换成被意大利人称为解释共同犯罪人承担刑事责任根据的"同等原因说"的话(即认为每一共同犯罪人的行为都对犯罪结果的发生具有同等的原因力,所以每一共同犯罪人都应承担同等的刑事责任),的确是意大利现行刑法典的起草者们用来解释有关共同犯罪规定的理论依据。不过,今天的意大利刑法学界,尽管在处罚共同犯罪人的理论根据问题上尚无统一意见,但认为"同等原因说"(或"共犯独立性说")不能解释意大利现行刑法中的共同犯罪制度,完全可以说是基本一致的共识。

这里显然不可能对意大利刑法学界解释共同犯罪的理论进行详细评述,但有一点可以肯定,在各种解释共同犯罪的理论中,本书作者所赞同的"多重主体构成要件说"(从后面的分析中可以看到,这实际上是一种兼容共犯独立性说和从属性说的理论),无疑居于通说的地位。译者试在此以这种理论为根据,对意大利刑法中有关共同犯罪成立条件的特点作一简要的说明。

尽管意大利刑法学界通说认为,他们的刑法并没有给共同犯罪下定义,但绝大多数意大利刑法学者都根据意大利刑法典第110条的规定,推出了共同犯罪是指"多人共同参与同一犯罪"的结论。根据这一定义,共同犯罪的构成要求具备下列条件:(1)多个主体;(2)实施同一犯罪;(3)共同参与的行为;(4)共同参与的故意。

所谓多个主体,是指共同犯罪行为是由多个自然人主体共同实施的。除了法人不可能成为共同犯罪的主体外,意大利刑法界的通说认为,"所谓主体的多重性","并不等于每一个主体都必须有罪过或其他个人方面的可罚性条件。在多个自然人主体中,如果有人不具备刑事责任能力,或主观上没有罪过,或具备可原谅的理由,或其他排除可罚性的个人原因,并不排除共同犯罪的成立"。尽管在意大利刑法学界也有人支持无刑事责任能力的人以及完全因被诱骗、被强迫参与犯罪的人不是共同犯罪的主体,因为在这种情况下只有利用这些人犯罪的"间接正犯"才是真正的犯罪行为的实施者。但是,无刑事责任能力的人可以成为共同犯罪的主体,在意大利是占统治地位的通说,甚至完全由无责任能力的人共同实施的犯罪也可称为共同犯罪的观点,在意大利刑法学界也相当流行。这里要注意的是,在纯正身份犯(即只可能由具有某种身份的人亲自实施的犯罪,即日本刑法中所谓的"自手犯")的共同犯罪中,具有身份的人必须是直接实施犯罪行为的人。同时,由于这里的多主体并不要求所有的主体都有罪过,所谓的"间接正犯"(即利用他人的行为实施犯罪的人),也都属于共同犯罪的范畴。

"实施同一犯罪",是指所有共同犯罪参与人中至少有一人的行为"具备犯罪成立所必须的基本的客观要件"。由于构成犯罪未遂的客观条件是犯罪成立客观方面的最起码的条件,因此,"这里所说的具备基本的客观要件,是指至少必须具备犯罪未遂的构成要件"。简单地说,只有在客观上进入了犯罪未遂阶段的行为,才可能构成共同犯罪。在这个问题上,意大利刑法典明确地采用了共犯从属性的立场,明确地规定"未遂的共同犯罪"(tentativo di concorso)(即多人企图共同实施犯罪,但没有发展到犯罪未遂阶段的行为)和被教唆人的行为未进入未遂阶段(包括被教唆人没实施被教唆的犯罪和拒绝被教唆)的教唆犯,不负刑事责任。这不仅与明确规定此类行为构成犯罪的我国、德国以及英美法系多数国家的立法例大相径庭,就是与对此问题不作明确规定,留待司法实践和法学理论解决的日本等国的共同犯罪制度相比,也有独树一帜之感。

意大利刑法规定的共同犯罪成立的第三个条件是"共同参与的行为",这实际上是如何理解意大利刑法典第110条中所说的"共同参与"的含义的问题。但在这个认定共同犯罪是否成立与划定共同犯罪参与人范围的核心问题上,意大利刑法典的规定却相对模糊。按立法者的初衷,这里的"共同参与行为"本应是指那些对犯罪(包括犯罪结果)的发生具有原因作用,或者说是指那些如果没有它,犯罪行为就不会发生的行为(即按照决定因果关系的"条件说"可以确定与犯罪实施间有因果关系的行为)。但是,目前在意大利刑法学界占统治地位的观点认为,这种刑法典起草者的观点,对共同犯罪行为的限制太严,按此理解,许多在客观上促使了犯罪实施,但对犯罪的实施并不具有决定性作用的行为(如未被实行犯实际利用的帮助行为;那些对犯罪的实行来说,不是必要的帮助行为等),都将被摒除于共同犯罪行为的范畴之外,使这些行为的实施者逃脱应承担的法律制裁。因此,今天的人们一般都认为,"共同参与的行为"这一共同犯罪成立的核心条件,应该理解为各共同参与人对犯罪行为"客观上的'加功'"。而其具体内容则是,"在犯罪的决意形成阶段、预备阶段或实行阶段,实施能决定或有利于危害结果实现的行为"。这一得到意大利刑法学界绝大多数人支持的认识，在意大利新刑法典的代理立法纲要第 26 条第 1 款中已被明确地采用。对所谓有利于犯罪结果实现的行为，该款还进一步明确规定，"只是指能使危害结果的实现更可能、更容易或更严重的行为"。

除了上述客观条件外，意大利刑法学界和司法实践（意大利刑法典中没有明确的规定）都认为，共同犯罪的成立还需要一个主观要件。不过，这个主观要件的内容是什么，人们却有不同的认识。根据意大利刑法学界占统治地位的说法，我们可以概括出这种主观要件与我国刑法规定不同的几个特点：

（1）根据意大利刑法典第 113 条的规定，意大利刑法学界认为过失犯罪中的重罪也有共同犯罪的形式，同时也承认某些（个）共同犯罪人的故意行为与另一些（个）主体的过失行为混合而成的共同犯罪形式。

（2）对于故意犯罪来说，共同犯罪的成立需要共同参与人之间有进行沟通的共同的犯罪故意。但是由于无罪过的人和无刑事责任能力的人也可能成为共同犯罪的主体，这种共同犯罪故意的成立，并不一定要求每一个共同参与人都具有犯罪的故意，因此"片面共犯"也是共同犯罪的表现形式。

（3）对于应承担刑事责任的共同犯罪人来说，共同故意的内容也不等于共同实施同一犯罪行为的故意，因为根据意大利刑法典第 116 条第 1 款的规定，"当实施的犯罪不同于某个共同行为人所希望的犯罪时，如果结果是他的作为或不作为的结果，他也得对该犯罪负责"。"按此逻辑，一个在外为盗窃犯放风的人，就可能为盗窃犯们在房内强奸女主人的行为承担责任"，不过司法实践认为，"如果要共同行为人对某一个他所不希望的犯罪承担责任，该犯罪的结果就必须是行为人能够预见的结果（因此，必须存在某种形式的过失，即使这种过失还不是真正刑法意义的过失）"（这种做法使意大利宪法法院勉为其难地找到了一点认为意大利刑法典第 116 条并不违宪的理由）。

（4）就认定犯罪的主观根据来说，纯正身份犯（如乱伦罪）共同犯罪的成立，要求其他共同犯罪人必须对实行人的特定身份有所认识。至于不纯正身份犯（如贪污罪）的共同犯罪，根据意大利刑法典第 117 条的规定，则不论其他共同参与人是否具有该身份，或者是否认识到自己参与的犯罪因某个参与人的个人条件或身份而改变了性质（如盗窃罪因有利用职务便利的公务员参加而变成了贪污罪），一律应按身份犯定罪（处刑时有区别）。

关于意大利刑法中的共同犯罪，也许还有必要说明一下的是，尽管"对各共同犯罪人应同等对待是决定共同犯罪刑事责任时应遵循的基本原则"，但"同等对待并不等于对每一个共同犯罪人都应处以完全相同的刑罚"；相反，法官必须根据具体的案情以及刑法典第 133 条有关量刑的规定，以及刑法典中规定的一系列适用于共同犯罪的情节，来具体决定各共同犯罪人应承担的责任。

（四）犯罪的竞合

意大利刑法典第 71 条至第 81 条将"犯罪的竞合"（即罪数问题）规定为犯罪的一种表现形态，在各国刑事立法中，恐怕也是绝无仅有的例子。就内容而言，除规定的情况非常详细外，意大利刑法在这方面的特点并不突出，简单说来可以归纳为以下几点：

（1）意大利刑法学界的通说认为，"特别法优于普通法"是解决法条竞合问题的唯一原则。

（2）在数罪并罚问题上，意大利刑法典采用的是有限制的并科原则。但是，当数罪都应处无期徒刑时，应并科 6 个月至 3 年的日间单独监禁；当数罪中有一罪应处无期徒刑，而其他各罪刑罚相加为 5 年以上有期徒刑时，应处无期徒刑并科 2 个月至 18 个月的日间单独监禁；如果竞合中有数个应处 24 年以上有期徒刑的犯罪时，则应适用无期徒刑。

（3）除法条竞合外，对各种触犯数个罪名，或者数次触犯同一罪名的行为，都应当按限制加重的原则处理，即应按"数罪中处刑最重的刑罚，再加重该刑罚的三分之一"处罚，实际适用的刑罚可等于，但不得超过各罪应处刑罚的总和。

（4）1974 年以后，意大利刑法将连续犯定义为"基于同一犯罪意图的数个作为或不作为，即使在不同时间，实施多次触犯同一规定或不同规定的人"，这不仅改变了世界各国主要根据行为客观方面来界定连续犯的传统做法，同时也把在统一的犯罪目的支配实施的异种数罪的行为也纳入了连续犯的范围，这又是意大利刑事立法的一种创新。

三、意大利刑法学说的形成与发展

（一）古典学派：意大利近代刑法学的形成

刑法是人类社会最古老的部门法律，"同人类社会具有同样悠久的历史"。但意大利刑法学界认为，古代的刑法制度，不论是古罗马法、日耳曼法，还是中世纪的城邦法、教会法，对现代刑法的影响都可以说是微乎其微。因为从根本上说，现代刑法是 18 世纪资产阶级启蒙运动的产物。

1. 中世纪的刑事注释学派

尽管如此，在谈到现代刑法各种具体制度的渊源时，意大利刑法学界首先提到的往往是意大利中世纪刑法注释学派的工作。大致在公元 1000 年左右，意大利的古典注释法学派就开始秉承古罗马法学家的优良传统，从实践的角度阐释罗马法的精神。他们的工作极大地促进了罗马法传播，使启蒙运动前的意大利成了欧洲各国法学家朝圣的中心。大约在 15 世纪前后，意大利中世纪的注释法学家们研究的重点，开始从阐释古罗马法中的刑法规定（所谓的"libri terribiles"），向解决现实中的刑法问题转移，提出一系列构成现代刑法制度大体框架的基本观点。正是由于他们对现代刑法的形成所作的辉煌贡献，意大利获得了"刑法的祖国和摇篮"的美名。在中世纪的刑事注释学派中，这里最值得一提的是达甘迪诺（Alberto da Gandino）和克拉罗（Giulio Claro）。前者在 13 世纪写出了西方刑法史上第一部刑法学专著《论恶行》（Tractatus de maleficiis）；后者在 16 世纪留下了集当时注释法学派研究大成的《案例汇编》（Receptae sententiae），近代刑法的许多基本范畴（如无行为即无犯罪、刑事责任能力是可罚性的前提、罪过为犯罪成立的必要条件、不得株连、以实行行为的开始作为处罚未遂的起点等）在该书的第五卷"刑事实践"（Practica criminalis）中已经有了明确表述。

2. 启蒙时期的刑法思想

1764年，深受孟德斯鸠、卢梭影响的贝卡利亚匿名发表的《犯罪与刑罚》，标志着意大利刑法思想的发展进入了一个新的纪元。该书在总结前人经验基础上提出的一系列刑法原理，在整个西方引起了强烈的反响，有力地推动了世界性的刑法改革。在贝卡利亚《犯罪与刑罚》出版20年后，意大利又一著名的启蒙法学家费兰捷里（A. Filangeri，1752—1788）出版了其名著《立法科学》。该书的第三卷名为"刑法"（Delle leggi criminali），费兰捷里在其中提出了系统的刑事立法设想、新的刑罚体系和犯罪分类方法，"为19世纪各国制定的刑法典勾画出了基本的蓝图"。与此同时的帕噶诺（M. Pagano，1748—1799），第一个以报应的观念为基础准确地规定了刑罚是犯罪的定义和罪刑相适应的基本要求①，并提出了刑罚是犯罪的"反动机"（contrario motivo）的著名论断，为费尔巴哈的心理强制说提供了理论基础。稍后的罗马诺司（Romagnosi，1767—1835）则第一个在刑法史上旗帜鲜明地提出防卫社会是刑法的唯一目的，首开刑事社会学派的先河。

3. 意大利刑事古典学派

在意大利刑法学家们看来，尽管贝卡利亚及其同时代的人是现代刑法思想的奠基人，但他们只是刑法领域中的启蒙者，而兴起于19世纪中叶的意大利刑事古典学派中的大师们才是真正意义上的刑法学家。因为只有在他们手里，近代刑法学完备而详细的体系才告初步形成。1859年，意大利刑事古典学派的创始人和最杰出的代表卡尔拉拉（F. Carrara，? —1888）出版了其代表作《刑法学纲要》。在这部成为意大利近代刑法学体系基础的丰碑式的经典著作中，"这位伟大的法学家

---

① 帕噶诺认为，刑罚是"因侵犯权利或不履行义务而丧失的权利"；刑罚与被侵犯的权利"不论在质量或数量上均应相等"，"犯罪人剥夺他人多少权利，就应该剥夺犯罪人多少权利"。

奉献的不仅是根据当时最好的刑法理论精心构筑的整个刑法学体系和对各种具体犯罪的第一次真正科学的研究",更是第一个在刑法史上从本体论的角度分析了犯罪的构成要素,并以此为基础提出系统的犯罪构成理论。也许有必要说明的是,与当时多少带有一定"御用"色彩的欧洲各国刑法理论不同,意大利刑事古典刑法学派的理论不是为现实刑法制度的合理性辩护的赞歌,而是以理性的态度批判现实刑法的制度的产物。在他们眼里,刑法理论不仅有"总则"与"分则"的划分,更应该有"科学理论"和"实践问题"的区别。而刑法学真正的研究对象,"不是那些为立法者所喜欢的法典中的法",而是"写在永恒的理性法典中的真理",是现实中的刑法必须服从的"绝对规则"。意大利1889年刑法典①可以说是意大利刑事古典学派理论体系的集中反映。正是由于他们对意大利以前各地区制定的刑法典所持的批判态度,使得该法典在内容和立法技术上,不论相对意大利历史上曾有过的刑法典,还是相对当时欧洲多数国家的刑法典而言,都有很大的进步。在一种力求宽和的刑事政策的指导下,意大利1889年刑法典全面废除了死刑,规定了假释,采用了训诫、参加公益服务等短期自由刑的替代性措施,在分则方面采用了以"犯罪侵犯的客体"(oggetto giuridico di reato)为标准为犯罪进行分类的体例,缩小了各罪法定最高刑与最低刑之间的差距,在犯罪的未遂、共同犯罪、数罪并罚的原则等方面也作出了较以前的刑法典更为合理的规定。"其卓越的立法技术"更是"受到意大利国内外高度的评价"。

(二)法律技术学派:意大利现行刑法典的诞生
1. 刑事实证主义学派的兴起

1872年,意大利哲学家波维奥(G. Bovio)公开出版了《刑法学批判论集》(Saggio critico del diritto penale)一书,对刑事古典学派以自

---

① 即意大利统一后的第一部刑法典。该法典于1889年6月30日颁布,1890年元月1日生效施行。鉴于当时的司法部长扎纳尔德里(Zanardelli)在制定这部法典过程中的特殊贡献,人们习惯称该刑法典为"扎纳尔德里法典"。

由意志为基础、道义责任为核心、一般预防为主要目的的观点进行了系统的批判，为实证主义刑法学派在意大利的兴起拉开了序幕。随着龙勃罗梭的《犯罪人》①（1876年）、加罗法洛的《犯罪学》（1891）、菲利的《犯罪社会学》（1892）相继出版，强调生理、心理或社会的因素是犯罪产生的根本原因，主张刑法的核心由行为向行为者转变，强调应根据行为人生理、心理特点对犯罪人采取特殊预防措施的实证主义刑法理论，终于形成具有世界影响的刑法思潮。在这个思潮的影响下，意大利当时的司法部长摩尔塔拉（Mortara）于1921年该委员会提出了著名的"菲利草案"②。这个以实证主义刑法学派的理论为基础的草案，如果说在分则方面并没有突破1889年刑法典基本模式的话，那么在总则部分则可以说基本上反映了刑事实证主义学派的主要主张（如在犯罪部分否认刑事责任能力在认定犯罪中的作用，否认犯罪未遂与既遂的区别；在刑罚方面规定绝对或相对的不定期刑，以犯罪人的人身危险性大小作为处刑轻重的基本标准等）。由于遭到来自各方面的强烈批评，这个草案最终未逃脱被束之高阁的命运。

2. 法律技术学派的胜利

在意大利，刑事古典学派与刑事实证主义学派的尖锐对立，没有像德国新、旧两派之争那样以两派的相互靠拢、相互融合为结局，而是造成了独立的"第三学派"（Scuola terza）在刑法学领域独领风骚的局面。第三学派，亦称"法律技术学派"，兴起、形成于20世纪20年代。其主要代表人物阿尔图洛·洛克（Arturo Rocco）和曼兹尼（V. Manzini）等人不仅将作为刑事实证主义学派基础的人类学、犯罪学、刑事政策学贬为"只能污染法学纯洁"的空谈，而且对古典学派追求的"理性、自然、理想的法"也进行了严厉的批判。他们认为，国家制定的法是刑法学家应以"严格的宗教似的虔诚"待之的唯一的研究的对象，除此之外，既不应该承认，也不可能存在任何"纯粹理性的刑

---

① 原文 L'uomo delinquente in rapporto all "antropologia, alla giurisprudenza e alledispline carcerarie"，直译为《人类学、法学和监狱制度中的犯罪人》。

② 该草案全名为《意大利刑法典草案》（Progetto preliminare di codice penale italiano）。

法"。法律技术学派对刑法学的贡献主要表现在三个方面：一是"用批判的意识"强调只有现实中国家制定的法才是刑法学主要的研究对象，从而在意大利刑法学说史上第一次明确地界定了刑法学与自然法哲学、犯罪学和刑事政策学的界限；二是在刑法学领域首先运用对刑法规范进行严格逻辑分析的方法，从而极大地丰富和完善了意大利传统的犯罪构成理论；三是在运用上述方法的基础上，将刑法基本概念本身作为刑法学独立的研究范畴，从而建立了系统、完整的刑法学的概念体系。但是，他们"抛弃了自启蒙时代以来的探索'理性'、'应然'的刑法学传统"，割裂刑法学与历史、政治以及各种社会学、犯罪学，甚至国外刑法学间的血肉联系，"使刑法学变成了'形式'的科学"。法律技术学派视法律为没有生命的教条，认为"法学家没有提出法的权利"，"刑法学不应该讨论现行刑法的政治基础或提出解决社会问题的方案"。现实中国家制定的法律就是最好的法律等强调国家至上的理论，显然比对现行刑法持批判态度，一定要在理论上争个是非曲直的古典学派和实证主义学派更适应法西斯国家专制主义的政治需要。所以，1922年以墨索里尼为首的意大利法西斯上台后，第三学派很自然地在意大利刑法学中占有了绝对的统治地位。

3. 意大利现行刑法典的诞生

1925年，法律技术学派的主要创始人阿尔图洛·洛克（Arturo Rocco）教授主持成立了一个委员会，开始了新刑法典的起草工作。在征求了议会有关方面的意见后，当时的司法部长阿尔伏勒多·洛克（Alfredo Rocco）对该委员会提出的草案作了最后的修改。1930年10月19日，这个在意大利被称为"洛克法典"的刑法典正式颁布，第二年的7月1日这个法典生效施行。这个应法西斯思潮之运而生的刑法典，不可避免地带有浓厚的专制主义色彩。如在总则中重新规定了死刑，加重刑罚，减少非监禁性刑罚的适用，严格限制法官的自由裁量权，以推定的人身危险性作为量刑基础适用保安处分；在分则中则增加了禁止罢工、惩罚各种思想犯的规定等。但是，强调个人自由、反对司法专横的思想，已是自启蒙时代以来意大利刑法的优良传统，故不得适用事后法、法无明文规定不为罪等罪刑法定原则的基本内容[①]在该法典中仍得以保留。由于法律技术学派对立法技术上的重视，该法典对犯罪构成的基本因素、犯罪的各种表现形态、犯罪的各种加重与减轻情节都有较任何国家刑法典都更详细、明确的规定，加之该法典在犯罪未遂、共同犯罪等问题上极带独创性的规定，以及反映刑事实证主义学派主张的保安处分制度、缓刑、司法宽恕等制度的采用，都使该法典成为世界刑法史上最有影响的刑法典之一。

（三）从技术到价值：第二次世界大战后意大利刑法学的发展

1. 法律技术学派的尴尬

第二次世界大战后，有两个问题使意大利的刑法学家们面临一个十分尴尬的局面。一是他们在法律技术学派理论指导下所精心构筑的刑法体系，不仅就宏观而言无法适应战后迅猛发展的社会的需要，甚至就刑法领域而言，也对人民迫切要求惩办法西斯战犯的要求无能为力（"因为根据罪刑法定原则，法西斯罪犯们的行为并不构成犯罪"）。二是战后一系列国际文件（如1948年的《关于人权的普遍宣言》，1950年的《欧洲人权条约》等）和欧洲各国战后宪法关于基本人权不可侵犯的规定，使讲究人道、崇尚"自然法精神"等观念有了自己的实在法基础，而强调实证法至上，同时又否认刑法有任何哲学基础，拒绝一切原则对刑事立法指导作用的法律技术学派，在理论上就不可避免地陷入了自相矛盾的境地。

为了摆脱这种尴尬的境地，意大利刑法学界曾试图抛弃法律技术学派的传统，借用英美法系中"衡平（equity）"的观念，来解决法律规定与现实需要间的冲突。但像其他欧洲大陆国家一样，主张"实在的法只是法的外在的形式，并且只具有次要意义"的观念，以及通过"衡平"的感觉来解决法的"确定性"与"正义"的冲突，"实现具体案件中的具体正义"的做法，在意大利刑法理论和司法实践中，都只是昙花

[①] 注意：意大利刑法学界认为，根据意大利刑法典第1条关于"法无明文规定不为罪"和第2条不得适用事后法的规定，并不能直接得出禁止类推的结论。

一现。究其原因，除英美法系那种理论上说不清、道不明的经验主义和自然法的"衡平"观念，对惯于以成文法的明文规定为基础进行三段论式的逻辑推理的大陆法系国家来说，始终是一种"外在的，很难接受的法律思维"外，意大利战后政治力量的对比似乎更具有决定性的作用。

意大利共产党人在反法西斯斗争中的中坚作用，使其成为战后意大利国家生活中的一支举足轻重的政治力量，在共产党人的影响下，意大利诞生了一部"以个人为基础的自由主义，强调集体利益的马克思主义和注重社会道义的基督教信仰等思潮互相冲突、相互妥协、相互折中的"宪法。这部1948年1月1日生效的宪法（即意大利现行宪法）将意大利定义为既非资本主义、又非社会主义的"以劳动为基础的民主共和国"[①]。由于"害怕"对正义、人道、刑法的哲学和社会基础的讨论，会使意大利这个"政体性质不明的国家""向社会主义的实质主义方向演进"，在总体上倾向于保守的意大利刑法学界，"经过短暂的开放后，意大利刑法很快就用自己原有的研究对象、研究方法和研究内容重新将自己封闭起来"，最终又回到了国家法律实证主义和法律技术学派的老路。

意大利战后各界要求根据新宪法改革带有深刻的法西斯烙印、专制色彩十分浓厚的现行刑法，制定新刑法典的呼声，似乎并未在意大利刑法学界引起应有共鸣。也许是出于对意大利1930年刑法典高超的立法技术的偏爱，一些有名的刑法学家或是曲折地"通过对洛克法典的形式主义的技术分析，尽量减少法典的专制成分"，或是直截了当地认为"原有法典中的关于罪刑法定原则、禁止溯及既往原则、反对意志刑法以及强调犯罪的法律客体等内容，都是传统的自由刑法反对专制倾向的胜利"，企图证明意大利在法西斯时代制定的刑法典与现行的民主制度并无根本的冲突。

正是由于上述原因，意大利的刑法理论界在20世纪60年代末以前将主要精力用于处理那些明显与宪法规定冲突的刑法规定，满足于对一

[①] 意大利宪法第1条规定，"意大利是以劳动为基础的民主共和国"。

些专制色彩最强的条文进行"零敲碎打"式的修改（如重新废除了死刑）①，取消那些以维护法西斯组织机构为直接目的的犯罪规范；同时恢复了刑法中的减（从）轻情节，规定公民有合法反抗官吏专横的权利等。

2. 宪法至上：从"实然"到"应然"

20世纪60年代末，以追求一个更正义的社会制度为目的的工运、学潮在意大利不断高涨。一些司法部门在这种社会思潮的影响下"对现行法律某些激进的反应"，迫使意大利刑法学界不得不就刑法与宪法所维护的价值之间的关系，以及刑法的基础、刑法学的研究对象、研究方法等展开了一场空前的大讨论。这场讨论的结果使意大利刑法学界的主流开始脱离法律技术学派将法律规定视为教条，漠视对法律规范的伦理、哲理和社会政治评价的传统，在刑法学的基本理念、研究对象、研究内容和研究方法等方面都开始了由技术到价值、由形式到实质，由封闭到开放的转变。

在刑法理论中，这种变化首先表现为对刑法与宪法关系的再认识。经过这场大讨论后，意大利刑法学界在刑法的基本理念问题上开始抛弃法律技术学派"对一切文化前提均漠不关心"的"泛哲学的态度"，由绝对的法律至上，千方百计地为现有刑法规定的合理性辩护的立场，逐渐转移到了宪法维护的基本价值或者宪法规定的基本人权至上，用宪法规定来批判性地审视现实中刑法规范的立场上。认为宪法所规定的基本人权是刑法的最高价值，现行刑法典的一切规定（如罪刑法定原则）都必须根据宪法的规定赋予新的含义，一切不符合宪法确认的基本人权不

---

① 鉴于国内介绍意大利第二次世界大战后废除死刑情况的有关材料不太确切，笔者愿在此略作介绍。在法西斯倒台后，意大利政府1944年8月10日224号法令宣布对所有刑法典中规定的犯罪不适用死刑（但不包括军法规定的死刑和同年7月27日159号法律中规定的适用于罪行严重的"法西斯及其合作者"的死刑）；1945年5月10日第234号法律又重新规定对最严重的集团犯罪（如抢劫、裁判匪帮等）适用死刑；1948年1月1日生效的意大利宪法第27条最后一款规定："除战时军法规定的情况外，不允许死刑"；同月22日第21号法律明确规定，除战时军法外，废除所有法律中规定的死刑，并以无期徒刑取而代之；1994年10月13日第589号法律宣布，废除战时军法典中的死刑，自此，意大利迈入了彻底废除死刑的国家行列。

可侵犯的刑法规定，都必须根据宪法的精神予以废除或修正，目前这已成为意大利刑法学界的基本理念。① 这里似乎有必要说明的是，意大利刑法学界眼中的基本人权，不仅是刑事被告人或犯罪人不受枉法裁判的权利，同时也包括一般公民不受犯罪侵害的权利（因为"要求不受犯罪的侵害，也是公民基本人权的内容之一"）；不仅是无罪的公民不受刑事追究的权利，同时也包括犯罪嫌疑人要求接受刑事审判或通过刑事诉讼程序来证明自己清白的权利。②

在宪法的框架内对现行的刑法规范进行价值评价，这不仅意味刑法学的研究对象不可能像法律技术学派所主张的那样仅限于现实中"实然"的刑法，而且还意味着对刑法规范的逻辑结构分析和字面含义的探索不可能再是刑法学研究的唯一内容。于是，我们不仅看到"应然"的刑法很自然地复归刑法学的殿堂，对犯罪本质的探索重新在刑法理论中获得重要的地位，"犯罪化、非犯罪化预防和镇压犯罪以及刑事制裁制度的改革等问题，都同传统刑法的那些基本问题一样在刑法学中有举足轻重的地位"，刑法学与犯罪学、刑事政策学、刑事立法学等刑事科学的结合很自然地成为意大利刑法学者"日益关注的中心"；同时，我们还看到，即使是对"实然"的刑法规范的研究，人们也抛弃了仅仅通过对刑法规范的逻辑结构和字面含义的分析来再现立法者的思维过程，以立法者的原意来诠释刑法规范应有含义的传统做法。因此在刑法解释论问题上，即使坚持刑法不应受任何哲学指导的人（如意大利现实主义刑法学派最主要的代表人物安东里惹）也认为，"要正确理解法律，必须考虑法律的目的和该规范调整的社会

---

① 作为这种理念的反映，意大利宪法法院自 1966 年以来，多次宣布意大利刑法典第 28 条中关于剥夺被判刑人领取国家和其他公共机构的薪金、退休金、报酬的规定违宪；1988 年 3 月 24 日意大利宪法法院第 364 号判决宣布，意大利刑法典第 5 条关于"任何人不得以不知法为自己辩护"的规定部分违宪，因为该条规定并没有排除"不可避免的"不知刑事法律规定的情况；1994 年 4 月 28 日意大利宪法法院第 168 号判决宣布意大利刑法典第 17 条、第 22 条没有禁止对未成年人适用无期徒刑的那部分内容违宪。

② 意大利宪法法院曾于 1971 年、1990 年分别宣布意大利刑法典第 151 条、第 158 条部分违宪。前者因为没有关于被大赦的人可以放弃赦免的规定；后者因为没有关于超过追诉时效的被告人，可以放弃不受追诉的规定。

现实","解释法律是一个渐进的过程，随着社会生活的变化，法律规范的含义也应该有新的内容","为了消除理论与实践的差距，法律科学必须以服务实践为标准"。经过 20 世纪 60 年代末、70 年代初的大辩论，认为"不论对刑法的解释或是刑法制度的建立"，都"应使刑法保护的价值超越形式主义的束缚"，不论对"法律所作的扩张解释或限制解释，都必须符合法律的目的，而不是相反"的目的论的解释论，"实质上已为人们所全盘接受"。

3. 开放：面向未来

当刑法规范保护的价值与刑法规范的目的成为刑法学研究的内容之后，刑法（学）必然向整个刑事科学、社会科学乃至自然科学开放，不可能再是一个囿于现行刑法规范的封闭性体系。为了正确地理解刑法规范的"目的"和"刑法规范保护的价值"，就必须从伦理、政治、经济、社会学、犯罪学等角度，对刑法规范进行多学科的研究，用疑问、批判的态度从非法学的角度对刑事立法和司法实践进行价值评价。同时，把"刑法中各种制度放在古往今来的不同刑法类型中，来探讨它们的政治和意识形态背景"，也成为"正确理解刑法内涵的文化和价值内容"的必不可少的手段。曾认为"意大利的刑法是最好的刑法"而将自己与世界隔绝的意大利刑法学界，"现又重新融入了刑事—犯罪学的国际潮流"，使"刑法科学的比较研究成为意大利刑法学中一支方兴未艾、极富生气的生力军"。

"今天，人们已不再追求完美无缺的法律这一无法实现的乌托邦，而是承认由于实践需要本身的矛盾和立法者的错误，法律中也存在相互矛盾或法律的整体不协调的因素。在确立刑法制度和刑法体系时，对这些问题不能视而不见；如果要想真正反映法律和社会的现实，法学家就不应屈从三段论的逻辑，而应该遵循社会现实的需要"，而这种观念，"现在已被视为法律科学的共同财富"。意大利著名刑法学家曼多瓦尼对意大利刑法学现状的上述带总结性的概括，似乎也可以说是意大利刑法学未来发展的大致轮廓。

四、关于本书的译注

鉴于套用我国刑法学的观念来翻译、理解外国刑法的基本理论和具体规定，已对我国刑法理论造成了某些混乱，在本书的翻译过程中，译者常常因不知如何处理书中不少与我国相近、却又不完全相同的概念，而陷入一种两难的尴尬局面：直译担心读者不知所云；套用中国刑法中的现存概念，却又怕误导学人（因为人家要说的和我们从字面上理解的可能完全不是同一回事）。因此，有必要在这里说明一下自己翻译本书的一些做法。

正如本书作者在中文版序中所写的那样，当今各国刑法制度的基本结构，有很多共通的内容，因而凡涉及刑法制度方面的概念，书中一律采取意译，即只要与我国刑法的规定大致相应，就采用我国刑法中的名称，如"正当防卫"、"紧急避险"。当然，这并不妨碍如果有译者认为值得借鉴的较好名称，也采用直译，如"正当化原因"，在译者看来，就比"排除社会危险性的行为"或"阻却违法性事由"，不仅更简明易懂，而且也更能说明这类刑法规定的实质。对于基本的名词概念，如果内涵和外延都相当，也尽量采用我国刑法学中使用的概念，如将"reato formale"（形式犯）和"reato materiale"（实质犯）意译为"行为犯"和"结果犯"，将"principio di legalita"（法制原则），意译为"罪刑法定原则"（因为本书的作者是赞成形式的法制原则的）。

但在以下两种情况下，笔者是有意或被迫使用了与我国刑法学中不同的概念：

（1）我国刑法学中的概念系对外国刑法理论的误解，或容易引起理论上的误解或混乱的，尽量采用直译。如"典型事实"（即日本刑法中的"构成要件"，作为该词渊源的德语"tatbe`stande"本身就是"行为的状态"或"典型行为"的意思）、"罪过"（colpevolezza）（译者认为，我国刑法学界在"刑事责任"问题上的混乱，与日本刑法学界将这一概念译为"责任"有很大关系)。

(2) 如果采用与我国刑法学中相对应的名词，后面的翻译就无法进行。例如，本书中的"一般过失"和"特殊过失"是一对与我国刑法中的"普通过失"和"业务过失"大致相应的概念，但如果将特殊过失译为业务过失，就无法与本书中关于特殊过失为什么是特殊过失的解释挂起钩来。至于一些费解的概念，如第七章第七节1中，将"errore di fatto"译为"事实认识错误"，"errore sul fatto"译为"对事实的认识错误"，"errore di diritto"译为"法律认识错误"，"errore sul diritto"译为"对法律的认识错误"等，很可能是译者受水平所限而无法避免，只好请读者谅解；希望读者们在费了一点劲儿之后，最终能达到理解的目的。

这里特别值得一说的是，对书中有关法律规定的引文，译文是力求百分之百的"信"：宁可佶屈聱牙，也绝不能有损原意。在译者看来，法条绝对不能意译；否则，这不仅有套用本国法律观念曲解异国法律的危险，同时也不可能最大限度地利用法律规定的内容，来研究国与国之间的法律制度、法律观念、法律文化以及更深层的民族传统等方面的差异。例如意大利刑法典第575条第1款关于杀人罪的规定，如果不是直译为"任何人引起一个人死亡，处……"，而是按某些译文那样译为"杀人的，处……"的话，就不仅不可能正确地理解为什么意大利刑法学界的通说主张"犯罪是一种事实"(fatto)（如杀人罪就是"任何人引起一个人死亡"的事实），而不仅仅是一种"行为"(condotta)。同时，也无法从法律条文的这种表述方式中，体会到意大利刑法典规定的处罚对象是行为人而不是行为，体会到人（包括犯罪人和被侵害人）在意大利刑法制度中占有的特殊地位。这里顺便说一下，如果法律规定的翻译中有括号，括号中的内容均是译者所加的。尽管译者在翻译中力求能完全忠实地反映原著风貌，但限于主客观等诸方面的原因，错误在所难免，望能得到前辈和同仁们的指正。

借本书注评版出版之机，译者做了以下几件事：一是对原有的译文进行了一些校正；二是在对与本书作者不同的学术观点进行了适当的评介；三是在适当的地方介绍了意大利司法部组织的刑法修改委员会2001年草案（到2003年12月止）的一些基本内容；四是在译者序中增加了意大利刑法学说史的内容；五是增加了译者的《关于我国刑法学界对意大利现行刑法的几点误解》一文和《意大利刑法典1999年—2003年修改、增添、废除的条文》作为附录。这样，本书由译者所作评注的内容就已经超过原著的1/3（这也算是称其为"注评版"的原因吧）。如果这些工作能使读者仅通过本书就能对意大利的刑法制度和刑法学说有更多的了解，译者的努力就没有白费了。

译者

目　录

第1章　绪论 ⋯⋯⋯⋯⋯⋯⋯⋯⋯⋯⋯⋯⋯⋯⋯⋯⋯⋯⋯⋯ 1
　第一节　刑事制裁与刑法规范 ⋯⋯⋯⋯⋯⋯⋯⋯⋯⋯⋯⋯⋯ 1
　第二节　意大利的刑事立法 ⋯⋯⋯⋯⋯⋯⋯⋯⋯⋯⋯⋯⋯⋯ 7
第2章　罪刑法定原则 ⋯⋯⋯⋯⋯⋯⋯⋯⋯⋯⋯⋯⋯⋯⋯⋯ 13
　第一节　概述 ⋯⋯⋯⋯⋯⋯⋯⋯⋯⋯⋯⋯⋯⋯⋯⋯⋯⋯⋯ 13
　第二节　法律专属性原则或狭义的罪刑法定原则 ⋯⋯⋯⋯⋯ 18
　第三节　明确性与确定性原则 ⋯⋯⋯⋯⋯⋯⋯⋯⋯⋯⋯⋯⋯ 27
　第四节　不溯及既往原则 ⋯⋯⋯⋯⋯⋯⋯⋯⋯⋯⋯⋯⋯⋯⋯ 40
第3章　刑法的效力范围 ⋯⋯⋯⋯⋯⋯⋯⋯⋯⋯⋯⋯⋯⋯⋯ 56
　第一节　刑法的空间效力 ⋯⋯⋯⋯⋯⋯⋯⋯⋯⋯⋯⋯⋯⋯⋯ 56
　第二节　刑法对人的效力 ⋯⋯⋯⋯⋯⋯⋯⋯⋯⋯⋯⋯⋯⋯⋯ 72
第4章　犯罪概述 ⋯⋯⋯⋯⋯⋯⋯⋯⋯⋯⋯⋯⋯⋯⋯⋯⋯⋯ 78
　第一节　犯罪的概念 ⋯⋯⋯⋯⋯⋯⋯⋯⋯⋯⋯⋯⋯⋯⋯⋯⋯ 78
　第二节　犯罪的法律客体 ⋯⋯⋯⋯⋯⋯⋯⋯⋯⋯⋯⋯⋯⋯⋯ 87
　第三节　犯罪的主体 ⋯⋯⋯⋯⋯⋯⋯⋯⋯⋯⋯⋯⋯⋯⋯⋯⋯ 98
　第四节　犯罪的被动主体 ⋯⋯⋯⋯⋯⋯⋯⋯⋯⋯⋯⋯⋯⋯⋯ 103
　第五节　犯罪的分析 ⋯⋯⋯⋯⋯⋯⋯⋯⋯⋯⋯⋯⋯⋯⋯⋯⋯ 105

第 5 章　典型事实 ……………………………………………… 113
第一节　典型事实构成要素概说 ……………………………… 113
第二节　行为 …………………………………………………… 118
第三节　结果 …………………………………………………… 132
第四节　因果关系 ……………………………………………… 135
第五节　危害 …………………………………………………… 146

第 6 章　客观违法性 …………………………………………… 153
第一节　违法性概述 …………………………………………… 153
第二节　正当化原因的种类 …………………………………… 161

第 7 章　罪过 …………………………………………………… 190
第一节　概述 …………………………………………………… 190
第二节　刑事责任能力 ………………………………………… 199
第三节　行为人与违法事实间的心理联系：故意 …………… 213
第四节　心理联系：过失 ……………………………………… 225
第五节　超故意和客观责任 …………………………………… 235
第六节　轻罪的心理因素 ……………………………………… 246
第七节　排除心理联系的原因 ………………………………… 248
第八节　可原谅的理由 ………………………………………… 264

第 8 章　犯罪的表现形态 ……………………………………… 274
第一节　概述 …………………………………………………… 274
第二节　带情节的犯罪 ………………………………………… 275
第三节　犯罪未遂 ……………………………………………… 304
第四节　共同犯罪 ……………………………………………… 325

第 9 章　犯罪的法律后果 ……………………………………… 352
第一节　刑罚 …………………………………………………… 352
第二节　保安处分 ……………………………………………… 385
第三节　可罚性 ………………………………………………… 395
第四节　犯罪的民事后果 ……………………………………… 411

第10章　一罪与数罪 …………………………………… 416
第一节　概述 …………………………………………… 416
第二节　法条竞合 ……………………………………… 418
第三节　犯罪竞合 ……………………………………… 427
附录 ……………………………………………………… 437
1. 关于我国刑法学界对意大利现行刑法的几点误解 ………… 437
2. 1999年—2003年修改的意大利刑法典部分条文 ………… 460

第1章 绪论

第一节 刑事制裁与刑法规范

1. 刑法的调整对象与刑事制裁[1]

一般来说，法律应按它们的调整对象，或者说是按它们调整的社会关系的性质来划分的。如民商法调整的是私人之间的关系；宪法或行政法调整的是政府部门之间，或政府部门与公民之间的关系；国际法调整的是国家之间的关系；等等。以调整对象的特殊性为根据，人们还可以对上述部门法律进行进一步的划分（如在私法中划出农业法），或将不同的部门法综合起来，形成新的部门法（如综合国际法、宪法和行政法的有关规定而形成的教会法）。当然，由于当代法律调整对象间的联系日趋复杂（如国家对经济的干预和对国有企业的管理），要在各部门法具体的调整范围之间划一条清楚的界限，并非易事。这样，各个不同部门法调整的对象，往往会出现相互重合的情况。这种现象不仅表现为私法在传统公法领域内的扩张（如有关保护环境、健康和对建筑的调整），同时也表现为行政法规范对以前纯属私法性行为的干预（如对各种商业行为的管理）。

　　[1] 原文"material e norma penale"直译为"刑法规范"。

　　与上述情况相反，刑法（il diritto penale）[2]没有特定的调整对象。划分刑法与其他部门法的标准，是刑法特有的制裁措施。任何法律规范，只要它规定的制裁措施是刑法典第17条规定的"主刑"[3]之一，就属刑法范畴。[4]因此，一个法律规范是否是刑法规范，与该法律规范的调整对象无关。正因为如此，刑法规范调整的对象，涉及几乎所有其他法律（如商法、劳动法、民法、行政法等）调整的范围。同时，由于刑法典中规定的只是，或者说只应该是，一些社会危害比较明显，即属于"传统"刑法调整范围的那些犯罪（如杀人、抢劫、诈骗等），所以，散布于其他法律中的刑法规范，在数量上大大超过了刑法典中的规定。很明显，任何法律规范，只要规定了刑事制裁，都可以变为刑法规范。正是由于这个原因，所有与适用刑罚有关的法律规定，即使它们只是允许在特定条件下实施一般应受刑罚处罚的行为的规范（即允许性规范，如各种正当化理由：参见第六章第一节1），或者只能免除、消除特定行为可罚性的规范（参见第九章第三节3），或者仅仅只是规定减轻或加重刑事处罚的规范，统统都具有刑法的性质。

　　[2] 汉语里的"刑法"一词，在意大利语中有两种表述方式："Il Diritto Penale"和"La Legge Penale"（或者"le leggi penali"）。前者除表示刑法规范的总和之外，还有关于刑法的知识体系，即"刑法学"的意思，通常是指作为刑法学研究对象的"刑法"；后者则是指具体的刑法规范，是与汉语中的"刑法"含义最为接近的概念。

　　[3] 意大利刑法典第17条规定的主刑包括适用于"重罪"（i delitti）的"死刑"（la pena di morte）、"无期徒刑"（l'ergastolo）、"有期徒刑"（la reclusione）和"罚金"（la multa）；适用于"轻罪"（contravvezioni）的"刑事拘留"（l'arresto）和"罚款"（l'ammenda）。意大利宪法第27条第4款规定，死刑只适用于"战

时军事法律有规定的场合";意大利1994年第589号法律第1条第1款规定,"对战时军事法典中规定的重罪,废除死刑并以刑法典规定的最重刑代之"。所以,意大利刑法典第17条规定的死刑实际上已被废除。

[4] 意大利刑法学界认为,"刑法"(il diritto penale)得名与其特有的制裁措施——"刑罚"(pena),内容是否与适用"刑罚"有关,即是区别刑法规范和其他法律规范的根本标志。因此,意大利的刑法教科书多以刑罚为核心,从刑罚的适用范围、适用对象以及刑罚的作用等角度来界定刑法的概念,揭示刑法的内涵。如意大利当代最著名的刑法学家之一F. Antolisei就认为,刑法是"国家通过刑罚的威慑来禁止特定人类行为的法律规范的总和","或者规定违法行为人应受刑罚处罚的法律规范的总和"。不过,强调刑罚是刑法的特征和区别刑法和其他法律的标志,并不意味着意大利刑法学界忽视犯罪在刑法中的作用,相反,强调"刑法的真正核心是犯罪",才是意大利刑法学的传统观点。如意大利古典学派的奠基人F. Carrara的代表作就名为《犯罪法纲要》,而开创实证主义刑事法学派的菲利的《犯罪社会学》和加罗法洛的《犯罪学》,实际上都是刑法学著作。进入20世纪以来,强调犯罪的主观因素和犯罪主体的作用逐渐成为世界性的倾向,意大利刑法学界对刑法与刑罚关系的认识也逐渐开始出现根本性的转变,并在刑法的定义中开始插入犯罪的主观因素或行为人的因素,甚至出现了撇开犯罪和刑罚来界定刑法内涵的倾向。如在当代意大利刑法学界主流派中占有重要地位的著名刑法学家F. Madovani在其代表作《刑法学》一书中将刑法定义为,**"规定非法行为应承担因行为者人格而异的特定刑事法律后果的公法规范的总和"**(引文中的黑体字为原作者所加)。

2. 刑法的独立性、分散性和辅助性

由于刑法规范具有上述特点,有些人就认为刑法本身不是独立的法

律部门。[1]在他们看来，刑法的内容就是用刑罚来制裁某些违反其他法律的行为，因而仅仅具有以刑事制裁来增强其他法律制裁措施（如赔偿损失）的作用。

[1] 刑法不是一个独立的法律部门，本是启蒙时期自然法学家霍布斯、卢梭等人的主张。在现代意大利，"刑法从属性说"也得到了以 Crispigni 为代表的刑法学者的支持。他们认为：（1）从内容上看，刑法没有自己独立调整的对象，因为每一个被刑法规范禁止的行为，实际上都是先已为其他部门法所禁止的行为；（2）从形式上看，刑法没有自己独立的禁止性规范，刑法规范中只有制裁这一部分才真正属于刑法的内容；（3）从功能上看，刑法实际上只具有用刑事制裁来增强其他法律禁止性命令威慑力的作用。所以，刑法只有依附于行政法、民法等其他部门法，并作为其他部门法的补充才可能存在。

在今天占统治地位的观点认为，不能将刑法简单地归结为其他法律的制裁措施，因而主张刑法独立性说。这种观点认为，当一个法律规范因规定了刑事制裁而成为刑法规范时，它就与其他刑法规范结成一个整体，该规范的适用对象和范围，都要随刑法特有的性质和需要而发生变化。例如，如果禁止"雇主"实施某种行为（如不得调查工人的政治倾向）的规范是劳动法规范，其中的"雇主"可以是民法意义上的任何人：既可以是自然人，也可能是法人或非人格化的单位。但是，一旦这个规范以刑罚为制裁措施（1970 年第 300 号法律第 8 条、第 38 条第 1 款），该规范中所说的"雇主"就只能是自然人，因为在我们的刑法制度下不允许追究法人或集体单位的刑事责任（参见第四章第三节1）。如果从民法意义说，该"雇主"是一个股份公司，那么在适用刑法规范时，就必须确定这个公司内的哪些自然人具有"雇主"资格。从上面所举的这个例子中，我们已经可以看到，刑法在加强某一禁止性命令威慑力的同时，还具有将原有的禁令"改造"为新的法律规范，甚至改变法律适用对象的作用。

不过，承认刑法是一个独立的法律部门，并不意味着否认刑法具有制裁性规范的性质。正如主张刑法从属性说的人所指出的那样，作为制裁措施，刑法规范的确具有增强其他法律规定的禁止性命令的作用。人们为一个民事或行政规范规定刑事制裁，并将其改造为刑法规范的主要原因，是因为某种违反该规范的行为不可能用民事或行政措施加以制裁，或者采用民事或行政措施不足以制裁该行为，如果出现这种情况，人们就只能转而求助于刑事制裁，以保障该规范的执行。例如，对杀人行为，即使是过失杀人，也不可能仅仅要求行为人赔偿损失，因为用这种制裁显然不可能保障人的生命。鉴于很多现代国家（特别是意大利）的法律制度中，都存在立法者滥用立法权的现象，最新的刑事政策倾向于认为，为了能理性地防止在刑法方面滥用立法权，必须对实际上是否有必要规定刑事制裁进行评估，或者说必须坚持人们所说的"（刑法）辅助性原则"（il principio di sussidiarieta`）（这个原则的内容为，不是在不用刑事措施就不足以有效地处罚和预防某种行为时，就不允许对该行为规定刑事制裁）。

刑法调整范围的广泛性，决定了刑法规范调整的内容不可避免地具有"分散的"（frammentario）的性质。刑法的这一特点表现在三个方面：首先，刑法的内容并不涵盖所有的违法行为（如一般的违约行为就不属于刑法调整的范畴），所以不能将刑事违法行为与一般违法行为混为一谈；其次，不道德的行为与违反刑法的行为之间，也不一定都存在内在的必然联系（例如，设法不让成年的子女上学并不构成刑法典第570条第2款规定的不履行家庭义务罪），因而不能将道义上应受谴责的行为统统都视为刑事违法行为；再次，在大多数情况下，并不是所有侵害刑法所保护利益的行为，都是刑法规范的制裁对象，刑法只处罚以某些特定方式侵犯该法益的行为（如刑法典第640条第1款惩治的诈骗罪，是指用诱使他人陷于错误的方法来谋取不法利益，如果被害人的错误不是受行为人欺骗的结果，该罪就不成立）。

3. 刑事制裁的内容

尽管决定某一规范是否为刑法规范的，是该规范制裁措施的性质，不是该规范所命令或禁止的内容；但是，刑法典第17条所列的刑事制裁措施，却只具有形式的意义。它们只是表明，一种违法行为如果应受无期徒刑、有期徒刑或罚金的处罚，就是重罪（delitto）；如果应处以拘役或罚款，就属于轻罪（contravvenzione）；如果不应受任何刑罚处罚，该行为就不构成犯罪（reato[1]），而可能是民事、行政或财经方面的违法行为。

刑罚的种类是由立法者决定的，因此，用制裁措施的性质作为界定刑法规范的标准，只能是一个形式标准。如果从实质意义角度考察，这个标准无异于同义反复：一种制裁措施（以及与之相关联的法律规范）之所以是"刑法的"，是因为它被规定为"刑法的"。但是探讨刑事制裁的实质内容，人们就不得不回答这样一个带根本性的问题：刑法典第17条规定的刑事制裁措施是立法者任意的结果吗？比如说，立法者可以像贴标签一样，随心所欲地将徒刑规定为内务部或警察局有权适用的行政制裁措施吗？如果把这个问题换一个提法，那它的实质就是：是否刑法典第17条规定的刑事制裁措施本身，就能展示它们必然成为刑法措施的理由？立法者在选择它们作为刑事制裁措施时，是否要受一定的限制？

为了回答上述问题，首先应注意的是：撇开各种刑事制裁措施间的具体差异（无期徒刑是永远剥夺人的自由，有期徒刑和拘役是在一段时间内剥夺人的人身自由；罚金和罚款是交付一定的金钱），刑法典第17条规定的刑罚有一个共同的特点，即它们都是直接或潜在地限制罪犯人身自由的手段。监禁性刑罚能直接剥夺罪犯的人身自由，当然是不言而喻的事实；即使是财产刑，也同样包含剥夺罪犯人身自由的可能性。在正常情况下，后者的表现形式是要求犯罪人交付一定的金钱，但若被判刑人不（或不能）交付，就会转化为另一种刑罚：拒不执行财产刑的判决，处罚就会转化为相应的监禁刑（罚金转化为有期徒刑，罚款转化为刑事拘留）（参见第九章第一节11）。在以财产为内容的制裁措施中，只有刑罚性制裁才以这种转换作为实现的"保证"。与之相反，不少民事或行政的制裁措施也以交付一定金钱为内容，但法律就没有为它们规定上述机制作为强制执行的保障。具有剥夺人身自由的可能性，不仅是罚金和罚款刑的共同特点，也是刑法典第 17 条规定的各种主刑的基本特征。

当一种制裁措施直接或潜在地涉及剥夺人身自由时，立法者是不能随心所欲的：只有在最适当，即"完全必要的"情况下，立法者才有权规定刑事制裁。因为，宪法中有关"刑罚"、"刑事责任"以及有关保护人身自由的规定，不论对立法时规定刑罚，或是对实践中运用刑罚来说，都是必须遵循的基本准则。其中，罪刑法定原则（宪法第 25 条第 2 款，参见第二章第一节 1）、个人责任原则（宪法第 27 条第 1 款，参见第七章第一节 1）、刑罚人道和刑罚必须以再教育为目的的原则（宪法第 27 条第 3 款，参见第九章第一节 2），都是基本的刑法原则。根据这些原则，不得在非正式法律中规定刑罚，不得对法律生效前的行为规定刑罚；不得对行为人以外的人规定刑罚，不得对不可归罪于行为人的事实规定刑罚；刑罚不得具有不人道的内容，不得脱离使罪犯回归社会的目的。为了保障公民的自由，任何"剥夺人身自由"或"限制人身自由"的措施，都只能"以法律规定的方式适用于法律规定的情况"，并只能由"司法机关通过合法的程序"适用（宪法第 13 条第 2 款）。

第二节　意大利的刑事立法

1. 意大利统一后的刑法典

1861 年 3 月 17 日意大利王国宣布成立，原撒丁王国以 1810 年拿破仑刑法典为蓝本制定的 1859 年刑法典，开始逐渐适用于意大利的其他地区。不过，当这部法典适用于原施行拿破仑刑法典的地方时，其内容在适用过程中有所修改。当时的托斯卡那地区是唯一的例外，因为一直到 1889 年刑法典生效施行前，在那里适用的仍是以 1845 年巴登大公刑法典为基础制定的 1853 年的托斯卡那大公国刑法典。托斯卡那地区的人拒绝加入上述统一意大利各地区刑法的进程，主要有以下两个原因：

第一，撒丁王国刑法典中有不少有关死刑的规定，而托斯卡那地区在1859年已通过法令废除了（原本就只适用于极少数犯罪的）死刑。鉴于托斯卡那地区反对死刑的优良传统（尽管该地区也断断续续地适用过这种极刑），该地区认为，如果以统一刑法的名义恢复死刑，是一种会遭到人民强烈反对的倒退措施。

第二，与1859年的撒丁法典相比，1853年的托斯卡那刑法典不论在立法技术还是在内容上，都显得更先进、更符合时代精神。如果在该地区适用撒丁法典，在司法实践和社会政策方面都会带来不少问题。不过，各方面的意见均认为，刑法的统一是国家法制统一的基本标志（而不同的刑法典并存，则是封建法制的典型特征），这种严重的法制不统一的局面，应该尽早结束。

尽管希望新的统一的意大利刑法典早日出台，是人们共同的心愿，但它的起草工作却延续了几十年。直到1889年，人们才终于盼到了这部刑法典的面世。1890年1月1日，该法典开始生效。由于当时的司法部长（兼首相）扎纳尔德里（Zanardelli）在制定该法典过程中的特殊贡献，加之他还是批准该法典生效法令的共同署名人，人们习惯称这部法典为"扎纳尔德里法典"。总的来说，尽管这部法典没有完全摆脱专制的痕迹，但却较好地反映了自由时代的精神。如在刑罚制度方面，该法典废除了死刑，同时还规定了不少取代短期监禁刑的措施，如"训诫"（Riprensione Giudiziale）、"软禁"（Arresto Domiciliare）、参加公益劳动等；对中长期的监禁刑，该法典还采用了假释制度。

法西斯统治上台后，人们又开始着手制定新的刑法典。1930年10月19日，新刑法典以第1398号国王令的形式颁布，并于1931年7月1日起施行。在制定这部法典的过程中，当时的司法部长洛克（Alfredo Rocco）起了很大的作用，所以人们也习惯地称该法典为"洛克法典"。从实质上看，"洛克法典"并没有远离自由的传统，但它毕竟是"法西斯"时代的产物，不可避免地带有专制的色彩。如重新规定死刑，并以尽量扩大监禁刑的适用范围、严格限制法官自由裁量权等方式大大地加重了惩罚的严峻程度。除此之外，该法典还在总则中扩大了累犯的范围，加重了对累犯的处罚，采用了主要以合法推定的危险性为适用前提的保安处分制度（参见第九章第二节 3.1）。该法典分则在规定具体犯罪时，也有不少限制自由的条款（如关于罢工罪的规定，关于各种游行示威罪的规定等）。

在法西斯统治倒台后，为了废除那些法西斯色彩极其明显以及与民主秩序最相抵触的那些法律规定，有过一些"零敲碎打"的立法活动。在这些立法活动中，有关死刑的规定再次被废除，那些旨在维护法西斯统治的条款也被取消，"扎纳尔德里法典"中关于减轻处罚的规定得以重新恢复。但是，尽管有人提过建议，当时的人们并不主张废除现行法典，并用扎纳尔德里法典取而代之。其中的一个原因是，人们认为 1930 年刑法典也是刑法科学成就的结晶，不能将其简单地归结为法西斯思潮的产物；尽管该法典有不少规定与新制度格格不入，但这并不能成为将其中的科学成分一笔勾销、让刑法制度退回到 19 世纪立法水平的理由；即使"扎纳尔德里法典"值得自豪，堪称典范，但毕竟已为时代所超越。除此之外，很多人都相信在新宪法生效后，制定新刑法典的工作可望在不太长的时间内完成，也是 1930 年刑法典未被 1889 年刑法典取代的重要原因。遗憾的是，经过长期多次努力，直到今天仍毫无结果。1988 年，司法部组织的一个委员会曾提出了一个《新刑法典起草大纲》，实质上包含了新刑法典应有的全部内容。在这个大纲的总则部分，宪法规定的基本原则得到充分的体现，而分则部分的内容，则以保护人（包括单个的，以社会组织或超个人形式存在的人）为核心。

尽管没有进行过全面的修改，但经过长期以来零敲碎打式的刑事立法活动和宪法法院的判决，"洛克法典"的内容在很多方面都与以前大不一样。至于这些活动对 1930 年刑法典作了哪些具体的修改，不可能在这里一一列举。本书将在探讨有关的刑法制度时，一一说明总则部分的变化。但在这里，我们可以对该法典的变化作这样一个总的评价：由于长期以来没有形成一个始终如一的政治 — 刑事政策，对刑法典的修改都是零零碎碎地进行的，因此不能说 1930 年的刑法体系已为一个新的刑法制度所取代。目前的刑法体系是 1930 年刑法典与一些渐进的修改相结合而形成的混合体，一个相互冲突且内容杂乱的混合体。为了消除这种情况，重新法典化是必然而不可回避的选择。

2. 刑法典的结构及"附属"刑法

1930年刑法典分为三部分，按编、章、节、段的体例编纂。第一编是"关于犯罪的一般规定"，内容包括对刑法及其时间效力、空间效力、对人的效力的一般规定，对犯罪构成及犯罪构成要件的规定，关于犯罪人与被害人的规定和关于犯罪的法律后果（刑罚与保安处分）的规定。总之，这是人们所说的刑法"总则"部分，因为它的规定在原则上适用于一切规定具体犯罪的法律规范。刑法典的第二编是"关于各种重罪的规定"、第三编是"关于各种轻罪的规定"，它们的内容包括对各种可罚行为的具体描述，刑法用它们来规定具体的命令性规范与禁止性规范。这就是人们所说的刑法"分则"。

除刑法典以外，还有很多"专门的"与"补充性的"刑事立法。刑法典与这些刑事立法之间的关系，应按刑法典第16条确立的基本准则处理。该条的内容为，"本法典的规定，除相应法律有特别规定外，也适用于由其他刑事法律调整的范围"。这里所说的"本法典的规定"，主要是指刑法典总则部分的规定（或者分则中有关的解释性条款，如刑法典第307条第4款[1]关于刑法中"近亲"含义的解释）。按刑法典第16条的规定，在适用法律时，刑法典的规定应优先于任何其他刑事法律。如某一特别法律规定了一种重罪，必须根据刑法典第42条的规定来确定该罪的性质是故意、过失或是超故意。[2]不过，刑法典优先并不是绝对的，因为特别刑法可以根据一般的原则来规定适用刑法典的例外。

[1] 该款规定刑法中的近亲系指直系尊、卑亲属，配偶、兄弟姐妹、同等级的姻亲、叔伯父母、堂兄弟姐妹；在配偶死亡且无子女的情况下，近亲不包括姻亲。

[2] "超故意"原文为"preterintenzionale"，是意大利刑法中的一种介于故意与过失之间的罪过形态，指行为人基于某种犯罪故意的行为引起了行为人所不希望的结果的情况（如故意伤害致人死亡）。

但是，应该强调刑法典优先，即使有关分则的规定也应如此。因为从理论上讲，刑法典分则维护的利益，应该是那些对社会来说最重要、最有意义的利益；并且，人们还可以从分则条文的排列顺序中，清楚地看出刑法保护价值的大小和范围。与此相应，特别刑法所维护的应该是那些局部的社会利益，或者是与社会发展一定阶段的政治经济关系相联系、与特定时期的社会政治目标相联系的利益。遗憾的是，在现实的"非法典化"进程中，刑法典这个应有的功能被大大地削弱了。由于不断地对刑法典进行修改，许多极其重要的本应由刑法典规定的问题，逐渐成了特别刑法的调整对象。如有关卖淫、麻醉品、武器管理的犯罪等等。与此类似的是，保护那些具有普遍意义的新出现的利益，也成了特别刑法的任务。如关于惩治种族灭绝（1967年962号法律）、非法武装集团（1948年43号及1956年561号法律）和黑社会组织等犯罪（1982年17号法律）的法律，以及有关水污染罪（1976年319号、1979年650号法律）和非法收养罪（1983年184号法律）的规定等，都是这方面的例子。现在，甚至有些属于总则的规范也是刑法典以外的法律规定的，如有关短期监禁刑和财产刑不能执行时的替代性措施的规定（1981年689号法律）等。然而，"非法典化"的进程带来的后果，不仅仅是刑法典与特别刑法调整范围不清的问题；现在，各种刑事法律中的具体规定之间越来越不协调、相互重复、互不照应，在这种刑法制度的统一性已遭严重破坏的混乱局面中，刑法规范所保护价值的大小，已无法根据该规范在刑法体系的地位来加以确认。

3. 特别刑法

出于维护特殊利益的需要，刑法制度中的某些方面呈现出或大或小的独立性，因而历来就不属于普通刑法典的范围。军事刑法就是这方面的典型，1941年的军事刑法典和战时军事刑法典规定了各自特殊的调整范围。至于海事刑法和财经刑法是否具有独立性，则是一个很有争议的问题。

民法典和破产法中有关于公司和破产的犯罪的规定，把二者结合起来就是商业刑法的研究对象。不能把商业刑法视为一个独立的法律部门，因为它只是刑法的一个组成部分。属于这种情况的还有劳动刑法（它的研究对象是有关生产安全、劳动保护、生产条件的规定），以及其他将有一定统一性的特定刑法规范作为研究对象的刑法学分支（如以保护商标和专利的刑法规范为研究对象的工业产权刑法、以与银行信贷有关的刑法规范为研究对象的金融刑法，等等）。

第 2 章 罪刑法定原则[1]

第一节 概述

1. 罪刑法定原则的概念与功能

罪刑法定原则是刑法的基本特点之一。它反映了刑法的制定和适用都必须严格遵循法律规定的要求。19 世纪初，P. A. 费尔巴哈首先用 *Nullum Crimen*，*Nulla Poena Sine Lege* 这种格言形式的拉丁语来表示这个原则。尽管它的某些渊源可以追溯到更为久远的时代（特别是1215 年英王约翰的《大宪章》第 39 条），但总的来说，这个原则是启蒙思想的产物。[2]法国大革命时期颁布的一系列法律文献，最先在立法中为这个原则的现代含义披上神圣光环（最初的如《人权宣言》第 8 条规定："法律只能规定的确且显然必要的刑罚，不依合法程序适用行为前颁布的法律的规定，任何人不受处罚"）。

[1] 本章标题原文"il principio di legalita"，直译应为"法制

原则"或"合法性原则"。中国刑法中的"罪刑法定原则"一词，在意大利语中有"*nullum crimen sine lege，nulla poena sine lege*"和"*il principio di legalita*"两种表述方式。前者是德国刑法学家费尔巴哈首创的拉丁语格言，直译为"没有（成文的）法律就没有犯罪，没有（成文的）法律就没有刑罚"；后者直译为汉语应是"合法性原则"或"法制原则"的意思。由于"*nullum crimen sine lege，nulla poena sine lege*"字面上并不包含禁止类推、禁止溯及既往等内容，所以，意大利刑法学界一般都用"*il principio di legalita*"来表述中国刑法学界所说的"罪刑法定原则"。

对于"合法性原则（il principio di legalita`）"这一概念，意大利刑法学界除有广义（适用于整个法学领域的"法制原则"）、狭义（适用于刑法领域的"罪刑法定原则"）和最狭义（专指刑法法源的法律专属性原则）等理解外，还有"实质的合法性原则"和"形式的合法性原则"两种观念。意大利著名刑法学家 F. Mandovani 等权威人士认为，所谓"形式的合法性原则"(il principio di legalita` formale)，是一种将"法"仅仅理解为立法机关制定的成文法，视形式上违法为犯罪本质，强调法律表现形式及内容的确定性，相对强调刑法保护公民自由的倾向；所谓"实质的合法性原则"（il principio di legalita` sostanziale），则是指视正义为法的本质，强调"无社会危害不为罪"(*nullum crimen sine iniuria*)，强调维护社会生活的基本条件是刑法的首要任务。鉴于"形式主义的合法性原则"与中国刑法学界所说的"罪刑法定原则"有基本一致的内容，而赞成在意大利应坚持"形式的合法性原则"，是意大利刑法学界基本上一致的主张，故本书仍按中国的习惯，将意大利刑法中的"合法性原则"译为"罪刑法定原则"。

关于"罪刑法定原则"在刑法体系中的地位，意大利刑法学界也有不同的认识。本书作者认为罪刑法定原则是统率整个刑法领域的基本原则；F. Mandovani 将其与"必要性原则"（il principio di necessita`）、"危害性原则"（il principio di offesa）、"罪过原则"（il principio di colpevolezza）并列为认定犯罪必须遵循的四个基本原则之一；而意大利现实主义刑法学派的创始人 F. Antolisei 则认为该原则主要是解决刑法渊源问题的基本原则。

[2] 认为罪刑法定原则是"启蒙思想的产物"，是意大利刑法学界始终坚持的观点。最初也认为近代的罪刑法定原则滥觞于启蒙时代的德、日等国的刑法理论，在第二次世界大战后开始倾向于认为强调从程序上限制国王权力的英国 1215 年的《大宪章》是现代刑法中罪刑法定原则的起源。

从根本上来说，认为刑事责任关系到人的自由，只有法律才能加以限制的观念是罪刑法定原则的理论基础。因为法律是直接代表人民的主权机关（即议会）制定的，只有全社会的代表才能在议会中共同决定哪些行为应受刑事制裁，应受何种刑罚制裁。在这个意义上说，罪刑法定原则在刑法中有着比一般意义上的"法制原则"更重大、更严格的含义。一般的"法制原则"只是意味着权力应当服从法律，法律比其他法的渊源具有更高的效力。然而，刑法中的罪刑法定原则意味着，只有法律才能够规定刑事责任的根据、范围和后果。

根据上述作为罪刑法定原则理论基础的基本观念，人们认为这个原则最基本的功能是在适用刑法的过程中保障公民的自由。集权国家不承认这个原则，根本原因就是它们不保护与公共或集体利益相冲突的个人自由，而是要求个人服从集体的需要（因此，那些法律没有明文规定的扰乱行为也可能受到刑罚处罚）。纳粹德国就是一个典型的例子，其在 1935 年规定，可以根据"德国人民的健康感情"类推适用犯罪规范（1946 年被盟军委员会废除）。意大利在法西斯统治时期颁布的 1930 年刑法典，尽管仍保留了罪刑法定原则（该法典第 1 条），但该原则却只有保证法律规范确定性的作用。没有人怀疑罪刑法定原则应该有维护法律的确定性的功能，因为后者是法律的基本特性之一；但相对价值更高的人的自由而言，法律的确定性只具有功能性的意义，因为只有保护人的自由才是用法律形式明确规定犯罪与刑罚的目的。就二者的关系而言，法律的确定性无疑是保护公民自由不可或缺的条件（如果法律规定不明确，人们就无法事先分清合法与违法的界限，这无疑是为法官根据事后的判断，随意出入人罪，大开了方便之门）；但仅靠确定性并不足以保障公民的自由，一个含义"确定的"犯罪规范，完全可能是专横与无理的产物。为了防止这种危险的出现，人们才要求必须由具有最大代表性的机关来制定刑事法律。据此可以得出这样的结论，要想充分发挥罪刑法定原则保障公民自由的作用，必须有一个民主的政体，有一个能够通过辩论来确定应对哪些行为进行处罚的议会。

2. 罪刑法定原则的内容与渊源

罪刑法定原则包含三个方面的内容，它们分别涉及刑法的渊源、刑法的内容和刑法的时间效力。这样就形成了罪刑法定原则的三个从属性原则：狭义的"法制原则"（il principio di 'stretta' legalita`）或"法律专属性原则"（il principio di riserva alla legge），其含义是只有法律才是刑法的渊源；"明确性与确定性原则"（il principio di tassivita` e di determinatezza），它要求关于犯罪和刑事制裁的规定必须清楚，不得将它们适用于法律没有明确规定的案件；"不得溯及既往原则"（il princippio di irretrovativita`），它禁止将刑法规范适用于其生效前的行为。

罪刑法定原则这三方面的内容，分别从不同的角度发挥保障公民自由的作用。法律专属性原则主要是为了避免行政机关（通过制定行政法规）擅立刑事规范，保障公民自由免受政府专横的侵犯；强调这一点的原因在于，即使在民主政体下，政府也最多只能代表多数人的利益，而不是全社会的利益。明确性与确定性原则的主要目的，在于防止法官专横；如果法律的规定不清楚、内容不确定，要求法官在审理具体案件时必须服从法律，就是一句空话；如果允许将刑法规范类推适用于法律没有明确规定的行为，实质上就是默认议会之外还有其他立法权存在。不得溯及既往原则，是防止立法者滥用立法权的有力保障，如果允许"现在（的立法者）为过去（的行为）"规定刑罚，就会从根本上威胁到公民自由权的行使（因为任何人都不敢担保，一个行为时完全合法的行为，不会被事后的法律规定为非法）。

第 2 章　罪刑法定原则

当然，罪刑法定原则的这三个方面是相互依存的，缺少其中的任何一方面，其他方面的作用必然会受损害。含义模糊的法律必然会导致对不得溯及既往的否定：如果行为时的法律规定的内容是不确定的，那法官就只能根据事后的价值判断的来决定法律适用的范围。如果允许刑法规范有溯及既往的效力，则不管条文规定得多么清楚，法律专属性原则的保障作用也将化为乌有；人们强调只有立法机关才能制定刑法的目的是为了保障公民的自由，如果一个立法机关制定的法律也可以践踏公民已经行使了的自由，它是否是立法机关制定的还有什么意义呢？

由于罪刑法定原则三个方面的内容不可分割，可以认为宪法第 25 条第 2 款的表述（"如果不是根据行为实施前生效的法律，不得对任何人进行处罚"）包含了罪刑法定原则的全部内容。[1] 从形式上看，该规定强调的似乎主要是法律专属性原则（"根据……法律"）和不得溯及既往原则（"……行为实施前生效的……"），但是，正如我们刚才所指出的那样，罪刑法定原则的三个从属性原则是一个统一不可分的整体，在我们共和国的宪法中，它们无疑都具有宪法性意义。就现行的法律秩序而言，规定罪刑法定原则的刑法典第 1 条，只具有重申宪法上述规定的意义（尽管最初该条有根本不同的含义[2]）。该条规定："任何人不得因法律没有明确规定为犯罪的行为而受罚，也不得受非法律规定的刑罚的处罚"，其重点显然是强调有关犯罪与刑罚的法律规范的确定性（同时刑法典的第 2 条重申了不得溯及既往的原则）；这本是宪法第 25 条第 2 款的应有之意，因此也具有与法律专属性原则和不得溯及既往原则同等的重要性。

[1] 如何理解意大利宪法第 25 条第 2 款规定的内容和适用范围，意大利刑法学界存在很大的分歧。一部分意大利刑法学家认为，该款应适用于包括行政法律在内的一切"带惩罚性的法律"（il diritto punitivo），因为该款并没有明确将"法律"的范围限定为"刑法"；但占意大利刑法学界统治地位的观点认为，只有刑法才应是该款规定原则的主要适用对象。至于该款的内容，意大利刑法学界则有三种不同的理解：（1）该款仅以"不得溯及既往原则"为内容；（2）该款规定的是刑法的"法律专属性原则"和"不得溯及既

往原则",但不包括"明确性与确定性原则"[要求刑法明确性的法律渊源是意大利刑法典第1条,规定刑法规范确定性原则(禁止类推)则是意大利民法典前言第14条];(3)认为该款规定中已经包含了罪刑法定原则的全部内容(即本书作者所持的观点)。最后一种理解目前得到意大利刑法学界多数人的支持。

[2] 因意大利刑法典是在法西斯时代制定的,保障公民自由并不是该条最初的目的。

第二节 法律专属性原则或狭义的罪刑法定原则

1. "法律"的概念：可转变为法律的法规和法律性法规

"法律专属性原则"是罪刑法定原则的首要内容,为了说明它的含义,首先必须确定究竟什么是"法律"[1]。严格地讲,只有经议会批准、由共和国总统颁布并具有宪法规定的形式的立法文件才是"法律"[即"形式意义上的"(in senso formale)法律]。然而,这里要讨论的是宪法第25条第2款所指的"法律"是否包括"法律性法规"[2]和"可转变为法律的法规"[3]。后者是政府机关制定的具有法律效力的行为规范(宪法第76、77条[4])。刑法理论界有一部分认为它们不属于刑法规范的范畴,因为法律专属性原则既然排除行政机关制定具有优先效力的法律的权力,理应同样排除它们制定具有次要效力的规范(法规)。此外,如果承认政府制定的法规可以作为刑法的渊源,在这些法规未转化为法律前的那一段时期,刑法规范只能由立法机关来制定这一原则就不能发挥其保障功能。

[1] 意大利刑法学界将刑法意义的法律分为两大类：即(1)"正式的法律"(le leggi formali),指由国家立法机关根据意大利宪法第70条至第74条和第138条规定的程序和形式通过、颁布的规范性文件。主要包括"宪法和立宪会议颁布的宪法性法律"、"议会颁

第 2 章 罪刑法定原则

布的普通法律"。其中最主要的当然是 1930 年 10 月 19 日颁布、1931 年 7 月 1 日生效的《刑法典》，1941 年 2 月 20 日颁布的《平时军法典》、《战时军法典》，1975 年 7 月 26 日颁布的《监狱法》、1956 年修订的《公共安全法》、1929 年《关于镇压违反金融法的法律》等，也是意大利刑法的主要渊源。(2) "实质性的法律"（le leggi materiali），即根据意大利宪法第 76、77 条规定，政府行使代理立法权而颁布的"代理性法律"（le leggi delegate）、"立法性法令"（i decreti legislativi）和"可转变为法律的法令"（i decreti-legge）。"政府在战时颁布的法令"（i decreti governativi in tempo di guerra），也属于"实质的法律"范畴。在实质的法律中，是否应包括军事当局在战时颁布的禁令和意大利参与的国际法规范，在意大利刑法学界是一个有争议的问题。对于前者，一般认为可视为政府在战时颁布的法令，而具有实质法律的性质；对于后者，则多数人认为国际法规范在未转化为国内规范以前，不能直接作为国内刑法的渊源。不过，由于欧共体制订的刑事规范具有废除、修改意大利刑法的效力，是在刑法领域不能直接适用国际法规范的例外。

意大利刑法学家 Esposito 和 Delitala 等人认为，刑法领域中的"法律专属性原则"应具有绝对的含义，坚持法律专属性原则，就不应该允许行政机关具有制定刑法规范的权力对，"实质性的法律"不属于刑法规范的范畴。

[2] 原文 "i decreti legislativi" 直译为"立法性法规"，指行政机关经立法机关授权制定的具有法律效力的法规。

[3] 原文 "i decreti-legge"，主要指政府在一些特定情况下颁布的应立即实施的法规，但若其未能在 60 天内经议会批准转变为法律，即从开始就无效。

[4] 根据意大利宪法第 76 条的规定，"除非有明确的原则和标准，并在特定时限内针对特定的问题，不能授权政府行使立法功能"；第 77 条规定，"没有议会的授权，政府不得颁布具有普通法律效力的法规"，"在有特殊需要和紧急的情况下"，"政府应在自己

的职责范围内""制定具有法律效力的临时性措施","如果在60天之内没有转变为法律,上述法规自公布之日起失去效力。但议会可用法律来解决因上述法规没有转化为法律而出现的法律关系"。

然而,(得到宪法法院支持的)通说认为,即使在刑法领域代理立法也是实际需要的反映,只要这种立法属于法律(宪法第76条)规定的范围,没有超出代理立法的权限,接受宪法法院的合法监督。总而言之,只要符合议会明示的意志,法律性法规就可以合法地作为刑法的渊源,而不至于在实质上妨害法律专属性原则发挥作用。

至于可转变为法律的法规,其法律效力是临时性的(宪法第77条第3款):它们必须在公布后的60天内转变为法律,否则"从开始"(*ex tunc*)就无效。这样规定的目的是为了保证议会有时间对法规的内容进行适当的审查,从而确保法律专属性原则在实践中发挥它的保障作用。事实上,如果这种法规后来转变为了法律,它就有了"法律"的地位;如果未能转变为法律,它所带来的负作用也会因一开始就无效而消除。这里应该指出的是,根据宪法第77条第2款规定的精神,用可转变为法律的法规的形式来规定(不利于罪犯的)犯罪规范,实际上应只限于急需刑法及时干预,否则就会带来不可弥补的损失的情况。但是,可转变为法律的法规还可能包含废除以前的犯罪规范或对被告人有利的规定(如规定对某些犯罪免除的条件)。在这种情况下,即使该法规没能转变为法律,也不能根据宪法第77条第3款的规定来宣布该法规从一开始就完全无效,因为这样就会违背不利于被告的刑法不得溯及既往的原则。在该未能转变为法律的法规生效期间实施的行为,应该适用该法规中有利于被告人的条款(参见本章第四节5)。尽管从保障公民自由角度看,适用有利于被告人的规定与法律专属性原则并不矛盾,但政府显然可以利用法律中的这个漏洞来滥用权力,这样会对(宪法第3条规定的)法律面前人人平等原则产生消极影响。由于可转变为法律的法规具有临时效力,实际上就给某些人利用这种效力获得不应有的特权的机会。关于这一事实在政治制度方面所引起的一些微妙的问题,我们将在刑法的时间效力一节中探讨(参见本章第四节5)。

2. 全国性法律与地方性法律[1]

在说明了其他具有法律效力的规范与法律专属性原则的关系之后，现在我们来看一看地方性法律是否属于宪法第 25 条第 2 款所说的"法律"。这个问题初看起来似乎应该给一个肯定的答案[2]，因为宪法第 117 条规定各大区都可以制定"真正的法律"，尽管一般的大区只能在宪法第 117 条规定范围内行使这种权力，宪法第 116 条规定的特殊大区[3]也只能在特别法律的规定范围内行使，这两类地区都还要根据不同情况受到不同形式的限制。但有人认为大区的刑事立法权没有明确的法律依据，因为宪法第 117 条（或其他特别法）所规定的地方立法权的范围，没有提到"刑事立法调整的范围"。然而，正如前所述，刑法没有自己独立的调整对象，它的特点在于其特有的"调整手段"，只要违反某规范要受到刑事制裁，任何法律规范都可能变成"刑法规范"。根据宪法第 25 条第 2 款的规定，能否为一个法律规范规定刑事制裁，取决于制定该规范的机关是否有立法权，与该规范的调整对象和具体内容关系不大。就此而言，各大区应该有刑事立法权。

[1] 本标题原文为"Legge statale e legge regionale"。其中的"leggestatale"指由作为代表整个国家政权的"国家"（lo Stato）制定的法律；"legge regionale"指意大利各大区（Regione——相当于中国的省）制定的法律。

[2] 事实上意大利宪法法院在 1956 年 6 月 25 日第 104 号判决中也曾认为西西里大区有权制定维护其选举法的刑法规范。

[3] 根据意大利宪法第 116 条的规定，意大利有"西西里"（la Sicilia）、"撒丁岛"（la Sardegna）等五个享有特别自治权的大区。

尽管如此，包括宪法法院在内的多数人认为，地方性法律不是刑法的渊源。有人认为，宪法第 120 条第 2 款是各大区不得制定刑法规范的根据。由于该款明确规定各大区"不得制定任何形式的妨碍各大区之间人员或货物自由流通的规定"，这就有力地排除了各大区有制定刑法规范的权力，因为刑法规范直接或间接地限制人身自由，是对"自由流通"的最大妨碍。这个观点能否成立，很值得怀疑。因为宪法第120条第2款的主要目的似乎是为了禁止妨碍交通商业方面的自由流通（即防止各大区形成排他性的、独立的法律制度）。更多的人则强调，如果承认大区制定刑事法律的权力，就会在保障个人自由方面破坏法律面前人人平等原则。因为宪法规定的个人自由是具有特殊意义的自由，这种自由不允许一国内的非主权机关规定不同的限制。事实上，刑事立法权历来就是国家主权密不可分的组成部分，只有在封建时代才允许一国内多个刑事立法机关并存的局面。今天，意大利共和国是一个统一的国家（宪法第5条），因而不可能允许多个能合法地独立行使刑事立法权的机关同时存在。

在一个极其重要的判决中，宪法法院指出：法律专属性原则只能理解为国家法律专属性，这是各大区无权制定刑法规范最根本的原因。只能对法律专属性原则作这种理解，有以下三个基本的理由。

首先，这个原则是启蒙时代的产物。当时的思想家认为，"新刑法的原则、新刑法的根据存在于国家，即享有主权的全体人民的有机组织，制定的法律之中"；只有"废除旧时代形形色色的、不同机关制定的形式的或实质的法律"，人们才能"在一起得到对个人所获自由的最有力的保障和最有秩序的社会生活"。

其次，刑法具有"国家性"；所谓刑法的国家性是指"刑法所维护的是国家的特殊利益和价值，刑法规定犯罪是为了实现国家的目的：维护国家的法律秩序以及社会的自由生活、平等主体间的相互尊重"。

再次，刑法规范的从属性（参见第一章第一节2）、（罪刑）相当性和分散性（参见第一章第一节2）是刑法的基础，它们的实现必须以"对属于国家的全社会的利益和价值有一个一般的评价"为前提，刑法的这一前提也不允许各大区制定刑事立法。

地方不得制定刑事法律具有广泛的含义：它不仅包括制定，地方不得废除或者禁止适用犯罪规范、免除或者消除刑事责任的规范，当然也在其中。不过，这里必须指出，根据1981年第689号法律第9条第2款，大区可以合法地，尽管在极其有限的范围内，规定适用刑法的例外。该款一方面规定，在（国家的）刑法规范和规定行政处罚的地方性法规发生冲突时，"在任何情况下"刑法规范都具有更高的法律效力，以防止地方性法律排除国家刑法的适用；但另一方面，该款又规定，凡是以"不能适用其他刑法规定"为适用条件的刑法规范与地方性法规发生冲突时，地方性法规优先。在实践中，凡是规定了不特定的保留性条款的刑法规范（如刑法典第661条第2款中关于"法律有特殊规定的除外"的规定）与地方性的行政法规发生冲突时，优先适用地方性行政法规。至于上述例外的法律根据是什么，现在还不清楚。既然承认地方完全无权（即使间接地）制定刑事立法，刑法中关于必须优先适用其他规范的保留条款，就不能作为地方有权排除适用国家的刑法规定的理由。

从原则上说，地方无权制定刑法应该是很清楚的，但在国家统一的法律体系中，国家和地方的各种法律在适用时往往相互交织在一起，在处理具体案件时，常常很难划清二者的界限。国家制定的刑法规范可能以地方性法规的内容为前提。例如，国家的刑事法律规定，某些未经许可的行为必须处罚，但（相应的法律）却让地方来决定需要批准的行为的范围。在这种情况下，地方性法规只是参与了犯罪规范的具体化过程，由于决定犯罪的根据是国家的法律，法律专属性原则并没有因此而受到损害。

3．"绝对的"法律专属性与相对的法律专属性：法律与法规的关系

宪法第25条关于"不依法律的规定"不得处罚任何人的规定，似乎应理解为在刑法领域中不允许适用任何第二性法源。事实上，的确也有人认为法律专属性应该具有"绝对的"意义，即行政机关无权制定与犯罪和刑罚有关的法规。因为只有完全排除行政方面的干扰，狭义的罪刑法定原则才可能发挥其保障功能。但是，多数人认为，法律专属性原则应作"相对的"理解，在法律规定了犯罪的基本特征和法定刑的情况下，可以授权其他机关规定具体的犯罪要件。[1]

[1] 对刑法法源的法律专属原则作相对理解，本是意大利公法学者为了缓和宪法规定的严厉性提出的概念。他们认为，不论古往

今来的任何立法者都不可能制定详尽无遗的法律,在社会生活变化急速的现代国家里,立法者更是只可能规定行为规则的"主线"(linee maestre),让等级较低的渊源来决定具体的内容,即允许行政机关在法律规定的基本原则范围之内制定、完善具体的行为规范[参见 Esposito, Irretrovattivita` e legalita` delle pene (1950), p. 511]。

从原则上说,如果刑事制裁只适用于那些"极端的行为"(extrema ratio)(参见第一章第一节2),对法律专属性原则无疑就应该作绝对的理解。然而,我们的法律制度实际上并非如此,不少禁止非极端行为的规定,至今仍普遍地以刑事制裁来作为其实施的保障。在这种情况下,要绝对地排除非立法机关参与刑法规范内容的确定,在实践中就可能处处碰壁。在这个问题上,宪法法院的态度非常明确。它认为应在一定程度上"削弱"法律专属性原则的绝对性。

暂时撇开宪法法院的有关决定,首先看一下我们的立法中比比皆是的两种情况:法律将构成犯罪的具体条件交给行政法规或法官来决定。例如,法律不可能明确规定"精神病药物和麻醉品"的范围(正如人们所看到的那样,这是一个飞速扩张和变化的领域),否则就会冒立法太迟和必然有疏漏的风险。从理论上讲,鉴于由法官根据具体的案情来决定上述药品的范围,必然会出现判决不一致的情况,那么唯一可行的替代方法,就是由较为灵活的行政法规来规定"精神病药物和麻醉品"的具体范围。考虑到禁止法官立法也是宪法第25条第2款规定的目的,在上述及类似情况下,允许法律明确规定哪些行政法规属于应该援引的范围,显然比只在立法上作概约的规定,让法官来决定法律的具体内容,更有利于发挥法律专属性原则的保障功能。

为了更清楚地说明这个问题,有必要把法律和法规之间的关系分成三种类型:(1)法律规定由法规来确定构成犯罪的条件和相应的法定刑;(2)法律在规定了某种犯罪的法定刑的情况下,让行政法规来确定具体犯罪的罪状;(3)法律规定由行政法规来确定具体犯罪构成的某一要素(如由行政法规确定麻醉品的范围)。

自1966年的第26号判决(可以说是有关问题的首例)起,宪法法院开始在相关判决中阐明一些知道人们解决法律与法规相互关系的基本原则：如果问题只是涉及"违反就应受刑罚处罚"的"法律规范所禁止的内容"[2]的话，对相应法律的要求就只是"必须明确规定应由非立法机关来确定的前提、性质、内容和范围"；但如果问题涉及法律规范的制裁措施，严格的罪刑法定原则则要求"只有国家的法律（或具有相同效力的规范）才能够规定用哪种刑罚来惩治那些必须给予刑事制裁的违法行为"，因为"人的尊严和自由是……具有特别价值的法益……不允许行政机关在这方面有任何自由处置的权力"。换言之，当事关刑事制裁措施的适用，法律专属性原则具有绝对的意义；但如果只涉及禁止性规范的范围，则可对该原则作相对的理解。

　　[2] 原文为"Precetto"，相当于中国法学基础理论中所讲的"条件"或刑法学中所讲的"罪状"。

根据宪法法院所阐述的这些原则，上述法律与法规关系的第一种类型，即法律规定可由法规来确定犯罪构成条件和相应法定刑的情况，显然有悖于宪法第 25 条第 2 款的规定。而这种关系的第三种类型，即法律规定由行政法规来确定具体犯罪构成的某一要素的情况，则一般符合法律专属性原则。当然，即使在这种情况下，刑法也不应允许"法规或其他不与法律具有同等效力的规范""来决定应加重刑事责任的主体的范围"。在这种情况下，行政机关还有决定是否执行该规范的权力（宪法法院 1990 年第 282 号判决）。

至于法律与法规关系的第二种类型，即法律在规定了某种犯罪的法定刑的情况下，让行政法规来确定具体犯罪罪状的情况，则需要根据具体情况进行具体的分析。必须具体考察行政法规的规定，是从根本上修改了法律规定的犯罪成立条件，还是仅仅是对法律规定的内容作了进一步明确或补充。在现实的立法经验中，后一种情况实际上是指由法律规定制裁，具体规范的内容则完全由相关的具有执行细则性质的法规来确定的情况。在这种情况下，人们事实上只能从相应的行政法规中了解刑法规范的内容。因为，只要行政法规的具体内容与法律规定不相抵触，人们在具体的情况下应该如何行为，就只能到相应的行政法规中去找答案。刑法中那些所谓的"空白规范",即那些由其他规定来确定具体罪状内容的刑法规范,似乎就属于这一类情况。如果从纯理论角度考察,那些真正"空白的"的刑法规范,很难说完全符合宪法第25条第2款规定的精神。不过,人们普遍认为这种情况并不违宪。关于这种情况并不违宪的根据,宪法法院并没有前后一致的解释。它曾经认为,这种行政法规的内容是法律规定的犯罪存在的前提,因此,行政法规的具体规定就是法律规定的犯罪构成的内容(相应的解释请参阅本章第二节9)。有时候它又认为,法律规定违反行政法规的行为应受处罚,实际上含义是"(必须)遵守行政法规的规定":这是一个尽管抽象,但是却很明确的规范。上述两种解释都很难自圆其说,因为(1)在这种情况下,行政法规规定实际上是犯罪行为的全部构成要件,说行政法规只是犯罪行为的一个前提,实在勉为其难;(2)根据宪法第25条第2款的规定,法律只能处罚违反法律规定的行为,而不是不遵守行政法规的行为。

尽管在上述情况下,法规的确在很大程度是在独立规定禁止的内容,但宪法法院却决心要"拯救"所有属于上述第二种情况的法律规定,坚持认为在这种情况下,立法者对禁止的内容作出了"充分具体的规定"。

4. 习惯法

在我们的刑法制度中,习惯法(即人们在履行某种法律义务或行使某种法律权利时,长期无歧义地遵循的做法)没有容身之地。因为承认习惯法具有法律效力,明显地违背了法律专属性原则。就刑法而言,习惯法在任何情况下都不应该是法律,即使是"废除性习惯"(或使法律失效的习惯)也是如此。[1] 排斥习惯法,并不是因为这个问题与宪法第25条第2款的保障功能无关(用习惯法来排斥适用某种犯罪规范,必然会扩大公民自由范围),而是因为承认习惯法,不符合有关法律效力等级的一般原则:法律只能被后来制定的法律所废除,不能被其他比它效力低一级的法源所废除。不过,习惯反映的是一个社会根深蒂固的普遍的文化要求,不能否认它事实上具有决定刑法规范适用范围的作用。例如,刑法典第565条[2]在实践中根本无法适用,原因很可能在于,对于该条规定的"家庭道德",社会没有统一的认识。

[1] 在有关(暴力性体育运动、外科手术、商业信息、由没有教育权的人对青少年采取教育措施、犹太人的割礼、某些侵犯职业秘密等行为)习惯法是否可以作为"排除犯罪的规范"(scriminati)问题上,意大利刑法学界存在不同看法:"对那些坚决捍卫刑法规范确定性的人来说,即使'有利于被告'(*in bonam partem*)的习惯法,也不应具有法律效力","而对那些认为应坚持'有利于个人自由'(*fovr libertatis*)原则的人来说,承认有利于被告的习惯具有法律效力,则是理所当然。因为,除了其他理由外,这种做法可以减少形式主义的罪刑法定原则使刑法陷入僵化的危险"(参见,F. Mantovani, Diritto Penale, pp. 82～83)。

[2] 该条规定对利用报纸、杂志等危害家庭道德的人,处 20 万里拉～100 万里拉的罚金。

根据法律渊源效力等级原则,即使在免除犯罪(或排除刑事责任)方面,习惯也不能成为刑法的渊源。因为免除犯罪的规定,实际上是不适用犯罪规范的规定,而任何犯罪规范的适用范围,都只有同等级的法律才能规定限制。

当法律明确规定习惯是犯罪构成要件之一时,它也可以发挥补充性法律(*secundum legem*)的作用。例如,刑法典第 625 条第 1 款第 7 项规定,盗窃"因习惯"设置于"公共场所"的物品应加重处罚。不过,即使在这种情况下,"习惯"的意义事实上也是由法律来"决定"的。

第三节　明确性与确定性原则[1]

1. 明确性与确定性的含义

根据理论界一部分人的看法,明确性(tassativita`)和确定性(determinatezza)是两个同义词。[2] 它们都表示这样一种基本要求:规定犯罪的法律条文必须清楚明确，使人能确切了解违法行为的内容，准确地确定犯罪行为与非犯罪行为的范围，以保障该规范没有明文规定的行为不会成为该规范适用的对象。但是，将明确性和确定性视为具有不同的含义的概念，似乎更为适当：前者的作用在于从刑法规范的内部限制犯罪构成的结构，并借此约束立法者表述刑法规范的形式；后者则是从刑法规范的外部限定犯罪构成的范围，目的在于防止司法者将抽象的法律规范适用于其应有的范围之外。因此，明确性强调在立法过程中，立法者必须准确表述刑法规范的内容；确定性则是指在司法过程中，法官对刑法规范不得类推适用。

　　[1] 2001年草案第1条（合法性原则）1规定：任何人不得因未被行为前生效的法律明确规定为犯罪的事实而受处罚。该规定将意大利现行刑法典第1条中的"明文（espressamente）规定"改为了"明确（tassativamente）规定"。

　　[2] 如F. Mantovani，其代表作《刑法学》（Diritto Penale）第一编第三章章名就叫"确定性原则"。

　　从功能的角度看，上述两个方面无疑具有相互补充的性质。因为，如果允许法官有权在法律明文规定的范围外适用法律，即使立法者将法律规定得再清楚，也无法充分发挥其应有的保障功能；在法官的这种权力面前，依法办事的人就不可能确切地预测自己行为的后果。同时，明确性也不是确定性的必然结论。因为从逻辑上讲（历史上也有过），一个采用明确性原则的刑法制度与类推并非水火不容，一旦出现这种情况，就会在很大程度上削弱明确性原则的保障功能。当然，准确地规定违法的内容，类推就会受到一定的限制，法律对犯罪的构成条件规定得越具体明确，要确定（法律没有规定的）与其"相似的"情况所受到的限制也会越多。

2. 明确性与确定性原则的法律依据

　　正如我们在前面（参见本章第一节2）已经提到过的那样，宪法第25条第2款并没有明确规定明确性与确定性原则，规定这一原则的实

第 2 章　罪刑法定原则

际上是两个普通的法律规范：刑法典第 1 条和民法典前言第 14 条。[1] 但是，绝不能据此否认明确性与确定性原则同样是宪法第 25 条第 2 款应有之义，否认这个原则的宪法性意义。因为，（1）如前所述，如果法律规定不明确或允许类推，宪法第 25 条第 2 款明文规定的法律专属性原则和不得溯及既往原则就会归于虚有（参见本章第一节 2）。（2）从历史上看，法律明确性与确定性原则从来都是罪刑法定原则的组成部分，它的意义如此重大，即使在罪刑法定原则遭到"抑制"的时期，它也得以保存。现行刑法典第 1 条，就是在那个宪法也可随意修改的年代中制定的。在那个时候，法律专属性原则还不具有宪法意义，因而未得到足够的重视（当时的宪法允许法律无时间限制地授权行政机关在非常广泛的范围内制定刑法规范，此即所谓的"代理性法规"）。但是，就是在这种情况下，刑法典第 1 条仍然强调了刑法的渊源必须是"成文的"，即明文规定了明确性原则；在那个时期制定的民法典前言第 14 条则明文规定了禁止类推。与以前的制度相比，现在的共和国宪法更重视保障公民的自由权利，没有理由认为它已经用某种方式抛弃了这个罪刑法定原则的基本内容。（3）宪法第 13 条第 2 款规定："如果不是司法机关在法律所规定的情况下用法律规定的方式采取的合法行动，不允许任何形式的拘禁、搜查、搜身或限制人身自由。"多数学者认为该条规定只具有程序的意义，即认为该规定中的"拘禁"或"限制人身自由"是指刑事诉讼中的强制措施，不是指终审判决中决定的刑事制裁。但是，如果把宪法的这一规定理解为，与限制人身自由措施有关的（如"情况"和"方式"）法律规范都必须明确的话，宪法的这一规定的对象就不仅仅是那些"工具性的"（只具有程序意义）法律规范，对"目的性的"（有关惩治罪犯的）法律规范也同样适用。

[1] 该条规定："刑事立法与那些规定一般性规范和其他法律的例外情况的立法，不得在它们明确规定的时间与范围以外适用。"

3. 犯罪构成要件的明确性

前面讲过，明确性原则要求对犯罪的描述必须明确，使人能准确地划分罪与非罪的界限。[1]尽管这个法律原则要起指导人们具体行动的作用，但法律规范却不能不总是抽象的。在这种具体与抽象的辩证关系中，要避免会对法律的明确性产生负面影响的两种极端情况。其中之一是详细的罗列式规范，另一种则是纯粹一般性的规范或包含模糊因素的规范。

[1] 意大利刑法学界一致认为，明确性原则的核心是立法者必须用明确的语言描述各种犯罪具体的犯罪构成。因此，这一原则亦称为"构成要件明确性原则"，或者"构成要件典型性原则"（il principio di tipicità della fattispecie）。"由于'明确'本身就不是一个确定的概念，所谓'构成要件的明确性'也只能是一种立法政策的方向，甚至在一定范围内可以说是一种理想，只有刑法理论和司法实践才能确定其真正的含义。"意大利刑法学界的主流观点主张，在这个问题上，一方面应该抛弃"启蒙时代关于法律绝对确定性"的幻想，承认无论多么明确的法律，都不能避免适用过程中掺杂法官个人的因素；另一方面又应坚持，"实现目标的困难决不应该成为批评目标本身的根据"，不能以不确定性不可完全消除为由，否认法律有尽可能确定的可能，而"明确性原则"要避免的，并不是"抽象"法律相对"具体"案件的不确定性，"而是在'抽象'或'一般'这一层次上已经具有的不确定性"。因此，所谓刑法规范的"明确性"，不能作绝对的理解，而只能是指"最大可能的明确性"（参见 F. Mantovani, Diritto Penale, p. 101）。意大利最高法院认为，刑法规定的"明确性"意味着，刑法规范必须具有能够使法官根据法律的规定来认定行为的确定性（参见意大利最高法院 Sez. I, sent. n. 4431 del 18—05—1983）。

列举某种犯罪行为所有可能出现的具体情况，是详细罗列式的规范损害法律规范的明确性的方式。这种方法割裂了概念的完整性，很难发挥法律规范在引导社会—文化价值方面的作用。同时，由于社会现实总是超越立法者的预见能力，这种立法方法必然会留下许多实质性的漏洞，促使人们用破坏法律确定性的方法来解释法律。

第 2 章 罪刑法定原则

纯粹一般式的规范或包含模糊因素的规范对明确性原则的消极影响，则表现为法律规范没有具体或确定的内容，因而可能被适用于性质不同的行为，1948 年第 47 号法律第 15 条就是一例（该条规定："用令人难忘或恐怖的方式，描述或展示，足以扰乱公众的道德感情或足以引起自杀或犯罪的实际上发生了的或只是想象的事件的出版物……"）。在这个充满感情色彩的条文中，到处都是模糊不清的因素。刑法典第 110 条[2]也属于这种情况。该条规定所有参与共同犯罪的人都应受处罚，却不规定究竟什么是共同犯罪。这种同义反复的一般性规定，不通过解释就不可能理解它的具体含义。

　　[2] 该条规定，数人共犯一罪，原则上每个人都按该罪的刑罚处罚。

与上述两种情况相反，包含自然描述性因素和法律性规范因素的法律规范并不违背明确性原则（前者如刑法典第 575 条在一般人共同经验的基础上运用"人"[3]这一概念；后者如刑法典第 624 条中提到的"他人的"物品，必须参考其他法律规定才能理解。参见第五章第一节 2）。事实上，这两种情况都非常明确地规定了犯罪行为的典型特征。至于那些非法律性的规范因素[4]或带评估性的描述性因素[5]，无疑可以分为两类：一类可以作为判断行为符合或不符合犯罪构成的标准（如根据使用物品的时间是几分钟或几个月来判断是否是"临时"使用）；另一类则属含义不很确定的"灰色区"，需要法官根据案情来具体决定行为是否符合犯罪构成。这类"弹性"因素要符合明确性原则，必须具备两个条件：（1）该"弹性"因素所指的对象确属刑法调整的对象，如果不是为了维护一个用其他法律措施（如行政处罚）无法维护的利益，立法者就绝不能在一个违法与合法的界限还不是十分清楚的问题上牺牲公民的自由；（2）该规范所规定的行为，的确无法用非常准确的语言来加以描述［相反的例子如，刑法典第 588 条规定了"斗殴"（rissa）[6]罪，却并没有规定什么是"参与斗殴"；人们从该条文中得知的只是一个人不能实施该罪。为什么不根据明确性原则规定"斗殴"是争吵中使用暴力的行为呢］。

31

［3］意大利刑法典第575条规定是故意杀人罪，其中的"人（UOMO）"泛指一般的"人"，但这个词也有专指"男人"等多种含义。

［4］即只能根据一定的伦理、道德、社会等方面的标准来确定其含义的因素，如刑法典第527条提到的"淫秽"行为——原注。

［5］时间性的评估因素，如刑法典第626条第1款第1项提到的"临时"使用；或数量性的评估因素，如刑法典第648条第2款中提到的情节"特别轻微"——原注。

［6］原文"rissa"直译是"吵架"的意思。

除此以外，还有两点不应该忘记。

第一，判断一个条文规定是否明确时，应该对该条文使用的语言进行全面的分析，从整体上判断该规定是否明确规定了适用的范围。如刑法典第640条[7]中提到的"诡计"和"谎言"，这两个词单独看，都可以作多种理解。[8]当上述行为是以纯粹的不作为，或只是简单地以吹捧某种产品的形式实施时，性质就更难确定。但是，如果将该条规定中提到的"使人陷入错误"综合起来考虑，其隐含的适用范围就很清楚了。与此相反的是"内战罪"（刑法典第286条）的"内战"一词是很明确的，但是该条规定处罚任何"企图"引起内战的行为，这样，其适用范围就显得模糊不清了。

［7］该条规定诈骗罪的构成要件是"用诡计或谎言使他人陷入错误，并对他人造成损失的方式为自己或第三者谋取非法利益"。

［8］"诡计"原文为"artifizi"，有技能、计谋等含义；"谎言"原文为"raggiri"，有欺骗、骗取等意思。

第二，不能脱离法律规范的作用来孤立地考察法律规定是否明确的问题。在现实中，一些规范具有划分罪与非罪的作用，不合乎这种规范的行为就不是犯罪行为；另一些规范则是界定轻罪与重罪的标准，即规定犯罪行为的某种特殊表现形式。规定罪与非罪界限或加重处罚[9]的法律规范，就需要规定得非常明确；减轻处罚的规范无疑就可以稍微放松一点。例如，1970年300号法律第38条第2款规定，违反劳动者保护法"情节严重的"并处（不是单处）拘役和罚款，这个规定显然是违反明确性原则的（尽管宪法法院在 1970 年 131 号判决中表示了相反的意见），因为人们不可能根据该规定来推知在什么情况下会受到刑罚处罚。与此相反，刑法典第 648 条第 2 款规定中提到的情节"特别轻微"，则符合明确性原则的要求；因为刑法典第 648 条第一款已经明确规定了罪与非罪的界限，条文中的"弹性"因素只涉及减轻情节。所有对减轻情节的规定不甚明确的情况（如刑法典第 323—2 条），都可以依此处理。

[9] 意大利刑法中的加重处罚是指以某罪（排除应加重的情况外）实际应处的刑罚为基准，再按一定比例加重刑罚，这种加重后的刑罚，可能超出该罪的法定刑，也可能仍在该罪的法定刑幅度之内。

4. 宪法法院对犯罪构成明确性的理解

尽管过时和晦涩的犯罪规定在刑法制度中俯拾皆是，始终坚持明确性原则具有宪法性意义的宪法法院，在具体认定某一规范是否违反该原则时，却总是持极端谨慎的态度。于是我们看到，宪法法院常常宣称"犯罪构成的明确性并不等于（一定要）采用（多少有点完整的）描述性罪状"，运用"约定俗成的概念或者可以作客观理解的社会伦理价值"并不与明确性原则的要求相悖[1]，只要"这些概念在法官所处的社会环境中是众所周知并被普遍接受的"[2]。另一方面，该法院又在很多具体案件中坚持，"当刑法保护的对象是非物质性利益时"，"运用一些大家都能理解的语言或概念是无法避免的"[3]。

[1] 宪法法院 1975 年 188 号判决。
[2] 宪法法院 1974 年 20 号判决、1980 年 49 号判决。
[3] 宪法法院 1970 年 191 号判决。

从原则上讲，上述意见并无不是之处，问题在于宪法法院运用这些意见拯救了几乎所有提交其审查的法律规定。仿佛在明确性方面，我们的刑法制度简直就是完美无缺的典范。在这方面，被宪法法院宣布为违宪的犯罪规范只有一个，即刑法典第603条。宪法法院（1981年96号判决）正确地认为，该条规定的内容（"用使人完全服从自己的方式"，将"他人"置于"自己权力之下"）不符合宪法规定的明确性原则，因为"不论从行为或是结果的角度看，都既无法确定也无法区分什么样的行为可能使他人处于完全服从的状态，不可能为完全服从制定一个客观的标准，立法上规定的'完全'，在司法审判中从未得到证实"；除此以外，还必须考虑到另有规定专门处罚"'陷人为奴隶或使人处于奴隶状态'的行为"。在实践中，宪法法院认为，只有上述这种根本不可确定犯罪构成实际内容的特殊情况，才算违反了刑法规范的明确性要求。

5. 明确性原则与刑罚的关系

不能认为有关法定刑的规定就没有明确性的要求。如果法律规定的刑罚不明确，完全交由法官决定[1]，那么关于犯罪行为特征的规定不论多么清楚，明确性原则也不可能发挥其保障功能。在现实的刑法制度中，法定最高刑到最低刑之间都有一定的幅度，只要不违背刑法典第133条规定的标准，事实上只能由法官判断最终决定应具体适用的刑罚。据此似乎可以认为，现行的立法规定是不符合明确性原则的，因为该原则只有通过规定绝对确定的法定刑才能实现。1789年大革命后制定的第一部法国刑法典（1791年刑法典）就是这种观念的产物。不可否认，就形式而言，的确只有绝对确定的法定刑最符合明确性的要求；然而，适用绝对确定的刑罚，在实践中只会造成无限的实质不平衡。因为符合某种具体犯罪构成的行为，在现实中却呈现极大的差别：无论是行为的客观方面（例如，一个人盗窃了一定数额的财产，另一个人盗窃的数额可能是前者的100倍），还是主观方面（如一个人偷东西是为了满足自己的邪欲，另一个人这样做则是为了避免自己的儿子挨饿）都是如此。如果要符合宪法第3条规定的（实质）平等原则的要求，就必须根据案件的具体情况来决定应具体适用的法律措施。因此，在法定刑问题上，明确性必须与平等原则"相结合"，为了使刑罚能符合具体案件的实际情况，在规定法定刑时就必须为法官进行合理判断留下一定的空间。

[1] 如旧时代的刑法就为很多犯罪规定了所谓的"任意刑"——原注。

除此以外,正如宪法法院在1980年第50号判决中正确地指出的那样,"根据案件的具体情况决定适当的刑罚,不仅可以使刑事责任尽可能地'个人化',从而符合宪法第27条第1款的要求;同时,又能使刑罚的确定尽可能符合刑罚的'目的',体现宪法第27条第3款的精神"[2]。因此,"总的来说,在刑法制度中规定无弹性的制裁措施……不符合宪法规定的精神"。

[2] 大利宪法第27条第1款规定的刑事责任是"个人责任",第3款规定的实现刑罚的方式必须合乎人道,必须以再教育为目的。

6. 确定性原则:禁止不利于被告的类推[1]

本章第三节已提到,确定性原则是明确性原则对外的"投射"(proiezione),其目的在于限制司法解释,确保犯罪(或加重处罚的)规范的适用,不超出"法律明文规定的"范围。根据这一原则,犯罪规范或总的来说不利于罪犯的规范不得类推。无论是根据相似条文进行的"法规(legis)类推",还是根据法律的一般原则进行的"法(juris)类推",均在禁止之列。宪法第25条第2款是禁止类推的法律依据,因为适用类推来填补法律的"漏洞"会形成补充性立法,这违背了只有立法者才能制定刑事立法的要求。此外,如果允许类推适用不利于被告的规范(不管规定得多么清楚),明确性原则的保障作用就等于零。除宪法外,民法典前言第14条也用明确的语言重申了这一原则(参见本章第三节2)。

[1] 意大利最高法院认为:"现行刑法中严格的法治原则要求法官注意,在不运用类推的情况下,准确理解犯罪规范的内容,在规范的内容不完全清楚的情况下,应根据刑法典第1条明确要求刑

法规范和司法实践遵守的原则，注意司法实践中通行的做法，避免使公民承担更重责任的解释"（参见 Sez. III，sent. n. 435 del 19－01－1994）。

尽管在理论上对该原则无人质疑，但人们对实践中如何实行这一原则却颇有歧义。如何划分理所应当的"扩张解释"和必须排除的不利于被告的"类推"之间的界限，永远都是争论的焦点。学术界不少权威的意见不承认二者之间存在明确界限。事实上，扩张解释总是以法律规定的文字为依据的，尽管其结果不是严格的字面含义，而是来自不同的解释学标准（如根据法律将某种行为规定为犯罪的目的；民法典第2621条以后诸条规定公司犯罪的主体是"管理人员"，但人们普遍认为根据立法目的，行使相应职权的人也符合犯罪主体的资格，即使从民法的角度看，他们并不属于"管理人员"的范畴）。类推则是指在一个具体事实与法律规定的情况"相似"，但根本不可能为该法条的字面含义所包容的前提下，以足够的相似性作为援引某一法律规定的依据。

对于上述理论上的划分，司法实践的回答是倾向于将那些看来更像类推解释的做法视为合理的扩张解释。例如，早在1992年518号法规明文规定计算机软件属于保护对象前，人们就认为，可以根据1941年633号关于保护著作权的法律第171条 a 项的规定来处罚非法生产计算机软件的行为；又如，有人认为，那些决定不缴费就擅入高速公路的人，即使他对自己的决心毫不掩饰（尽管事实上这种情况根本就不存在），也构成刑法典第641条规定的拒缴交通费罪。这样的例子可以说举不胜举。在需要维护某种法益时，只要侵犯这种法益的行为与法律规定的行为实质上相似，都可能发生这种情况；但由于禁止类推，人们就尽力地（如果说不是直接玩弄诡计的话）把一切类推性适用都往扩张解释里塞。

由于扩张解释和类推很难具体区分，有些国家（主要是拉美国家）干脆就连扩张解释也与类推一样纳入禁止之列。

7. 类推与有利于被告的法律规范

根据宪法第25条第2款的规定，只能得出禁止不利于被告的类推的结论,因为只有这种类推才与罪刑法定原则的保障功能不符。于是,有利于被告(包括排除、减轻、消除刑事责任)的规定是否允许类推就成了一个有争议的问题。[1]这个问题的实质是,根据民法典前言第14条(即从普通法的角度看),应否禁止这种类推?民法典上述条文对这个问题的规定如下:"刑事法律与规定不适用一般性规范或其他法律的例外情况的法律,不得在它们明确规定的时间与范围以外适用。"

[1] 意大利刑法学界多数人认为,禁止类推只是指禁止不利于犯罪人的类推,而有利于犯罪人的类推,应该属于允许之列。至于支持有利于犯罪人的类推的观点,概括起来大致有以下理由:(1)现代国家强调禁止类推的主要目的是为了保障公民自由,以"最大限度扩张刑事合法行为的范围,最小限度地限制个人自由",不能以启蒙时代关于法律绝对确定性的幻想,作为反对有利于犯罪人的类推的理由;(2)刑法中有利于犯罪人的法律规范(如关于排除犯罪原因的规定),不是适用刑罚的刑事法律,或者不是如何适用刑罚的特殊规范,不属于意大利民法典前言第14条规定的属于禁止类推的法律的范围;(3)对扩大公民自由的类推持赞成态度,是意大利刑法自古典学派以来的历史传统。一般来说,以前面的(1)、(3)两点理由支持有利于犯罪人类推的人,倾向于认为所有有利于犯罪人的规范,都属于可以类推的范围;而以上述的(2)为立论依据的人,则或是认为只有排除犯罪的规范可以类推,或是主张原则上只有排除犯罪的规范可以类推,其他情况则应具体情况具体分析。

为了回答上述问题,首先应该弄清民法典前言第14条中提到的"刑事法律"是否包括有利于罪犯的规定。从广义上讲,任何规定、修改、消灭或排除刑事责任的法律都是"刑事法律"。就这个意义上说,即使对被告有利的法律规范也应该属于"刑事法律"的范畴,因而,也不得适用类推。但是,人们普遍认为只有那些规定犯罪或对被告不利的法律才是"刑事法律",这样民法典前言第14条规定的禁止类推,对有利于被告的法律就不适用。说实话,对"刑事法律"作如此理解,实质上是认为民法典前言第 14 条与宪法第 25 条第 2 款具有同样的保障功能：只有对犯罪规范或不利于罪犯的法律才禁止类推，因为只有这些规范才可能限制公民的自由。但是，由于宪法第 25 条第 2 款已能满足保障公民自由的需要，完全可以认为民法典前言第 14 条的作用在于维护法律的明确性，通过排除任何形式的类推来确保刑事司法具有最大的确定性。从这个角度讲，有利于被告的类推也应在禁止之列，尽管这是以一个普通法律的规定为据推出的结论。

然而，占统治地位的通说认为，解决这个问题的出路在于：不应把有利于被告的法律视为"刑事法律"的一部分，因为它们属于"规定不适用一般性规范或其他法律的例外情况的法律"。仅从形式上看，任何有利于被告（排除犯罪、免除处罚、刑事豁免、时效消失或非法定的减轻情节）的规定的确都具有限制某种不利于被告的法律的性质，但"规定不适用一般性规范或其他法律的例外情况的法律"是一个包含实质性判断的概念，它要求撇开形式来分析两个法律规定之间是否真正存在原则与例外的关系。从这一点出发，可以认为：

（1）关于正当化理由的规定，事实上属于法律原则与一般性规定的范畴。如"正当防卫"（*vim vi repellere licet*[2]）、"紧急避险"（*necessitas non nemine legem*[3]）等，都是独立的刑法制度，它们的适用范围实际上都超出了刑法的范畴。对于这类规定可以适用类推，除非它们本身就已经包含了所有可适用的情况（例如，刑法典第 51 条第 1 款的规定就包括了行使"合法的权利"的所有情况，对该款规定就不能类推，因为可以类推适用该款规定的情况事实上是不可能存在的：一个行为如果不是合法的，必然就是非法的）。

  [2] "*vim vi repellere licet*"是意大利刑法学中用来解释正当防卫理论基础的拉丁语格言，意为"用暴力排除暴力是合法的"。

  [3] "*necessitas non nemine legem*"是意大利刑法学家常用来解释紧急避险理论基础的拉丁语格言，意为"紧急状态不知道法律"。

（2）一般的排除可罚性的规定，也属于一般性原则的范畴，对它们也可以进行类推解释。如刑法典第 85 条规定,行为时没有刑事责任能力的人不受刑罚处罚,就可适用于"野人"或所谓的"狼人"等在与文明社会相隔绝的条件中成长起来的人(当然,这种情况也可直接适用刑法典第 85 条第 2 款[4]的规定)。

[4] 该款规定"行为时有认识能力和控制能力的人是有刑事责任能力的人"。

(3) 排除可罚性的特殊理由(参见第九章第三节 3)、豁免权(参见第三章第二节)或消除犯罪和刑罚的理由(第九章第三节 4),应该被视为特殊规则。这些规则中的第一类,属于出于不可延伸于类似情况的刑事政策方面的特殊考虑,免除特定行为的可罚性(如刑法典第 649 条[5]的规定,就不能类推适用于因同居而形成的事实家庭的场合);第二类规则则是刑法普遍强制力原则(刑法典第 3 条第 1 款规定)的例外;第三类规则涉及终止犯罪或判决的一般效力的特殊的情况。

[5] 该条第 1 款规定,对同居的配偶,兄弟姐妹或直系血亲、姻亲或养亲、养子实施一般的财产罪不罚。

如果上述分析就是理论界的主导性意见,就不得不指出有利于被告的类推与其他类推具有同样的性质:它们存在的前提都是法律有"漏洞",即存在一种法律没有规定的情况。支持对有利于被告的规定适用类推的理由,同样可以用于不利于被告的类推。因此,适用有利于被告的类推,实际上不是"填补"法律的空缺,而是在破坏法律规定的一种秩序。在这种情况下,形式逻辑中的矛盾律具有特别的意义,任何不符合法律规定的结论都是不允许的。例如,刑法典第 51 条第 1 款规定的紧急避险,只适用于"对人身可能造成严重损害的现实危险"的情况,对非现实的危险或与人身无关的危险,就不能适用该款的规定(否则就无法对相互冲突的利益进行衡量);否则,法律所规定的合法行为与应受处罚的行为间的界限就会因此而受到破坏。根据上述分析,民法典前言第 14 条关于禁止类推的规定,应该适用于全部有关刑事责任的法律,尽管这个结论与通说相悖。

第四节　不溯及既往原则

1. 不溯及既往原则的渊源和概念

民法典前言第 11 条第 2 款规定,"法律只能规定未来的行为,不能具有溯及既往的效力"。这个由普通法律确定的一般规则,在其他法律中常常会碰到相反或例外的规定,但在刑法领域内,这一规则具有特别重要的意义。我们在前面已经谈到,刑法规范不得具有溯及既往的效力是宪法规定的原则,其目的在于保护公民自由不受将来的犯罪规范所限制;否则,任何行为时合法的行为都有被将来的刑法规定为犯罪的危险。

1950 年的《欧洲人权条约》(第 7 条第 1 款)和 1966 年的《公民权利与政治权利国际公约》(第 15 条第 1 款)都强调了不得溯及既往原则的重要性,意大利于 1955 年和 1977 年分别批准了这两个国际条约和公约。不过,上述两个条约和公约都明确规定,不得用该原则来阻碍处罚"违反文明国家"(《欧洲人权条约》第 7 条第 2 款)或"所有国家"(《公民权利与政治权利国际公约》第 15 条第 2 款)"公认的一般原则"的犯罪行为(如反和平罪,反人道罪)。这是纽伦堡和东京军事法庭审判前纳粹和日本战犯的依据。[1]

[1] 如果彻底坚持"不得溯及既往原则",就不可能惩罚那些在战争或政治急剧变动时期的统治者借国家名义犯下的最残暴的罪行。因第二次世界大战后审判战争罪犯和国内法西斯分子而受到强烈震撼的意大利刑法学界,目前都对"不得溯及既往原则"的这一局限有充分的认识,并在此基础上一致认为,"不得溯及既往"必须服从最高的"人道原则"(il principio di umanita')。

出于保障公民自由的考虑,不得溯及既往原则只适用于犯罪化规范或对不利于罪犯的规范。宪法第 25 条规定,任何人不得因行为时尚未生效的法律而受处罚，但这并不排斥对被告人适用行为后颁布的对其有利的法律，或者免除其行为可罚性的法律。尽管宪法第 25 条第 2 款并没有规定有利于被告的法律具有溯及力，但《公民权利和政治权利国际公约》第 15 条第 1 款却对这一点，即应适用行为后"规定了更轻刑罚的法律"，作了明确规定。根据宪法第 3 条规定的平等原则，在有些情况下适用有利于被告的法律也具有宪法性意义。[2] 就刑法本身的规定而言，刑法典第 2 条在规定犯罪规范不得具有溯及既往的效力（第 1 款）的同时，又广泛地承认有利于被告的刑法规范具有溯及力（第 2 款和第 3 款）。

[2] 由于意大利宪法第 25 条第 2 款规定的是有关刑法时间效力问题的宪法原则。但从该款规定的内容（"不因行为时法律的规定，任何人不得受处罚"）中，并不能得出在刑法领域允许有利于犯罪人的规范应具有溯及力的结论，加之意大利刑法典本身是法西斯时代的产物，于是就产生了承认刑法时间效力问题上的从轻原则是否违宪的问题。尽管对这个问题，意大利刑法学界一般都给予了否定的答复，但人们对"从轻原则"的宪法根据却有不同的看法。以 Esposito 和 Gallo 为代表的一批刑法学家认为，即使以宪法第 25 条为据，也可以认为刑法典第 2 条的规定不违宪，因为从历史角度分析，只有用保障公民自由这一更高级的原则，才能说不违背不溯及既往原则的初衷。而以本书作者为代表的刑法学者则认为，如果仅就宪法第 25 条而言，刑法时间效力的从轻原则，就应是一个违宪的规定，因为宪法第 25 条规定的刑法规范不溯及既往原则，在逻辑上应具有绝对的含义。因此，现行刑法典第 2 条不违宪的依据，不是宪法第 25 条，而应是规定平等原则的宪法第 3 条。根据后者的观点，在社会已经改变对某种行为的评价，决定给予更轻的处罚，甚至根本就不构成犯罪的情况下，如果对以前实施了同样的行为的人，还按以前的规定处以重刑或作为犯罪处罚，显然是一种不平等的待遇。

2.1 刑法典第 2 条有关刑法时间效力[3]的规定

[3] 意大利刑法典第 2 条的标题为"Successione di leggi penali",直译应为"刑事法律的更替"。按照意大利刑法学理论,规定哪些行为应受处罚、哪些行为不受处罚的刑法规范,自始至终都调整着所有公民的全部行为。所以,无论是新法的生效或是旧法的失效,实质上都是用新的刑法规范来取代旧的刑法规范。但意大利司法部 1998 年和 2001 年组织起草的意大利刑法典草案第 5 条的标题均为"刑法的时间效力"(Efficacia della legge nel tempo)。

关于刑法规范的时间效力,刑法典第 2 条规定了三种基本情况:

(1) 对新的犯罪化规范适用不得溯及既往原则。刑法典第 2 条第 1 款有关"任何人不得因行为时不构成犯罪的行为而受处罚"的规定,同时也排除了根据已被废除(或失效)的法律来处罚行为的可能性(禁止刑事法律具有延伸于生效期以外的效力[4],不允许适用已失效的法律,实际上是一个对任何法律都适用的一般原则)。

[4] 原文为"divieto della c. d *ultrattivita*"。

(2) 废除原有犯罪规范的废除性规范具有无条件的完全的溯及力。刑法典第 2 条第 2 款规定"任何人不得因根据行为后的法律,不构成犯罪的行为而受处罚;如果已被判刑,停止判决的执行并消除相应的刑法后果"。人们常用"有利于被告"(*favor rei*)作为解释这一规定的根据,但真正的理由应该是宪法第 3 条第 1 款规定的实质平等对待原则:在其他任何人都可以不受处罚地实施某种行为时,一个人还在为该行为而受刑并承担法律后果,显然是不公平的。

(3) 对改变原有犯罪构成条件的修改性规范适用从轻原则。刑法典第 2 条第 3 款规定,"如果犯罪时的法律与以后的法律不同,适用对犯罪人最有利的法律,但已经发生法律效力的判决除外"。这一规定在间接肯定了不利于被告的法律不得溯及既往原则的同时,又明确承认了"(轻的法律)" *lex mitior* 具有溯及力。实质的平等原则,仍然是这一规定的根据。不过,这一规定不适用于判决已经生效的被告,因为从实践的角度考虑，不可能每修改一次法律，就对全部案件重新进行一次审判。

最有利于被告的法律，应在行为时与终审判决宣告前（曾经）生效的法律之间进行选择，而不仅是在行为时的法律与审判时的法律之间进行比较。因为何时进行审判取决于许多偶然的因素。最有利于被告的规定，应该是某一法律的规定，不应该是"不同法律规定的综合"（*mixtum compositum*）[5]，否则，法官就会成为适用的法律规范的制定者。选择最有利于被告的法律，不应该有抽象的标准[6]，否则，在多数情况下，人们都根本无法确定哪一个法律是最有利于被告的法律（如新法在降低了原有法定最低刑的同时，又提高了法定最高刑），或者得不出肯定的结论（尽管在一般情况下将重罪转化为轻罪的法律有利于被告，但也可能出现相反的情况，因为轻罪一般都既可以由故意也可以由过失构成，而重罪一般只能由故意构成）。总而言之，只有综合比较各种法律适用于具体案件中的犯罪人应承担的具体后果，才可能得出正确的结论。例如，在根据案情应处最低刑的情况下，最低法定刑最轻的法律就是最有利于被告的法律；如果应处最高法定刑，最高法定刑最低的法律就是最有利于被告的法律[7]；如果行为是出于过失，在重罪只处罚故意的情况下，将该行为规定为重罪的法律才是最有利于被告的法律。

[5] 意大利刑法学家 Petrocelli 对此持有相反的看法（参见 Petrocelli, Principi di Diritto Penale, p. 138）。

[6] 但著名刑法学家 Vannini 曾经认为，可以根据法定刑的轻重或行为是被规定为轻罪或重罪为标准来进行抽象的认定（参见 Vannini, La legge piu` favorevole e il terzo comma dell'art. 2c. p, Foro. it, 1932. II, 361）。

[7] Mantovani 和 Antolisei 等刑法学家认为，在旧法规定为处罚较轻的公诉罪，新法规定为处罚较重的自诉罪时，一般应根据当事人是否提出告诉而定。

准确地划分"废除性（abrogativo）规范"和"修改性（modificativo）规范"，是解决刑法规范的时间效力时最棘手的问题。因为一个犯罪规范被废除，并不总是意味着原规定为犯罪的行为不再是犯罪。例如，1981年第442号法律废除了刑法典第587条规定的因名誉杀人罪，但这只意味着这种行为应根据刑法典第575条规定的故意杀人罪来处罚；1974年第98号法律在用该法律中的第2条取代刑法典中的第617条第2款时，"改造"了原来的犯罪构成，将该罪成立的条件由"无正当理由泄露他人谈话、通信、电报或电话的内容并造成损害"，改为"通过公共传媒泄露上述内容"，即将该罪改为只能由特定的手段构成，不再"以无正当理由并造成损害"为构成要件；1990年第86号法律取消了刑法典第324条规定的徇私枉法罪，但徇私枉法行为仍可能构成刑法典第323条规定（后为1990年第86号法律第13条所取代）的滥用职权罪。现在的问题是，究竟应该以什么为标准来区分刑法规范的废除与修改呢？

在这个问题上，"犯罪类型连续性说"是不可取的。该理论认为，如果前后两个犯罪规范规定的犯罪行为具有"实质上"的一致性，后者就是修改性规范；如果完全不同，则只能是废除性规范。这种理论以实质性的价值判断为标准，在内容上必然是不确定的。"完全包含说"，尽管相对合理一些，但同样不可接受。按照这种理论，如果后来的法律规范"完全包容"了原有法律规范的内容，后来的法律规范就是修改性规范；相反，就是废除性规范。如果此说成立，那么就只有后来的法律规定是原有法律规范的特殊规范时，才可能成为修改性规范；但实际上，如果后来的法律规定扩张了原有规定的内容（即后来的法律相对原有规定而言是一般性规范），同样也是犯罪构成具有连续性的表现形式之一。

为了解决这个问题，需要分析不同规范中犯罪构成的结构和它们在法律体系中的地位。因此，下列情况属于对法律的修改：

（1）因一个特殊规范的废除而产生一个一般性规范适用范围扩大的结果。例如，由于规定为名誉杀人罪的刑法典第587条已被废除，对这种行为就只能按刑法典第575条规定的故意杀人罪处罚（这显然是一种不利于被告的变化）。当然，如果立法者明确表示原来的行为不再是犯罪，就应另当别论（如 1978 年第 194 号法律第 22 条废除了刑法典原 552 条[8]的规定，要说明后者原规定为犯罪的行为是否应按刑法典第 583 条第 2 款第 3 项的规定处罚[9]，就必须分析立法者是否认为本人承诺丧失生殖能力或使承诺人丧失生殖能力的行为不再是犯罪）。

[8] 该条原规定，使承诺人或承诺使自己丧失生殖能力的人，处 6 个月至 2 年的有期徒刑，并处 4 万里拉～20 万里拉的罚金。

[9] 意大利刑法典第 583 条是有关伤害罪加重情节的规定，其中的第 2 款第 3 项规定"使人丧失一肢或使一肢丧失功能，或者使人丧失某种器官的功能或生殖能力，或者造成严重的永久性语言能力障碍"为加重情节之一。

(2) 一个一般性规范为特殊规范所取代，但新规范中仍然保留了原有的犯罪构成（如 1981 年第 689 号法律规定，用该法中的第 86 条取代刑法典原 334 条第 1 款[10]，以及用刑法典新的第 323 条取代原 324 条[11]就属于这种情况）。

[10] 意大利刑法典原 334 条第 1 款内容为"出于有利于所有人的目的而窃取、隐匿、破坏、丢失或使变质受托保管的查封、扣押物的人，处 6 个月至 4 年的有期徒刑，并科 1 万 200 里拉至 12 万里拉的罚金"，1981 年第 689 号法律第 86 条除将该罪的法定刑修改为"6 个月至 3 年的有期徒刑，并科 10 万里拉至 100 万里拉的罚金"外，还将该条规定的犯罪对象修改为"受托保管的刑事诉讼中被扣押的或由行政机关扣押的物品"。

[11] 意大利刑法典原 324 条规定的一般的徇私枉法罪为 1990 年第 86 号法律所取消，新的第 323 条规定"公务员或从事公务的人员，出于为自己或他人谋取不正当的非财产性利益或造成他人不正当损害的动机，滥用职权，如果不构成更严重的犯罪，处 2 年以下有期徒刑"。

前后两个法律规定，如果包含共同的构成要件，但却有不同的适用前提（如用 1974 年第 98 号法律第 2 条取代刑法典第 617 条第 2 款的情况[12]），后者就属于规定了新的犯罪行为的废除性规范。如果行为是在前一法律有效期内实施的，应该适用刑法典第 2 条第 2 款的规定（废除性法律具有溯及力）；如果是在后一法律生效后实施的，则应适用刑法典第 1 条第 1 款（新的犯罪化规范不得溯及既往）。

　　[12] 1974 年第 98 号法律第 2 条在修改刑法典第 617 条第 2 款时，将原来的犯罪构成由"无正当理由泄露他人谈话、通信、电报或电话的内容并造成损害"，改为"通过公共传媒泄露上述内容"。参见本段前第 5 个自然段的内容。

2.2　非刑罚化与刑法的时间效力

　　将犯罪行为改为行政违法行为的法律，与新旧刑法规范的交替实质上非常相似。因为这种情况只是改变了对行为的处罚方式，并不影响行为的违法性。在多数情况下，立法者只是用新的（行政）制裁来取代原有的（刑事）制裁，而不对行为的构成要件作任何修改。

　　然而，就形式而言，这种现象无疑是用规定一种新的行政违法行为的方式，废除原有的犯罪规范。如果将这种现象视为废除原有的犯罪规范，就应该适用刑法典第 2 条第 2 款的规定[13]；如果将这种现象视为规定新的行政违法行为，则应该适用 1981 年第 89 号法律第 1 条第 1 款规定的不得溯及既往原则。但这样就产生一个真空：在原刑法规范有效期间实施的行为，既不可能根据行为时的刑法来处罚，也不可能根据新的行政法规来处罚。

　　[13] 即废除性规范具有溯及既往的效力。

　　否认行为间的违法性有连续性，是司法实践在解决这个问题时所采纳的方法，这无疑是正确的。不过，尽管是从刑事违法转化为行政违法，但这些行为的确始终都是违法行为。对原刑法规定生效期间实施的行为，按新的行政法规处罚似乎更合理一些，这也符合刑法典第 2 条第 2 款规定的精神。就此看来，在制定非刑罚化法律时，有必要设专门条款，规定原来的犯罪行为是否应根据新的行政法规处罚。将大量犯罪行为非刑罚化的 1981 年第 689 号法律的第 40 条第 1 款，1993 年第 561 号法律的第 4 条第 1 款，以及 1994 年第 758 号法律的第 18 条第 1 款，都是这方面做得较好的例子。

3. 对犯罪要件的"间接"修改

刑法典第 2 条的规定，除了适用于直接修改了犯罪的构成条件、法律后果或具体处理的法律外，是否适用于对上述情况进行了间接修改的法律，是一个有争议的问题。争论的焦点在于：如果行为时的法律规定为构成犯罪的前提条件，被行为后的法律所废除，犯罪是否依然成立。例如，诬告他人犯有被后来的法律认为不再是犯罪的行为，是否构成刑法典第 368 条规定的诬告罪；以实施一个被事后的法律认为不是犯罪的行为为目的而结社的行为，是否应适用规定组织犯罪团体罪的刑法典第 416 条；如果新的规范不再要求特定的犯罪主体为构成要件，该规范是否仍应适用于犯罪人为特殊主体的情况，等等。

对于这个问题，理论界和司法实践占主导地位的观点所给予的回答是否定的。理由是，后来的法律既没有修改原有法律规定的犯罪构成（例如，即使在被诬告的行为不再构成犯罪的情况下，诬告罪的范围也没有改变），也没有改变对原有行为的法律评价（如诬告行为并没有被认为不再是犯罪）。反对这种观点的人认为，在上述情况下，应该根据立法者是否改变了对原有的行为的评价来分别处理（如在诬告罪中，由于行为人的手段侵犯了司法活动与个人自由，即使后来被证明不可能实现诬告的目的，同样具有危害性；而在为犯罪而结社的场合，如果不具有犯罪目的，公共秩序就不会有危险）。

事实上，如果从相反的角度来考虑这一问题，就可能得出上述所有情况都应该适用刑法典第 2 条第 2 款规定的结论。例如，无论诬告他人实施了某种被后来的法律规定为犯罪的行为，还是以实施某种被事后的法律认为不是犯罪的活动为目的而组织结社的行为，无疑都应适用不得溯及既往原则；即根据行为时的法律规定，上述的诬告行为或结社行为，不构成犯罪。如果说在理解刑法典第 2 条第 1 款规定的精神时，必须根据"行为时所有的具体条件来决定适用的法律规范",为什么就不可以按此精神来理解该条第2款的规定呢?显然,如果根据事后法律的规定,作为某一犯罪构成条件具体内容的行为不再是犯罪,行为本身就既不构成犯罪,也不应受惩罚。

4. 从轻原则的例外

刑法典第2条第4款规定,"上述各款"(即规定废除性法律与有利于被告的法律具有溯及力的该条第2、3款)"不得适用于""为特殊情况而制定的法律或限时性法律"。所谓"为特殊情况而制定的法律"(le leggi eccezionali),是指专为非常情况(如生活必需品匮乏或发生自然灾害)而制定的法律。而"限时性法律"(leggi temporanee),则是指本身规定了失效时间的法律(一般是立法者已经预见到,过了特定时期就没必要再用该法律对行为进行调整)。这两种法律注定都只能在一定的时期内实施,这也是对它们有特殊规定的原因。

为特殊情况而制定的法律和限时性法律本身就是用来替代(一般来说处刑更轻,甚至对某些行为根本就不处罚)正常的法律的,如果对这两类法律生效期间的行为也适用从轻原则,就不能发挥它们应有的威慑力。在它们施行的最后阶段(对限时性法律来说,这一阶段是法律规定的;对于为特别情况制定的法律而言,这一阶段是可预见的),就更是如此。总之,为了保证这些法律的一般预防功能,就必须严格地实行"行为时法"(*tempus regit actum*)[1](这也意味着它们没有溯及既往的效力,关于这一点,刑法典第2条第4款并没有规定任何例外)。不过,上述理由并不能解释为特别情况制定的法律或限时法规定的处罚比普通法律更轻的情况(因为在这种情况下,上述理由并不妨碍它们具有溯及既往的效力)。这两种法律在任何情况下都没有溯及力,实质上是由它们本身的性质决定的:它们的目的就只是调整它生效期间的行为,所以应该有特别的规定。

[1] 拉丁语"*tempus regit actum*",直译为"时间统治行为"。

为特别情况而制定的法律或限时性法律为同样性质的法律所取代

时，应如何处理二者的关系呢？对这个问题，刑法典并没有明确的规定。一般来说，在这种情况下仍应坚持从旧原则。理论界有一部分人不同意这种观点，他们认为，针对同一特殊情况而制定的不同法律的性质相同，因而处理它们间的关系应适用从轻原则。但我们认为，对这种情况是否适用刑法典第 2 条第 4 款的规定，应由立法者根据具体情况决定。如果要制定一个普遍适用的调整这种关系的一般规则，就必须对前后两个法律之间是否存在实质的连续性进行评估。要正确地作出这种评估，有时是很困难的，所以还是留给立法者根据具体情况处理为好。

1929 年第 4 号法律第 20 条规定的情况，也不应适用刑法典第 2 条第 2、3 款的规定。该条规定，"财税法律中的刑法规范""适用于其生效期间实施的行为，即使适用时已被废除或修改也不例外"。根据该规定，所有关于财税犯罪及其法律后果的规定都严格地实行行为时法。一般认为，对财税法律中的刑法规范作此特殊规定，原因在于调整财税的法律具有宪法性的意义（宪法第 53 条第 1 款；宪法法院 1974 年第 164号、1978 年第 6 号判决）。然而，这一解释显然很勉强，因为刑法保护的很多利益都具有与财税利益相等，甚至高于财税利益的宪法性意义（如前述宪法第 2 条第 1 款规定的不可侵犯的人权），但它们并不排除从轻原则的适用。这一规定的真正原因，在于财税刑法内容在多数情况下要随税制改革而发生变化（如 1972 年—1973 年实行新的直接税与间接税制时，就制定了许多与这一改革相应的许多刑法规范）。如果发生这种变化，肯定不能说旧税制下实施的犯罪行为已不再具有危害性，它们只不过在新的法律中有了新的表现形式而已。由于税制改革必然引起相应的犯罪规范的变化，如果适用刑法典第 2 条第 2 款的话，就不可能对旧税制时期实施的犯罪进行制裁。为了避免出现这种不合理的现象，于是才有了 1929 年第 4 号法律第 20 条。除了税制改革引起的变化外，还可能会出现对财税刑法某些条款的一般性修改，如果这些修改是有利于被告的，很难有理由认为它们不具有溯及力。总之，对财税刑法不适用刑法典第 2 条第 2 款的规定容易解释，但不适用该条第 3 款却令人费解。

5. 未能转变为法律或经过修改后才转变为法律的可转变为法律的法规

刑法典第 2 条原第 5 款[1]曾规定，该条有关时间效力的规定也适用于"到期未被批准为法律的法规或经修改后转变为法律的法规"。在实践中，人们曾认为，与其他法律一样，刑法典第 2 条有关时间效力的规定，同样适用于"可转变为法律的法规"（decreto-legge）[2]（以下简称法规——译者）。这一规定原是法西斯法律体制的体现。1926 年第 100 号法律曾规定，没有转变为法律的法规 ex nunce 失效，即从法规不能转化为法律之日起失效。按此规定，未转变为法律的法规在其施行期间，当然具有与其他法律同等的效力。但是，现行宪法第 77 条第 3 款规定："如果从公布之日起 60 日内未能转化为法律，这些法规从一开始（即 ex tunc）就无效。"这样，就不可能再将这些法规施行期间的效力简单地等同于正式的法律了。这样的法规如果未能转化为法律，似乎就应被视为一个 tamquam non esset[3]，被其取代的法律也应重新恢复全部的效力。[4]然而，这种做法显然违背不得溯及既往原则。可以设想一下，如果一个法规废除了以前的犯罪规范，一个人在其施行期间实施了被原来的法律所禁止，但为行为时施行的法规所允许的行为，在这个废除了以前的犯罪规范的法规后来未能转化为法律的情况下，被这个法规"废除"了的原有法律就要从该法规施行之日起恢复效力。由于行为人行为时实际上生效的是后来未能转化为法律的法规，而因法规为转化为法律而被恢复效力的法律，在行为人行为时不可能具有实际的效力。如果要按照原来的法律来处罚行为人的行为，必然会带来这样极端不合理的结果：本身不可能作为行为指南的法律，却成了处罚行为人的依据。

[1] 该款被意大利宪法法院 1985 年第 51 号判决宣布部分违宪。

[2] 指由政府制定在授权范围内，或在紧急情况下制定的具有法律效力的法规，这种法规是否最终具有法律效力，取决于议会是否在法定期间内予以认可。

[3] 拉丁语"未存在过的东西"。

[4] 在意大利宪法法院1985年第51号判决之前，意大利目的论刑法学的主要代表人Bettiol等人就曾经以刑法典第2条原第5款的规定为据，认为未转变为法律的法规在其施行期间，具有与其他法律同等的效力，因为刑法典第2条原第5款明文规定，"到期未被批准为法律的法规或经修改后转变为法律的法规"，也适用于该条有关时间效力的规定。

为了正确地解决这个问题，需要对法规施行前实施的行为与法规施行期间实施的行为区别对待。

对法规施行前实施的行为，只能按行为时的法律处理，即使后来的法规修改甚至废除了该法律也不例外。宪法法院1985年第51号判决，肯定了这个根据宪法第77条第3款得出的结论。该判决宣布，刑法典第2条第5款关于法规施行前实施的行为，"可适用（该条）第2、3款规定"是不合法的。这种处理并没有让犯罪人受到与其行为时法律规定不同的处罚，只是避免了让犯罪人获惠于一个效力"从未确定"，甚至一开始就无效的法律规定。应该指出的是，这些未转化为法律（因而不能适用于其施行前的行为）的法规，在施行期间可以作为审判的依据，并产生相应的法律效力。如果这些法规将原不是犯罪的行为规定为犯罪，以这种法规为据的判决就应根据刑法典第2条第2款撤销并消除法律后果；但如果这些法规只是修改了以前的法律（不管是有利或不利于被告），上述判决就不可更改。在新的刑法草案中有专条规定，以未转变为法律的法规为据的判决在法规未转变为法律前，一律暂缓执行；根据上述情况，这一建议是完全正确的。[5]

[5] 意大利司法部刑法典修改委员会1998年和2001年草案第5条关于"刑法时间效力"（Efficacia della legge nel tempo）的规定如下：(1)"任何人不得因根据行为后的法律，不构成犯罪的行为而受处罚；如果已被判决，停止判决的执行并消除相应的刑法效果。"(2)"如果犯罪时的法律与事后的法律不同，适用在具体案件中整体上最有利于犯罪人的法律的规定，已经生效的判决除外。"(3)"除非事后同样为紧急性或有时限性的法律有明确规定，本条

第 1 款和第 2 款的规定不适用于明确规定为紧急性或有时限性的法律。"(4)"本条第 1 款、第 2 款的规定，以修改的条款为限，适用于对经修改转变为法律的法规或没有转变为法律的法规，但在后一种情况下，对可转变为法律的法规颁行前的行为适用行为时法。"(5)"刑法规范被宣布为违宪的情况，适用本条第 1、2、3 款的规定。"(6)"本条中的犯罪时间，是指犯罪行为终了的时间"。

至于在法规施行期间实施的行为，有一点很清楚，根据宪法第 77 条第 3 款，如果法规未能转化为法律，法规中的犯罪化规范或不利于被告的规范从一开始就没有效力。但如何处理非犯罪化规范或有利于被告的规范（免除某些犯罪可罚性的规范），却是一个有争议的问题。根据宪法第 77 条第 3 款，如果法规未能转化为法律，为法规所取代的法律应视为效力没有中断；但是，如果这个法律不利于被告，又不能适用该法律。因为，这个曾为法规取代的法律，在行为时事实上并没有效力，行为人也不可能以它为标准来决定自己的行为。如果对这种情况生硬地照搬宪法第 77 条第 3 款的规定，适用行为时实际没有效力的原法律规定，必然会违背宪法第 25 条第 2 款的精神。为了协调这两个宪法规定的冲突，有人提议，应按照宪法第 77 条第 3 款的规定，由立法者根据具体情况来决定"因法规为转化法律而产生的法律关系"。但多数人认为，在刑法典第 2 条第 5 款中已经包含了问题的答案，该款规定对未转化为法律的法规施行期间的效力问题，也适用不得溯及既往原则，这显然是符合宪法规定的精神的。即使刑法典第 2 条第 5 款本不是为执行宪法第 77 条第 3 款而制定的，在实践中也不应得出相反的结论：不溯及既往原则所维护的价值在宪法中居于首要的地位，因为它直接保护公民的自由，属于"不可侵犯的"权利（宪法第 13 条第 1 款）。总之，对法规施行期间实施的行为只能根据从轻原则来决定适用何种法律，舍此即无更合理的选择。当然，这一点很容易被政府利用来滥用权力，制定一些有利于特定集团或个人的法规（例如，利用这种法规将某些能在法规施行期间完成，本是非法的金融活动规定为合法行为）。但是，如果出现这种情况，议会应该根据宪法第 77 条第 2 款的规定来追究行政机关的"政治"责任，在极端的情况下，甚至刑事责任。

对那些经过修改才转变为法律的法规，应具体分析这种修改是删除了原法规的某些条款，还是只对某些条款的内容作了修改？如果是前者，上面所作的全部分析继续有效；如果是后者，则根据刑法时间效力的一般原则来处理。

6. 被宣告为违宪的刑法规范

刑法典第 2 条没有规定应如何处理被宣告为违宪的刑法规范，但这显然与刑法的时间效力有关。宣告刑法规范违宪不是废除刑法规范的方式，二者的法律效果却相似。宪法第 136 条第 1 款规定，被宣告违宪的规范"从决定公布的第二天起失效"；1953 年第 87 号法律第 30 条第 4 款进一步明确规定："适用被宣告为违宪的规范而被判有罪的，停止执行判决并消除所有的刑事后果。"

如果被宣告违宪的是更有利于被告的刑法规范，如何处理这种规范与被其取代的法律间的关系是一个棘手的问题。因为，随着这种有利于被告的法律被宣告为违宪，被其取代的法律或是重新恢复效力（如当一个非犯罪化规范被宣告违宪后，被其取代的犯罪规范自然重新有效）或是恢复原有的适用范围（如某些免除可罚性的规范被宣告违宪）。占主导性的意见认为，对被宣告违宪的法律生效期间实施的行为，应继续适用该法律中有利于被告的规定。如果完全执行宪法第 136 条第 1 款，本应该适用不利于被告的法律，但由于这种法律在行为时并无效力（也不能适用），这样做就会违背宪法第 25 条第 2 款的规定，因为这实际上等于承认不利于被告的法律具有溯及力。

7. 犯罪的时间

"犯罪时间"（tempus commissi delicti），是刑法时间效力问题的核心。[1] 只有确定了犯罪时间，才可能决定哪一个是法律行为时生效的法律；只有在决定了行为时生效的法律后，才有可能决定应该适用从旧原则或是从轻原则。

[1] 意大利刑法学界认为，犯罪的时间不仅涉及刑法的时间效力，而且还与刑法规定的追诉时效、赦免、刑事责任能力、犯罪的主客观要件等多种刑法制度紧密相关。由于法律没有明确规定确定犯罪时间的标准，刑法学理论曾提出了三种不同的学说。其中的"行为说"（la teoria dell'attivita 或者 il criterio della condotta）。主张应以作为或不作为的实施时间为犯罪时间；"结果说"（la teoria dell'evento）认为应以犯罪结果的发生时间为犯罪时间；而"混合标准说"（la teoria mista）则强调不论犯罪行为的实施时间或是犯罪结果的发生时间，都是犯罪时间。而目前占统治地位的观点认为，"由于在不同的刑法制度中（如时效、刑事责任能力、犯罪的主客观要件），犯罪时间具有不同的意义"，在确定犯罪时间时，必须考虑具体刑法制度的需要，因此，不应该有一个适用于所有情况的统一标准（参见《（意大利）法学百科全书》，第23卷，1063页）。

由于法律没有专门规定应该如何确定犯罪的时间，要解决这个问题就必须考虑刑法规定时间效力的目的。不溯及既往原则的作用在于保护公民的自由，其中也隐含着行为结果是行为人自愿选择的意思。从此出发，占绝对统治地位的观点认为，犯罪时间应该是实施典型行为的时间，而不是犯罪结果发生的时间，因为犯罪结果的发生取决于一系列并不总是行为人可控制的原因。因此：

（1）"举动犯"（i reati attivi istantanei）的犯罪时间，就是行为人实施犯罪行为的时间。

（2）"断续犯"[2]（i reati attivi frazionati）（包括犯罪未遂）的犯罪时间，是行为人实施最后一个完成犯罪构成行为的时间。

[2] 意大利刑法中的"断续犯"，是指由数人分别实施的几个不能单独构成犯罪的行为结合而成的犯罪。例如，被害人因几个犯罪人一人砍一刀而死亡，但其中的每个犯罪人的行为都不可能单独致被害人死亡。

（3）不作为犯的犯罪时间即履行法律义务的截止时间。

（4）持续犯的特点在于违法状态（即所谓的既遂阶段）在时间上呈

第 2 章　罪刑法定原则

持续状态，理论上有人认为应以行为的终止时间为犯罪时间；司法实践也多采此说。理由是：只有这样，法律才能自始至终保持对行为的威慑力；也有人将行为刚进入既遂状态的时间视为犯罪时间（如果在行为持续期间有新的法律开始施行，新法可以把整个持续状态作为一个行为来看待；如果在行为即将终止前，一个新的对犯罪人不利的法律开始生效，把行为的终止时间视为犯罪时间实质上就是承认该法律具有溯及既往的效力）。

（5）惯犯的情况与持续犯相似，存在以惯犯的第一个行为和最后一个行为为犯罪时间的两种对立的观点。

（6）连续犯，从刑法的时间效力的角度看，它不是一个独立的行为，而是一系列犯罪的实质竞合；其中每一个犯罪都以行为的实施时间为自己的犯罪时间。

第 3 章　刑法的效力范围

第一节　刑法的空间效力

1. 刑法空间效力[1]的一般原则

众所周知,处于一定主权管辖下的领域和人民是每个国家法律制度存在的基础。从根本上说,国家制定法律的目的都是为了调整发生在一定领域内的事实或行为(属地原则,源于罗马法术语：*lex loci*),或与一定的人有关的行为或事实(属人原则,源于日耳曼法术语：*lex personae*)。就刑法而言,由于它涉及对社会生活具有特殊意义的各个领域,没有一个国家会在原则上放弃对自己领域内实施的犯罪行使刑罚权(因为它是主权最重要的组成部分之一)。即使那些以属人原则为基本原则的国家(如德国),也以属地原则为补充,以处罚在本国领域内犯罪的外国人。

[1] 本章标题下原有以下正文："刑法的效力问题包括刑法的

第 3 章 刑法的效力范围

时间效力、空间效力和对人的效力三个方面。其中的时间效力问题，前面探讨刑法的不得溯及既往原则及有利于被告的法律的溯及力时，已作了说明"。

在意大利刑法中，刑法的效力问题包括刑法的时间效力、空间效力和对人的效力三个方面。其中"刑法的空间效力"，仅指刑法的地域效力（efficacia allo spaio），不包括刑法对人的效力（efficacia alle persone）在内。

采用"适当相关标准"（il criterio di collegamento idoneo），国家还可能根据自己的利益对发生在国外的犯罪进行处罚。如一个意大利人在国外遭人杀害，被害人的国籍就是我国法律对此进行干预的充分理由。一国规定可以或必须对哪些犯罪行使处罚权的规范的总和即所谓的"国际刑法"（il diritto penale internazionale）[2]。不应将这一概念与"刑事国际法"（il diritto internazionale penale）相混淆，后者是指那些有关个人实施的侵害国际社会利益的犯罪规范（如战争罪、反和平罪等）。"国际刑法"是国内公法的分支，"刑事国际法"是国际公法的组成部分。

[2] 由于刑法空间效力的规定具有强烈的"涉外性"（如国籍、外国人犯罪、国外犯罪、国际条约或协议等），意大利刑法学者多喜欢使用"国际刑法"（il diritto penale internazionale）这一名称，来表述这一概念。并认为这一概念包括"调整刑法空间效力范围的规范"和"调整本国与外国刑事司法合作的规定"两个相反相成的组成部分。为了说明这个概念与国际公法中规定的侵害国际社会利益的犯罪规范（如战争罪、反和平罪等）的区别，意大利刑法学界一般都把后者规定总称为"刑事国际法"（il diritto intenazionale penale）。

总的来说，国际刑法所采用的标准一般有：
（1）"属地原则"（il criterio di territorialita[3]）。在这一原则中，国家的刑罚权与行为的关系是很清楚的（一个外国人在意大利实施犯罪，即使只是侵害了另一个外国人，除了破坏了我国社会生活的安宁以外，

— 57

同样是对我国法律所保护利益的侵害,因为在我国境内的外国人也受我国法律的保护)。

[3] 原文"il criterio di territorialita"直译为"地域性标准",以下的几个刑法空间效力原则中"原则"的原意都是"标准"。

(2) "积极的属人原则或犯罪人国籍原则"。在这一原则中,将国家刑罚权与行为联系起来的是犯罪人的国籍,因为"良民是国家利益所在"[4]。

[4] 原文为拉丁语"*res pubblica interest habere bonos subditos*",其含义是国家应保证臣民对法律的忠诚,这是用来解释属人原则的根据的格言。

(3) "被动的属人原则或被害人国籍原则"。这一原则的基础,是被害人的国籍或受到直接侵犯的国家利益(如政治犯罪),这是国家维护自己利益的特殊方式。

(4) "普遍管辖原则"。一国刑法可以适用于任何人在任何地方实施的犯罪,是这一原则的基本要求。用格老秀斯的话来说,发现犯罪人的国家必须"*aut dedere aut punire*"(或者将犯罪人交其他国家处罚,或者直接对其进行处罚)。国际社会的高度统一,或者各国对犯罪的评价有完全一致的标准,是采用这一原则的前提。由于这些条件都还远远没有成熟,这个原则现在只适用于那些根据国际法规范各国都有义务处罚的犯罪(如种族灭绝罪、海盗罪、贩卖奴隶罪等)。

2. 属地原则与犯罪地

刑法典第 3 条第 1 款规定,"意大利刑法对所有在本国领域的人,本国人或外国人,具有约束力……"该法第 6 条第 1 款重申,"任何在本国领域内犯罪的人,按意大利法律处罚"。如果说刑法典第 3 条的规定只具有刑事实体法意义的话,那么刑法典第 6 条就还含有从程序上强调,在意大利境内犯罪的人必须接受我国刑事管辖的意思。总的来说,意大利的国际刑法采取的是属地原则。

第 3 章 刑法的效力范围

刑法典第 4 条第 3 款规定了"我国领域"的一般概念,这一概念必须与海事法典第 2、3 条关于"领海"和"领空"的规定、1973 年第 43 号总统令第 20 条关于我国在 12 海里范围内行使海关权和有关该范围内实施的走私罪的规定,结合起来考虑。

刑法典第 4 条第 2 款规定,"除根据国际法应遵守所在国法律外","在任何地方的""意大利船舶和航空器"应视同我国领域(即所谓的"浮动领土",亦即所谓的"旗籍国法")。在实践中,在意大利的军事舰船和军用航空器内实施的犯罪,不论发生在什么地方,一律适用我国刑法[1];在国际海域或空域的我国民用船舶或航空器也是如此。但是,对处于外国主权范围内的民用船舶或航空器,则应区别对待:如果犯罪行为纯属没有干扰所在国安宁的"内部"事务,无疑应该适用旗籍国法;如果是可能干扰所在国安宁的"内部"事务或"外部"事务(即犯罪行为直接影响了船舶或航空器所在国的社会生活),则应适用有利于所在国的属地原则。对在外国的船舶与航空器上的犯罪,我国刑法没有作专门规定,但显然也应该适用上述规则,因为这是符合国际惯例的。从原则上说,所有在意大利领域内的船舶和航空器内实施的犯罪,都应该视为在我国领域内实施的犯罪,并适用刑法典第 6 条第 1 款;但严格地执行这一规定,必然会与普遍承认的国际法规则相冲突,刑法典第 6 条第 1 款的规定,就可能根据宪法第 10 条第 1 款[2]的规定被宣布为部分违宪。

[1] 意大利著名刑法学家 Antolisei 认为,这种情况才属于真正意义的"普遍管辖原则"(un vero e proprio casodi extraterrioriialita̓)(Antolisei,Manuale,p. 103)。

[2] 该款规定,意大利的法律制度应符合普遍承认的国际法规范。

意大利驻外使领馆的馆舍不是我国的领域,外国驻意大利的使领馆也不是外国的领土。认为上述地方享有"治外法权"是不对的,因为这些地方实际上只是享有特殊的、限制所在国强制行使权力的豁免权,但它们仍然是所在国领土的一部分。

确定了属地原则适用的范围之后，现在来看一下在什么条件下可以说犯罪是在"我国领域内实施的"[即如何决定"*locus commissi delicti*"（犯罪地）的问题]。除了犯罪的全部过程都发生在意大利境内这种明显的情况外，刑法典第 6 条第 2 款规定，"如果构成犯罪的作为或不作为的全部或部分在意大利境内实施，或由上述作为或不作为所引起的犯罪结果发生在意大利境内，视为在本国境内犯罪"[3]。这一规定说明在犯罪地问题上，我国刑法没有采用"行为地原则"，该原则以作为或不作为的实施地为犯罪地，目的在于强调刑法的一般预防功能；也没有采用"结果地原则"，这一原则根据犯罪结果的发生地来决定犯罪地，旨在发挥刑法的保护作用。根据我国刑法规定，不论犯罪的行为实施地或是犯罪的结果发生地均是刑法意义上的犯罪地，此即所谓的"择一原则"。

> [3] 2001 年草案第 6 条 3 规定："除了对意大利有效的国际协议规定的情况外，构成犯罪的作为或不作为全部或部分在我国领域内实施，或作为上述作为或不作为后果的自然意义的结果发生或应该发生在我国领域内的，认为是在我国领域内犯罪。"

关于刑法典第 6 条第 2 款的规定，有 2 个主要的问题。第一个问题是：该款中的"部分"在意大利境内实施的行为，应该如何理解？有人认为，这里的"部分"行为，必须是具有刑法意义的行为（即起码能单独构成犯罪未遂的行为）；另一些人则认为（司法实践也多同意[4]），这里的"部分"行为，可以是处于任何"犯罪发展阶段"（*iter criminis*）的行为，包括犯罪预备行为（如为了在墨西哥杀人而在意大利买毒药的行为）。我们认为，刑法典第 6 条第 2 款所谈的"部分"在意大利境内实施的行为，显然是指作为犯罪构成客观要件的行为，即"典型行为"。这种理解意味着，在意大利境内实施了实行行为的一部分，是"部分"行为成立的必要条件；但是，这并不等于行为本身就已经包含了犯罪未遂的全部要件。因为，根据刑法典第 6 条第 6 款的规定，犯罪未遂也是犯罪行为，它也可能"部分"在意大利境内实施。只有事后在全面考察犯罪行为的发展过程后，才能得出某行为是否为犯罪构成客观要件行为必不可少的组成部分,该行为是否是犯罪行为的一部分的结论。[5]在共同犯罪的情况下,任何参与共同犯罪的行为(如教唆、共谋、帮助行为等)都足以构成上述意义的犯罪行为的一部分。即使犯罪本身完全是在国外实施的,也不例外。[6]正如后面(第八章第四节1)将要说明的那样,由于共同犯罪具有多主体性的特点,每一个共犯的行为都是典型行为。

[4] 意大利最高法院在多次判决中都坚持认为,意大利刑法典第6条第2款中的"部分"在意大利境内实施的行为,可以是犯罪决意的任何客观表现,即可以是包括犯罪预备行为在内的处于任一犯罪发展阶段的行为。例如,该院1988年6月23日第7288号判决认为:"在刑法的属地原则问题上,立法者采用的标准是'择一说'(la teoria dell'ubiquità)。根据这个原则,当构成犯罪的作为或不作为的全部或部分,或者犯罪结果的实现在我国境内时,就应视为在我国境内犯罪。因此,在这个意义上,部分行为并不等于相当犯罪未遂的行为,只要作为或不作为有任何部分(anche una minima parte)发生在意大利就足以构成,即使这一部分行为尚不具备犯罪未遂的必要条件:行为的相当性与行为指向的明确性"(Sez. VI, sent. n. 7288 del 23—06—1988)。

[5] 意大利刑法学界普遍认为,下列情况属于"部分在意大利境内实施的"犯罪行为:(1)部分义务应在意大利境内履行的不作为犯罪;(2)任何一部分在意大利境内实施的"过境犯罪"(il reato di transito)(如在甲国绑架人质通过意大利前往乙国);(3)任何一部分行为在意大利境内实施的持续犯。

[6] 2001年刑法典草案第6条4规定:在共同犯罪的情况下,在外国实施的主要行为本身或加上在意大利实施的部分,如果根据行为地的法律也不处罚,不认为是在意大利领域内犯罪。

如何理解刑法典第6条第2款规定的"犯罪结果",是适用该款规定必须解决的另一个问题。有人认为,这里的"结果"是指自然意义上的犯罪结果;其他的人则主张,应该将这里的"结果"理解为对刑法所保护利益的侵害。鉴于该款规定中的"结果",是指由行为人的作为或不作为"所引起的"结果,从自然意义来理解犯罪结果似乎更合乎情理一些。否则,这种结果就无法把握。因为,就实质意义而言,任何犯罪行为,即使发生在国外,都侵害了刑法所保护的利益(如一个意大利人在国外遇害,就是对我国公民生命的侵害)。如果这里犯罪结果是指实质意义的危害结果,刑法典就没有必要专门规定(如刑法典第7、8条,第10条第1款)在国外实施的侵犯意大利公民和国家利益的犯罪应按意大利刑法处罚。因为这些行为可以直接根据刑法典第6条第2款的规定,按意大利境内实施的犯罪来处罚。

3. 在国外实施的犯罪:刑法典第7条的规定

在空间效力问题上,属地原则并不是我国刑法所采用的唯一原则。事实上,结合刑法空间效力的其他原则,我国刑法规定了很多在国外实施的犯罪,应该根据意大利刑法处罚的情况。

根据刑法典第7条的规定,有五类在国外实施的犯罪,不论行为人是何身份,均应无条件适用意大利刑法处罚。[1]在这五类罪中,前四类是各种侵犯国家人格的犯罪(delitti contro la personalita' dello Stato),包括伪造国玺或使用伪造的国玺罪,伪造国内合法流通的货币、印花或公共债券罪,以及各种国家公务员违背职务要求滥用职权的犯罪。这些犯罪所侵犯的利益,都直接危害了国家主权的行使,只有无条件地对它们加以镇压,才符合维护国家根本利益的需要。

[1] 2001年刑法草案规定了9种在国外实施的犯罪应无条件适用意大利刑法的情况:(1)种族灭绝罪;(2)买卖奴隶罪;(3)侵犯意大利国家或欧盟人格的犯罪;(4)伪造国家或欧盟印章或使用伪造的国家或欧盟印章罪;(5)伪造国内合法流通的货币、印花或公共债券罪;(6)各种国家或欧盟、欧洲共同体公务员违背职务要求滥用职权或针对这些人员履行职务而实施的犯罪;(7) abuso di informazioni privilegiate e aggiotaggio attinenti a strumenti finanziari ammessi alla negoziazione nei mercati regolamentati italiani;

(8) 针对意大利公民的故意杀人、重伤、绑架勒赎、强奸罪；

(9) 任何其他法律或在意大利有效的国际协议或者欧洲共同体规则规定可以适用意大利刑法的犯罪。

刑法典第 7 条第 5 项规定的内容与上述情况不同，该款适用的对象是"任何其他根据法律的特殊规定或国际条约应适用意大利刑法的犯罪"。那些其他"法律的特殊规定"（如刑法典第 504 条第 4 款、591 条第 2 款、第 604 条、第 642 条第 4 款，海事法典第 1080 条、普通军法典第 17 条等），也多数是根据被害人属人原则或保护原则制定的。对"国际条约"规定的犯罪，应该如何适用意大利刑法，则应视意大利参加条约的方式或意大利为履行相关条约制定的法律而定，根据它们的规定来决定对在国外实施的犯罪适用意大利刑法。1985 年批准并执行的国际反劫持人质条约的第 718 号法律第 4 条，1988 年批准并执行的国际反酷刑与不人道处遇条约的第 498 号法律第 3 条，都是这类法律的例子。总的说来，对国际条约规定的犯罪适用意大利刑法的目的，是为了维护一些为国际社会普遍承认的世界各国的共同利益，这也是对这些犯罪采用普遍管辖原则的原因。

4. 在国外实施的政治犯罪[1]

与刑法典第 7 条的规定一样，刑法典第 8 条第 1 款也是保护原则的体现。该条规定，"本国人或外国人在外国领域内实施，未包含于第 7 条第 1 项所列犯罪之中的政治犯罪，根据司法部长的要求，依意大利刑法处罚"；对这类犯罪中法律规定告诉才处理的犯罪，还需以被害人提出告诉为条件（刑法典第 8 条第 2 款）。司法部长的要求或被害人的告诉，是实际处罚这类犯罪的必要条件。而司法部长是否提出要求，则必须根据政治上的考虑来决定。

[1] 2001 年草案中没有关于政治犯罪的专条规定。

在规定"政治犯罪"时，刑法典第 8 条采用了两个标准：一个是"客观标准"，另一个是"主观标准"。按客观标准，任何侵害"国家政治利益"或"公民政治权利"的犯罪都是政治犯罪。刑法典第二编第一章第 241 条以后规定的各种侵犯国家人格的犯罪，无疑都是政治犯罪。刑法典第 7 条第 1 项明确规定，在国外实施侵犯国家人格的犯罪均应适用意大利刑法，并且不以司法部长的要求为必要条件。就客观意义的政治犯罪而言，刑法典第 8 条规定的意义不大。因为除刑法典第二编第一章的规定外，保护法益为国家政权机关、国家安全和公民政治权利的其他犯罪规范很少。此类犯罪中，《平时军法典》第 88 等条规定的军事间谍罪，可以作为以国家人格为侵害对象的例子；侵害公民政治权利的犯罪，则可以选举法中规定的某些犯罪为例。按主观标准，任何"全部或部分出于政治目的而实施的犯罪"都属于政治犯罪（刑法典第 8 条第 3 款）。这里的"政治目的"，是指那些因对国家制度有不同理解而产生的目的，不包括一般的社会性动机。如果是基于社会性动机，受侵害的就不是国家，而是具体的个人（如企业家、雇主等）。犯罪目的中包含有个人的因素，并不能作为排除政治犯罪的理由（如出于政治方面的目的和家庭仇恨方面的原因，而在国外杀害一个政治领导人）。

尽管刑法典第 8 条规定了"刑法中"政治犯罪的定义，但该条的目的最初是为了处罚在国外实施的犯罪。在实践中，刑法典第 8 条的作用，曾经只是为了将刑法镇压政治犯罪的功能扩展到国外。当时的法西斯政权企图用这种方式来完全控制国外的政治活动，并按意大利的法律来决定它们是否合法。共和国宪法诞生后，刑法中的政治犯罪概念有了全新的特殊含义：由于宪法明文规定禁止"因政治犯罪"而引渡本国人或外国人（宪法第 10 条第 4 款、第 26 条第 2 款），"政治犯罪"这个概念的主要功能就是为了保障公民自由，不再具有镇压功能。在这种情况下，刑法典第 8 条有关"政治犯罪"的规定就有可能变为一种既荒诞又不公平的特权。例如，那些对犹太人实行种族灭绝的纳粹分子，就曾经被视为政治犯而被拒绝引渡。如果坚持刑法典第 8 条的规定，那些嗜血成性的极端恐怖分子也可能享受这种"特权"。不过，在引渡问题上不应该根据刑法典第 8 条的规定来决定政治犯的范围，因为宪法的规定不允许按照普通法的规定来解释。[2]

[2] 意大利最高法院在 1992 年 3 月 24 日的判决中认为：在意

大利1985年第719号法律批准欧洲反恐怖主义公约后，为了保护人类最基本的价值免受各种出于政治目的的犯罪侵害，应根据在国际法规范的发展，综合考虑意大利宪法关于本国公民和政治犯不得引渡的规定和为人类最基本的价值，来决定政治犯罪的认定及其引渡问题（Sez. I, sent. n. 767 del 24－03－1992）。

5. 在国外实施的普通犯罪

根据刑法典第9条和第10条的规定，对本国人和外国人在国外实施的普通犯罪应按以下情况分别处理。

（1）对本国人在外国实施的普通犯罪采取行为人属人原则。刑法典第4条第1款规定了刑法中本国人的含义。该款规定，在意大利境内居住的无国籍人也算本国人。除此之外，刑法典第243条第2款还规定，就刑法典第二编第一章规定的各种侵害国家人格罪而言，因某种原因丧失了意大利国籍的人也是本国人。

根据刑法典第9条的规定，本国人在国外只有实施了应处监禁刑的重罪才适用意大利刑法。这些犯罪可以根据犯罪的严重程度分为两类，刑法典第9条第1、2款分别为它们规定了不同的起诉条件。对那些严重的犯罪[1]，只要犯罪人在意大利境内就应追诉（刑法典第9条第1款）；对较轻的犯罪，则必须由司法部长提出要求，或者由被害人提出要求或告诉（刑法典第9条第2款）（第9条第2款没有重复以犯罪人在意大利境内为起诉条件[2]，是因为没有必要；既然更为严重的犯罪都要以犯罪人在意大利境内为起诉条件，对相对轻微的犯罪来说，这个条件自然应是不言而喻的了）。至于本国人在国外实施了侵害外国或外国人的犯罪，适用意大利刑法必须以"犯罪行为实施地国政府拒绝或不同意"引渡犯罪人为前提（刑法典第9条第3款）；在这种情况下，意大利刑法的干预纯粹只有次要的意义。

[1] 根据意大利刑法典第9条第1款的规定，这里"严重的犯罪"是指根据意大利刑法"应处［死刑（已被废除——译注）］、无期徒刑或者3年以上有期徒刑"的犯罪。

[2] 2001年草案第8条2则明确规定了这一条件。

（2）对外国人在国外实施的普通犯罪采取被害人属人原则（刑法典第10条第1款）或者普遍管辖原则（刑法典第10条第2款）。由于刑法典第10条第2款明确规定的是"加害外国政府或外国人"的犯罪，人们就此推论该条第1款规定的应该是侵害意大利国家或意大利公民的犯罪。[3] 在上述两种情况下，都只有按意大利刑法应处监禁刑的重罪在达到一定严重程度时，才能适用意大利刑法。刑法典第1款规定的犯罪要轻一些，第2款规定的犯罪则要重一些。[4] 这两类犯罪起诉的条件也有所不同，只要犯罪人在意大利境内，再加上司法部长的要求或者被害人的请求或告诉，就可以对前一类犯罪提起追诉；而要起诉后一类犯罪，除犯罪人在意大利境内和司法部长的要求外，还必须以引渡被拒绝或未接受为前提（刑法典第10条第2款第3项）。正是由于这最后一个条件，使意大利刑法对这类犯罪的干预纯粹具有次要的性质。

[3] 意大利刑法典第10条第1款中的原文"a danno dello Stato o di un cittadino"直译为"加害国家或（一个）公民"。

[4] 意大利刑法典第10条第1款规定的犯罪为"意大利刑法规定的刑罚为［死刑］、无期徒刑或者1年以上有期徒刑的犯罪"；第2款规定的犯罪为"规定的刑罚为［死刑］、无期徒刑或者法定最低刑为3年以上有期徒刑的犯罪"。

由上述可见，所有属于刑法典第9条和第10条规定的情况，都毫无例外地要求以犯罪人在意大利境内为适用意大利刑法的前提。这里的"犯罪人在意大利境内"，是指在提起诉讼时犯罪人在意大利境内，并不一定要求在诉讼过程中犯罪人一直在意大利境内。犯罪人在意大利境内，并不以自动入境为必要条件，也可能出现犯罪人被强制入境的情况，如被引渡入境（不过在这种情况下，要注意本节7中提到的条件）。对"犯罪人在意大利境内"这一条件的法律性质，人们有不同的看法，有人认为属于"客观的可罚性条件"，也有人认为其只是诉讼条件（参见第九章第三节2）。主张这一条件是客观可罚性条件的人认为，"犯罪人在意大利境内"这一事实与犯罪本身的性质无关，但如果没有这一事

第 3 章 刑法的效力范围

实存在，犯罪行为与意大利法律制度之间的关系就不能"实现"，就不可能根据意大利刑法对犯罪行为进行制裁。持诉讼条件说的人则认为，如果承认犯罪人在意大利境内这一事实是客观的可罚性条件，那么在犯罪人不在意大利境内的情况下，就应该有一个有利于犯罪人判决，即不能对该犯罪事实再次提起诉讼（刑事诉讼法典第 649 条）；相反，如果承认犯罪人在意大利境内是一个诉讼条件，犯罪人不在意大利境内的事实只能导致一个程序性的裁决，并不排斥今后对该犯罪提起诉讼的可能（刑事诉讼法典第 345 条）[5]。最后一种理解，似乎更合理一些。

> [5] 如何划分意大利刑法中的"客观的可罚性条件"和"诉讼条件"之间的界限，是一个非常棘手的问题。总的来说，客观可罚性条件是一个实体法概念，用来表示一些与犯罪侵害的同类客体无关，但与行为存在某种因果关系，并对行为的社会危害性大小影响较大的事实（犯罪的时间、地点、后果等），在诉讼中一旦证明其不存在，就应作出撤销诉讼、并不得再就同一行为提起诉讼的判决；而诉讼条件则是一个程序法意义上的概念，与犯罪行为相对的事实（如被害人的告诉、请求或司法部长的要求等），在诉讼中若缺乏诉讼条件，则应作出中止诉讼的裁决，但这并不排除在具备诉讼条件的情况下，对同一事实再次提起诉讼。

对刑法典第 9 条和第 10 条规定的犯罪适用意大利刑法，是否需要以行为地的法律也规定上述行为为犯罪为前提，也是一个有争议的问题。[6] 对这个问题的回答，应该肯定的。因为只有这样才能完全实现罪刑法定原则的保障功能；对 *lex loci*（行为地法）没有规定为犯罪的行为，就应该认为它们是合法的。当然，这种结论不能适用于刑法典第 7 条和第 8 条规定的那些犯罪（参见本节 3 和 4），因为这些犯罪侵犯的都是国家利益，外国的法律制度显然不可能对其提供充分的保障。

> [6] 2001 年草案第 10 条 1.c 项规定，除该条 a 项中规定的某些极严重的犯罪外，行为实施地国家的法律没有规定为犯罪是排除可罚性的条件。

6. 对国外犯罪的重新审判与对外国刑事判决的承认[1]

对于那些可依意大利法律处罚的犯罪在国外已经审判的情况，意大利刑法典第 11 条规定了适用意大利刑法的条件。如果已经审判的犯罪是（或被认为是）在意大利领域内实施的，那就应该根据刑法典第 6 条的规定，无条件地重新进行审判（刑法典第 11 条第 1 款）。对那些在外国实施的犯罪，如果属于刑法典第 7、6、9、10 条规定范围，应否重新审判则取决于司法部长是否提出要求。至于在国外已经服刑罚或被羁押的情况，则按刑法典第 138 条的规定处理。[2]

[1] 2001 年草案第 11 条 1 规定：意大利刑法不适用于在意大利领域外实施的犯罪，如果同一事实已经在犯罪地国终审判决，或者在被判有罪的情况下已经服刑完毕，或者已过追诉时效。同时，该草案中关于"实施与协调规定"的第 4 条 1 规定："除了在意大利有效的国际协议规定的情况外，外国重罪判决中除刑罚适用以外的本刑法典规定的法律后果予以承认。"

[2] 该条规定，在国外已执行的刑罚或被羁押的期间，按国内的方法计算扣除。

按此规定，外国的刑事判决并没有排除第二次审判的效力，即它们在意大利并没有法律效力。不过，按照刑事诉讼法典第 730 等条规定的程序，在某些方面它们也可能得到"承认"，尽管这种承认只涉及重罪，并只适用于刑法典第 12 条规定的那些情况：即（1）作为犯罪前科或可作为认定累犯、惯犯、职业犯或倾向犯的根据；（2）依意大利法律应处附加刑；（3）依意大利法应适用对人的保安处分；（4）外国判决中有恢复原状、赔偿损失等附加民事处分。同宣判国有引渡协议或司法部长的要求，是承认外国判决的必要前提（但外国判决的民事效力不受此限：刑法典第 12 条第 2 款）。

刑法典第 11 条、第 12 条为承认外国判决法律效力规定的限制条件，现已为 1970 年 5 月 28 日的《关于惩治性审判的国际效力的欧洲协议》所超越（见 1977 年 305 号法律）。根据该协议的规定，一个欧洲国家的刑事判决都可以在其他欧洲国家内执行，并在欧洲范围内具有国际效力，其中包括"*ne bis in idem*"（一案不再审）。刑事诉讼法典第731条以及第738条至第740条专门规定了如何根据国际协议承认外国判决的问题。

7. 引渡[1]

在惩治犯罪方面，"引渡"（l'estradizione）是最古老的国际协作形式。引渡的目的在于解决因刑法空间效力的限制而带来的不便。引渡有多种表现形式：如果出于进行审判的目的将一个人由一个国家移交给另一个国家，是"诉讼性引渡"（l'estradizione processuale）；若是出于执行已判决之刑罚的目的，则称为"执行性引渡"（l'estradizione esecutiva）；如果向外国请求引渡，是"主动的引渡"（l'estradizione attiva）；如果是接受外国的引渡，则是"被动的引渡"（l'estradizione passiva）。

[1] 2001年刑法典草案正文中没有关于引渡的规定，但在其"实施与协调规定"第4条2中规定，在有关法律颁布以前，引渡由在意大利有效的国际条约和刑事诉讼法典第696条及以后各条调整。在没有国际条约的情况下，如果作为请求对象的事实没有被意大利和请求国的法律规定为犯罪，不得同意引渡。

刑法典第13条第1款规定，"引渡由意大利刑法、国际协议和惯例调整"。事实上，由于国际惯例在引渡中适用极少，并对引渡一般都没有特殊的约束力，因而只是一种抽象的提法。就此意义而言，引渡基本上是协议性质的。在引渡制度中，对等原则并没有绝对的意义。与其他国家不同，我国的法律规定，"只要未为明文禁止，对国际协议没有明确规定的犯罪也可接受或提供引渡"[此即所谓刑法典第13条第3款规定的"非协约性引渡"（l'estradizione *extraconvenzionale*）]。当国际协议规定了引渡义务时，如果被请求国对要求引渡的犯罪也有管辖权，是否应同意引渡，是一个有争议的问题。因为根据引渡"辅助性原则"（il principio di sussidiarietà），一个国家不能引渡自己有权审判的人。有的协议规定了这个限制，当然不能引渡；只要协议中没有明文规定此限制，就应坚持履行协议义务。不过，根据有关国际惯例，如果被请求国已对犯罪人提起了刑事诉讼，就有拒绝引渡的权利。

（1）引渡前提是行为依意大利法和外国法均构成犯罪（刑法典第13条第2款）。这个前提也被称为"双重犯罪化原则"（il principio della doppia criminazione）或"行为被双方规定为犯罪原则"（il principio della previsione bilaterale del fatto come reato）。这个前提是引渡制度存在的基础。作为国际合作的一种形式，引渡国之间必须要有一个共同的基础，这个基础就是两国对构成犯罪的事实有共同的认识。所谓共同的认识，并不指两国的法律对犯罪的规定必须完全一样，不论是 nomen juris（罪名）或是法定刑，都允许存在差异。但"都规定'为犯罪'"，除了意味着行为必须同时符合两国立法规定的犯罪构成外，还意味着不存在使行为正当化的理由，或者排除行为人"罪过"（colpevolezza[2]）的原因等足以消除所有刑法后果的情况。如果依被请求国的法律具备消除犯罪或刑罚的原因[3]，是否应同意引渡，理论界有不同的见解。一般来说，人们倾向于"免罪性赦免"（l'amnistia）或"免刑性赦免"（l'indulto）不应排除引渡，因为这些都是偶然性政治评价的结果。但是，如果涉及的犯罪依被请求国法律超过追诉或行刑时效，则不应引渡，因为这涉及国家关于时间问题如何影响犯罪可罚性的总的态度。被请求国规定的诉讼性条件（如被害人的告诉），似乎不应对引渡问题产生影响，它们反正都只具有决定诉讼如何进行的意义。应该注意的是，上述问题在不同的引渡协议中往往都有专门规定。

[2] 这里的"colpevolezza"，相当于德国刑法中的"schuld"或日本刑法中的"责任"。

[3] 有关意大利刑法中消除犯罪或刑罚的原因的概念，见本书第九章第三节。

（2）引渡的范围具有宪法性特征。从主体方面讲，这个特征表现为引渡要受被引渡者身份的限制：如果被引渡者是本国人的话，"只有在国际协议有明确规定的情况下才同意"引渡（宪法第26条第1款，刑法第13条第4款）。从客观方面看，这个特征表现为引渡要受犯罪性质的限制：如果涉及政治犯罪，不论本国人还是外国人均不得引渡（宪法第 26 条第 2 款，第 10 条第 4 款）。宪法规定上述限制的根本原因，是从历史的角度看，不同国家对哪些政治活动属于犯罪历来就有不同的标准，因而在惩治这类犯罪方面不宜进行国际合作。

但在越来越多的国家集团之间（如对恐怖活动同持坚决反对态度的国家之间），政治犯罪规定上的差异越来越小，这种认识的共同性大大地缩小了政治犯罪的范围。鉴于这种情况，在引渡问题上必须强调，具有宪法意义的"政治犯罪"概念不应根据刑法典第 8 条的规定来理解，只有在全面系统地分析宪法规定的内容之后，才能正确界定其应有的内涵。从这个角度讲，那些旨在反对我国宪法规定的自由民主等基本原则的犯罪，就不能视为"政治"犯罪。国际法理论界有人认为，禁止引渡的政治犯罪的范围应与宪法第 10 条第 2 款承认的外国人的避难权联系起来考虑：该款规定对"在本国不能实际行使意大利宪法保障的自由民主的人"应给予避难权。按这种理解，政治犯罪就是指那些为实现意大利宪法肯定的基本价值，但被（其他国家）规定为犯罪的活动。有一种广为接受的观点认为，从宪法第 10 条第 4 款和第 26 条第 2 款规定的保障作用出发，即使被要求引渡的犯罪不是政治犯罪，但对该罪的追诉若是出于政治目的，也应被视为政治犯罪。不过，现在似乎已没必要再按此观点扩展政治犯罪的范围了，因为刑事诉讼法典第 698 条第 1 款不仅禁止引渡"政治犯罪"，同时还明确规定"当有理由认为被告人或被判刑人将因种族、宗教、性别、民族、语言、政治见解、或者个人及社会条件等原因而受到追诉或歧视，或者受到残酷、非人道、侮辱性刑罚或处遇，或者某种基本人权将受侵犯时"也不得引渡。

根据宪法第 27 条第 4 款[4]的规定，被请求引渡的犯罪的刑罚也是限制引渡的范围的条件之一。为了在引渡问题上能充分体现宪法第 27 条第 4 款的精神，刑事诉讼法典第 698 条第 2 款规定，如果按照请求引渡国的法律，对引渡针对的犯罪应处死刑，那么就"只有在该国保证不科处，或在已科处的情况下，不执行该种刑罚，且司法当局和司法部长均认为该保证充分时，才能同意引渡"。我们在前段提到，根据刑事诉讼法典第 698 条第 1 款规定，在有理由认为犯罪人将受到"残酷、非人道、侮辱性刑罚或处遇时，或者某种基本人权将受侵犯时"应禁止引渡。这一规定实质上是宪法第 27 条第 3 款[5]规定的原则在引渡问题上的延伸。

[4] 该款规定，除战时军法典的规定外，禁止死刑。

[5] 该款规定，刑罚不能有不人道的处遇，必须以再教育被判刑人为目的。

（3）引渡的进行必须遵循刑事诉讼法典第 699 条和第 721 条规定的"特定性原则"（il principio di specialita`）。接受外国引渡要求时适用第 699 条，向外国提出引渡要求时适用第 721 条。根据特定性原则，非经被请求国同意，对被引渡人不得因移交前实施的，但未在引渡请求里指明的其他行为，而采取任何限制人身自由措施；如果被引渡人在接受国获得完全自由后的 45 日内，有可能离开而没有离开，或者离开后又自愿返回，上述限制即告撤销。

第二节 刑法对人的效力

1. 豁免

刑法典第 3 条第 1 款规定："除本国公法或者国际法规定的例外情况外，意大利刑法约束所有本国领域内的本国人和外国人。"该款规定了意大利刑法的普遍约束原则，该原则要求对所有在本国领域活动的人均应适用意大利刑法，但不排除源于国内公法和国际法规定而产生的例外情况。按传统的说法，普遍约束原则的例外情况就是指各种形式的"豁免权"（immunita`）。关于豁免权的法律性质，人们仍有不同的认识（参见本节 4）。一般来说，豁免是指为对具有履行特定宪法性或国际法性职能之身份的人，提供的使他们能自由履行职能，或者不受司法追究的保障。作为履行特定职能保障措施的豁免，具有"实体性"（*sostan-*

ziale）或者"功能性"（funzionale）的特点，因为它与主体所在组织进行的活动有关。在这种情况下，不准对享有豁免的人进行刑事调查，是为了避免具有特殊的宪法意义或国际法意义的职能，受到国家刑罚权的限制。不过，即使是这个意义上的豁免，也不允许在主体不再担任特定职务后，对其履行职能的行为适用刑法。以保障特定之人不受司法追究为目的的豁免，就只能是程序性或者非功能性的，因为这种豁免目的在于保障具有某种职务的人不受出于"广义的"（lato sensu）意图支配的刑事追究。因而，这种豁免与主体的职务息息相关，一旦行为人不再担任某职务，其享有的豁免也随之消失。

2. 国内公法规定的豁免

按国内公法规定，下列主体享有豁免：

（1）共和国总统。宪法第90条第1款规定，共和国总统"除严重叛国和侵犯宪法外，对履行职务中的行为不承担责任"。这种总统享有的豁免是功能性的。不过，如何认定该豁免的两种例外，即如何认定严重叛国和侵害宪法，却是一个有争议的问题。认定侵害宪法，似乎可以刑法典第283条[1]规定的危害国家宪法罪规定的犯罪构成为根据；但是，规定严重叛国罪的法条只有平时军事刑法典第77条（该条只适用于"军人"），可参考的条文则有刑法典第241、276、277、283、285、289、290—2条以及刑法典第242条和第284条。有人认为，对于共和国总统的严重叛国和危害宪法的行为，必须由专门的法律（legge ad hoc[2]）来加以规定。但这种主张似乎不符合1989年第219号法律的规定，因为该法第5条及以后各条在规定对"宪法第90条规定的总统犯罪和部长犯罪"的处理程序时，显然是以存在相应的犯罪构成为前提的。这个问题看来应该根据联系宪法规定的全部内容，才能得到正确的理解。按照有关宪法性法律的规定，对总统的控诉只有两院联席会议以议员的绝对多数才能提出，并且只能由扩大的宪法法院才能审理。理论界有人认为，由于宪法第90条没有提到总统任职期间的非履行职务的行为，总统对这些行为没有任何豁免权。与此相反的观点则坚持，总统在整个任职期间都不应受司法管辖。上述第一种观点,得到了 1989 年第 219 号法律第 10 条第 1 款的间接支持。该款规定:"在认为犯罪不同于宪法第 90 条规定的犯罪时,两院联席会议应宣布不属自己职权范围并将案件移交司法机关。"不过,从政治体制的角度看,对总统进行调查无疑是一种反常和令人不安的局面。

[1] 该条规定,任何人企图以国家宪法制度所不允许的手段变更宪法或政府体制,处不低于 12 年的有期徒刑。

[2] "*ad hoc*" 直译意为"为了明确且排他性的目的"。

(2) 国会议员。宪法第 68 条规定了国会议员豁免权,1993 年第 3 号宪法性法律第 1 条第 1 款对该条的规定进行了修改。在未修改前,该条(第 1 款)规定众议员和参议员在履行职务中的"表达言论"和"投票"行为"不受追诉"。修改后的条文,除了将"不受追诉"改为"不承担责任"外,没有什么实质上的变化。但是,这个修改强调了国会议员豁免权的功能性,更加突出了法律规定这种豁免的目的,是为了保障议院的独立性和议会活动的自由。总而言之,法律规定国会议员豁免权的目的在于保障国会的活动,而不是保障进行这种活动的个人。因此,即使在民法或行政法领域,议员的上述活动也应视为合法行为。这种豁免的根据是行为的性质,与行为人具有的议员身份无关(此即是说,对在议会中表达言论和投票行为,参议员或众议员即使卸职以后,也不承担任何责任)。在适用上述规定过程中,议员的职务性言论和非职务性言论有时很难具体区分。例如,将在议院发表的演讲划为前者,将酒吧里聊天划入后者,当然没有问题;但是,如果某议员因职务的原因应邀在一个集会上讲话,是否属于职务性言论呢?(根据一系列尚待转化为法律的法令的规定)如果议员的言论是否属于职务性行为存在不同看法,应由该议员所属的议院决定。

除功能性豁免外,宪法第 68 条第 2、3 款还规定了对议员的程序性豁免,1993 年的法律对此作了较大的修改。根据宪法最初的规定,非经所属议会批准,(除因实施必须颁发逮捕令的重罪而被当场抓获的情况外)议员享有不受刑事追诉的豁免权(当然包括不得采取逮捕等限制人身自由，或者对人身、住所进行搜查等的措施）。范围如此广泛的豁免，就有可能使保障议会成员履行正常职能的措施，被扭曲为可笑的特权（尽管只存在于任职期间）。修改后的宪法第68条第2款规定，除议员正在实施依法应当场逮捕的重罪时被抓获[3]，搜查议员的人身或住所、对议员采取逮捕和其他限制人身自由的措施及各种监禁措施，必须经议会批准。同时，宪法第68条第3款还规定，"对议会成员采取任何形式的截听谈话、通信或扣押来往信件"也须经"类似的批准"。但是，如果属于犯重罪时被当场抓获的情况，采取上述措施就没有必要再经议会同意（同意与当场抓获本身就是不相容的两个概念）。总而言之，根据新的规定，可以对国会议员提起控诉并作出有罪判决，而不必事先经议会批准。

[3] 按该款规定"正在实施依法应当场逮捕的重罪时被抓获"外，"执行已经生效的判决"，也属于不需经议会批准就可对议员采取限制人身自由等措施的情况。

(3) 宪法法院法官。除采取需经批准的措施应由宪法法院批准外，宪法法院的法官享有与议会成员相同的功能性豁免和程序性豁免（1953年第1号宪法性法律第5条，1948年第1号宪法性法律第3条第2款）。

(4) 各大区议会议员和最高司法委员会成员，他们在履行职务时的言论与投票的行为也享有功能性豁免（宪法第122条第4款，1981年第1号法律第5条）。

3. 源于国际法的豁免

下列主体享有源于国际法规范的豁免：

(1) 教皇。根据1929年2月11日的Laterino条约（1929年第819号法律），意大利认为教皇是"神圣而不可侵犯的"人。这一规定是仿效"阿尔拜丁法"（Atatuto albertino）第4条规定的国王享有完全、绝对的实体性与程序性豁免的结果。

(2) 外国国家元首和摄政者。根据国际惯例，他们在和平时期在意大利境内享有实体性和程序性的豁免。这种豁免也及于他们的随从和家庭成员。

(3) 外国国家机关。它们只在履行职能时享有豁免（1961年维也纳外交关系公约第39条第2项，1963年领事关系公约第53条第4项，根据1967年第804号法律执行）。

(4) 驻意大利的外交代表。与其相似的情况还有各国驻梵蒂冈的代表（Laterano条约第12条第2款），他们享有的豁免既包括功能性的也包括非功能性的（维也纳公约第31条第1项、第37条第1、2项）。该豁免效力及于与外交代表共同生活的家庭成员，外交机关中的非外交人员只享有功能性豁免。如果外交代表是意大利公民，也只享有功能性豁免。

(5) 各国领事。他们只享有各种条约规定的豁免，享有类似豁免的还有海牙法院的法官和欧洲人权法院的法官。

(6) 欧洲议会议员。根据1965年布鲁塞尔协议第10条（由1966年第437号法律执行），他们享有与国内议员同样的豁免权。

(7) 北大西洋公约组织驻意大利的军事人员。这些人员实施的很多犯罪都由他们的所属国管辖（1951年6月15日伦敦条约，由1955年第1355号法律执行）。经意大利政府同意进入意大利境内的其他外国部队的成员，按习惯法也可享有这类豁免。

4. 豁免的法律性质[1]

非功能性豁免，显然属于如何进行司法管辖的问题。这种豁免并不能完全消除行为的刑法意义，而只是阻却诉讼的进行，其效力仅及于担任与豁免相连的职务期间。

[1] 豁免的法律性质，在意大利刑法理论中是争议较大的问题之一。按Leone等人的观点，豁免是消除司法管辖权的原因；Maggiore等则主张，豁免是对刑法空间效力的限制，即豁免意味着可以不遵守刑法的规定；以意大利法律技术学派创始人Manzini为代表的一大批刑法学家，将豁免纳入无刑事能力的范畴。就当前的情况来看，得到多数人支持的观点是：豁免只是排除刑罚的原因，并

不能消除犯罪行为的非法性，享有豁免的人同样应履行遵守刑法的义务。不过，帕多瓦尼等人提出的应对豁免进行具体分析的主张，近来也日益受到人们的关注。帕氏认为，实体法意义的豁免具有行使合法权利或履行正当职务的性质，因而"应属于刑法中的正当化理由的范畴"；而程序性的豁免因不能完全消除行为的刑法意义，而只是阻却诉讼的进行，"显然属于如何进行司法管辖的问题"。

但如何认识功能性豁免的法律性质，则存在仁智互见的各种观点。有人认为，这种豁免属于排除可罚性的原因（参见第九章第三节3）。但由于这种观点考虑的只是豁免最终的法律效果，到头来只能把它归结为一种政治上的权宜手段。就源于国内公法的功能性豁免而言，由于这种豁免的对象是某些机关，目的在于为其履行正常的职能提供必要的保障，那么，这种豁免的目的就只能用该机关的职能优于刑法所保护的利益来解释。就这个意义而言，这种豁免就应属于刑法中的正当化理由的范畴，即具有行使合法权利或履行正当职务的性质：豁免在履行职能中的行为，是因为这种行为客观上符合国家的需要，因而是合法的。关于源于国际法的功能性豁免，理论界有一部分人认为同样可以用上述理由来解释，即豁免的对象是履行职务的行为，也是行使外国政府根据国际法赋予的权能或履行这种性质的义务，根据宪法第10条第1款，我国的法律制度应该符合得到普遍承认的国际法规范。不过，国际法学界占统治地位的观点认为，外国机关的职能性行为应该直接由该机关负责，不应该追究行为人的责任，即使（按国际法）也属于违法行为的情况同样如此。

第 4 章　犯罪概述

第一节　犯罪的概念

1. 犯罪的形式概念[1]

在意大利刑事立法中，1889年刑法典最先使用"reato"[2]一词来表示刑事违法行为。在该法典的起草过程中，人们都还经常使用"delitto"[3]作为刑事违法的代名词，但后来主张使用"reato"一词的意见占了上风；在现在的立法中，"delitto"这个词和"contravezione"[4]分别表示两种不同类型的犯罪。

[1] 在意大利占绝对统治地位的观点认为，刑法中犯罪论的研究对象是具有刑法意义的事实，是"以犯罪的法律概念为研究对象的理论"。因此，在犯罪的一般理论中研究的犯罪概念，只能是犯罪的"形式概念"。按此理解，"犯罪就是意味着违反了刑法规范，即没有服从刑法的命令或禁令"，或者说"犯罪是，并只能是，被

第 4 章　犯罪概述

法律规定为犯罪的事实"。意大利刑法学界认为，犯罪的形式概念具有三方面的意义：

第一，犯罪是被刑法规定而典型化了的抽象事实。这意味着(1) 立法者必须明确规定犯罪的构成要件，从立法角度保障刑法规范的确定性，以防止司法专横，发挥刑法保障功能的作用；(2) 刑法理论必须以刑法规范为研究对象，以系统分析各种犯罪构成为基础，抽象出具有一般意义的犯罪理论。

第二，犯罪是那些具体的"完全符合法律规定的所有构成要件的事实"。这意味着"构成要件符合性"，是司法实践中认定犯罪的唯一标准，"缺少任一构成要件，都可以排除犯罪的存在"。

第三，犯罪是按法律规定应受刑罚处罚的事实。这里"按法律规定"，意味着犯罪是一种"法律事实"。所谓"应受处罚"，说明犯罪属于"法律事实"中的"违法事实"。这里的"刑罚"，则具有区分犯罪行为与其他违法行为的作用，因为只有以刑罚为制裁措施的法律才是刑法，"刑罚是能抽象地界定犯罪的唯一标志"。犯罪概念的这一侧面，除了具有划分罪与非罪的功能外，还有在刑法内部划分犯罪种类（重罪与轻罪）的作用。

[2] 在现行意大利刑法典中"reato"是"delitto"和"contravezione"的总称，本书通译为"犯罪"。

[3] 亦可表示"犯罪"，本书中通译为"重罪"。

[4] 原意为"犯罪"、"违法"，本书中通译为"轻罪"。

"犯罪"（reato）是"刑事违法"的同义词。它意味着违反了刑法规范，即违反了以刑法典为"重罪"和"轻罪"规定的主刑（及平时军事刑法典第 20 条为"军职罪"规定的主刑）为制裁措施的法律规范。这个以法定制裁措施为基础的犯罪概念，尽管是一个形式概念，但这个概念可以从形式上将犯罪行为与其他违法行为明确地区别开来，因而是保障正确适用刑法的首要条件。

然而，在运用这个形式标准时，有时不得不考虑违法的实质内容。例如，1981 年第 689 号法律一方面规定将所有仅仅应处财产刑的犯罪全部都转化为行政违法行为，同时又规定了不少例外。该法在规定这些例外时，有时并不是采取列举的方式，而只是规定属于例外的行为类型（如该法第 34 条规定，"有关安全生产和劳动卫生的规定"的犯罪，不属非刑罚化的范畴）。在这种情况下，要确定某种违法行为是否犯罪行为，显然就必须先将该行为适当归类，然后才能作出正确的判断。但正确划分犯罪与行政违法的界限，并非总是容易的事情；若有疑义，就应严格遵循罪刑法定原则，将其作为行政违法处理，因为该行为不符合犯罪应该由法律"明文规定"这一要求。

2. 重罪与轻罪

重罪与轻罪是立法规定的两种犯罪类型，犯罪是二者的总称。因此，如何区分重罪与轻罪，是研究犯罪概念时不可回避的问题。正确界定二者的范围，在刑法中具有极其重要的意义。因为现行刑法在一系列基本制度问题上，都对这两类罪分别作了不同的规定。其中最重要的如，犯罪成立的主观要件问题[1]、犯罪未遂问题[2]、消除犯罪和刑罚的原因问题[3]，等等。

[1] 意大利刑法典第 42 条第 2 款至第 4 款的规定：除法律有明文规定外，重罪只能由故意构成；而轻罪则不论故意、过失均能构成。

[2] 按意大利刑法典第 56 条第 1 款规定，只有重罪才有犯罪未遂。

[3] 关于此问题，请参阅第九章第三节。

根据刑法典第 39 条的规定，刑法典为重罪与轻罪分别规定的"不同的刑罚种类"，应该是区别二者的标准：法定刑为无期徒刑、有期徒刑或罚金的犯罪是重罪；法定刑为拘役或罚款的犯罪则是轻罪（刑法典第 17 条）。这种划分显然也是采用的形式标准。

就实质而言，人们通常认为应以犯罪的严重程度作为划分重罪与轻罪的根据：那些危害严重的犯罪即入重罪之列，而情节轻微的则归轻罪（所谓犯罪中的"矮子"）之类。不过，这个标准却很难令人信服。重罪所受的处罚,的确可以大大地重于轻罪,但也有相反的情况:一个仅被处以轻微罚金的重罪,与一个被处 3 年拘役的轻罪相比,绝不能说前者的危害就一定大于后者。同时,在通常情况下,轻罪不论故意、过失均可构成(刑法典第 42 条第 4 款),而重罪必须以故意为构成要件(刑法典第 42 条第 2 款)。这意味着,与重罪相比,轻罪应受处罚的范围更广;这一点,似乎也不能用重罪比轻罪危害更大来解释。

事实上,轻罪源于过去那些所谓的"违警罪",即那些触犯了行政当局为维护(如医药卫生、工业商贸等)各种具体部门的秩序,而采取的预防性惩治措施的行为。这类犯罪不同于各种以人的"自然"权利(如生命、健康、自由等)为侵犯对象的犯罪:后者是 mala in se(即本身就具有侵害某种权益的性质),而前者则是 mala quia prohibita(即只有与某种非永久性的共同安全或秩序的需要相联系时,才成为惩罚对象,例如,从事具有某种危险的活动必须先经批准,人口、商品流动必须遵守某些规定,等等)。知道这一点后,就很容易发现今天的轻罪绝大部分仍然属于:(1)不遵守预防 — 保护性规范的行为(如刑法典第 677 条[4]); (2)严重违反各种行政规范的行为(如刑法典第 666 条[5])。当然,对某些特别严重的不遵守预防性规范或行政性规范的行为,立法者也可能利用对重罪可以处以更重刑罚的可能性,将它们规定为重罪(如刑法典第 437 条和第 475 条[6])。不过,即使如此,也毋庸置疑,惩治上述两类违法行为是刑法规定轻罪的主要目的。从这一角度出发,不论出于故意、过失,轻罪都应处罚这一事实,就很容易得到合理的解释:因为这些行为都是违反预防性规范或行政管理秩序的行为,从根本上说,它们都是行为人对法律规定的预防性措施或行政要求漫不在意的罪过心态的体现。轻罪没有未遂形态(刑法典第 56 条第 1 款),也可以用同样道理作为解释的根据;对于没采取预防性措施而构成轻罪的行为来说,将它们规定为犯罪本身,已经实现了对法益的提前保护[7];而违反各种行政规定的轻罪没有未遂形态,则是因为行政机关只能处理人们已经实施的行为,无权干涉人们"意图"实施某种行为的行为(例如为实施某种非法活动准备工具)。

[4] 该条规定对不履行排除建筑物倒塌危险义务的人，处不低于 20 万里拉的罚款；若涉及对人的危险，则处 6 个月以下的拘役或不低于 60 万里拉的罚款。

[5] 该条规定，未经许可在公共场合演出或举办各种娱乐活动的人，处 20 万里拉至 100 万里拉的罚款，若兼有申请被驳回，或许可被撤销、停止等情节，处 1 个月以下拘役。

[6] 这两条分别规定的是移动、毁坏、不设置安全生产设备罪的故意形态和过失形态。

[7] 用对法益的提前保护来解释规定犯罪未遂的根据，是意大利刑法学界的通说。

从原则上讲，在划分重罪和轻罪的界限时，必须注意轻罪的上述特点。尽管这是刑事政策中新出现的方向，但这种观点显然已为 1986 年 2 月 5 日总理府给各部立法办公室的通知所采纳。在谈及立法技术问题时，该通知采用并发展了上述观点，并要求以此作为"划分重罪与轻罪的指导性标准"。

3. 实质的犯罪概念[1]

形式的犯罪概念的基础是法律规定的制裁措施，因而能说明刑事违法行为（重罪与轻罪）与任何其他违法行为的首要区别。然而，这种概念并不能解释选择该种制裁的理由和犯罪的实质。为什么立法者只为某些特定的违法行为，而不为其他的违法行为规定刑罚这种最严厉的制裁措施呢？

[1] 尽管有人（如 Plagiaro）以"将犯罪定义为应受刑罚处罚的行为，本身已经是一个实质的概念"为由，认为没有必要探讨犯罪的实质概念问题，但意大利刑法学界的主流认为，"犯罪的实质概念"是一个"法律科学不能回避"的问题（Antolisei），不"理解犯罪的性质"就不可能正确地制定和适用犯罪规范。在 20 世纪 20 年代意大利刑法"第三学派"（即"法律技术学派"）兴起之前，人们多将犯罪归结为对社会基本生存条件（基本价值）或基本的行

第 4 章 犯罪概述

为规则的侵害。其中有代表性的如，贝卡利亚以"社会遭受到的危害"作为"衡量犯罪的真正标准"；刑事古典学派代表人物 Carrara 将犯罪视为"对人类自然权利的侵犯"；刑事实证主义学派的加罗法洛将犯罪定义为"用有害于社会的行为，侵犯了一般文明人所具有的怜悯和自制二种基本的利他主义感情"；意大利目的刑法学派的创始人 Bettoil 以及 Maggiori 等人将刑法定义为"道德规范结晶"，认为犯罪是"严重危害道德而国家不可容忍的事实"；Crispgni 认为，犯罪是"被适用法律的人认为是破坏社会共同的生活基本条件或使这些条件处于极大的危险之中的事实"。自 1930 年刑法典颁布施行后，从犯罪与立法者（国家）的关系，或者刑法规范结构角度来界定犯罪实质内涵的观点逐渐成为主流。如前面所说的 Bettoil、Maggiori、Crispgni 等人，都在自己的犯罪定义中加上了"国家不可容忍"或"适用法律者认为"等表明国家（立法者）意志的定语。意大利战后现实主义刑法学派的主要代表人物 Antolisei，也将犯罪的实质归结为"与国家所追求的目的相对立"。从规范分析角度说明犯罪本质的观点，可能以将犯罪视为"侵犯法益的事实"最具代表性。第二次世界大战后，宪法成为了刑法名副其实的最高渊源，任何违反宪法规定的刑法规范都可能因被判违宪而失去效力。在这种形势下，意大利当代著名刑法学家 bricola 等提出犯罪的本质在于侵害了宪法所维护的基本价值。这里值得一提的是，Mantovani 从这一角度所下的犯罪定义。他认为，"就意大利宪法而言，犯罪是指由不具有溯及既往效力的法律用明确方式规定的，以客观方式表现于外部世界，侵犯具有宪法意义的价值（或有悖于宪法），可从原因和心理上归咎于主体，因侵害的价值与非刑法性制裁不相称，而应受抽象与宪法维护的价值相适应、具体与行为人人格相适应、符合人道并以对服刑人再教育为目的的刑罚制裁的事实"(F. Matovani, Diritto Penale, p. 3)。按曼氏本人的解释，这种以宪法规定为基础的犯罪概念，一方面主张判断一个行为是否犯罪"首先要看的是其是否涉及宪法维护的价值，而不仅是分析其在形式上是否符合法律的规定";另一方面又坚持罪刑法定原则,强调"犯罪是符合宪法的法律规定为犯罪的行为"。所以,该概念在理论上能做到实质与形式的统一,实现公正与合法性兼顾;在实践中可为立法者规定犯罪和司法者认定犯罪提供基本指南,以保证宪法的价值和目的"在刑法中的实证化"。

根据刑法学界一部分人的观点,各种试图描绘犯罪实质形象的努力,目的都在于为形形色色的犯罪寻找"最小公分母"(minimo comun denominatore),即寻找一个隐藏在刑事制裁措施背后的,可适用于所有犯罪的"常项"(cifra)。特别是在19世纪末和20世纪初,刑法学家们曾广泛地探讨过犯罪本质问题。今天,人们在形形色色的犯罪定义面前,注意到的不仅是它们在观念上的巨大差异,而首先是这些定义都不能以明确的公式正确地揭示犯罪的"共性"(precipitato comune)。即使不可能在这里对这些定义一一进行分析,但仍然可以说它们没有一个经得起反复的推敲。任何概念,只要不能科学地概括法律规定的所有犯罪,就不是犯罪的实质概念;因此,对每一个犯罪的实质概念来说,只要有一个相反的例子就足以说明它不具有"最小公分母"的性质。例如,当有人将犯罪的实质描述为"用有害于社会的行为,侵犯了一般文明人所具有的怜悯和自制二种基本的利他主义感情"[2]时,当然是提出了一个可以将大多数严重犯罪(如杀人、强奸、敲诈勒索等)包括在内的犯罪定义,但是,这个定义肯定不适用于擅自进入他人地域内放牧(刑法典第636条),或者妨害国家元首特权(刑法典第279条)等犯罪行为,更不用说很大一部分轻罪了。

[2] 意大利实证主义刑法学家 R. 加罗法洛语。

总的来说,现有的犯罪实质定义可以分为两大基本类型:一是认为犯罪的本质在于"侵犯了社会生活根本条件"(即文明社会和法律秩序赖以存在的条件);另一类则认为,犯罪的本质是"违反了共同文明生活的基本规则"(如果没有这些规则,就不会有共同的文明生活或者这种生活会受到严重的损害)。第一类犯罪实质概念的核心,是某些基本的社会价值(即人与人之间的相互关系,如强调个人的生命、健康、人

第 4 章 犯罪概述

身自由、言论自由和性自由具有同等的尊严,维护一夫一妻制和宪法规定的国家制度等);第二类犯罪概念强调的重点,则是某些确保社会平静生活的基本规则的必要性。但这两类犯罪概念的出发点却是一致的:规定犯罪的目的在于为社会关系(包括各种政治、经济、文化等方面的社会关系)的有序发展提供基本保障。

但是,真有可能找到适用于所有犯罪的特征吗?从正反两个方面考察,答案都只可能是否定的。

如果有人坚持认为所有的犯罪都有一个共同点,即它们都是被法律规定为犯罪的行为,关于这一点,谁也不会否认。但是,如果将此特征作为犯罪的实质,这一概念的基础就不是对犯罪的批判性分析,而是当权者的意志。就实质意义而言,这一概念可以说是将犯罪的本质归结为侵犯被立法者视为根本的社会关系。但这无异于说被立法者规定为犯罪,就是犯罪所以是犯罪的根据。于是,人们得到的最终依然是一个形式的犯罪概念。

如果事实上并不是所有的犯罪都具有某一特点,或者说所谓的犯罪本质并不能适用于所有的具体犯罪事实,那么,仅仅这一点就可以说明犯罪的实质是不可描述的。正因为如此,那些试图从实质上说明所有犯罪的概念,在现实中往往被偷换为一种"伦理"(deotologico)或"法理"(normativo)性的概念,即他们解释的并不是"犯罪的实然"(il reato e'),而是"犯罪的应然"(il reato deve o dovrebbe esserere)[3](即犯罪"必须"或"应该"具有,但并不一定完全为立法者所承认的特性)。

[3] "il reato e",直译为"犯罪是(什么)"; "il reato deve o dovrebbe esserere"直译为"犯罪必须或应该是(什么)"。

在司法实践中,显然不能以这种伦理或道义意义的实质概念作为认定犯罪的标准(因为它没有抽象出所有犯罪所共同具有的、并能区别罪与非罪界限的共同特征)。于是,犯罪实质概念的作用就从"教义构建"(dogmatico-ricostruttivo)(即本来是为了寻找界定现有体系中所有犯罪的总标准)转移到了刑事政策领域。由于现实中的犯罪并不总是符合这

85

种实质意义的犯罪概念，提出并坚持这种概念实际上具有限制立法者的目的，即让立法者以犯罪的实质概念为基础来选择、决定可以被规定为犯罪的行为。事实上，所有力图从社会学角度界定犯罪实质的概念，都滥觞于18世纪那些启蒙时代伟大的刑法思想家们对犯罪实质的论述，在19世纪这些观念有了进一步的发展。当时的人们探讨犯罪实质，目的在于限制国家的刑罚权，使其只能在理性的范围（即只是为了正确地维护国家本身赖以存在的"社会契约"的范围）内行使，并只能以"严重危害社会的行为"为制裁对象。当时的人们认为，所谓的"严重危害社会"，就是指侵犯人们在签订社会契约前就已经存在的"自然权利"（这种权利是每个人固有的，但权利人不得侵犯他人所具有的相同权利，并以此来防止任何第三者对大家共同所有的权利的侵犯）。

法制国家建立之后，各国有了自己的宪法，议会成了唯一有权制定刑法规范的机关，"形式主义的法制原则"（il principio di legalita` formale[4]）已经实现。这时，要求从实质上限制刑罚权的呼声开始减弱。因为，从理论上讲，议会就是全社会的代表，它当然能正确地反映社会根本的首要要求，它制定的刑法也不可能超出"合理"地行使刑罚权的范围。然而，现实中的刑事立法，却在各方面的压力之下呈无限膨胀与扩张之势。残酷的事实表明，上述理论只是一种根本就无法实现的幻想。各种犯罪实质概念在当代的遭遇就反映了这样一种状况：它们以存在理性的立法者（这本身就是一个神话）为前提，试图以绝对必要和维护社会生活的"最基本的"条件为标准来限制刑罚权的发动，但是，现实中却有大量的犯罪远远超出了上述范围。就是在这种情况下，本来是为"说明"实然的犯罪而产生的犯罪的实质概念，最终都逃脱不了为应然的犯罪"划定"界限的命运。

[4] 这里所谓的"形式主义的法制原则"即中国刑法理论中的"（形式主义的）罪刑法定原则"。

由于犯罪的实质概念都是以内容极不确定的价值判断为基础，即使从道义的角度（即作为立法的标准），它们也很难成立。例如，什么是文明社会最"根本"、最"基本"的条件？哪些属于保证社会有序发展的最"起码"规则？在这些问题上，每个人都可能从不同的角度得出不同的看法。

在犯罪实质概念方面的最新发展，如在德国出现的试图从社会学角度（为立法者）提出一个指导性的犯罪概念的动向，同样也无法摆脱其他犯罪实质概念的厄运。这些犯罪实质概念，以各种关于现代社会国家的最新理论，重新修复了启蒙时期思想家提出的"社会危害性"概念。在他们看来，现代意义的"社会危害"，是指那些社会机能障碍的现象，或那些阻碍或妨碍现代社会制度有效地运转的现象。但是，这个概念，或其他类似的概念，显然同样不能为立法者提供一个明确的划分罪与非罪的标准。

第二节 犯罪的法律客体[1]

1. 客观的犯罪概念与主观的犯罪概念

正如前节所述，对于启蒙时代的思想家而言，"自然权利"的观念是刑法思想的核心，犯罪就是对自然权利的侵犯。随着时代的发展，人们逐渐用一个新的概念取代了"自然权利"这一提法。这个新的概念就是人们所说的"法益"[2]（即法律对某种物质性、伦理性或精神性东西的肯定性评价）或"合法的利益"（这一概念强调的是法律所肯定的东西与其所有人的关系，所谓"利益"就是意味着与所有人的利害关系）。强调"法益"或"合法利益"与犯罪之间的直接联系，是客观的犯罪概念的核心。这种犯罪概念认为，犯罪是一种社会从外部"感觉"（即使有些不一定是直接通过感官感觉）到的行为，其实质与犯罪行为人的意志无关。法益除一部分是物质性的（如人的生命、拥有的财产等）以外，大部分都表现为观念的形态（如人的名誉、贞操、机密等），即作为一种价值而存在。当然，那些以物质形态存在的"法益"之所以是"法益"，也绝不仅是因为它们的自然性质，而是由于人们对它们有肯定性的评价。

[1] 本标题原文为 "l'oggetto giuridico del reato"。意大利刑法学界认为，"犯罪客体"（l'oggetto del reato）是意大利现行刑法的主要起草者 A. 洛克在 1913 年首先提出的概念。

[2] 原文 "bene giuridico" 直译应为 "合法的好处（或有用的东西）"。

在第一、二次世界大战期间，特别是在法西斯统治时期，人们提出了一个与上述客观的犯罪概念相反的"主观的犯罪概念"，即将犯罪的实质归纳为违背忠于国家的义务。从维护专制国家的目的出发，这种概念认为每一社会成员都只能是有组织的社会集体的一分子，或者说只能是实现社会整体目标的工具，为实现社会的目标服务，是个人生存的意义。这样，犯罪就被理解为一种个人敢于反抗社会，敢于不服从社会的意志的体现。对这种观念来说，行为是否体现了行为人违背忠诚义务的意志是判断行为构成犯罪的根本标准；而行为是否在实际上侵害了某种法益，或将某种法益置于危险之中，则无关紧要。如果坚持这种犯罪概念，立法者就不会以法益受侵害为限来确定犯罪的范围，这必然会从根本上导致刑事立法的无限扩张，完全改变"罪过"（colpevolezza）的内容，即不再以行为人的行为，而是以行为人整个的生活方式作为刑事责任的根据了。

2. 视犯罪实质为法益侵害的观点[1]

主观的犯罪概念所带来的痛苦已成为历史的插曲，人们现在普遍认为犯罪的实质在于对法益的侵害。这一概念符合维护个人自由的传统，而个人自由则是全部现代刑法赖以存在的根基。

[1] 2001 年草案第 2 条（刑法的适用）2 规定，犯罪规范不适用于不能侵害法益的事实。

必须马上说明的是，"法益"这一概念具有多重的功能：该概念具有注释—运用功能（即能准确地说明犯罪所侵犯的"法益"，有助于理解刑法规定的目的）；系统分类功能（即可以按照犯罪所侵犯的法益对犯罪统一进行分类，如现行的洛克法典就是用这种方法按犯罪客观上所侵犯的法益将犯罪分为侵犯人身的犯罪、侵犯财产的犯罪、危害公共安全的犯罪等）；系统的界定功能（任何犯罪都必须以侵犯特定法益为自己存在的条件）和刑事政策功能（立法者必须以对法益的侵害作为确定可罚性行为的标准）。

现在，我们暂时撇开法益所具有的前两个功能，先来分析这一概念在界定犯罪范围与刑事政策方面的作用。人们通常认为，就从根本上划分罪与非罪的界限而言，任何行为之所以被规定为犯罪，是因为它侵犯了某一特定的法益，或者说是因为它侵犯了立法者力图维护的某种积极的关系；否则，刑法规范就没必要，也没理由存在。不同意这种说法的人认为，并不是所有的犯罪都是对法益的侵害，在很多情况下，刑法规范的任务都只是维护某些领域或某些社会关系"形式上的秩序"，因为只有这样才能符合特定的政治目的。例如，非法（即未经合法许可）持有或携带武器的行为，就没有侵犯任何特定的法益，但是，这种行为不符合国家对可用来进行非法活动的工具进行控制的需要。当然，人们可以说，处罚非法持有、携带武器的行为，也是为了维护一系列不确定的法益（如生命、财产、自由等）。尽管就这些可能受到武器侵害的法益而言，持有或携带武器的确代表着一种危险（一种可能侵犯多种法益的行为），但合法地持有或携带武器同样具有这种危险，因为它们同样可能被用来杀人、抢劫、作为胁迫他人的工具，等等。由此可见，对持有和携带武器进行控制的目的，只是简单地防止武器自由流通，或者说只是因为立法者认为如果不对武器进行控制，许多犯罪行为的实施就会变得更为容易。与此相似，（刑法典第 718 条等）规定赌博行为应受处罚，也不是为了保护特定的法益。因为，从原则上说，每个人都有权按自己的意愿自由地处理自己的钱财，即使是为了打发无聊或用于不道德的场合也不应受干涉。禁止赌博完全是出于一种政治上的需要（直接由政府控制的赌场和各种形式的彩票除外，因为它们符合对人们的美梦的幻想，据说也能有效地符合征税的目的）。在赌博中，财富的转移，从输家转移到赢家手中，并没有产生增值的结果（在赌博结束时，赢家手中的钱并不多于开始时参赌者们所有的钱）。于是，赌博就成了在参赌者之间按运气（即赌博）来进行财产再分配的一种形式。赌博的害处在于，它会使人产生一种不经生产性活动，财富自会从天而降的幻想；这种纯粹以碰运气为基础的观念，会把社会经济带上邪路。

照此看来，除了（侵犯某种法益的）"危害犯"（i reati di offesa）外，还有一种（违背特定目的的）"目的犯"（i reati di scopo）。法益这个概念，似乎并不是在所有的情况下都可以发挥界定犯罪范围的作用。

但是，坚持法益在任何情况下都具有区别罪与非罪的功能的人认为，上述分析实际上与他们的观点并不矛盾。因为，法益就是刑法规范所追求的目的。杀人罪所侵害的法益是人的生命，而维护人的生命也就是处罚杀人行为的刑法规范所追求的目的。同理，控制武器的流通也既是刑法规范所保护的法益，同时也是该规范所追求的目的。换言之，"法益"与规定犯罪的刑法规范之间的关系，是一种你中有我、我中有你、二者合一、混不可分的关系，因为"法益"就是刑法规范的目的。事实上，正如人们所指出的那样，如果没有法律规范的承认，任何"利益"都不会成为法律所肯定的价值，不会成为"法益"；换言之，任何法益都只能在法律规范的范围内才有实际意义，离开了规定法益的法律规范，就不存在所谓的"合法利益"。从这一角度讲，坚持要以先于法律规范存在的事实为标准，来对刑法规范进行分类是不可能的（人的生命可以离开有关杀人罪的规范而独立存在；但武器流通的控制则是一个完全依赖法律规定才得以存在的事实，离开了有关的法律规范，对武器的控制就没有具体的内容）。因为，不论在哪种情况下，最终都只能根据刑法规范的规定来确定"法益"的内容。没有处罚杀人罪的刑法规定，人的生命就只是一种社会关系或一种道义意义的利益，不可能是"法律所保护的利益"。如果说利益的"合法性"源于法律的规定，那么它在实践中能否作为"法益"（即作为一种积极的价值）存在，则取决于法律是否对其加以保护的事实。因此，"法益"就是法律规范努力追求的结果，就是法律的目的。如果承认所有的犯罪规范都是为了追求特定的结果，当然可以说任何违反刑法规范的行为都必然会侵犯法律所追求的目的或法益。就这个意义而言，所有的犯罪都是危害犯。

第 4 章 犯罪概述

刚才简要介绍的观点即所谓的"方法论的法益说"(concezione medotologica del bene giuridico)。说它是"方法论的",是因为这种观点认为,必须严格坚持从现实法律规定出发的方法为基础,才可能对"法益"作出正确的解释。

坚持将犯罪分为"危害犯"和"目的犯"的观点,则被人们称为"现实论的法益说"(concezione realistica del bene giuridico)。此说认为,法益,尽管只有在受法律保护的情况下才是"法律所保护的利益",但其本身的存在仍应是"现实的"(即其存在是先于规范的,或更确切地说,是不依赖于刑法保护的)。在成为刑法所保护的法益之前,人的生命、身体的完整性、对财产的拥有、公共的健康等都已经是"利益",都是某种具有积极意义的现实的情况或状态。正是因为这些状态具有积极的意义,立法者才会将侵害这些状态的行为规定为犯罪,以达到维护这种状态的目的。然而,刑法并不总是为此目的而采用的手段。大家已经看到,立法者制定刑法往往不是为了维护某种先于刑法规范存在的状态,而只是为了实现某种特定的政治目的。

"方法论的法益说"不可能支持某种实质的犯罪概念,因为它本身就只具有纯粹形式的意义。这种观点尽管承认侵犯法益是所有犯罪的共同特征,但由于其将法益等同于犯罪规范的目的,这无异于说犯罪的共同特征就在于它们都是犯罪。这样,人们得到的仍然只能是一个形式主义的犯罪概念,尽管这个概念中有了些许目的论的内容。除此之外,以这种方式来理解法益与犯罪规范之间的关系,代表了一种企图用教条式的方法来诠释刑法规范的倾向。事实上,从刑法适用的角度来解释刑法规范的内容,正是方法论的法益说之所长。

与之相反,"现实论的法益说"则主要在刑事政策方面发挥作用,即它可以为立法者选择可罚性行为提供指导。在如何对待(与侵害犯相对的)目的犯问题上,人们有两种相反的态度:

(1) 认为立法者完全可以自由地运用刑罚对社会进行干预,既可以制定刑法来维护先于规范存在的法益,也可以刑罚为手段来实现特定的政治目的。在这种情况下,人们建立的就是一个教条式的刑法制度,刑法规范就只能按法律的规定来加以解释，而不允许进行理论探讨。

(2) 坚持只有维护先于规范存在的利益才是立法者运用刑罚的唯一理由，在其他情况下则不允许国家发动刑罚权。这样，法益就成为了制定刑法规范时应该遵循的标准，对法益的侵害是犯罪"应然"的特征。这时，以对法益的侵害为基础的犯罪的实质概念就不再具有区别罪与非罪的作用（因为在现实的刑法制度中还存在目的犯），而只能发挥"价值"（assiologico）评断的作用（因为它说明的是刑事违法行为"应该具有"的特征，axios[2]，在希腊语中就是"应该具有"的意思）。

[2] 意大利语"assiologico"（价值的）的前缀"assio"源于希腊语"axios"。

3. 把犯罪理解为侵害宪法性法益的观点

最近有一种观点认为，将犯罪的实质理解为对法益的侵害不是出于理性的需要，而是宪法的要求。

这一观点是布里可拉（F. Bricola）提出来的。他根据宪法规定得出了四点结论，并以之作为立论的基础：

(1) 刑事制裁所作用的对象是个人的自由，这种作用在适用监禁性刑罚时是直接的，在适用财产性刑罚时是间接的，不可能执行财产性刑罚可能转化为监禁性刑罚。按宪法第13条第1款规定，公民的个人自由具有"不可侵犯"的性质（即除宪法本身有规定外，不能对其加以"限制"），因而是宪法所维护的最高的价值。

(2) 宪法第27条第3款规定，刑罚的执行必须包含"对服刑人进行再教育"的内容。在一个多党制的民主国家，这种再教育当然不是指对服刑人的人格进行专制式的"控制"，而只能是尽力为服刑人提供适当的方式，使他们有机会接受那些促使其远离犯罪的社会价值。在现行宪法所允许的范围内，可以用来教育服刑人的社会价值，只能是那些作为社会共同生活基础的价值，即宪法所维护的价值。

(3) 根据宪法第25条第2款，有关犯罪的规定必须符合"罪刑法定原则"：只有作为立法机关的议会才有权决定哪些行为应受刑罚制裁；

议会在规定犯罪时,必须准确完整地规定命令性规范或禁止性规范的内容。宪法的这一规定意味着,刑罚权的发动需要特别谨慎,刑法需要"确定"的形式,制定刑法规范必须以预期结果具有一定的稳定性为前提(因此,不能让刑法规范成为解决临时问题的权宜之计)。

(4) 根据宪法第 27 条的规定,刑事责任是"个人的"(personale[1])(责任)。这一规定意味着,不能(像处理某些非合同性的民事违法行为那样)将刑事违法简单地归结为行为的客观形式(如行为引起的某种结果,或造成的某种局面)。尽管刑事责任是根据法律规定对表现于主体"心灵"之外的事实进行全面评价的结果,但是只有在包含作为行为人"个人"的因素时,刑事违法行为才能成立(只有具有刑事责任能力的人,即能够辨认和控制自己行为的人,在特定的心理状态支配下实施的行为,才可能负刑事责任)。

[1] 意大利语中"personale"一词,具有"个人的"、"人格的"、"人身的"等多种含义。对于意大利宪法第 27 条关于刑事责任是"personale"的规定,意大利刑法学界现倾向于将其理解为刑事责任是以个人的人格为基础的责任。

前面所列的(1)、(2)二点力图说明"刑罚"与"宪法性法益(或价值)"之间存在不可分割的联系:刑罚与个人自由间的关系是一种内容上联系;刑罚与刑罚的目的间的关系是一种目的性的联系。如果承认刑罚以具有头等意义的宪法性利益作为打击对象,那么,只有具有同等意义的利益受到侵害,才是运用刑罚进行制裁(即将侵害行为规定为犯罪)的理由。这种利益间的对应关系,要求在(剥夺人身自由的)刑罚造成的痛苦与刑罚所欲防止的(犯罪可能造成的)危害之间必须相称。按上面的逻辑分析,由于刑法规范所维护的是宪法性利益(价值),那么犯罪就必然是与宪法性价值相悖的行为。在这种情况下,强调刑罚必须以使服刑人接受宪法所维护的价值为目的,实际上等于用服刑人不承认的价值来对其进行再教育。这种做法,意义何在呢?

至于上述的结论(3)和结论(4),试图说明刑罚权的运用必须受到严格的限制,只有在不可能用其他手段有效地保护法益的情况下,才允许运用刑事制裁措施。(刑法的)从属性原则(亦称非常性原则[2]),实际上就是这种需要的反映。不论是制定和实现制裁的国家,还是受到处罚的个人,都必须为刑事制裁付出昂贵的"代价",这是刑罚权的发动必须慎之又慎的另一个重要原因。刑事制裁的这一特点,自然也会派生出严格限制其适用范围的要求:只要可能用其他方法维护的法益,就不允许用刑罚方法来调整。换句话说,只有在涉及文明社会共同生活的基本价值时,才有这种必要运用这种极端的措施。这样,人们就又一次回到宪法所维护的价值上来了。

[2] "从属性原则"原文"il principio di sussidarieta","非常性"原文为"extrema ratio"。

总而言之,将犯罪的实质归结为"严重"(significativo[3])侵犯宪法维护的价值,似乎是合乎逻辑的。

[3] 原文"significativa"直译为"有意义的"。

不过,对这种观点人们却提出了以下质疑:

(1)一些不同意上述观点的人指出,宪法规定的法益范围极广且性质迥异:从人的尊严到自然景观,从劳动权到亲权,从储蓄到科学,从艺术到互助合作。宪法性法益如此广泛,想以维护宪法性法益作为标准来制约国家的刑罚权,实有幻想之虞。实际上,任何法律规范都可以说是为了维护某种宪法性法益而制定的。此外,如果坚持犯罪的本质在于侵犯了宪法性法益,立法者就可以随心所欲地规定维护宪法性法益的手段、形式和范围(这些对立法活动意义重大)。对此异议,拥护宪法性法益说的人则反驳说,他们认为犯罪的实质并不是简单的对"宪法性法益的侵害",而是对宪法性法益的"严重侵害",因此,犯罪只能是以特定方式侵害宪法性法益并达到一定程度的行为。但是,这一辩护并没有解决上述异议提出的问题,因为"严重的侵害"在很大程度上是一种主观的评价,而不是一个严格的标准。

(2)对于犯罪本质在于侵害了宪法法益的观点,另一些人则从相反角度提出了质疑。他们认为,尽管宪法调整的范围广泛,但其调整对象不可能包括所有的具有重大社会意义的利益,对那些社会意义重大但不属宪法调整的利益,同样必须用不同的方法加以保护。例如,刑法典第476条至第493—2条规定的各种伪造文书罪,它们的保护对象是某些特定文书的真实性、纯正性和完整性,这些都不是宪法直接规定的利益。不过,在这种情况下,由于这些特定文书的真实性、纯正性和完整性只具有工具性,保护它们的目的在于维护可能因伪造文书而受到侵害的其他利益(如公共和私人的财产或人身利益),而这些都具有宪法意义。于是,有人认为应将宪法性利益理解为"默示的"(implitica)。即使此说成立,只要将那些为维护宪法性利益而设的工具性利益都视为宪法调整的对象,要想以法律的明确性来界定宪法调整的范围,就只能是幻想。

(3)不论将刑法调整的范围限制于对宪法利益的严重侵害,还是将宪法性利益的工具性利益也视为宪法性利益,如果希望以它们来作为立法者发动刑罚权的限制(即作为判断法律是否违宪的根据),都未免荒唐。认为犯罪行为是对宪法利益的"严重"侵害,本身就是一个无底的口袋,所有立法者的任意妄为都可能以此为借口来逃避违宪审查〔根据宪法第3条第1款规定推出来的"合理性原则"(il limite generale della *ragionevolezza*)可能是唯一的例外,该原则不容许将不同的情况作相同的处理,也不允许对相同的情况有不同的对待〕。至于将宪法性利益延及于工具性利益的观点,同样为立法者专权提供了无限广阔的空间。关于这一点,前面已有充分的说明。

(4)更深层一点的问题是,(前述的)坚持刑法法益是宪法性利益的四条论据与目的犯的概念是否真正相容?对这个问题给予了肯定性回答的人认为,宪法在强调某些行为或某些利益时,本身也明确规定了这些行为或利益的目的。例如,宪法第41条第1款规定,"法律决定适当的计划或控制,以促使公共或私人的经济活动符合社会的目标"。考虑到该款规定的"计划或控制"的重要性,如果实现上述"社会目标"需要采取惩治性措施,这种措施完全可能是刑事措施。宪法的需要与作用于人身自由的刑罚,以及再教育原则、依法办事和刑事责任的个人责任原则并无矛盾之处。总之，只要属于确保宪法目的而采取的措施，有关目的犯的规定似乎也应该是合法的。如果此说成立，庇护立法者专权的幽灵就可任意胡为了。

关于目的犯的问题，应该注意的是，立法者规定目的犯多是为了维护某种功能。在这种情况下，犯罪规范的作用在于维护某种解决利益冲突的方式，即维护行政机关解决该种冲突的职能。例如，往水中倾倒污染物本身并不受法律的惩罚，只有在未经允许的情况下，这种行为才成为惩罚的对象（1976 年第 316 号法律第 21 条）；而决定哪些具体的行为应予允许，则是行政机关的职能。同样是倾倒污物的两个行为，完全可能因居住地的规定不同而一个合法，另一个则是非法的；因为法律并未事先规定对法益造成什么样的损害或危险才构成犯罪，而是授权行政机关决定什么时候或在什么限度内，污染水源是不可接受的。行政机关在作出这种决定时，除了水污染的程度外，还应综合考虑由此而涉及的各种利益，如工农业生产利益、商贸旅游利益、居住环境利益等。在这种以及其他类似的情况下，都不能说某种具体法益是法律保护的对象。因为，往水中倾倒污染物，并不因为得到允许就不会造成水源的污染；未经许可而倾倒的污染物，实际上也可能危害不大。在这里，遵守或不遵守合法的解决利益冲突的方式，是判断行为是否构成犯罪的标准：遵循这种方式的人，就不应处罚；相反，则应承担刑事责任。行为"本身"危害的大小，与是否构成犯罪并无联系。[4]

[4] 意大利司法部刑法修改委员会起草的"刑法草案"1998年、2001 年稿均在标题为"刑法的适用"第 2 条中规定，"犯罪规范不能适用于没有侵害法益的行为"。

难道可以仅仅根据这类规定保护的客体是某种功能而不是具体法益，就断言其是不符合宪法的吗？对这个问题，必须给予否定的答案。在很多情况下，宪法都仅规定了保护的客体，但没有（或不可能）规定保护的具体方式。例如，宪法第 31 条第 2 款规定，共和国"保护母亲"；第 35 条第 1 款规定，"用各种形式和设备保护劳动"。有什么理由认为上述"保护"不应该通过行政机关的职能来实现，并以刑法规范维护行政职能的形式作为保障呢？除上述情况外，宪法还在规定某种利益的同时，明确指出该利益应受哪些限制。例如，宪法第 41 条第 1 款规定，"私有经济有经营自由"，但该条第 2 款同时又规定，这种经济"不得违背社会利益，或者用有害于人的安全、自由或尊严的方式进行"。评价这种经济是否违背社会利益，通常应属行政机关的职能。与直接由刑法规范规定评价的标准相比，前一种做法显然更符合实际。

4. 刑事政策视野中的犯罪实质：1983 年 12 月 19 日的通知

如果从宪法规定中企图归纳出某些具有绝对意义的特征，并以此来限制犯罪的实质内容是不可能的话，以宪法为根据可以推导出一些基本的刑事政策，却应是毫无疑义的。

1981 年第 689 号法律施行后，我国的惩治性法律制度就进入了刑罚措施与行政制裁并存的双轨制时期。在制定"选择刑事制裁和行政制裁的指导性标准"时，1983 年 12 月 19 日的《总理府通知》试图根据宪法的规定提出一些指导刑事政策的基本原则。该通知的对象是各部立法办公室的代表，这些办公室的职责是起草应由政府提出的各种法律草案。该通知对议会立法并无约束力（也不可能有约束力，因为议会只受宪法或宪法性法律的限制），因而只是政府的一种自我限制措施。尽管如此，从实践的角度看，该通知却意义非凡。因为在我国的体制中，政府不仅是（具有特别资格的）法律起草者，实际起草并提出了绝大部分法律；在某些情况下，它还有权制定具有法律效力的规范（即有权制定可转换为法律的法规，当时的宪法第 72 条第 2 款）。

在上述"指导性标准"中，该通知强调了一种带伦理性的犯罪的实质概念。这种概念非常接近前面所分析的，视犯罪实质为对宪法性利益严重侵害的观点。从内容看，该通知认为"从根本上说，在选择刑事制裁和行政制裁措施时，应同时遵循两个基本原则：'相称性原则'和'从属性原则'"，而这两个原则实际上都是宪法规定的原则。

"相称性原则"（il principio di prosporzione）[1]要求"对违法行为的制裁应与违法的严重程度相适应"。这一原则的根据是宪法第 27 条第 3

款，因为该款规定"不能通过与事实不相称的制裁措施来进行再教育"。"从属性原则"（或非常性原则）的内容是"只有在缺乏具有同等效力的社会控制技术时，才允许采用刑事制裁措施"。这一原则的渊源则是宪法第13条第1款，因为"该款规定，从原则上说，人的自由'是不可侵犯的'，允许适用刑事制裁意味着出现了非常情况，即不存在采用其他制裁措施以避免剥夺或限制人的自由的任何可能"。

［1］"相称性原则"（il principio di prosporzione）在刑法中即"罪刑相适应原则"。

第三节　犯罪的主体[1]

1. 犯罪主体的概念：自然人与法人

所谓犯罪主体，是指按刑法规定可能实施刑事违法行为的人（在一般情况下指"任何人"[2]；有时则要求具有特定的身份，如刑法典第317条规定的公务员或从事公务的人员）。在意大利刑法制度中，犯罪主体只能是自然人，即只有有生命的人才能成为犯罪主体。因此，在研究犯罪主体时首先就应排除法人和各种集体性的单位，对它们应适用古老的拉丁规则：*societas delinquere non potest*[3]。不过，这种限制并不是本体性的，或者说并不是单位绝对不可能成为犯罪的主体。事实上，根据"团体理论"（la teoria organica），人们可以认为一个"单位"（ente）的"下属机构"（organo）的行为，就是该机构本身的行为，并继而通过机构和单位间的一体化，将该行为归结为单位的行为；以此为据，就可以要求单位对履行其职能（如纳税），或者纯粹为其谋利益（如非法购买第三者的财产）等活动中的刑事违法承担责任。在现实中，很多国家的法律都承认"法人"（persone giuridica）可以成为犯罪主体，尽管法人承担刑事责任的范围要受其性质的制约［如显然不能对法人适用监禁刑等与法人的"非人身性"（non fisica）不相容的刑罚］。这

第4章 犯罪概述

里特别值得一提的是改革后的法国刑法典，该法典第121—2条规定"法人"（persone morali）应（在法律明文规定的范围内）为"其机关或代表为其利益实施的违法行为"承担刑事责任。根据该法典（第131—37条和131—39条）的规定，可适用于法人的刑罚包括罚款，解散法人、禁止从事某些职业、司法监督、永久或临时关闭，禁止进入市场，等等。

[1] 本节原标题"Il soggetto attivo del reato"直译应为"犯罪的主动主体"，与下一节的标题"犯罪的被动主体"（Il sottetto passivo del reato）相应。

[2] 原文"chiunque"，绝大多数意大利刑法典分则条文均以此词开头。

[3] 拉丁语，直译为"单位不能犯罪"。

在我国，"团体"（enti collettivi）不能成为犯罪主体，并没有引起多大争论。[4] 因为（1）刑事责任要求一系列法人不可能具备生理—心理条件为前提，关于这一点，只要想象一下刑事责任能力必须以行为人行为时的认识能力和控制能力为基础就行了；（2）在整个刑事制裁系统中，绝大部分刑罚和保安处分都直接作用于人的自由，这也不允许非自然人作为犯罪的主体；（3）我国刑法规定，如果单位的代表、管理人员或雇员无力缴纳被判处的财产刑，（某些情况下）单位也要承担（民事性质的）连带责任（刑法典第197条[5]，参见第九章第四节4），这一规定也 a contrario sensu（从反面）说明，单位本身不能承担任何刑事责任。

[4] 2001年草案用专章（第七章）规定了"法人的责任"（Responsabilita' Delle Persone Giuridiche），根据该章第121条（责任的范围）的规定，法人应为：（1）由有权代表法人行为的人为了法人或在法人的特定利益内实施的故意重罪；（2）由在法人中有保障职能的人在法人进行的活动中不遵守相应规则而实施的犯罪，承担责任。刑法意义的"法人"，包括所有的甚至未被承认的，进行经济活动的"单位"（enti）、公司、团体，但不包括国家、大

区等独立的公共单位。

[5] 该条规定，除各级政府外，具有法人资格的单位，在其代表、管理人员或雇员履行职务或为法人谋利益的过程中犯罪并无力缴纳罚金或罚款时，都有缴纳与罚金或罚款等额款项的义务。

宪法第27条第1款，是否可以作为单位不承担刑事责任的宪法根据呢？对这个问题，刑法学界存在肯定与否定两种观点。持否定态度的人认为，该款规定"刑事责任是个人责任"，应该理解为只有罪的人才负刑事责任（或者说不能为其他人的行为承担责任）；由于通过团体行为的一体化，可以将单位内自然人实施的行为归结为单位的行为，所以不能以上述宪法规定作为否认单位也可以成为犯罪主体的根据。持相反观点的人则认为：让法人承担刑事违法的法律后果，总是意味着行为主体与责任主体的分离，因而，必然造成为他人行为承担刑事责任的情况，显然有悖宪法第27条第1款的精神。这后一种观点，似乎更合理一些。

2. 所谓的"犯罪能力"[1]

有人认为，自然人是犯罪主体的必要条件，但不是充分条件。"没有刑事责任能力"（non imputabili）的人（参见第七章第二节）、享有豁免权的人（参见第三章第二节）都是不具备"犯罪能力"的人，这里的"犯罪能力"实际上是指自然人接受刑罚处罚的资格。[2]这种企图限制犯罪主体范围的"犯罪能力"，却是一个很不准确的概念。没有刑事责任能力的人尽管不受刑罚处罚，但就适用保安处分而言，他同样可能实施犯罪行为。至于豁免现象，正如前所述，享有豁免并不意味着可以不受刑事法律的约束。

[1] 这里"犯罪能力"的原文"capacita` penale"，按其本意译为"刑罚能力"可能更为适当。但这里谈的是自然人能否成为犯罪主体的条件，故译为"犯罪能力"。

[2] Moro, Gallo, Dell'Andro, Pagliaro等意大利著名刑法学家认为，"犯罪能力"是"实施具有刑法意义的事实的相称性"，或

第 4 章 犯罪概述

者是"刑事责任能力的象征",是犯罪主体的必备条件。

3. 非身份犯和身份犯

除规定"任何人"都可以成为犯罪主体的情况外,法律还常常要求主体具有某种资格,如某种法律地位或身份(例如,刑法典第 317 条要求的公务员或从事公务的人员,刑法典第 570 条第 1 款规定的配偶或父母亲),有时甚至只是某种特定的状态(如 1978 年第 194 号法律第 19 条第 2 款至第 4 款规定的犯罪主体只能是怀孕的妇女)。这种要求主体具备某种资格的犯罪,就是人们所说的"身份犯"(i reati propri)。与之相应的"非身份犯"(i reati communi),则是指可以由任何人实施的犯罪。在区分身份犯与非身份犯时,首先要注意的问题是,尽管有时法律形式上规定的主体可以是"任何人",但根据罪状中包含的前提,该犯罪却只可能由具有特定身份的人实施。刑法典第 564 条第 1 款规定的乱伦罪,就属于这种情况[1]:从文字上看,该款规定的主体是"任何人",但由于该罪只能在"卑亲属、尊亲属,或者直系姻亲,或者兄弟姐妹"之间实现,这就要求主体必须具备相应的身份。

> [1] 该款规定:"任何人,以造成轰动性丑闻的方式,与自己卑亲属、尊亲属,或者直系姻亲,或者兄弟姐妹乱伦,处 1 年至 5 年有期徒刑。"

身份犯取决于主体身份与法律保护利益间的特定关系,这种关系有两种表现形式:

(1) 在不具备该身份的人实施同样行为也构成对犯罪的情况下,主体的身份意味着主体负有维护特定利益的特别义务。例如不法侵占行为,如果犯罪主体具备公务员或从事公务人员的身份,就构成刑法典第 314 条第 1 款规定的贪污罪;反之,则构成刑法典第 646 条规定的侵占罪。

(2) 在离开主体的身份刑法保护的法益就不可理解时,主体具备某种身份就意味着存在刑法保护的客体。例如,就乱伦罪而言,只有具有特定亲属关系的人之间的性关系,才具有危害的性质。属于这类情况的犯罪，也被称为"排他性身份犯"（i reati propri esclusi）或"自手犯"（i reati propri di mano propria）（与之相对的"非排他性的身份犯"，指的是犯罪可以由具备特定身份的人与其他人共同实施的情况，如贪污罪中的侵占行为可以由受公务员教唆的公务员家属来实施）。

4. 与单位或企业有关的犯罪主体

在分则规范中常常会有要求犯罪主体具有属于单位所有的身份情况，如那些保护劳动安全或劳动关系的规范常常要求主体具有"雇主"身份。由于刑事责任不能由非自然人承担，遇到这类情况，就必须确定负有履行刑法规定的义务并应对违反刑法规范负责的具体的个人。实践中解决这个问题的方法是，按有关法律规定来确定谁在单位中有权（因而也有义务）采取刑法要求的措施；在一般情况下，这个人应该是单位的管理人员。

然而，按这种方法确定的主体，有时可能并没有实际承担采取符合刑法要求之措施的职能。对一个规模庞大的企业集团来说，绝大部分企业经营活动都必须交由各级雇员来进行，自然是常理之所在。就是对那些个人所有的企业而言，具有"雇主"或"企业主"头衔的个人，也必须求助于企业内外的合作者来共同管理，不可能对企业经营事必躬亲。这样，就产生了所谓的"代理"（delega）或"职能转移"（transferimento di funzioni）现象。

有一种观点认为，代理具有客观性，因代理而转移的不仅是被代理人的职能，同时还包括被代理人的职务；总而言之，在代理的情况下，犯罪主体就是代理人。与此相反的观点则认为，代理并不能影响被代理人的身份，因为被代理人因身份而产生的义务是刑法规定的，不能够用私人的行为而加以解除；基于这个原因，只有下列情况才能免除被代理人的刑事责任：(1) 如果犯罪只能由故意构成，被代理人事先对犯罪并不知悉；(2) 如果犯罪可由过失构成，被代理人已在自己职能范围内尽了监督的责任（具体情况应根据企业的规模、代理人的能力和代理协议规定的内容来决定）。

司法实践没有明确解释代理的意义，但是认为要排除被代理人的刑事责任，必须同时符合以下三条标准：（1）企业规模"庞大"；（2）代理行为符合企业规章的规定；（3）代理人具备代理能力并在代理范围内有自行决定的权力。在这三个条件中，第一个条件最有争议，因为它将企业管理的复杂性直接与企业的规模挂钩；但事实上，今天任何企业主的经营活动，都必须，至少部分地，依靠第三者的合作。令人满意的是，司法实践近来似乎已经不再强调这一前提。

第四节　犯罪的被动主体

1. 犯罪被动主体的概念

"犯罪的被动主体"（il soggetto passivo del reato）［或用刑法典的语言来说，"受犯罪侵害的人"（persona offesa dal reato）[1]］，是指受刑法所保护且为犯罪所侵害的利益的所有人。由于刑法保护的重点是公共利益（即刑法是出于维护公共利益的目的而保护各种利益，这些利益的所有人对利益实际受损是否在意，并不是采取刑法措施的理由），曾经有人认为国家是所有犯罪永恒的被动主体，而利益受到侵害的人则是犯罪的具体主体。不过，视国家为永恒犯罪主体的观点，似乎是一种毫无实践意义的理论虚构。

[1] 现行意大利刑法典第一编第五章的标题就是"犯罪人与受犯罪侵害的人"（Del Reo e della Persona Offesa dal Reato）。

犯罪被动主体与"犯罪行为的被动主体"（il soggetto passivo dell'azione del reato）和犯罪行为的"受害人"（danneggiato）是不同的概念。"犯罪行为的被动主体"，是指实际承受犯罪行为的人（例如，相对刑法典第642条[2]的规定来说，犯罪行为的被动主体和犯罪人实际上是同一个人，而只有保险人才是犯罪被动主体）；"犯罪行为的受害人"，则是指有权对犯罪行为造成的可赔偿性损失（包括财产性或非财产性损失）提出赔偿要求的人（包括在刑事诉讼中作为民事当事人提出赔偿要求）。至于"犯罪的被害人"（vittima del reato），从根本上说，本是一个犯罪学的概念（尽管有时也为法律规定所采用，如后转为1992年第172号法律的1991年第419号法规），其含义是指从犯罪原因和犯罪发展角度看，实际承担犯罪所造成的损害后果的人。

[2] 该条规定对故意毁坏被保险物品或自残身体骗取保险金的人，处6个月至3年的有期徒刑，并处200万里拉以下罚金。

一般来说，根据刑法保护利益的不同性质，犯罪被动主体既可能是自然人，也可能是法人，或者是一个集体单位（例如，刑法典第595条保护的名誉无疑应该包括社团或政党的名誉[3]）。犯罪被动主体与法益具有不可分割的性质，也有些犯罪没有犯罪的被动主体（如目的犯，参见本章第二节2）。

[3] 意大利刑法典第594条第4款明确规定，侮辱政治、行政、司法机关及其代表或者有关当局的名誉，为散布侮辱性言语罪的加重情节。

2. 犯罪被动主体的意义

在刑法中，犯罪被动主体具有多重作用。就某些犯罪而言，犯罪被动主体的身份可以说明法律保护的利益，例如，侮辱公务员罪（刑法典第341条第1款）与一般侮辱罪的区别，就在于受侮辱的人是否具有公务员或从事公务人员的身份。就另一些犯罪而言，犯罪主体和犯罪被动主体间的关系是构成犯罪的必要条件（如刑法典第572条第1款[1]），或者加重情节（如刑法典第577条第1款n.1[2]），或者排除可罚性的原因（如刑法典第649条第1款[3]）。被动主体的承诺，是因权利人同意而免罪的原因（刑法典第50条），被侵害人的故意行为既可能是减轻情节（刑法典第62条n.5[4]），也可能是多种犯罪构成的前提条件（如刑法典第579条规定的杀人罪，就要求以被杀害对象的同意为前提；而刑法典第629条规定的勒索罪与第628条规定的抢劫罪的根本区别就在于，前者是被害人在某种强制下被迫实施的行为，后者则是被害人只能眼睁睁地看着自己的财物被人拿走）。

[1] 该款规定虐待家庭成员、未满 14 岁的未成年人等行为，处 1 年至 5 年的有期徒刑。

[2] 该项规定杀害直系尊、卑亲属为对故意杀人罪应处无期徒刑的加重情节之一。

[3] 该款规定对未合法分居的配偶，直系尊、卑、姻亲属（包括收养关系），或共同生活的兄弟姐妹犯各种欺诈性财产罪，不罚。

[4] 该项规定，被侵害人的行为也是犯罪结果发生的原因之一，为减轻情节。

从诉讼角度看，有的犯罪只有被侵害人提出告诉，或者（如果涉及在外国所犯的普通罪）请求才处理。在这两种情况下，犯罪的处罚都取决于被侵害人的意志。

在刑事诉讼中，受侵害的人不仅可以（以受害方的名义）作为独立的民事当事人参与诉讼，还有权直接参与诉讼，介绍案情，提出证据（刑事诉讼法典第 90 条第 1 款）。

第五节　犯罪的分析[1]

1. 统一的犯罪概念与分析的犯罪概念

"统一的犯罪概念"（la concezione unitaria del reato）认为，犯罪是一个不可分割的整体，不可能分解为不同构成要件然后进行逐一的研究；人们可以说犯罪有不同的"方面"（aspetti），但这些方面就像多棱镜的面一样，都不具有独立存在的价值和意义。如果将犯罪看做一个客观发生的具体进程，犯罪的统一性的确是一个毋庸置疑的事实。例如，一个人被另一个人所杀，肯定不能分解为"构成要素"（elementi），因为这是一个作为整体的结果，一个凝聚了杀人行为所有特性的结果。

[1]"犯罪的分析"(l'analisi del reato),即对犯罪法律(形式)概念构成要素的分析。意大利刑法学界认为,理解法律规定的犯罪,有"直觉感知"(emotivo-unitalitaria)和"理性分析"(razionale-analitica)两种根本对立的方法。根据前一种方法来理解犯罪,犯罪就是一种统一的不可分割性的,只能从整体上"被感觉到的"实体(il reato va "sentito"),此即所谓"统一的犯罪概念"。根据后一种方法所理解的犯罪,犯罪则是一种可分解为具体的理性因素的"被理解的"实体(il reato va "capito"),此即"分析的犯罪概念"。意大利刑法学中占统治地位的观点认为,犯罪理论的研究对象是"犯罪的法律(形式)概念",刑法中"犯罪(构成)理论"的全部内容都是对犯罪的法律概念进行逻辑分析、展开的结果。由于早在19世纪中期就开始有成型的犯罪构成理论,强调"在刑法学中离开分析的方法,就无法解释犯罪",可以说是当今意大利刑法学界一致的共识。20世纪30年代、40年代在德国曾成为统治性思潮的那种认为犯罪绝对只能感受、不可分析的观点,在意大利从未得到过完全的支持。但是,在第二次世界大战后,那种"忘记犯罪在根本上只能是统一的实体",将犯罪"肢解"为相互"独立的"构成要件,只注重犯罪分析研究,不进行犯罪的综合评价的形式主义,在不同程度上受到了以 Antolisei、Bettiol 等为代表的现实主义和目的主义刑法理论的批评。

但是,当人们把犯罪当作规范现象来考虑时,即作为一种符合法律规定的事实来考虑,就必须分析犯罪的不同侧面,因为它们各自具有不同的意义。首先,要分析犯罪的客观方面,看其是否符合刑法规定犯罪构成;然后,要看行为的实施是否具有正当的理由;最后,要查明行为人行为时的心理态度以及是否存在可以宽恕行为人的特殊情节。因此,在刑法学中离开分析的方法,就无法解释犯罪。[2]

[2]意大利著名刑法学家 Maggiore, Antolisei, Moro, Mantovani, Pannini, Petrocelli, Battaglini 等人认为,意大利刑法学界中存在着"过分强调犯罪分析的倾向"。由于这种倾向"不仅将犯罪

第 4 章 犯罪概述

割裂为不同的部分，而且赋予每一部分以独立的生命使之能成为独立的实体（quid）。视犯罪为相互独立的异质的因素的总和"。他们认为，"这种机械的原子论的观念，必须认为是错误的。因为犯罪本身是一个有机的坚如磐石的整体（uan specie di blocco monolitico），尽管它可能呈现不同的侧面（aspetti），但绝不能用任何方式分解。犯罪的实质——甚至可以说犯罪的真理（realta`）——不在犯罪单个的构成要素或这些要素的总和之中，而是在于犯罪的整体，在于犯罪内在的统一性。只有从这个角度来考察犯罪，才可能真正理解犯罪的意义"。"犯罪构成要件之间的联系是如此密不可分，如果不考察这些构成要件的相互关系，甚至不可能理解每一构成要件的实质含义"。因此，"在对犯罪进行分析的时候，绝不要忘记了构成犯罪不同要件之间存在一种内在的根本的联系"，"犯罪的分析本身并不是目的，而只是更好地理解犯罪这个统一的实体的工具"（以上引自 Antolisei 在其刑法教科书中对 Maggiore 等人观点的概括性描述，参见，Antolisei，Manuale，p. 178）。

此外，统一的犯罪概念是刑法学衰落时期的遗迹。在 20 世纪 20 年代，这种观念曾作为反理性思潮的产物，在纳粹统治时期盛极一时；当时，进行概念分析的方法被抛弃，法律规范的适用得听凭直觉或激情的支配。在这一方面，统一的犯罪概念与"主观的犯罪概念"（la concezione sogettiva del del reato）（参见本章第二节 1）有着密不可分的内在联系。犯罪的主观概念认为，个人反抗以法律形式体现的国家意志，是犯罪的本质。该理论在否认犯罪与法益有必然联系的同时，还企图否认行为客观方面的意义，视其为专制国家行使镇压功能的绊脚石，并最终将犯罪归结为行为人主观方面中"反抗命令"的态度。在这种理论支持者看来，行为人的主观态度是一个浑然不可分的整体，既不能用任何理论标准进行分析，也不能用任何法律来界定，只能从行为人的"生活方式"（condotta di vita）中寻找蛛丝马迹，作为认定行为人反抗国家意志的根据。总的说来，将犯罪视为统一不可分的观念是专制主义刑法的象征；今天，只有作为历史的反面教材，或者作为民主制度刑法唯一可用

—107

的方法——分析法的对立面，它才有存在的意义。

2. 古典的二分理论（La teoria bipartita classica）

对犯罪进行分析的方法最初源于18世纪的自然法理论，古典学派的大师们（如G. Carmignani 和 F. Carrara）对其发展作出了极大的贡献。[1]

> [1] 意大利刑法学界认为，F. Carrara 和 G. Carmignani 等才是意大利刑事古典学派的奠基人，而贝卡利亚则应归入启蒙思想家之列。与中国刑法学中看法不同，意大利刑法学界一般都认为，对犯罪进行理性分析的理论，即犯罪构成理论，不是始于德国的贝林格，而是最初源于意大利古典学派。因为意大利古典学派的代表人物 G. Carmignani、Pessina 和 F. Carrara，均分别在自己的代表性著作《犯罪的法律要件》（Elementa juris criminalis）、《犯罪的构成要件》（Elementi del reato）和《刑法学纲要》中，对犯罪构成有系统的论述。

从犯罪是一个"理性的实体"（ente di ragione）[2]的前提出发，古典大师们认为犯罪由两种本体性因素构成。他们称这些因素为"力"（forza），包括犯罪的"物理力"（forza fisica）和"精神力"（forza morale）。尽管有不尽然之处，这两种"力"大致相当于现代刑法学中犯罪的"客观要件"和"主观要件"。根据古典学派的理解，这两种力又各包含一个客观方面和主观方面："物理力"的主观方面即主体的行为，而其客观方面则是指犯罪造成的危害结果；"精神力"的主观方面指的是行为人的意志，而其客观方面表现为犯罪造成的"精神损害"（如在社会中引起了恐慌或是为公民所树立的坏榜样）。在这种"力"的二分模式中，犯罪的本体性因素与评价性因素结合成了一个整体。但是，合法化原因在这种体系中却无存身之处，后来只好将其勉强解释为因主体受"强制"而排除精神力的原因。

> [2] 即认为犯罪是一种自在的危害，其存在与立法者的法律规定无关——原注。

第 4 章 犯罪概述

这种二分理论的基础并不是现实中的刑法。从实在法出发，只有"可归罪的事实"（imputazione civile），即违背法律规定的事实，才是处罚犯罪的根据。但这里所说的"可归罪"并不是一种本体性的存在，或者说犯罪的存在并不受所谓"理性的实体"（ente di ragione）的限制。对某一事实"归罪"是法律规定的结果，是立法者（理性地）认为该事实本身具有危害性，并将其规定为可罚行为的结果。在这个意义上说，二分理论的提出本含有限制国家刑罚权发动的意思。

3. 三分的犯罪理论与新的二要件论：犯罪规范的综合分析方法

在二分的犯罪理论之后，德国刑法学界在 20 世纪提出了"三分的犯罪理论"（la teoria tripartita）。20 世纪 30 年代，该理论（特别是经由 G. Delitala 的著作）传入意大利。在这种理论中，犯罪被分为三个基本的构成因素：典型事实、客观的违法性和罪过。以违法性为中介，将相似于古典理论中"物理力"的典型事实和相当于"精神力"的罪过联系起来，并不是这种理论的新颖之处；从新的角度、运用新的研究方法，才是这种理论与传统理论的根本区别。古典理论将犯罪视为一种自在自为的，与法律的实际规定无关的理性实体，而这种新理论则完全将自己的出发点建立在现行法律制度的基础之上。由此，这种三分的理论认为犯罪成立的条件包括：

（1）**典型事实**（il fatto tipico）[1] 即符合犯罪规范（如刑法典第 624 条中规定的"任何人为了自己或他人的利益，窃取他人持有的动产据为己有"）所描述的行为模型的具体事实。它在构成体系中的作用是说明禁止性规范与命令性规范的具体内容，同时也是区别具有刑法意义与非刑法意义的行为的基础。

[1] 原文"fatto tipico"源于德语中的"tatbestand"，相当于日本刑法学中的"构成要件"或"构成要件相当性"。鉴于译为"典型事实"不仅更符合意语和德语原意（"tatbestand"直译应为"行为的状态"或"典型行为"），且不易与中国刑法中的犯罪构成或犯罪构成要件相混淆，加之意大利语中还有与"构成要件"相对

109

应的单词"fattispecie"和与"犯罪构成要件"相对应的词组"fattispecie incrinmintrice"(注意：和典型事实一样，它们的内容实质上都是指刑法分则条文中的罪状，与中国刑法中的构成要件和犯罪构成的含义不同)，故未采用"构成要件"或"构成要件相当性"等译法。

(2) **客观的违法性**(l'angigiuridicità oggettiva) 即从满足整个法律秩序的客观需要的角度，对典型事实所作的非个人的"违法性"(illecita)评价(如因正当防卫而实施的杀人行为，就不具有客观的违法性，因为这符合防卫者保卫自己生命的需要；因此，不应由此而产生任何制裁性的法律后果，不受任何刑事、民事或行政处罚)。

(3) **罪过**(la colpevolezza)[2] 即行为主观方面的应受责难性。这一条件要求查明行为人在没有正当化理由的情况下实施的具有客观违法性的典型事实，是否可以行为人的"认识能力与控制能力"(la capacità di intenderere e di volerer)、行为人与典型事实之间的心理联系以及影响行为人意志形成的条件为根据，作出归咎于行为人的判断。

[2] 原文"colpevolezza"，相当于日本刑法中作为犯罪成立要件的"责任"或"有责性"。按该词在现代刑法，特别是期待可能性理论出现后的现代刑法理论中的含义，译为"责任"似乎稍微"准确"一些。但是考虑到该词在期待可能性理论产生前，本是故意和过失的上位(或者说集合)概念，以及"责任"一词在中国刑法中的含义等原因，加之意大利刑法中也有与中国刑法中的(刑事)责任完全同义，但与日本刑法中的"责任"含义有很大差别的"responsabilita"一词，如果将意大利刑法中的"la colpevolezza di responsabilita"译为"责任的责任"，人们就会不知所云。故本书仍译为"罪过"。

由于上述三个条件究竟包含哪些具体内容，至今没有统一的看法，所以现实中的"三分理论"有种种不同的表现形式。例如，拥护目的行为论的人认为，人的行为是由人的意向所决定的实体，因此行为人与行为之间的心理联系应属于典型事实的范畴；而传统的理论则是将这种联

第 4 章 犯罪概述

系放在罪过里面研究。

在这里不可能全面地介绍三分理论的发展过程，许多有关的问题我们将在讨论具体的犯罪要件时加以说明。不过，有两个特别重要的理论，需要在这里提请大家注意。这两种理论都是三分理论的发展，但内容却与其原型大不相同。首先来看一看"**新的二要件论**"。在这种理论看来，客观违法性不是一个独立的犯罪成立的条件，因为它在实践中只是一个纯粹的否定性因素，即行为不具备正当化的理由。对这样一种否定性因素，没有理由给予特别的强调：为了查明犯罪事实的存在，在实践中只要在查明行为符合单个犯罪规范规定的所有条件的同时，证明不存在任何免罪的事实（如行为的实施未经权利人同意，不属于行使权利、履行义务或正当防卫的范畴，等等）。从实质意义上说，广义的典型事实应该是犯罪成立的肯定因素（即不可或缺的因素）与否定因素（即必须排除的因素）的"总和"；不论是缺乏肯定条件（如对盗窃行为而言，行为人所窃取的不是"他人的"财产），或是存在否定条件（如窃取财产的行为是为了执行合法的命令），行为都不符合刑法规定的典型事实。

我们不同意上述观点。正如在分析客观违法性这一要素时我们将要看到的那样，这种理论从根本上扭曲了具有不同性质的事实，将实质意义不同的现象搅在一起（参见第六章第一节）：缺乏典型事实肯定因素的那些非典型事实，根本就不可能具有危害；而包含正当化理由的事实，则永远包含损害某种利益的内容。后者之所以合法，只是因为从特定的角度看具有值得肯定的价值。把这二者混为一谈，无异于将打死一只苍蝇（缺乏肯定因素的非典型事实）与正当防卫中的杀人行为（因包含否定因素而按上述理论不再是典型事实）相提并论。

"**犯罪构成多样说**"（considerazione separata delle fattispecie），是另一种由三分的理论发展起来的学说。这种理论的主要特点在于，不同意对所有的犯罪都毫无差别地适用同一种犯罪理论进行分析。但就方法论而言，这种学说与三分的理论并无原则性的分歧。支持这种理论的人认为，由于法律规定的犯罪在实施方式上的差异，各种犯罪在结构上也有区别，因此，对行为的违法性与罪过的评价只能根据具体的规定来进行。这种学说特别强调，以作为方式实施的犯罪规范不能混同于以不作为方式实施的犯罪规范，因为二者的性质完全不同（一个是积极地实施了符合构成要件的行为，一个是消极地未履行自己所承担的义务）。同理，故意犯罪的构成要件也应区别于过失犯罪的构成要件，因为故意与过失并非纯粹是罪过的构成要素，它们同样影响典型事实的内容；过失行为必须以存在客观的注意义务为前提，而故意行为显然不包含这一内容。从上述理由出发，犯罪构成多样说认为，犯罪应分成四种类型：即以作为形式实施的故意犯罪、以作为形式实施的过失犯罪、以不作为形式实施的故意犯罪和以不作为形式实施的过失犯罪，而每一类犯罪都应有自己独立的犯罪成立的条件。

这种犯罪构成多样性说包含某些科学的成分，是一个不能否认的事实，但是，它将犯罪构成理论肢解为独立的片段，因而阻碍人们对犯罪成立的条件形成统一的认识。综合比较上述学说，传统的三分理论似乎更合理一些。它不仅能清楚地展示犯罪的构成要素，同时又为我们提供了一种清晰而透彻的理论指南。

第5章 典型事实[1]

第一节 典型事实构成要素概说

1. 典型事实的概念与作用

"典型事实"(il fatto tipico),是犯罪规范中对现实中发生的某种事实的描述,如刑法典第 575 条中规定的"引起他人死亡";刑法典第 341 条第 1 款中规定的"因公务员的职务或在公务员执行职务时,当面冒犯其名誉或尊严",等等。现实中发生的具体事实符合刑法规范规定的构成要件是认定犯罪的首要步骤。因此,典型事实不仅具有区分刑法规定的各种犯罪的作用,更重要的是,典型事实是判断某一具体事实是否符合犯罪构成要件的唯一依据(所谓"典型"就是指某一特征可以作为判断某事物是否属于某类事物的标准)。

[1] 原文"fatto tipico",是意大利刑法学家 Delitala 受德国刑法理论影响提出来的一个概念,大致相当于德国刑法中的"tatbes-

tand"（构成要件）。其中"fatto"一词在意大利语中有多重含义，既可表示"事实"，又可表示"行为"。鉴于意大利刑法学界的通说认为犯罪是一种（包括行为、结果以及其他条件的）"事实"而不仅是"行为"，故译为"典型事实"。

准确地描述具有刑法意义的命令或禁令的内容，是典型事实的最基本的功能。刑法规范对典型事实的描述，界定了具有刑法意义的行为与不具有刑法意义的行为的范围，从而使人们可以用其指导自己的行为。因此，作为法律规定，典型事实的内容必须是"明确的"（参见第二章第三节3）；同时，作为判断具体事实是否具有"典型性"的标准，它的含义又必须是"确定的"（参见第二章第三节6）。

典型事实首先必须是一种客观存在的人类行为，此即犯罪的"客观性原则"（il pricipio di materialita`）[2]，（人们也常用 cogitationis poenam nemo partitur[3]来表示该原则）。从根本上说，刑罚是一种社会控制的工具，而在自由民主的体制中，社会控制的对象只能是人的行为，因为只有人的行为才可能危害、威胁、干扰社会的共同生活，侵犯社会共同生活必需的利益。人们的内心活动，如各种伦理道德或宗教的信仰、欲望、意图，从本质上说都不是法律调整的对象（更不可能成为刑法调整的范畴）。

 [2] 原文"principio di materialita`"直译为"物质性原则"。相当一部分意大利刑法学者认为，与"罪刑法定原则"一样，这个原则是认定犯罪的基本原则之一（参见 F. Mandovani）。
 [3] 意为"仅有犯意不受处罚"。

作为对生活中（以人的行为为核心的）事实的一种描述，典型事实包含各种构成因素。这些因素可从三个不同的方面进行分析：

（1）结构分析，即根据表述典型事实的方式，将其构成要素分为"描述性因素"（elementi descritivi）与"规范性因素"（elementi normativi）。

（2）内容分析，即根据被描述事实的性质，将其构成要素分为"客观因素"（elementi obiettivi）（即表现在外的物质性因素）与"主观因素"（elementi soggettivi）（即在内支配主体行为的心理因素）。

（3）功能分析，即根据各种因素在构成要素中的作用，将它们分为犯罪成立的前提、行为、结果和因果关系。

对典型事实的上述分析并不是互相排斥的，任何一个因素都既可能同时从结构分析的角度分类，也可以根据其内容或功能来进行分类。例如，在刑法典第 624 条规定的盗窃罪典型事实中，"他人的财产"这个因素若从结构角度分析，是一个规范性因素；若从内容角度看，则属于客观因素；若按作用分类，它又成为了犯罪行为成立的前提。

2. 描述性因素与规范性因素

"描述性因素"，是指典型事实中那些可以简单地根据人们的经验直接进行判断的因素。刑法典第 575 条中提到的"人"的概念就属于这种情况。因为只要提到"人"，人们立即就会想到应该是指有生命的人。而所谓"规范性因素"，则是指必须根据某种特定标准进行价值判断的因素。例如，为了确定刑法典第 527 条所规定的猥亵行为，就不能仅凭观察，而必须根据一定的社会伦理规范来决定某行为是否违反了社会所公认的行为规则。同理，为了确定某件物品是否是刑法典第 624 条中规定的"他人财产"，也必须以民法规范中有关所有权的规定为根据来判断，不能仅仅以该物品在客观上的存在来证明。根据人们进行价值判断时所援引的规范的性质，规范性因素又可以分为法律的规范性因素（如"他人的财产"）与非法律的规范性因素（如"猥亵"）两种情况。

从严格的意义上讲，典型事实所有的构成因素都可以说带有某种程度的规范性，因为即使那些描述性因素也必须以一定的标准，即人们的日常经验，来进行判断。然而，不可否认的是，由于判断描述性因素的标准是如此地深入人心，并与判断对象结合得如此地紧密，所以人们在感受到该因素的客观面时，立即就能作出该因素是否存在的判断。与此相反，如果没找到正确的价值判断标准，规范性因素的客观存在对犯罪的认定就毫无作用。

正确地划分描述性因素与规范性因素，不仅有助于正确地界定犯罪的范围（参见第二章第三节3），对于正确理解故意和刑法中错误等理论更是具有特别的意义（参见第七章第三节和第七节2）。

3. 客观因素与主观因素；特定的犯罪目的

从原则上说，典型事实应该只包含纯客观的因素，因为典型事实是区分具有刑法意义与不具有刑法意义的事实的标准，而只有对客观存在的事实的明确描述才能保证这个标准的确定性。如果刑法命令或禁令的内容取决于行为人的主观态度，就不仅会损害典型事实应有的保障作用，同时有可能将惩罚的矛头直接指向主体内在的思想。这样一来，处罚行为人的主要根据就不再是他干了些什么，同时还包括主体意识中的内容。

但在事实上，很多关于典型事实的规定中都包含有对主观因素的描述，特别是那些以"特定的犯罪目的"（il dolo specifico[1]）为前提的犯罪。这类犯罪的成立，除必须具备特定的客观因素外，还要求出自特定的目的。这种目的是行为人意志的体现，但它是否实现，与犯罪的成立并无直接的联系。例如，刑法典第501条规定的典型事实为，出于"扰乱国内证券或商品市场的目的"而散布虚假、夸张或带倾向性的消息；刑法典第522、523条[2]则分别规定，骗婚罪必须出于"骗取他人婚姻的目的"，诱拐猥亵罪必须"出于猥亵的目的"；根据刑法典第630条的规定，绑架索赎罪的成立，要求绑架的行为必须具备将他人换取自由的代价"作为自己或为他人追求的不正当利益"的目的。

[1] 原文"il dodo specifico"直译为"特殊的故意"。

[2] 意大利1996年2月15日颁布的第66号法律废除了刑法典第二编第九章第一节（第519条至第526条）所规定的全部犯罪。

"特定的犯罪目的"，在典型事实中具有特殊的作用。分析这些作用时，应该注意它们与典型事实的保障功能之间的关系。

（1）在一些情况下，特定的犯罪目的具有确定刑法特定的保护对象的作用。这意味着,当行为本身已是一个一般性规定的构成要件时,特定犯罪目的就具有改变行为危害性质的作用。例如,以索取赎金为目的,属于刑法典第 630 条处罚的绑架行为;以制造恐怖或颠覆政府为目的,则是刑法典第 289—2 条处罚的绑架行为。与专为保护人身自由而制定的刑法典第 605 条(该条规定的绑架罪不要求任何目的)相比,这两条规定都可以说是基于保护人身自由之外的其他目的而制定的。前者是为了保护财产,后者则是为了维护宪法制度。

(2)在另一些情况下,特定犯罪目的的内容能独立地说明犯罪行为所侵害的客体。这意味着,如果不具备特定的犯罪目的,行为本身就没有刑法意义。例如,三人以上以"多次实施犯罪为目的"而成立的组织,是成立犯罪组织罪的前提(刑法典第 416 条);如果没有上述特定的目的,结社自由就是一种受宪法保护的公民的基本权利。又如,根据刑法典第 501 条的规定,扰乱市价罪必须以"扰乱国内证券或商品市场为目的";没有该目的,散布"虚假、夸张、带倾向性的"消息本身可以说完全没有刑法意义(当然,如果它们符合另一犯罪的构成要件,如散布的虚假消息具有诽谤的性质,则应另当别论)。

在前面(1)所列举的情况中,典型事实的保障作用实质上并没有受到影响:有刑法意义与不具有刑法意义的事实因一般性规定的存在而泾渭分明,因为在一般性的规定中,典型事实完全是由客观性的因素组成的。在这种情况下,应该防止过分强调犯罪目的的作用,不能以犯罪目的的存在与否作为衡量行为危害大小的唯一标准,以免出现对具有特定犯罪目的的犯罪量刑畸重,不具有犯罪目的的犯罪量刑畸轻的情况。

至于(2)中列举的那些情况,特定目的的作用就不能一概而论。只有在对每一个规范进行具体分析之后,才能得出特定犯罪目的的存在是否有碍典型事实发挥保障功能的结论。例如,在分析成立犯罪组织罪的构成要件时,就必须考虑宪法第 18 条第 1 款所规定的公民有"出于不为刑法规定所禁止的目的,不须经批准而自由结社的权利"。如果出于犯罪目的而结社,显然不为宪法的规定所允许。

第二节 行为

1. 行为的概念与功能

一般认为，所谓"典型行为"（la condotta tipica），即"符合"（integrazione[1]）犯罪规范的人的举止。在这一意义上的行为，正如我们在前面已经讲过的那样（参见第一节 1），是典型事实不可或缺的基本内容。

[1] 原文"integrare"直译应是"补全"（犯罪构成要件的……）。因为按意大利刑法学界的理解，行为只是典型事实中的一个因素，因此不能说"符合"，而只能说补全犯罪构成要件。此处及以后均根据中国刑法学中的习惯，将该单词译为"符合"。

关于行为的概念有多种学说。根据19世纪末形成的"自然因果行为说"（la prospesttiva naturaliatico-causale），行为是由人的意志所决定的身体运动。这种学说，不仅不能解释为什么不作为也是行为（因为从自然的角度看，不作为并不是一种客观存在，参见本节6），同时，由于该学说实际上是将行为理解为一系列毫无联系的"举动"，因而无法解释行为的统一性（例如，盗窃罪中窃取他人财产的行为表现为不可胜数的行为人的肌肉活动，是什么把这些活动连接为统一的整体呢）。为了克服这种因果行为论的缺陷，20世纪30年代开始在德国兴起一种以目的论为哲学基础的行为理论。这种"目的论的行为理论"（la teoria dell'azione finalistica）认为，就本体论而言，行为不仅表现为行为人的身体活动，同时也应包括行为的意向。从目的论的角度看，任何人类行为都应该归结为追求一定目的的活动。这种理论的确能较合理地说明各种故意实施的作为（因为只有它们才是真正在一定意向指导下的行为），但却无法令人信服地解释各种过失的作为（人们被迫用"潜在的目的"或不同于犯罪结果的目的来勉强解释这种行为与犯罪结果间的联系）以

第 5 章　典型事实

及不作为（为了解释这种行为，有人提出了"可能的目的行为"理论）。后来的"社会行为论"（la teoria dell'azione sociale）认为，应该根据主体的举动在社会关系中的意义来确定行为的范围。这一理论的根本缺陷在于失之太泛，因为其用来确定行为范围的标准（社会意义）本身就是一个不确定的概念。将行为视为"（行为人）人格的表现"（la manifestaione della personalita）的理论，同样具有这一缺点。

从原则上说，行为的概念应该具有以下三个基本功能：

（1）"分类功能"（classificatoria），即作为概念可以同时合理地解释现存制度中行为的两种表现形式：作为与不作为。

（2）"限制功能或否定功能"（limitiva o negativa），即作为界定具有刑法意义的人类举止的首要特征，能发挥排斥不具有刑法意义的人类举止的作用。

（3）"教义与应用功能"（dogmativa e applicativa），即可用其作为理论与实践中判断行为统一性的标准。

就行为概念的分类功能而言，显然无法找到一个能同时包括作为与不作为（这两种行为的不同类型）的行为概念。因为就客观形式而言，前者表现为积极的外部活动（如砍人一刀、骗人钱财、伪造文件等），而后者则是一种规范性的判断，说明某人没有按照所负义务的要求实施特定的行为（如按刑法典第 361 条第 1 款的规定，负有义务的公务员未及时举报自己所发现的犯罪行为就属这种情况，参见本节 6）。从自然科学的角度看，不作为这种行为没有客观的表现形式。由于这两种行为在性质上的差异，根本就不可能找到一个能同时概括二者的上位概念。因为作为与不作为的上位概念，必须以二者的共同因素为内容，但作为与不作为之间根本就无共同的自然因素可言。事实上，与其说行为概念能发挥一种分类的功能，不如说它只是描述了作为与不作为的一种"性质"（predicato[2]）（如同"重量"是物体可感觉的性质，但却不能以其作为物体分类的标准）。从这个意义上说，作为与不作为都是行为，因为它们都是人类的某种举止。人类特定的举止是作为与不作为共同的参照系：就作为而言，该人类的举止是被禁止的对象（作为的实质是违反

—119

了不得实施某种举止的义务）；就不作为而言，其参照系是"命令指向的内容"（l'oggetto del comando[3]）（不作为的基础是违背了某种行动的义务）。重要的是，在上述两种情况下都存在"一种行为人选择其他行为的可能性（un'alternativa possibile）"。就作为而言，这种可能性表现为行为人必须有选择不实施该行为的可能性；就不作为而言，这种可能性表现为行为人必须有按照其义务的要求实施行为的可能性。正是这种行为人实施非刑法禁止行为的可能性，使作为与不作为具有了"人类举止"这一共同的特征。

[2] 原文"predicato"直译为"称谓"。
[3] 直译为"命令的标的"。

但是，在什么情况下才可以说行为人具有这种选择的可能性呢？这个问题的答案，与行为概念的第二个功能，即限制或否定功能有关。所谓"选择其他行为的可能性"，实质上是说，在什么情况下人类的举止才可以说是真正的"人类行为"，或者说以什么为标准才可能作出这种判断。对于这个问题，不能先验地从本体论（或人类学）的角度来解决，而必须以刑法本身的需要为基础。由于刑法是一种用强制手段进行社会控制的工具，因而无法想象这种控制能够及于完全不是出于人的意识的行动（如癫痫病发作或处于被催眠状态的人的行动），或完全不是出于人的意志的举动（如不可抗拒的狂风所引起的身体移动），企图用法律来控制此类举动，显然有悖理性的要求。关于刑法制度中解决行为的否定功能问题的专门的规定（刑法典第42条第1款），我们将在后面进行必要的探讨（参见本节8）。

最后，有关行为概念的"教义与应用功能"，即如何判断行为的统一性问题，似乎也不可能找到一个放之一切场合而皆准的答案。在实践中解决这个问题时，只能根据犯罪规范的具体要求来决定（如在短时间内盗窃了多个物品，到底是构成一个盗窃罪或是多个盗窃罪的竞合），离开了法律对行为方式的具体规定，讨论这个问题就毫无意义。

2. "无行为"的犯罪（纯粹怀疑犯或状态犯）

有人不同意行为是（或应该是）典型事实必不可少的因素，认为现行法律制度中有些犯罪就不是由行为构成的。例如，刑法典第 707 条和第 708 条所处罚的事实是：有特定犯罪记录的人持有变造、伪造，并不能说明用途的钥匙、撬门入室的工具（刑法典第 707 条），或持有不能说明来源的贵重物品（刑法典第 708 条）。在上述情况下，具有刑法意义的似乎是"行为人的某种状态"（situazione personale），而不是特定的行为。事实上，持有本身就是一种行为，即一种以 *l'animus rem sibi habendi*[1] 的心理而保留（拿、握）某种物品的行为。关于上述情况，有人认为实际上存在两种行为：除了持有本身是一种行为（即作为）外，不能说明用途或来源也是一种行为（即不作为）。不过，后者本身并不是一种不作为，因为它并没有违反任何法律义务，而只是没有遵守一种"要求"[2]（如果用途或来源被查明，即使行为人没有提供解释也应免除处罚）。转化为 1992 年 356 号法律的 1992 年 306 号法规第 12—5 条第 2 款规定，因犯某些特定的严重犯罪（一般是有组织的犯罪）而正被采取刑事措施或正在受保安处分的人，如果是与其收入或从事的经济活动不相称的财产的"所有人或有权处分人"，并"不能说明其合法来源者"，应受刑罚处罚。这一规定被宪法法院 1994 年第 48 号判决宣告为违宪，因为不仅行为（是财产的所有人或处分人）是一种临时的现象，就是主体的身份（即作为刑事调查的对象、刑事被告或正在受保安处分）也具有不确定的性质（即可能发展成为一种相反的情况，如刑事被告人可能因控诉不成立而被解脱）。

[1] 原文为拉丁语，直译为"作为自己的东西而持有的意图"。
[2] 原文"onere"直译为"负担"。

就上面那些法律规定而言，问题不在于它们规定的犯罪是否是行为，而在于它们所规定的行为是否具有危害性。因为，它们所规定的行为都纯粹只有征兆性价值：刑法典第 707 条规定的行为，只能说明行为人有利用那些工具来实施犯罪的可能性；而刑法典第 708 条规定的行为，也只是行为人有可能非法获得了财产的一种标志。正是从这一点出发，人们将这类犯罪称为"纯粹怀疑犯"（reati di 'mero sospetto'）。至于这个概念是否有存在的必要，我们将在说明犯罪的法律客体时进行说明。

3. 行为的多重性或惯犯[1]

在有些情况下，刑法规定的犯罪规范要求或者允许行为具有多重性。例如，刑法典第572条规定的虐待家庭成员罪，就不可能由一个单一的举动（如一次打骂）构成，因为虐待只能是一系列反复实施的行为（如某父亲经常打骂其子女的行为）。行为的多重性有时是构成犯罪的前提，行为不具备多重性，法律规定的典型事实就不存在，此即所谓的"必要惯犯"（reati necessariamente abituali），如虐待家庭成员罪就属这种情况。在另一些情况下，单个的行为也符合犯罪构成，但多个行为并不成立多个犯罪构成，即使根据刑法典第133条第1款n.3的规定，显然能增加犯罪的严重程度，这种情况就是人们所说的"任意惯犯"（reati eventuali abituali）。1958年第75号法律第3条第1款n.3规定的容留卖淫行为，就属于这种情况。容留他人卖淫的行为，只要单独一次，就符合该项规定的犯罪构成，但多次实施，也只符合一个犯罪构成。法律规定的行为的性质，是区分这两种惯犯的标准。例如，单个的行动不能构成虐待，是因为虐待行为的性质决定了它只能由特定主体之间多次重复的行为构成；与此相反，容留卖淫的行为就既可能表现一次单独的行为，也可能被理解为多次重复的行为。

　　[1] 这里的"惯犯"是原文"reati abituali"的直译，包括以多次重复的行为为必要成立条件的犯罪（如虐待罪），与中国刑法中必须以多次实施同类犯罪为成立条件的"惯犯"概念不尽相同。

从客观方面说，构成惯犯需要两个条件：（1）在一段时间内重复实施了多个行为；（2）多个行为侵犯的是同一犯罪构成的客体（并不要求实施的是完全相同的行为，如虐待就可能表现为有时使用暴力、有时用言语侮辱、有时使用其他威胁手段，等等）。

与必要惯犯和任意惯犯相联系的概念是"纯正惯犯"(il reato abituale proprio)和"非纯正惯犯"(il reato abituale improprio)。所谓"纯正"惯犯,是指单个行为本身不(或不可能)具有刑法意义的情况;而"非纯正"惯犯,则是指这个概念所包含的单个行为本身都单独构成犯罪的情况(例如,刑法典第 564 条第 2 款规定的乱伦关系可以吸收该条第 1 款规定乱伦行为)。事实上,所谓"非纯正的惯犯"的实质是由多个犯罪构成的任意惯犯,或更准确地说,它是同种数罪的实质竞合(参见第十章第一节 1),即属于法律将多个犯罪规定为一个犯罪的情况。

4. 作为的概念与分类

现在我们来看行为的两种形式。如果从客观现象的角度分析,作为可定义为一种能从外部感受到的身体活动。不过,这是一个非常抽象的定义,其具体内容必须根据刑法对不同犯罪的具体规定来决定。例如,重婚行为(一个受原有婚姻约束的人再次与他人建立具有民事法律意义的婚姻关系,刑法典第 556 条第 1 款)是指订立一种具有法律意义的契约;侮辱行为(侵犯他人的名誉或尊严,刑法典第 594 条第 1 款)则表现为使用言语、姿态或文字,等等。

从根本上说,根据刑法规定的作为的类型,可以将规定"作为"(azione)或"实施性(commissivi)行为"的规范分为任意性规范与限制性规范两大类。所谓"任意性规范"(fattispecie a forma libera)或者"因果性规范"(fattispecie causualmente orientata),是指只规定了犯罪的结果,任何能引起该结果的作为都具有刑法意义的规范(如刑法典第 575 条规定,"任何人引起他人死亡,处……")。所谓"限制性规范"(fattispecie a forma vincolata),则是指法律对作为方式作了明确规定的情况(如刑法典第 640 条第 1 款规定,"任何人用谎言、诡计使他人产生错误,为自己或他人谋取……")。一般来说,作为的这两种表现形式与它们所侵犯的法益有关:刑法所保护的法益越重要,就越没有必要强调作为的具体手段。

任意性规范与限制性规范间的区别是相对的：所有任意性规范实际上都要求作为对结果具有原因力；同理，由于法律规定的一般性与抽象性，限制性规范实际上也都具有相对"任意性"的意义。例如，刑法典第640条第1款规定的以诈骗为目的而导致他人产生错误的作为，在现实中就有不胜枚举的表现形式。

5. 作为的统一性

实施性行为既可能由行为人一个单独的举动构成，也可能表现为行为人的一系列活动。譬如，用言语来侮辱他人的作为既可由行为人所说的一个侮辱性单词而构成，也可以以行为人所实施的一连串，每一句都抽象地符合侮辱罪犯罪构成的谩骂为表现形式。那么，在后一种情况下，应该用什么为标准来划分一个行为（即只符合一个犯罪构成）与多个行为（即符合多个犯罪构成）的界限呢？

将行为人一系列动作视为一个整体的首要条件，是这些动作之间存在的连贯性，即这些动作之间不得有明显的中断。因此，如果侮辱某人的多个举动在时间上有明显的中断，无疑就是多个行为。但是，用动作的连贯性作为划分一个或多个行为的标准，只具有相对的意义。因为行为是否连贯，实质上得依行为的社会意义而定，而判断行为社会意义的标准往往是不确定的。

鉴于上述理由，仅用动作的连贯性显然不能充分说明行为统一性。于是有人提出，在连贯性之外，还应辅以行为目的的明确性作为判断行为统一性的标准（即目的论标准）。这种观点意义不大，因为（1）上述标准不能适用于过失犯罪，因为对过失犯罪来说行为人的目的并无意义，甚至有些过失行为根本就无所谓目的；（2）认定行为的统一性只能根据行为的客观方面来进行判断，不能以行为的主观方面作为标准；（3）以行为人的目的为标准不可能对行为进行判断，因为同一行为可能是在多个目的的支配下实施的（如对于一次盗窃多个物品的行为人来说，他盗窃其中某些物品的目的可能是为了最终销赃卖钱，盗窃另一些物品的目的则可能是为了供自己使用）。

事实上，为了说明行为的统一性，必须考虑行为人的动作与被保护的法益之间的关系。如果全部动作侵犯的都是同一法益，那么就应该只是一个行为；如果侵犯了不同的法益，则构成多个行为。要判明行为侵犯的是同一法益或不同的法益，必须考查法益与被害人的联系：如果法益具有高度的人身性（如生命、健康、人身自由等），每一个被害人都代表一个独立的被侵害的法益。例如，如果行为人一连串的动作造成了多个人的死亡，他引起每一个被害人死亡的动作都单独构成一个独立的杀人行为。如果法益与被害人人身并无特别的联系，动作的连贯性就是判断行为的统一性的标准。例如，对盗窃罪来说（该罪所要求的只是窃取的对象必须是"他人的财产"，即不属于行为人的财产），连续窃取多个物品的行为，并不因为侵犯了不同的被害人而构成多个行为（这一观点并未被司法实践所接受，在处理盗窃罪时，司法机关仍倾向于依被害人的人数来确定行为的个数）。

6. 不作为的概念

"不作为"，是行为的第二种形式，其特点是没有实证的内容。根据刑法典第361条第1款，公务员不及时报告自己知道的犯罪是应受处罚的行为。刑法典这样规定的理由，显然不是因为行为人做了什么，而只是因为行为人没有做他应该做的事情。那么，为什么说不作为也是行为呢？

有种已被超越的理论认为，不作为的实质上是一种"内在的行为"（l'azione interiore），它表现为主体在精神上"努力""控制自己"不去实施某种行为。除了不能科学解释过失性不作为外，这种理论最不能让人接受的地方，是其把一种行为（即不作为）的外在形式归结为行为人主观的心理活动。另一种理论认为，不作为也有实证的内容，行为人在其应履行义务期间实际进行的与其所负义务内容不符的活动，就是不作为的客观内容〔这种理论即所谓的"实际行为说"（la teoria dell'aliud agere[1]）〕。对这种理论的批评，主要有两点：（1）在应履行义务期间，行为人实际上可能没有进行任何活动（例如，在应放下铁道口栏杆的时候,值班人员仍在睡觉);(2)在应履行义务期间,行为人实际进行的活动没有任何法律意义,因为这种情况下,只有行为人没有实施应该实施的行为,才是法律关心的要点。尽管对上述理论的第一点批评不太确切,因为不作为的主体不可能不进行与其所负义务不符的任何活动(即使睡觉,也是一种活动);但第二点批评却是有根据的,尽管行为人实际实施的行为并不是毫无意义〔如行为人没有履行义务是因为不可抗拒的原因(vis abosuluta)造成的,这种情况就能排除不作为的存在〕,但无论如何,不能以行为人实际实施的行为作为认定"不作为"成立的根据。

[1] 其中的"实际行为"的原文"aliud agere"为拉丁文,直译为"其他行动"。

现代的刑法理论近乎一致地认为,不作为是一种法律的判断,或者说是行为人实际实施的行为与其应该实施的行为之间的对立。换言之,不作为是一种具有法律性质的规范性因素(因为法律,特别是刑法,对伦理、宗教与社会义务并无多大兴趣)。规定主体有作为义务的法律规范,就是判断不作为成立的标准。

在刑法领域中,不作为曾长期被视为"怪物"。因为从根本上来说,以自由为中心的近代刑法制度都是为了防止人们实施某种行为而建立起来的,传统刑法以维护现有法律制度为主要目的,而只有积极的作为才可能侵犯他人的合法利益。现代的"社会法治国家"(stato sociale di diritto),以团结互助为基本原则,要求社会成员间相互协作以实现法律的目的,于是,刑法中关于行为人作为义务的规定开始增加,如今已是整个刑法制度(尤其是特别刑法)中不容忽视的组成部分。

7. 不作为的分类:纯正的不作为犯与不纯正的不作为犯

用不作为方式实施的犯罪,可以分为"纯正的不作为犯"(i reati ommissivi propri)和"不纯正的不作为犯"(i reati ommissivi impropri)两大类型。"纯正的不作为犯",是以不作为方式实施的纯粹的行为犯,如刑法典第361条和第593条第1款[1]规定的情况。"不纯正的不作为犯"则是指由不作为方式构成的结果犯（亦称以不作为方式构成的作为犯）。

[1] 意大利刑法典第361条规定的是公务员对犯罪知情不报的行为，第593条第1款规定的是对需紧急援助的人不予帮助的行为。

刑法典第40条，是这种分类的法律依据。该条规定，"有法律义务阻止某结果而不阻止，等于引起该结果"。在解决因果关系问题上，这一规定只具有辅助意义（因为其性质决定了，它只能与其他有关因果关系的规定同时适用）。这个规定的基础，是那些关于"引起"某结果的刑法规范（如刑法典第423条第1款、刑法典第430条、刑法典第575条[2]等）。但是，这个规定却有扩大上述规范适用范围的作用。在有了这个规定之后，上述规范就不仅能适用于行为人"引起"法律规定之结果的情况，同时也能适用于有法律义务的人没有"阻止"该结果发生的情况。事实上，刑法典第40条的上述规定，对所有规定了因果关系的法条都赋予了新的含义。[3]例如，结合刑法典第40条的规定，刑法典第575条的内容实际上就应该是"任何人引起，或有法律义务而不阻止，他人的死亡，处……"[4]。顺便提一下，刑法分则有时就是直接用这种方式来描述犯罪构成事实的，如刑法典第659条第1款就规定"造成或不阻止动物的吵叫"，干扰他人工作或学习的，属于应依照该条规定处罚的行为之一。

[2] 意大利刑法典以上各条款分别规定的是放火罪、铁路肇事罪、遗弃罪。

[3] 该段话直译应为"所有……的规定，都由一条变成了两条"。

[4] 意大利刑法典第575条原文为"任何人引起他人死亡，处……"

这种应阻止（一定结果的）法律义务，可以来自任何适当的渊源（如法律、法规或合同的规定；自愿承担的义务；在法律承认的情况下，甚至包括某些因习惯而产生的义务）。

"行为人先行的危险行为"是否是这种义务的渊源（例如，在人行道上挖坑的人，是否必须采取防止行人危险的保护措施并插上标记），的确是一个值得探讨的问题。由于在这个问题上，刑法典采用的是"形式义务说"（la teoria formale di obbligo），在一般情况下，行为人本身的先行行为不能成为阻止危险义务的渊源，因为法律制度不承认这种渊源。不过，从实际情况来看，刑法分则中一般都规定了应该避免各种危险行为的义务，如刚才提到的刑法典第659条第1款。在其他情况下，危险行为则产生于行为人有处理权或组织权的活动（如企业主实施的与经营活动相联系的危险行为），这时，就应该根据行为人行使的职能，来确定其是否有阻止结果的义务。

关于"引起"应等同于"不阻止"的实质性分析，我们将在不纯正的不作为犯的因果关系那一部分进行（参见本章第四节5）。

8. 作为与不作为中的意识与意志

如果不具备一定的心理前提，作为和不作为都不会被承认为是人的行为，因此，一定的心理前提是刑法中行为成立的起码条件。例如，一个行人突然遇到无法抗拒的狂风袭击而撞倒了一个儿童并对其造成了伤害，这个行人的上述身体活动就不能视为刑法中的"作为"；同理，如果铁路口的值班人因遭暴徒袭击，身体被捆而无法放下禁止通行的栏杆，也不构成刑法中的"不作为"。引导人如何行为的功能，是刑法最基本的功能。刑法的这一特性，不容许将具有刑法意义（即具有"典型意义"）的人的行动（或静止），贬低为自然或机械的运动。就刑法而言，一切仅仅具有自然客观意义，但主体无法控制的身体活动，都不具有"法律意义"，都不能视为主体的行为。刑法典第42条第1款的规定，明确说明了刑法的这一基本要求。按照该款的规定，"如果作为或不作为的实施不是出于行为人的意识和意志，任何人不得因被法律规定为犯罪的作为或不作为而受处罚"。许多人都将这一规定中提到的意识与意志，理解为关于罪过（特别是行为与行为人之间的心理联系，参见第七章）的规定。但是，如此理解该规定的内容，显然值得商榷。因为

第 5 章　典型事实

罪过实质上是一种以典型事实为对象的判断,目的在于说明行为人实施的典型事实具有应受谴责的性质;而行为人所实施的(出于行为人意识和意志的)行为,则显然是典型事实必不可少的组成部分。行为人的意识和意志是行为的主观因素(参见第一节 3),然而在一般情况下它们并不是刑法规定的犯罪构成要件,因为它们不能作为划分刑事合法行为与违法行为的标准(行为是否违法完全是由行为的客观因素决定的[1])。

[1] 关于这个问题,请参阅下一章"客观违法性"。

严格就字面含义来说,刑法典第 42 第 1 款中规定的"意识和意志"应该包含两个相互联系的因素:即行为人对自己所实施的行为有实际的认识与意愿。对所有的故意行为来说,这两种因素都是必不可少的前提;然而,并不是在所有的过失行为中都存在这两种因素。例如,一个司机超速行车,就既可能是他有意而为,也可能是他思想开小差的结果;一个外科医生把止血的棉花留到病人的肚子里面,也可能不是出于某种突如其来的有意识的冲动,而是完全把这事给忘了。鉴于现行刑法中有处罚过失犯罪的规定,刑法典第 42 条第 1 款中提到的"意识与意志",就不能仅从字面上来理解。在定义犯罪的过失时,刑法典第 43 条第 1 款使用了"轻率"(imprudenza)、"疏忽"(negligenza)、"不熟练"(imperizia)以及"不遵守法律、法规、命令或纪律"等概念[2],而这些概念与行为人的意识和意志都不一定有内在的必然联系。因此,对刑法典第 42 第 1 款中的"意识与意志"应作广义理解,应将它们理解为行为人对自己的行为进行有目的的控制的可能性,或者说行为人支配自己行为的可能性。已实施行为的可避免性,是将主体的动作视为的主体行为最起码的界限(用经院哲学常用的术语来说,就是 *suitas*,即行为是主体的行为)。从此观点出发,不论是因紧急危险而引发的本能性反应动作(如在摔跤时,为了保护自己而抓住他人的手),还是因皮下神经受突然刺激而引起的不可控制的反射性动作(如因受针刺而引起的身体移动),都不是行为人有意识的行为。而那些经提高操作能力的机械训练而形成的自动性动作(如汽车司机在开车过程中的大部分行为),或在日常生活中养成的习惯性动作(如抽完烟后将烟头随意往地上一扔），则都应被视为"有意识"的行为。因为在这两种情况下，行为人都完全可以控制自己不实施那些自动性或习惯性的动作，并用自己的意识与意志能控制的行为来取代前述行为。那些生理或病理学意义上的"无意识的动作"（如梦中的动作或因突然的疼痛而引起的行为），本身不是出于行为人意识和意志的行为。然而，在刑法领域中，对这些动作得作具体的分析，即必须以这些动作的先行行为是否是出于行为人的意识与意志为根据，来判断它们是否构成刑法意义的行为。例如，一个母亲在熟睡中压住了睡在自己身边的新生儿，致其窒息而死，认定她构成过失杀人罪的根据，并不是其（无意识地）压住了新生儿的动作（这只是因果关系的一环），而是她在睡觉前把婴儿放在身边的行为。同理，如果一个明知自己经常犯昏病的人在开车时昏病发作，结果撞死了人，也应该这样来分析。

[2] 意大利刑法典第 43 条第 1 款规定："当犯罪结果，即使行为人有所预见，不是行为人有意引起，而是因疏忽、轻率、不熟练或者不遵守法律、法规、命令或纪律而造成时，为过失或非故意犯罪（重罪）。"

对于以不作为为表现形式的行为来说，行为是否出于行为人的"意识与意志"，显然不能用不作为本身是否存在来证明（参见本章第二节 6）。考察不作为中的意识和意志因素，应分析行为人在应该履行义务时所实际进行的活动。如果这些活动出于行为人的意识与意志，就表明行为人当时有实际履行义务的可能，那么，也就可以得出行为人的不作为也是出于意识和意志的结论。相反，如果在应履行义务期间，行为人不可能进行有意识与意志的活动（如处于昏迷状态），行为人没履行义务就不是出于行为人意识与意志的行为。当然，对于不作为中的意识和意志因素的判断，还必须根据它们是故意或过失来分别进行。如果行为人所负的作为义务与这种义务产生的前提之间具有连续性，运用上述标准来判断不作为的有意性是比较容易的。例如，对疏于救助的行为来说（刑法典第 593 条第 1 款[3]），如果因发现他人受伤，行为人自己被吓得虚脱，那他没有援助受伤者，就不是出于意识和意志的行为。在行为义务有一个截止日期，因而行为人有一段时间来履行该义务的情况下，要查明行为中的意识与意志因素，就必须考察在最后一段履行义务期限的时间中，行为人是否在进行有意识的活动。例如，纳税人在纳税申报的最后期限前被人绑架，他没有如期呈报自己的收入就不是有意的行为。

[3] 该款规定："发现被遗弃或迷路的十岁以下儿童，或其他因精神或身体疾病、老迈，或其他原因而无自助能力的人不立即向当局报告者，处三个月以下的有期徒刑或 60 万里拉以下的罚金。"

"不可抗力"（forza maggiore）和"身体受强制"（costringimento fisico），是刑法典第 45 条和第 46 条规定的两种典型的排除意识与意志因素的情况。"不可抗力"，是一种外在的自然力，它决定主体的身体不可能用其他方式行动。因此，所谓不可抗力就是不允许主体选择行为的自然力量（如山崩、突遇狂风等）。"身体受强制"，实际上也是一种不可抗力。它与前者的区别在于，这种力量是一种由他人实施的物质性暴力（如果是精神性暴力或威胁，则应适用刑法典第 54 条第 3 款[4]，参见第七章第八节 4）。根据通说，这种强制必须是绝对的，即主体不可能实施不同于其被强制实施的行为（例如，被他人猛力一推而撞伤了他人）。在身体受强制的情况下，被强制的人 *non agit, sed agitur*[5]，纯粹是用暴力进行强制者的工具，因而刑事责任应由强制者来承担。尽管绝对的强制显然可以排除行为中的意志与意识因素，但刑法典第 46 条似乎没有并明确强调这一点。该条只是要求暴力具有主体"不能抗拒或回避"的性质。按照该规定的字面含义而言，即使主体在身体并未受到绝对的强制，因而可能作出其他选择时，也可以适用这一规定（例如，某甲在被某乙扭住手腕的情况下非法撞入他人住舍，就某甲本可在手腕被扭伤和被迫进入他人住舍之间进行选择而言，这里的"强制"就不具有"绝对"的意义）。我们认为，（如果强制不是绝对的话）上述情况不是排除意识与意志因素的行为，而是应该属于排除罪过（责任）的原因（参见第七章第八节 5）。

[4] 该款规定，精神上受威胁而实施犯罪可按紧急避险处理，实施的犯罪由威胁者承担刑事责任。

[5] 拉丁语，字面含义为"不是（自己）在行动，而是被（他人）强迫行动"。

9. 行为的前提条件

"行为的前提条件"（I presuppositi della condotta），是指那些根据法律规定逻辑上先于行为存在，并能决定犯罪能否成立的条件。例如，重婚罪（刑法典第556条第1款）必须以已存在合法的婚姻为成立条件；各种堕胎罪，则必须以妇女怀孕状态为存在前提（1978年第194号法律第19条）；如果主体不具备公务员或从事公务人员的资格，（刑法典第314条等规定的）各种渎职罪就不能成立，等等。说这些条件是行为的前提，是因为它们必须先于犯罪行为而存在，然而它们本身的存在与犯罪之间并没有内在的必然联系（显然不能将重婚行为归咎于先前存在的婚姻），但是，这些条件在逻辑上又有决定犯罪性质的作用，如果行为时没有这些条件，就无犯罪可言。从这个意义上讲，这些条件又可称为"行为的伴随条件"（concomitanti di condotta）。

行为的前提条件可以是行为人或被动主体的身份、个人特征等，也可以是"行为的物质客体"（oggetto materiale della condotta[1]）存在的时间、空间或法律特征等。

[1] 这一概念基本上与我国刑法中作为犯罪对象的"物"同义。

对行为的前提条件是否有认识，对犯罪故意的成立具有特殊的意义（参见第七章第三节3）。

第三节 结果

1. 自然的结果概念

刑法总则中有很多规定都提到"结果"（l'evento）。如，刑法典第40条和第41条规定的内容，分别是作为和不作为与"结果"之间的因

第5章 典型事实

果关系；刑法典第42条第3款规定的内容是，除故意、过失和超故意以外，主体应对"结果"承担客观责任的情况；刑法典第43条第1款则以行为人对结果的态度作为根据，分别规定了故意、过失与超故意的定义；刑法典第44条的内容，也提到了可引起客观可罚性条件的"结果"；刑法典第6条规定，"结果"发生在本国领域内的犯罪，也视为在本国领域犯罪；等等。那么，究竟什么是"结果"呢？

根据"自然的结果概念"（la concezione naturalistica），刑法中的"结果"（evento），是指由行为所引起的具有法律意义的结果（risultato）。[1] 就此意义而言，刑法中的结果具有以下两个特征：(1) 它是一种由作为或不作为所引起的独立于行为人的客观现象（如刑法典第575条所规定的"人的死亡"，第423条第1款所要求的"火灾"，第640条第1款规定的"不法利益"和"其他损害"，等等）；(2) 它是一种具有刑法意义的事实，一个行为可能引起无限的"后果"（consequenze），但只有其中具有法律价值的，才可能成为刑法中的结果。

根据结果在刑法中的不同作用，可以将它们分为三类：(1) 作为构成要件的结果，缺乏这种结果，犯罪构成就不完整。(2) 作为加重情节的结果，没有这种结果，行为同样可能构成犯罪；但这种结果的出现，是加重刑罚的根据。例如，诬告他人，即使没有造成被诬告人受到刑事追究的结果，也是犯罪行为；但如果被诬告的人因诬告而被处刑，诬告者就可能受到更严厉的处罚（刑法典第368条第3款[2]）。(3) 作为处罚条件的结果，立法者出于刑事政策的考虑，规定这种结果对于某些犯罪的可罚性具有决定性的意义（参见第九章第三节 2）。这里需要特别指出的是，上述的第三种结果与前两种结果不同，因为它是一种可以独立于犯罪行为的"结果"。

[1] 在意大利语中"evento"和"risultato"都有汉语中"结果"的意思，但前者偏重于将结果视为一个独立的现象，后者偏重于说明与原因的联系。

[2] 意大利刑法典第368条第1款规定，一般的诬告行为处6个月至2年的有期徒刑；第3款规定，如果诬告导致被诬告人被处

5年以上有期徒刑的，处4年至12年的有期徒刑；如果导致被诬告人被判无期徒刑的，处6年至20年有期徒刑；[导致被诬告人被判死刑的，处无期徒刑]（方括号内的规定，已不适用）。

我们在这里仅说明作为构成要件的结果。就其自然意义而言，这种结果并不是典型事实必不可少的内容，因为并非所有犯罪都以行为与结果之间的因果关系作为成立的条件。由于这个原因，犯罪就被分为纯粹行为犯（或形式犯）与结果犯（或实害犯）两类。属于前一类的犯罪的例子，有伪证罪（刑法典第372条第1款）、猥亵罪（刑法典第527条第1款）、侵犯住宅罪（刑法典第614条第1款），等等。作为构成要件的结果，通常具有表明犯罪所造成的损害及其程度的作用（如杀人罪所引起的被害人死亡，就是表明作为法益的人的生命的丧失）。但是，并不是所有作为构成要件的结果都具有这种作用。除了能够说明犯罪危害性程度的"侵害性结果"（l'evento offensivo）外，还存在一种本身不能直接说明行为的危害性的"非侵害性结果"（l'evento non offensivo）。如为了骗取保险金而故意毁坏自己投保的财产（刑法典第642条），尽管投保财产被毁是行为人的行为所引起的结果，但这种结果并不能直接说明行为对承保人财产的侵害。

根据对刑法保护利益危害实现的程度，侵害性结果还可以分为"实害性结果"（l'evento di danno）和"危险性结果"（l'evento di pericolo）。至于这二者的区别，我们将在探讨犯罪的危害时加以说明。

2. 法律意义的结果概念

与上述观点相反，有的理论认为，刑法中的结果应该理解为"对被保护法益的侵害"。这种结果不是客观的自然现象，而是一种法律评价，即对行为已经对被保护法益造成了损害或使被保护的利益处于危险之中的评价。按此理论，所有的犯罪都是结果犯，因为它们都是对法益的侵犯：杀人罪的结果就是对生命法益的侵害，伪证罪的结果则是对证据真实性法益的侵犯，等等。

"法律意义的结果概念"（il concettto di evento in senso giuridico），

源于对某些刑法规定的解释。事实上，刑法典中的确有许多规定都将"结果"视为犯罪行为不可缺少的因素之一。例如，刑法典第 43 条第 1 款就是以"结果"为主要参照来界定各种主观要件的内容。由于有关主观要件的规定适用于所有的犯罪，不论行为犯或是自然意义的结果犯，都概莫能外；同时由于并不是所有的犯罪都有自然意义的结果，对该规定中提到的结果，就只能解释为作为不同于自然意义的结果。于是，将结果理解为对法益的侵害就成为必然。因为只有这样理解，才可以说所有的犯罪都有结果。

反对这种观点的人认为，并不是所有的犯罪都是对法益的侵害，因为有许多犯罪是不侵害任何法益的纯粹目的犯（参见第四章第二节 2）。不过，在坚持任何犯罪都有结果的人眼中，法益概念应从方法学的角度来理解（参见第四章第二节 2）。他们认为，法律规范的目的就是法益，每个犯罪必然以某种法益为侵害对象。在我们看来，"法律意义的结果概念"与"自然意义的结果概念"之间的对立，不管从哪方面说都纯粹是个理解问题，即对总则不同条文中提到的"结果"应该如何解释的问题。"法律意义的结果概念"，不但不否认有些条文中的结果是指自然意义的结果，并且还强调在某些刑法制度中只能在这个意义上理解结果（例如，在确定行为和结果间的因果关系时，就不能将结果理解为对法益的侵害，因为这种评价必须以整个犯罪行为作为对象）。支持有"法律意义的结果概念"的人，仅仅反对不考虑不同法律条文的具体作用，将所有法律规定中的"结果"不分青红皂白地统统解释为自然意义的结果。

第四节　因果关系

1. 概述：关于因果关系的条件说与相当因果关系说

刑法典第 40 条规定，（自然意义的）结果和行为之间必须具有相互依赖的因果关系，即作为构成要件的"结果"（evento）必须是因行为而生的"结果"（conseguenza[1]）。这一规定实际意义在于，排除任何形式的株连，行为人不得因任何与其行为无关的结果而承担刑事责任。

　　[1] 意大利语中的"eveneto"和"conseguenza"都有汉语中的"结果"的意思，但前者倾向于指一种可以相对独立存在的现象，后者倾向于指由某种事物发展而带来的后果。

不过，在什么情况下可以说某现象是主体的作为或不作为的结果，却是一个问题。由于行为有两种不同的表现形式（特别是这两种行为形式的因果关系具有不同的性质），而迄今为止人们探讨的主要是作为的因果关系问题。就作为的角度讲，最重要的因果关系理论可以说有两种，即"*conditio sine qua non*（必要条件）理论"（la teoria della *conditio sine qua non*[2]）和"相当因果关系理论"（la teoria della causalità adeguata）。

　　[2] 拉丁语"*conditio sine qua non*"，直译为"没有就不可能存在的条件"，我国刑法学界多将这个表述译为"（因果关系）条件说"。

"*conditio sine qua non* 理论"（亦称条件等值说）认为，任何先于结果存在，并为结果发生的必不可少的条件都是原因。为了证明某先于结果存在的事实是否是结果发生的必要条件，该理论求助于一种"排除思维法"：即设想如果该事实不存在，某结果是否同样会发生。如果答案是否定的，那该事实就是结果的必要条件；如果所得结论相反，就可将该事实排除于原因之外。当然，这种方法考察的对象都只能是人的行为，那些可称为"必要条件"的行为就是原因。按这种理论的逻辑，如果某甲被某乙打成了轻伤后，因为某丙用没有消毒的绷带包扎而使某甲受感染被迫住院，在住院治疗过程中，因某丁在医院纵火而使某甲被烧死，那么某乙、某丙和某丁的行为都是某甲死亡的原因。仅此一例，已足以说明条件理论有扩大原因范围之嫌。事实上，相对于结果而言，可称之为必要条件的事实简直可以说是无穷无尽，因为决定某一事实存在的条件可以无限地外推上溯。就上例而言，可列入必要条件的如医院建筑师、绷带制造者的行为，等等。条件说无限扩张原因范围的缺陷，似乎可以因刑事责任范围受罪过限制而得到弥补。例如，上面的某乙就只负造成某甲轻伤的责任（依具体情况是故意或过失而定），某丙只负过失伤害的责任，某丁则应负（故意或过失）杀人的责任，而其他人的行为则不负任何责任，因为对于某甲的死亡，他们没有任何形式的罪过。

遗憾的是，我们的刑法制度中仍然留有"客观责任"（resposabilità obiettiva）的残迹（参见第七章第五节1），对这些犯罪来说，条件理论的缺陷就无法克服。例如，就超故意杀人罪而言（刑法典第584条），根据通说，行为人应该对被害人的死亡承担客观责任，即故意斗殴或伤害行为的实施者应对实际造成的死亡结果承担刑事责任。按此推论，上述某乙故意伤害某甲的行为，即使伤害轻微，也应按刑法典第584条的规定承担超故意杀人的责任。

当然，人们可以说客观责任是与现代刑法制度根本相悖的反常现象（参见第七章第一节2），只要从现行制度中清除有关规定，就完全可以运用条件说理论来解决刑法中的因果关系问题，因为它的不足可以通过正确判断"罪过"加以弥补。但是，条件理论的真正缺陷不在于它扩大了原因的范围，而是深藏于其运作机制的本身：运用"思维排除法"的前提，是人们必须事先就已经知道究竟条件具备何等的原因力，即知道这些条件如何作为原因（之一）而发挥作用；否则，条件理论就根本无法运作。例如，某甲在服了某乙给他的一种尚处于实验阶段的药后，因心脏病发作而死亡。在这里，显然就不能仅仅根据"思维排除法"，在还没有查明实验药的药性之前，将某甲的死亡归咎于某乙的行为。

为了克服条件说的缺陷，人们提出并发展了"相当因果关系理论"（la teoria della causalità adeguata）。这种理论认为，只有在一般经验基础上，符合 *id quod plerumque accidit*[3] 原则，能够引起某种结果的条件才是原因。就前面所举的例子来说，由于在一般情况下某甲所受的轻伤不会发展为致命的结果，就不能将某乙的行为视为某甲死亡的原因。这种理论的缺陷在于，既太不严谨，又特受局限。说它太不严谨，是因为实践中往往无法确定什么是"一般的"经验（例如，伤害能否引起死亡取决于各种根本就不可能是"一般的"情况。同样的伤害，一个可能发生在根本就无法采取任何抗感染措施的地方，另一个则可能发生在设备完善的医院；受伤的对象可能是一个易受感染的体质虚弱者，也可能是一个抵抗力特强的健壮成人，等等）。说这种理论特受局限，则是因为它不可能适用于那些了解特定情况而实施故意犯罪的情况（例如，行为人在明知被害人患有血友病，只要受轻微伤害就可能死亡的情况下，故意对被害人造成轻伤，并使被害人因此而死亡。按照相当因果关系理论，就只能排除行为人故意杀人的责任，因为在"一般"情况下，他对被害人造成的轻伤根本就不可能引起正常人死亡）。

[3] 原文为拉丁语，直译为"一般会发生"。

2. 刑法典中有关因果关系的规定与人类因果关系说

刑法典中有关因果关系的规定，似乎是以条件说为基础的。刑法典第 40 条第 1 款从原则上强调"结果"必须是作为或不作为引起的"结果"，刑法典第 41 条第 1 款又规定，"事前、事中或事后原因的竞合[1]，即使与犯罪人的作为或不作为无关，也不排除作为或不作为与结果间的因果关系"。总之，只要行为是结果发生的条件之一，就可以确定行为与结果间的因果关系（至于这种行为是否单独或与其他条件，包括他人的违法行为，一起共同引起了结果的发生，则无关紧要；刑法典第 41 条第 3 款）。但是，根据刑法典第 41 条第 2 款的规定，"如果事后的原因本身就足以引起结果的发生"，则可排除行为与结果的因果关系。尽管就字面含义来说，只有"独立的因果链"（serie causali autonome）才可能"足以"引起结果，但该款规定的例外，似乎并不是专指存在"独立因果链"的情况。例如，某甲服了某乙给他的毒药，但在毒性未发作前，却被汽车撞死。在这个例子中，只要根据刑法典第 40 条第 1 款的规定，认定某甲不是被毒死的（即不是某乙的行为引起的），就足以排除某乙的行为与某甲死亡之间的因果关系。刑法典第 41 条第 2 款关于事后原因排除行为与结果之间因果关系的规定，实际上并不是否定行为与结果之间的因果关系，而是强调如果事后原因具有特殊且偶然的性质，事后原因则应是结果发生的主要原因。[2]例如，某甲只是对某乙造成了轻伤，但后者却在去医院的途中遇车祸身亡，尽管某甲的行为也是造成某乙死亡的条件之一，但因为与车祸相比，作用轻微，所以法律就规定其应按车祸发生前行为的性质来决定是否应予处罚。

[1] 这里的"竞合"（concorso）应当理解为"与行为人的行为一起共同引起了犯罪结果"。

[2] 按意大利刑法典第41条第2款的规定，"如果事后原因能单独引起结果的发生，排除（行为与结果之间的）因果关系；在这种情况下，如果先行实施的作为或不作为本身就构成犯罪的，适用为该罪规定的刑罚"。

根据上述法律规定，F. Antolisei[3] 提出了"人类的因果关系理论"（la teoria della causalita` umana），并用以下两点作为衡量行为与结果之间存在因果关系的标准：（1）行为是结果发生的必要条件之一[4]；（2）行为人能够阻止结果发生，即结果属于行为人的认识能力与控制能力可支配的范围（如果事后的原因由于发生可能性极小而具有偶然性质，就不属于行为人可控制的范围）。[5]

[3] 意大利现实主义刑法学派创始人，当代意大利最著名的刑法学家之一。

[4] 原文"quando ne *sia conditio sine qua non*"，直译为"行为与结果之间存在一种 *conditio sine qua non* 的关系"。

[5] F. Antolisei 本人对这一条件的表述是，"结果的发生不能归因于偶然因素的加入"（参见 Antolisei, manuale, p. 210）。

这种"人类的因果关系理论"受到两方面的责难。一方面，这个以条件说为标准之一的理论，并没有克服条件说运用机制的缺陷，即其本身不可能解决行为是否具有原因力的问题。另一方面，如果在认定或排除因果关系时，以行为人能否支配因果过程为标准，则有将因果关系问题与罪过问题相混淆的危险。因为行为人的认识能力与控制能力与主体的特性有关，因果关系则应是从客观方面将某结果"归咎"于具体的行为，如果以主体的能力作为确定因果关系的标准，那就只能是一个典型的主观标准了。

3. 因果关系的包容性法则理论（il modello della sussunzione sotto leggi[1]）

要确定某一事实是否属于刑法典第 40 条第 1 款规定的由行为引起的结果，必须求助于能对结果进行原因性解释的"科学的包容法则"（leggi scientifiche di copertura），或者"原因一般化法则"（generalizzazioni causali）。例如，在某布满甲醛灰尘的工厂上班的工人普遍出现咽喉感染，要确定工人受感染（结果）和散布灰尘（行为）间是否存在因果联系，就必须根据一个或多个能说明这两种现象有无联系的一般法则来加以解决。

[1] 原文直译为"以法则（规律）为基础的模式"。

用来确定因果关系的科学法则，可以是具有绝对意义的法则（即能单独提供确定答案的法则），也可能是具有统计学意义的法则（即能单独说明或然性[2]的法则）。不过，有人不赞成这种划分，他们的理由是：从严格意义上说，任何法则都不可能是"绝对的"（因为任何法则都不可能是对某类事物进行绝对全面观察的结果）。尽管如此，这种划分还是具有相对正确的意义。例如，一刀捅穿心脏一般都必死无疑；但如果是服了剂量有限的毒药，在一些情况下会引起死亡，但是不一定服者必死。在后一种情况下，那些用来说明因果关系的法则的或然性大小以及它们是否能合理解释具体案情，都是应该特别注意的问题。就此而言，引用来说明因果关系的法则必须具有以下特点：（1）在多数情况下该法则能说明类似情况的因果联系；（2）没有其他法则能对具体的案情作出更确切（或者说具有更大或然性的）解释。如果符合这两个条件，就可以运用统计性法则来确定刑法中的因果关系，因为统计性法则实际上也是普遍用于指导所有人类活动的法则之一（合法或非法的行为概莫能外）。例如，在修建房屋时，就必须运用一系列以或然性为基础的法则，来解决有关地质情况、建筑技术、建筑材料等诸方面的问题。刑法作为通过调整人类行为进行社会控制的工具,在评价因果关系时,也不可能不运用那些只具有或然性的法则。在实践中,根据包容性法则来说明因果关系,实际上就是根据当时最好的科学和人类经验,来说明行为是否是引起结果的原因。用这种方法来解释因果关系,并不排除其运用的法则可能与某个人特有的知识相重合(如某个刚发明某种剧毒物质的化学家)。如果将这种模式与条件理论相结合,那么作为刑法中原因的人类行为就应该具有以下特征:根据最好的科学和经验,没有该行为,刑法中的结果就不会发生。

[2] 这里的"或然性"原文为"probabilita`",是一个大致相当于哲学中的现实可能性的概念,即指一种在一般情况下都会实现的可能性,由于在汉语中没有相应的单词,这里借用与其含义相近的"或然性"。

4. 因果关系作为归罪根据的局限

刑法中因果关系必须以符合科学法则的因果关系为基础(参见本节3),但二者并不一定会绝对重合(即以科学法则作为原因的人类行为不一定都具有刑法意义),因为刑法中研究因果关系并不是基于认识论的需要,而是出于规范的要求,即指导社会成员行为的需要。为了实现这个目的,就必须以能否作为刑事法律上归罪的根据,来限制刑法中的因果关系范围。例如,前面所讲的某甲因受伤而住院,最后因医院被人纵火而死亡的例子,如果从认识论的角度来描述性地解释引起结果的原因,就显得特别简单,甚至可以说是一目了然:根据最好的科学法则和经验,为了避免受伤的人死亡而送其去医院治疗,本是理所当然;而在医院纵火,同样根据最好的科学法则和经验,无疑是造成住院病人因窒息而死的原因。现在的问题是:是否任何按科学法则可作为原因一环的行为,都具有刑法意义?

在刑法典中,只规定了一种情况可以排除行为人行为的因果关系意义,即刑法典第41条第2款规定的"事后原因本身就足以决定结果"的情况。一般人均认为,该规定所指的是那些在行为实施后发生的,并改变了因行为引起的因果进程的偶然因素（即极少发生的情况，如刚才所讲的医院被人纵火）。因此，该款规定不但不能适用于那些事前存在的偶然因素（如轻伤造成血友病人死亡，轻伤行为是引起死亡的原因），也不能适用于那些与行为同时发生的偶然性因素（例如与人抓扯的动作触动了对方身上的引爆装置，结果将对方炸死）。这个规定是出于这样一种 lato sensu （广义的）主观方面的考虑：任何人都不可能预见或阻止行为后才发生的偶然性因素，但却有可能认识那些行为前或行为时发生的偶然因素（因为在行为时它们已经存在，例如，那个实施伤害行为的人，事前可能知道被伤害的人是一个血友病人）。总之，这种抽象的可认识性，就是法律之所以规定事前、事后的因素，包括偶然性因素，不能排除行为与结果间因果关系的原因。如果我们的法律制度在有关罪过，即行为人对该事实的心理态度问题上，也坚持强调这种抽象的可认识性，很可能会大受欢迎。但现在的事实是，如果行为人事先已知道那些偶然性因素的存在，他当然会因此而承担刑事责任（如在上例中，如果行为人知道被伤害的对象患有血友病，他就应因间接故意杀人而承担责任，即使他实施的伤害极其轻微）。但是，如果行为人对行为前或行为时的偶然性因素根本就不可能了解（甚至可能连被害人自己也不知道，如一个不知道自己患主动脉动脉瘤的人与人发生斗殴，结果因动脉瘤破裂而死亡），却因为我们的制度中还有不少关于客观责任的规定，就成了毫无意义的事实。于是，那个与动脉瘤患者斗殴的人，就可能为斗殴行为而承担超故意杀人的责任（刑法典第584条）。

为了克服这种不合理的现象，理论界就试图将那些行为前或行为时（行为人不可能认识的）偶然因素，也作为排除刑法中因果关系的原因。理论界的这种努力，表现为两个不同的方向：

(1) 有的人认为，这个问题可以用"有利于被告的类推"[1]来解决（参见第二章第三节7）。但是，由于刑法典第41条第1款明确规定，行为前与行为时存在的原因不能排除行为人行为与结果之间的因果关系。法律在这个问题上并无疏漏，所以不存在进行有利于被告的类推问题。除此之外，刑法典第41条第2款还规定，行为后的偶然因素可排除刑

第 5 章 典型事实

法中的因果关系。这更是"从反面"[2]肯定了不能将行为前和行为时的偶然因素与行为后的偶然因素同等对待;

[1] "有利于被告的类推"原文为"analogia in bonam partem"。

[2] "从反面"原文为拉丁语"a contrario sensu"。

(2) 另一些人认为,行为前或行为时存在的偶然性因素能排除刑法中的因果关系,可以用刑法典第 45 条有关"意外事件"的规定来解释。但是,有关意外事件的规定与因果关系问题事实上并不是一码事,因为,首先,刑法典第 45 条适用的对象,是任何一种"实施"的"事实(行为)",这意味着所谓"纯粹行为犯"也可能属于意外事件,而行为犯与因果关系根本就毫无关联;其次,专门规定因果关系的刑法典第41条第1款,由一个不是规定因果关系的法条来规定它的保留条款,实在难以令人理解,因为从法条内容看,立法者显然是想用刑法典第40条和第41条来专门规定因果关系问题。

踏着德国刑法学理论的足迹,意大利刑法学界也有人举起了"结果的客观归罪"(l'imputazione oggettiva dell'evento)的旗帜,并企图根据刑法的需要来限制刑法中因果关系存在的范围。不过,这种理论产生于刑法制度中对因果关系没有一般性规定的国家(德国刑法典中没有任何关于因果关系的条文),如果照搬到意大利,本身就是一个问题。因为刑法典第40条、第41条,对因果关系问题有明确的规定。简而言之,将刑法中的原因行为归结为被保护法益"风险的增加"(aumento di rischio),是"结果的客观归罪"(l'imputazione obiettiva di evento)的基础;这种风险的增加因一系列导致危害结果发生的事件而具体化,并在结果发生时达到顶峰。因此,在下列情况下行为就不是原因:

(1) 客观上不存在可证实的风险。这样的例子如,抱着希望凯奥遭受严重灾祸的目的,提佐劝说凯奥乘飞机旅游,谁知果然发生空难,造成了凯奥死亡。不过,就此例而言,要排除提佐的行为与凯奥死亡之间的因果关系,直接引用刑法典第 41 条第 2 款就可以解决问题,因为在上述情况中,空难的发生完全是一个偶然的因素(这里最多只能说提佐居心不良，但不能说他就是杀手；当然，如果提佐与一伙人共同策划了爆炸飞机的计划，就得另当别论了，因为在这种情况下，提佐的行为就不属于刑法典第 41 条第 2 款规定的范畴，而是或单独构成故意利用偶然事件杀人，或与其同伙一起构成杀人罪的共犯）。

（2）在行为人造成的危险和具体结果发生的方式之间，不存在"风险关系"（il rapporto di rischio）（属于这样的例子如，被凯奥打伤的提佐，在住院期间死于火灾。不过，这样的情况也完全可以用刑法典第 41 条第 2 款的规定来解决）。

（3）其他可选择的合法行为具有同样的风险。例如，某医生在知道病人对奴佛卡因过敏的情况下，为病人注射了可卡因，结果还是造成了病人死亡，如果能确定注射同剂量的奴佛卡因病人必死无疑的话，就可以排除医生行为与病人死亡间的因果关系。然而，在这种情况下，根本就不应该排除医生行为与病人死亡结果之间的因果关系（但在证明医生无罪过的情况下，可以排除他的刑事责任）。

（4）行为可以减少法益风险。如眼见某人就要被他人刺中心脏，将其猛推倒地致其受伤。这种行为尽管是结果的原因，但显然是合法的防卫性救助行为（刑法典第 52 条[3]，参见第六章第二节 4）。

[3] 意大利刑法典第 52 条是有关合法防卫（difesalegittima）的规定，与我国规定不同的是，防卫行为的对象可以是第三者，如防卫性救助行为。

5. 非纯正不作为犯的因果关系问题

与作为犯相比，非纯正不作为犯的因果关系具有完全不同的性质。不作为不属于日常经验范围内的行为，本身不能用客观的法则进行判断，因为主体没按其所负义务阻止的结果，实际上并不是他"引起"的。这种结果的发生，实际上是主体没有按照义务要求干预某事物发展进程的结果。就纯自然意义而言，不作为就不可能引起结果，因为它没有客观的表现形式。事实上，刑法典第 40 条在规定"有法律义务阻止某结果而不阻止，等于引起该结果"时，也在很清楚地强调：不作为实际上不是"引起"了结果,而是"等于引起"了结果。那么,在什么情况下可以确定这种"等于"关系的存在呢?

就不作为行为来说,用包容法则来确定因果关系的存在,就必须以如果行为人已按规定履行义务,危害结果是否仍会发生作为前提(例如,要说明游泳救生员的不作为是否是泳者死亡的原因,就必须考虑在救生员不是在酒吧聊天而是入水救人的情况下,泳者是否仍会被淹死,并以此作为判断的前提)。这种做法实际上是在假设,如果主体已实际履行义务,结果就应被阻止的情况。但是,既然是假设,得出的结论显然就只能具有或然的性质。尽管如此,这种假设仍应以最好的科学法则和经验为依据,判断应为的行为是否可能改变自然的因果进程,阻止危害结果的发生。例如,如果上例中的泳者离岸仅数米,并在水中挣扎良久,那么救生员的不作为就是泳者死亡的原因;如果泳者离岸太远,而事情又发生得如此突然,即使一个有经验和泳速很快的人也不可能及时施救,那就应该排除救生员与泳者死亡之间的因果关系。

按照所谓的"形式义务说"(la teoria formale dell'obbligo),行为人应为行为的内容,应根据其所负作为义务的范围来具体决定。然而,如果行为人的法律义务和应为行为阻止结果发生的可能性都同时存在,是否就可以说不阻止结果必然等于引起结果呢?理论界对此颇有疑义。因为,这样的话,对刑法中因果关系的评价就必须屈从于那些规定作为义务的规范,并因此而极端地扩张义务的范围。例如,一个被雇照看婴儿的保姆在规定的时间没来上班,婴儿的父母认为她很快会来,所以就离家外出,结果婴儿在单独玩耍时受了伤。如果按照形式义务说,该保姆就应该因违反了合同规定的义务而为婴儿受伤承担刑事责任,尽管该婴儿并没有实际委托她照管。

根据阻止义务"功能说"(la concezione funzionale),为了确定"不阻止"与"引起"之间的等值性,主体必须处于法益"保障者的地位"(la posizione di garanzia),即因法益所有者不能单独保护法益而生的一种义务。这种保障者的地位有两种表现形式:(1)法益的保护者,即主体处于有义务排除被保护利益任何危险的地位,这样的例子如,父母对子女的义务（民法典第 147 条）、配偶之间的义务（民法典第 143 条）；(2) 法益的监督者，即主体对被自己保障的法益，只负有排除某些危险的义务，企业主负有对工人提供劳动保护的义务，就是一个这方面的例子（民法典第 2087 条、1955 年第 547 号总统令以及无数其他有关生产安全的法律规定）。

根据保障者位置产生的情况，可以将其分为"原始的"（originaria）和"派生的"（derivata）两种情况。前者取决于主体某种固有的功能（如父母），后者产生于主体某种个人的行为（如保姆）。保障者的位置可以通过对被保护利益的"实际委托"（并由受委托者实际承担）而转移，如果不存在这种转移，则应由原始的保障者继续承担保护法益的义务（据此，在上面的例子中，就只有婴儿父母的不作为才是婴儿受伤的原因）。有人主张，保障者位置的转移，必须有原始的法益保障者或被保护法益的所有人参加，任何出于利他主义目的的第三者均不能使保障者的位置发生转移。如某人为了保障朋友在一次危险的单独登山中的安全，在其朋友不知道的情况下为他雇了一个向导，按照上述主张，不论登山者在登山中发生什么意外，被雇的向导都不承担刑事责任。因为该登山者在无登山能力的情况，既未为利益所有人（即应独立为自己行为承担全部责任的登山者），也未为法律所尊重。在这种情况下，向导就不可能处于保障者的位置。对这种解决方法，人们提出两点理由加以反驳：(1) 签订有利于第三者的合同，使第三者"获得向承诺人请求的权利"（民法典第 1411 条第 1 款）；(2) 主体实际上已承担了保护法益的责任。

第五节 危害

1. 危害的概念与分类；实害犯与危险犯

所谓"危害"（l'offesa），是指对法律所保护利益的实际损害或将其置于危险之中。例如，对杀人罪来说（刑法典第 575 条），危害是对生命利益的损害；对放火罪来说（刑法典第 423 条第 1 款），危害则是对公共安全的危险。如果按照"现实主义的法益概念"（参见第四章第二节 2），应该承认并不是所有的犯罪都有危害，因为在各种目的犯或为保护某种职能而规定的犯罪中，不存在受保护的具体利益。但是，一般人都认为，所谓危害应该是指典型事实的无价值。危害是典型事实的实质，是将犯罪构成各要件连成一个整体的目的。正是由于有了这个统一的目的，对犯罪的规定才成为保护合法利益的工具。对"引起他人死亡"者的惩罚，就"意味"着对生命的保护。

危害可以从不同角度进行分类。其中最主要的，是根据其表现形式而将犯罪分为"实害犯"（reati di danno）（在这类犯罪中，危害表现为对保护法益的实际损害）与"危险犯"（reati di pericolo）（在这类犯罪中，危害是指造成实际损害的现实可能性）。不过，鉴于被保护的法益有时很难确定，这种划分并不能为实践提供一个确定的标准。按传统理论，危险犯还可以再分为两个类型："具体危险犯"（reati di pericolo concreto）和"推定危险犯"（reati di pericolo presunto）或"抽象危险犯"（reati di pericolo astratto）。前者指法律直接将某种危险明确规定为犯罪构成要件的情况，例如刑法典第 422 条中有关"置……于危险中的行为"，第 432 条"置……安全于危险之中"的规定等。这种作为构成要件的危险，必须由法官根据具体情况来加以认定。多数人认为，这种认定的依据是 *ex antea*（即对行为结束时形成的状态所作的）或然性判断。这种或然性判断的对象是一种客观存在的状态，它既可能由行为造成，也可能是行为固有特性的表现。这种判断的标准是当时最好的科学法则和经验；判断的结论是行为危害法益的或然性已达到相当的程度。"推定的危险犯"，是指立法者之所以规定某种行为为犯罪，是因为在一般情况下该行为都必然具有损害某种法益的危险的情况。例如，刑法典第 437 条第 1 款规定，"任何人不装设防止劳动事故或意外的设施、装备、标志……"，都应受处罚。刑法这样规定的原因在于，上述行为在一般情况下都对劳动环境中的人身安全构成威胁。除此之外，被立法者规定为推定危险犯的行为，即使在具体的情况下不可能对法益造成实际的危险,也不能成为免罪的理由。在实践中,只要实施了这类法律禁止的行为,就可认定具有推定的危险存在。

这种不合理的做法,自然遭到理论界的反对。在理论界看来,某些推定危险犯的成立也必须以存在具体的危险为标准,不过,这种危险不是针对特定法益的危险,而是可能造成一般损害的或然性。例如,刑法典第440条禁止"在送达消费者之前,足以危害公共健康的"对饮料和食品掺杂弄假行为。由于刑法处罚的只是在饮料和食品送达消费者之前的行为,这种危险显然只具有先兆性的性质,并且可能以任何一个消费者的健康为对象。对这类危险犯来说,似乎很有必要保留"抽象危险犯"的概念,由于侵害对象的不确定性,因而用"抽象"来说明行为对被保护法益的危险,可以说是再恰当不过了。

从刑事政策的角度观察,行为犯意味着对法益"保护的提前",对推定危险犯来说就更是如此,因为认定推定危险犯时不需要证明确有危险存在。这种规定的问题在于,即使在推定危险犯的情况下,危险的存在也是可以具体认定的,例如就纵火行为(刑法典第423条第1款)来说,完全就可以用危害公共安全危险的具体存在,作为限制刑罚适用范围的依据。有关推定危险犯的僵硬规定,很容易将实害犯的实质归结为"纯粹的不服从"(因为遵守法律规定与侵害法益的危险实际无关)。根据这个理由,人们对推定危险犯是否符合"危害性原则"[1]颇有疑义。而"危害性原则"尽管还未被视为宪法性原则,但却是任何非专制性刑法制度的核心。事实上,推定危险犯要适应自由民主的刑法制度的需要,必须符合下列条件:(1)根据罪刑相适应原则,对重大法益(如集体性法益)必须进行提前保护;(2)根据从属性原则(参见第四章第二节4),由于认定上的困难,用规定具体危险的方式对保护的法益不能够提供充分的保护(例如,对倾倒各种超标准物质造成环境污染的犯罪,在多数情况下都不可能由法官来具体认定是否存在具体危险);(3)根据目的手段合理性原则,必须以确实的经验和公认的科学规则推定行为所具有的危险。

[1] 在意大利刑法中,"危害性原则"是认定犯罪的基本原则

第 5 章　典型事实

之一，其含义是没有危害就没有犯罪。

2. 危害的意义：不可能的犯罪和对构成要件[1]的目的论理解

[1] 这里的"构成要件"（fattispecie）显然与文中的"典型事实"（fatto tipico）同义。

关于危害在刑事立法中的作用与宪法意义，我们在说明犯罪的伦理概念时已经作过分析（参见第四章第二节），这里仅限于说明它在司法实践中的作用。危害即典型事实无价值的内容，在一般情况下，典型事实与危害是同一事实的不同侧面：引起他人死亡，就是对生命法益的侵害。但是，符合典型事实的行为与危害有时也会分离。例如，提佐伪造了一张身份证，因为手法太拙劣，任何人都一眼就可以看出来是假的；又如，基于可笑的收藏癖好，凯奥窃取了一个普通的啤酒塞。就形式而言，这两个例子分别符合刑法典第 482 条和第 624 条的规定，但它们实际上根本就不可能对保护的法益造成任何损害：一个根本就无法骗人的假文件，不可能对公共信用产生任何负面影响；盗窃一个毫无经济价值的东西，也不会对所有权造成损害。传统的观点一直认为，危害是典型事实不可或缺的特征，根本就没有想过二者可能分离。不过，最近有人认为，典型事实中可能不包含明显的危害，因为刑法典第 49 条第 2 款就是从正面肯定了这一事实。

刑法典第 49 条第 2 款规定，"因为行为不相当或缺乏犯罪对象，损害或危险结果不可能发生"的情况应排除可罚性。此即刑法典关于"不可能的犯罪"（il reato impossibile，以下将译为"不能犯"——译者）的规定。传统的观点认为，该款规定的情况属于"手段不能犯的犯罪未遂"（即行为人采用的犯罪手段，例如，企图用巫术杀人，在任何情况下都不能导致犯罪结果的发生），或者"对象不能犯的未遂"（即由于犯罪对象实际上并不存在，如凯奥因心脏病发作死亡后，提佐误认为其还在睡觉而向其开枪，行为人追求的结果不可能实现的情况）。因此，传统的观点实际上是将刑法典第 49 条第 2 款的规定，理解为刑法典第 56 条第 1 款的反面规定，因为后者规定的内容是：对行动相当、犯罪"指

—149

向明确"[2]的未遂重罪，应予处罚。对这种传统的理解，持新观点的人提出了以下反驳：

> [2] 这里的"（犯罪）指向明确"原文为"diretti in modo non equivoce a commettere un delitto"，有关解释请参阅本书第八章第三节5，以及附录"关于我国刑法学界对意大利现行刑法的几点误解"。

（1）刑法典第49条第2款规定的是"不可能的犯罪"（reato），刑法典第56条第1款规定的是"犯罪（delitto）未遂"，后者只适用于重罪[3]，前者适用的范围则包括轻罪，二者显然不同。

> [3] 在意大利刑法中，只有"重罪"（delitto）才有未遂形式。

（2）刑法典第49条第2款规定的对象是不具有相当性的"行为"（l'azine），而刑法典第56条第1款适用的对象是"行动"（atti），前者意味着一个完整的"行为"（condotta），后者则是本身尚不全部具备犯罪构成要件的"举止"（comportamento）。

（3）刑法典第49条第2款中所说的是"损害或危险结果"，而刑法典第56条第1款中则仅仅提到"结果"，这两种结果应该有不同的含义，即前者指自然意义上的结果，而后者则是指法律意义上的结果（即危害）。

（4）用一个法条从反面来肯定另一个法条的规定，根本就没有必要，要从反面排除与犯罪结果不相当的行为的可罚性，仅用刑法典第56条第1款的规定也完全足够了。

以上述分析为据，持新观点的人认为，刑法典第49条第2款适用的对象，是因行为不具有相当性而不可能发生损害或危险的情况，或者说，属于符合构成要件的行为因没有危害而被排除可罚性的情况。这种不能犯的行为的不相当性（即行为不可能引起结果），属"ex post"（事后）评价的性质，即应根据事后查明的实际情况来判断，而不是根据行为人行为时所了解的情况判断。[4]

> [4] "根据行为人行为时所了解的情况来判断"犯罪手段是否足以引起犯罪结果发生，是在认定犯罪未遂时，确认犯罪手段"相

当性"（犯罪未遂成立的必要条件之一）的判断方法。参见第八章第三节 4。

但是这种新观点，特别是它以之为据的那些文理分析性前提，也颇有值得商榷之处：

（1）刑法典第 49 条只在标题中提到"不可能的犯罪"，根据通说，法条标题的文字不能限制对法条正文的理解。

（2）条文中的"行为"（l'azione）一词，是为了表示行为人的"举止"（comportamento）整体上具有"不相当"性，即不能引起犯罪结果的性质；如果用"举动"表述的话，就不可能对这种不相当的行为（即不能犯）的范围进行限制。例如，相对杀人行为来说，购置武器、准备工具以及阴谋策划等行为都是不相当的行为。但是，由于法律规定可以对具有危险性的不能犯的主体适用保安处分（刑法典第 49 条第 4 款），如果将上述杀人的预备行为均作为不能犯处理，认定行为人危险性的根据就不可能有任何实际的限制，因此，用行为来描述不能犯的特征，即将不能犯视为本身是符合构成要件的行为，可以避免无限扩大保安处分适用范围的危险。

（3）新观点中关于条文中"损害或危险结果"等表述方式分析，也不是有说服力的论据。因为刑法典第 40 条在规定因果关系时，也用了同样的表述方式，无疑也是暗指自然意义的结果。

（4）由于对不能犯可以适用保安处分，将刑法典第 49 条第 2 款理解为对犯罪未遂的反面规定，也未尝不可。

除此之外，还不应该忘记，刑法典第 49 条第 2 款规定的不能犯有两种形式，除了行为不相当的不能犯外，还有犯罪对象不存在的不能犯；尽管新观点企图用没有危害来说明前者的免罚理由，而对后者属于犯罪未遂则基本没有争论。如果按照新观点，认为行为不相当的不能犯不属于犯罪未遂范畴的话，那么刑法典第 49 条第 2 款中的"损害或危险结果"，对行为不相当的不能犯来说，就应该解释为法律意义的结果；而对因缺乏对象而未发生犯罪结果的犯罪来说，这个"损害结果"就应该理解为自然意义的结果。对同一法律规定中的同一表述居然必须作出性质迥然不同的解释,也是新观点令人费解之处。

总而言之,典型事实缺乏危害的现象,不能用刑法典第 49 条第 2 款的规定来进行解释。但是,符合典型事实但缺乏危害的行为,是一个不能回避的客观事实。既然不能引用刑法典第 49 条第 2 款的规定,在刑法典总则范围内看来就不可能找到解决这个问题的答案;通过对具体犯罪构成的危害进行目的论解释,也许是解决这一问题的唯一途径。例如,按目的论的解释,伪造某种根本不可能骗人的文件就不是伪造行为,因为就目的论而言,"伪造"意味着伪造的东西必须具有一定的欺骗性;同理,窃取一个毫无经济价值的物品的行为也不是盗窃行为,因为根据刑法典第 624 条规定的目的,该条中所说的"物品"必须多少具有一定的财产性质。

第6章 客观违法性

第一节 违法性概述[1]

1. 客观违法性的概念和意义

制定刑法规范的目的，在于解决社会的利益冲突。因此，规定犯罪构成的规范负有说明被保护的利益，在哪些情况下比其他的利益更为重要的作用。例如，通过规定盗窃的犯罪构成，刑法典第624条强调：与任何企图通过盗窃行为来实现或满足的利益相比，合法拥有的动产都居于优先的地位。这个意义上说，实施盗窃就是颠覆了国家规定的利益等级标准。不过，与被保护利益相反的利益，并不总是处于屈从地位。事实上，只有以应该，甚至必须改变上述等级标准为条件，许多利益冲突才可能得到合理的解决。例如，为了从不可抗拒的危险中拯救自己或他人，某人在迫不得已的情况下窃取了他人的物品（此即刑法典第54条第1款规定的紧急避险）。在这种情况下，行为人所企图拯救的利益就处于优先的地位，财产拥有人的利益则只能退居次席。又如，如果提佐杀死了凯奥的行为属于正当防卫，法律就将防卫人的生命利益视为重于侵害人的生命利益。上面这些因法律规范的授权或命令而实施的行为，即刑法中的"正当化原因"（le cause di giustificazione）。有时，人们也称这类原因为"排除犯罪的因素"（scriminanti），不过由于该表述方式有时还有另外的含义，所以运用的时候不多。

　　[1]"违法性"（antigiuridicita`）或者本书作者所说的"客观违法性"，是一种关于犯罪与法律秩序之间的关系判断，"违法性"的存在意味着犯罪是受到法律否定的行为。两分的犯罪概念的拥护者认为，这种价值判断只能是对犯罪整体的判断，犯罪只能由事实构成，即只能由作为犯罪客观要件和主观要件的事实构成。违法性只能是对作为整体的这些事实的价值判断，因而不可能是一个独立的犯罪成立条件。本书作者对此持相反的观点。

　　典型事实与法律规定的利益等级标准相冲突的状态（即典型事实缺乏正当化原因的情况），在刑法理论中被称之为"客观违法"（obiettivamente antigiuridico）；相反的情况，则是"客观合法"（obiettivamente lecito）。因此，所谓"客观违法性"（l'antigiuridicita` obiettiva）就是指"典型事实"的客观方面与法律保护的"需要"（esigenze）[2]的冲突。如果将上述定义中的"典型事实"换为"典型行为"，可能更为恰当，因为只有人类的举止才有符合或违背法律的问题。在上述定义中，与"法律保护需要"冲突的只是"典型事实的客观方面"，因为客观违法性问题与行为人的主观态度无关；行为人是否认识到自己行为具有客观违法性，行为人对客观违法性的性质是否有正确认识，都与客观违法性的存在没有关系。因此，客观违法性与主观罪过是两种性质根本不同的判断。评价主观罪过是否存在的标准是"行为人的可谴责性"（rimproverabilita` personale）（参见第七章），与评价客观违法性采用的标准也完全不同。

　　[2]注意，作者这里的表述是法律保护的"需要"（esigenze），而不是法律保护的"利益"（bene）。因为作者认为典型事实（或者说符合构成要件的事实）本身也可能包含法律保护的利益（如盗窃

者生活的权利,正当防卫中不法侵害人的生命也是法律保护的对象)。在这个意义上说,犯罪行为侵犯的不是特定的法益,而是"法律规定的利益等级标准"。

"客观违法性"与"危害"(offesa)[3],也是两个根本不同的概念。判断某行为是否与法律的保护需要相冲突,必须以该行为对某个法律保护的利益已经造成危害为前提,否则,就无所谓冲突。不同意这种说法的人认为,如果存在排除犯罪的因素,作为行为对象的利益就已经不是法律保护的对象,因而也就不可能存在危害问题。例如,对正当防卫中被杀的不法侵害人来说,他的生命受"侵害"就只具有自然意义,而不具有法律意义,正是因为这个原因,正当防卫才是合法行为。不过,这种观点忽视了这样一个事实:典型事实所侵害的是受法律规范保护的利益,是典型事实中包含的危害之所以有"法律性"(或者说法律意义)的唯一根据,只有在这个意义上才能说危害具有法律意义。就正当防卫来说,不法侵害人的生命,并不因为在利益冲突中居于次要地位而丧失其法律意义;相反,正是由于它同样也是法律保护的利益,才需要判断与这种利益冲突的行为在客观上是否合法,防卫是"正当"或是"不正当"。

[3] 这里的"危害"是指犯罪行为对"法律保护利益所造成的损害或危险",有时也用"危害性"(offensività)来表示。

曾经有人反对客观违法性的提法,认为它没有理论意义。这种观点认为,客观违法性只是意味着典型事实缺乏正当化原因,本身完全是一个否定性因素,因而在理论上不应该具有独立的地位。在这种观点看来,缺乏正当化原因只是典型事实的一个(否定性)前提,或者说典型事实本身应包含两个方面构成因素:符合犯罪构成要件的事实,是正面的肯定条件(如刑法典第575条中规定的"任何人引起他人死亡");缺乏排除犯罪的因素,是反面的否定条件(如刑法典第52条规定的正当防卫和刑法典第54条规定的紧急避险)。按照这种理解,杀人罪包含的典型事实就应该是"任何人,在不是正当防卫、紧急避险、合法使用武器……情况下,引起他人死亡"。

上述对客观违法性概念的质疑和典型事实的理解,都经不起反复的推敲。根据上述观点的逻辑，人们势必得出这样荒诞的结论：打死一只苍蝇不是典型事实，所以与正当防卫中杀人具有同样意义。说打死一只苍蝇不是典型事实，是因为打死的是苍蝇而不是人，即缺乏典型事实的肯定条件。正当防卫中杀人也不是典型事实，因为正当防卫是正当化原因之一，即具备典型事实的否定性因素。既然二者都不是典型事实，在刑法中就可以将二者等价齐观。然而，这种观点显然忽视了这样一个事实：打死一只苍蝇与任何法律保护的利益无关，因而是一个完全不具有任何刑法意义的事件；而杀死一个人，即使是出于正当防卫，总是对法律保护的某种利益的侵犯。除此之外，将典型事实与客观违法性这两个因素合二为一，也很难解释"事实认识错误"（刑法典第47条）与"排除犯罪性因素的认识错误"（刑法典第59条第1款至第4款）之间的关系（参见第七章第七节3）。法律将这两种现象分开规定，就是因为它们的性质有根本的差异。

否认客观违法性是典型事实的构成因素，并不意味着不承认其是一个否定的概念。客观违法性的存在，的确只有说明行为缺乏正当化原因的功能。然而，它作为犯罪成立必须具备的一个条件，却具有典型事实不可能替代的作用。

必须注意的是，作为一个概念，"客观违法性"（l'antigiuridicità obiettiva）与"违法性"（antigiuridicità）一词连用的以下概念，含义截然不同：

（1）"刑事违法性"（l'antigiuridicità penale）。有时人们用这个概念来表示犯罪"本身"（l'in se），或者说犯罪具有违反刑事法律的性质。这个意义上的"违法性"，其评价对象是具备犯罪全部成立条件（典型事实、客观违法性和罪过）、作为整体存在的犯罪行为；

（2）"形式违法性"（l'antigiuridicità formale），这是与"实质违法性"（l'antigiuridicità sostanziale）相对应的一个概念。这二者的区别在于对定罪根据的不同认识：如将法律视为定罪的依据，犯罪的违法性即为"形式的违法性"；如认为定罪的根据是行为对社会的危害，犯罪的违法性就被称之为"实质的违法性"。在后一种情况下，犯罪的违法性

第6章　客观违法性

就与立法者的认识无关。在20世纪初的刑法理论中，这两个概念曾经相当流行，常被人们用来解释刑法的渊源问题（如类推或习惯法的问题，参见第二章第二节4和第三节6）。不过，在我们这样采用罪刑法定原则的国家中，这二者的对立实际上已不存在。

（3）"特殊违法性"（l'antigiuridicità o illceità speciale），这个概念是指包含在典型事实中的那些本身能单独表明行为具有违法性的构成因素，尽管这种违法不一定具有犯罪性质。例如，按刑法典第621条第1款规定，泄露"非法"了解的秘密文件内容为犯罪；而刑法典第638条第1款则规定，"没必要"的杀死或伤害动物的行为应受处罚。这两款规定中的"非法"和"没必要"就属于"特殊的违法性因素"。如果按典型事实中的构成因素来分类，"特殊违法性因素"实际上都属于"规范性因素"范畴（参见第五章第一节）。尽管作为这些因素内容的规范，可能是法律性的（如刑法典第621条中说的"非法"），也可能是非法律性的（如刑法典第638条第1款中的"没必要"），但它们都具有能从不同角度说明犯罪具有违法性的作用。"明示的违法性"（l'antigiuridicità espressa）是一个与特殊违法性非常相近的概念，但前者本身并不具有违法的性质，只具有（在理论上纯属多余的）说明行为缺乏正当化原因的作用。例如，根据刑法典第633条第1款的规定，如果行为不具备该款规定的全部构成事实的话，"擅自"进入他人土地或建筑并不违法（"滥用职权"了解文件内容，实际上也属于这种情况）。这里"擅自"，就有说明行为缺乏正当化原因的作用。不过，在具体运用上述两个概念时，二者的界限往往很难界定。

除了作为"犯罪结构"[4]的基本要素外，客观违法性在刑法中的其他制度和整个法律秩序中，也具有独立的意义。

[4]"犯罪结构"原文"costruzione del reato"，这才是一个真正相当于中国刑法中"犯罪构成"的概念。

就刑法的其他制度而言，客观违法性具有以下意义：
（1）客观合法的行为不仅不应受刑事处罚（包括刑罚和保安处分），同时也是一个不应该受阻止的事实，任何阻止客观合法的行为都不可能

—157

是合法行为。例如，对履行职务的行为，就不允许进行正当防卫。与此相反，缺乏正当化原因的典型事实，即使是在没有主观罪过的情况下实施的，也同样属于可以阻止的行为。例如，在某人错误地认为他人的财产是属于自己所有的情况下，而将他人的物品拿走时，只要不存在正当化原因，物主就可以对这种行为采取防卫措施。

(2) 具有客观违法性的事实，可以撇开其他共同犯罪人的主观罪过，单独成为共同犯罪的基础。例如，教唆他人盗窃，如果不存在正当化原因，即使被教唆人拿别人东西时没有故意（即没有罪过），教唆人也构成共犯（参见第八章第四节）；相反，如果存在正当化原因，其效力及于所有的共同犯罪人（刑法典第119条第2款[5]）。

[5] 该条第1款规定，排除可罚性的主观情节，效力只及于具备该情节的共犯个人。第2款规定，排除可罚性的客观情节，效力及于所有共同犯罪人。

客观违法性在整个法律秩序中的意义，决定于这种判断的性质：某事实在"客观上"是合法还是违法，不可能仅在刑法领域内进行判断，只有将该事实放在整个法律秩序中，才可能得出其客观方面是否合法的结论。因此，在刑法中客观合法的事实，在任何法律领域都具有合法性的资格。例如，刑法意义上的行使权利或履行义务（刑法典第51条），就既不产生任何民事义务（即不承担赔偿损失的责任），也不受任何行政处罚（如纪律处分或其他后果）。

2. 正当化原因的原则

"冲突利益的平衡"（il principio del bilanciamento degli interessi in conflitti），是确立正当化原因的原则。根据这个原则，在两个利益发生冲突的情况下，法律优先保护的利益应通过价值比较来确定。例如，阻止不法侵害的防卫手段并不是在任何情况下都是合法的，只有与侵害"相适应"的防卫行为，才可以称之"正当防卫"（刑法典第52条）。一般来说，对冲突的利益进行具体评价是法官的责任（如刑法典第52条和第54条第1款）。但在有的情况下，法律也"明确"规定具体的排除犯罪的行为。例如，根据刑法典第 51 条第 1 款关于行使权利和履行义务的规定，该款规定的利益（权利和法律义务）在任何情况下都优先于其他利益。

利益的"客观意义"，是正当化原因成立的根据［刑法典第 59 条第 1 款对"即使不知道或者错误地认为（正当化原因）不存在"的行为人也同样适用[1]］。这种意义决定排除犯罪因素的性质，决定行为是否合法，是认定正当化原因存在的标准。这个标准之所以是"客观的"，因为其独立于行为人的主观态度之外，即使行为人没有认识到自己的行为是正当的，甚至认为自己的行为是违法的，也不影响正当化原因的成立。不过，这并不意味着在排除犯罪性行为的规定中，不可能包含行为人的主观因素（例如，刑法典第 59 条第 1 款中所说的"以履行自身职务为目的"）。但法律规定的这些主观因素，并不是客观违法性成立的条件。因为，法律规定这些因素的目的，在于说明法律保护特定利益的需要，而不是指特定个人的主观态度。例如，就刑法典第 53 条第 1 款所规定的情况来说，公务员使用武器的行为之所以是正当的，并不是因为其主观上具有履行职务的目的，而是因为出现了法律规定可以使用武器的情况（即反击暴力或制服抵抗）。在这种情况下使用武器，符合法律保护公务员执行公务的目的，这才是行为具有客观合法性的原因。

[1] 按意大利刑法典的这一规定，所谓"偶然防卫"（即在实施犯罪的故意支配下实施，但在客观上起到了制止不法侵害作用的行为。如在不知道某乙正准备开枪杀害某丙的情况下，某甲实施的杀害某乙的行为在客观上制止了某乙杀害某丙），就应该是属于具备正当行为原因（正当防卫）的行为。

至于对正当化原因可否作扩张解释的问题，请参阅本书在说明"明确性原则"时对这个问题所作的分析（参见第二章第三节 7）。

3. 排除犯罪因素的认定

刑法典中并没有"正当化原因"或"排除犯罪因素"等表述方式。刑法典只是说在特定情况下实施的行为"不处罚"（如刑法典第 50、

51、52、53、54等条）；或泛泛而谈"排除刑罚的""情节"（如刑法典第 59 条第 1 款），或稍微确切一点将其定义为"排除刑罚的客观情节"（如刑法典第 119 条第 2 款），以区别于具有同样效力的"主观情节"。总而言之，在相关规定中，刑法典对"正当化原因"不但不"不明确表态"，而且还使用了一些可作多种理解的表述方式。例如，行为人没有刑事责任能力，也属于不可罚的原因（刑法典第 85 条第 1 款）；行为人的认识错误（刑法典第 47 条），或者因行为不相当或对象不存在而不可能发生损害或危险结果（刑法典第 49 条第 2 款），也可以"排除可罚性"。这几种情况尽管也应排除行为的可罚性，但与正当化原因相比，不仅性质风马牛不相及，法律意义也有显著差别（如对不可能犯和无刑事责任能力的人可适用保安处分，但对正当行为却不允许采取这种措施）。

在这种情况下，要界定法律规定的"没有可罚性"的情况中，哪些属于排除犯罪的因素，哪些属于其他刑法制度，就完全成了刑法解释的任务。刑法典第 50 条（权利人承诺）、第 51 条第 1 款（行使权利和履行义务）、第 52 条（正当防卫）、第 53 条（合法使用武器）和第 54 条（紧急避险）规定的情况，除紧急避险的性质有点争议外，其他无疑都属于正当化原因的范畴。这些排除犯罪的因素具有普遍的性质，原则上可适用于任何一种或任何一类犯罪规范。正是基于这个理由，它们才被规定在刑法总则之中。在具体的犯罪规范中，如果根据平衡原则解决利益冲突的有关规定具有纯粹客观的意义，就没有任何理由认为它们不是特殊的正当化原因。例如，刑法典第 728 条[1]第 2 款的规定（医疗专业人员出于科学或治疗的目的使他人处于失去意识与意志的状态），就可以认为是这种特殊的正当化原因的例子。

[1] 该条第 1 款处罚对经被害人同意而使其停止意识或意志的人。

法律没有明文规定的正当化原因，不能承认，因为这类原因事实上都具有习惯法的性质。承认它们的存在，就会违背前面讲过的法律效力等级原则。

第 6 章 客观违法性

第二节　正当化原因的种类

1. 权利人同意（il consenso dell'avente diritto）[1]

刑法典第 50 条规定，"经有权处分人的同意，侵害权利或使权利陷于危险的人不受处罚"。必须注意将这里规定的"权利人同意"，区别于下列情况中的"权利人同意"：

> [1] 原文"il consenso dell'avente diritto"，直译为"有权利（的人）的同意"。

（1）在某些犯罪规范中，"权利人的同意"仅仅具有"减轻刑事责任"的作用，即仅仅具有使本来较重犯罪的行为，变为较轻犯罪的作用。例如，经被害人同意而故意引起他人死亡的行为，就转化为刑法典第 579 条规定的"经被害人同意杀人罪"，不再构成刑法典第 573 条规定的故意杀人罪。又如，不是出于婚姻目的而诱拐已满 14 周岁的未成年人，如果经被诱拐人同意，应按刑法典第 573 条第 1 款的规定处罚；如果未经被诱拐人同意，则应按刑法典第 574 条第 2 款的规定处罚。

（2）在某些规范中，"权利人同意"具有完全排除典型事实的作用。在这些规范中，"未经"权利人"允许"本身就是某犯罪典型事实的构成因素之一。例如，经主人同意进入他人住所，就不属于刑法典第 614 条规定的侵犯他人居所的行为。刑法典第 50 条的内容与此相反，只有在权利人同意的内容涵盖了犯罪构成所有要件的情况（例如某人同意照顾他的佣人饿他一天，或者在参加某个表演时同意让其他人打他一顿），才属于该条规定适用的范围。

这种正当化行为不属于犯罪的原因，有人认为是不存在法律保护的利益，因为经权利人的同意而受到侵害或被置于危险之中的权利，已经不再是法律所保护的利益。而另一些人则认为，这种行为正当化的根据在于，在行为人的利益与法律保护的利益发生冲突时，法律认为行为人

—161

的利益应该高于其加害的法益。因为，只有这样规定，才有利于保障权利所有人的自由处分权，尽管后者的这种权利也必须受法律的限制（正如我们马上就要看到的那样，刑法典第 50 条的规定只适用于权利人"有权处分"的权利）。

权利人只能以他有权处分的权利，作为同意的"标的"（oggetto）。人们曾经试图以有关自诉罪的规定，来界定这些权利的范围。自诉罪是需要被侵害人明确的意思表示才能起诉的犯罪，上述观点就是将此类规范所保护的利益，均视为承诺人有权处分的权利。在认定权利人有权处分的权益范围时，自诉罪的范围的确可以作为参考。但是，如果完全以其为标准，则不但有失之太严之虞（如盗窃罪是公诉罪，但财产无疑属于承诺人有权处分的权利），也可能存在纵之太宽之嫌（如根据刑法典第 590 条第 4 款的规定，过失重伤，包括最严重的重伤，也可能属于告诉才处理的犯罪，但同意人无权处分这样重要的权利）。看来，要正确地界定哪些权利属于同意人可处分的权利的范围，还必须根据权利的性质来分别处理。

在严格意义的人身权利中，同意人无权处分自己的生命（刑法典第 579 条处罚经被害人同意的杀人行为，就是这一结论的法律依据）。同意人处分自己的健康，必须受民法典第 5 条的限制。因为该条规定，禁止那些"可能引起身体永久性残损，或者违背法律、公共秩序或善良风尚的"的处分自己身体的行为。按此规定，献血是权利人可处分的权利，而器官摘除则应禁止（关于输血和肾移植有专门的法律规定）；在拍电影的过程中造成轻伤害是允许的行为，若同意虐待狂实施这种行为则无效（因为这违背善良风尚）。就处分自己身体的角度而言，各种性自由也应符合民法典第 5 条的规定。至于其他严格意义的人身权利（如自由、名誉、隐私），法律没作专门的规定，但民法典第 5 条的规定对这些权利也应有效：只要不严重影响权利人履行社会义务，处分这些权利就应属法律许可的范围。根据宪法第 2 条规定，"履行政治、经济和社会团结的普遍义务"属于"不可侵犯的人权"之一。因此，出于科学实验的目的，承诺在合理的时间内剥夺自己的人身自由，当然为法律所

第6章 客观违法性

承认，但自愿沦为奴隶或类似状态，就没有任何法律效力。

在一般情况下，同意人不能处分与家庭关系有关的权利。家长有权同意第三者处罚自己做了错事的未成年子女，可能是唯一的例外。

与家庭中的权利相反，财产性利益基本上都是承诺人有权处分的范围。但是，具有集体性质的财产（如与公共秩序、公共安全或公共信用有关的财产）则是例外，因为这类财产没有具体的所有人。一般来说，这一规则也应同样适用于处分各种公共利益（如行政、司法机关的利益或与保护宪法秩序有关的利益等）。例如，诬告的成立与被诬告人同意没有一点关系（根据刑法典第369条，自己诬告自己也同样是犯罪行为），因为诬告行为涉及如何追诉犯罪的公共利益。如果公共利益是可处分的对象（如公共的，甚至某些国家的财产利益），承诺行为必须具有合法的形式（如同意、授权或合同等），从而使实际处分利益的行为（如利用经同意使用的公共财物）具有刑法典第51条第1款[2]规定的意义。

> [2] 该款规定，合法行使权利和履行义务的行为，排除可罚性。

上述有权处分的权利，同意的法律效力取决于权利人是否具有相应的行为能力。曾经有人认为，这种行为能力应该是自然意义上的认识能力和控制能力。但是，由于法律往往直接或间接地规定了对这种能力的特殊要求，采用上述观点显然就有悖于法律规定的精神。例如，根据民法典的规定，只有达到特定年龄的人才有权处分财产；由于对未满14岁的人实施的性行为，刑法典第519条第2款和第521条第2款规定要以强奸或暴力猥亵罪论，即人们认为只有14岁以上的人才有权同意这类行为（如果结合刑法典第530条第1、2款的规定来看，实际上是须经已满16岁的人同意才不作为犯罪处理）。上面的分析说明，对承诺主体的资格，必须根据法律的特殊规定来具体决定。如果没有法律规定，应该适用相似的法律规定或者根据主体的自然能力来加以确认。

有效的同意必须是同意人真正的意思表示，不允许有任何影响其有效性的瑕疵（如暴力，错误等）。同意处分权利也可由法定代表或志愿者代为同意，但这种同意必须与权利的性质相适应。例如，父母无权同意其一个子女为另一个子女捐肾，因为人身的生理完整性是最重要的人身权利之一。

同意处分权利的承诺，可以有多种形式（包括默示）。但行为之后才同意的无效，事后的认可不等于同意。与此相反，在行为未实施前，权利人随时都可撤销先前的同意。

"推定的同意"（consenso presunto），是一个有争议的问题。这种承诺，是指行为人在行为时认为权利人已经同意，或者（如果在场）应该同意的情况。例如，某人在暴风雨之夜为了帮邻居堵漏进入邻居的家（此即"为权利人利益而推定的同意"）；又如，某护士将父亲不穿的旧大衣送给病人（此即"为第三者利益而推定的同意"）；再如，拾荒者摘了一些果子，因为果树的主人以前对他的行为从未干涉（此即"为自己的利益而推定的同意"）。"推定的同意"不同于"假定的同意"（consenso putativo）。后者是指行为人认为存在权利人同意，但事实上纯属虚有的情况（如错误地理解了权利人的某个手势）。"假定的同意"（consenso putativo），应按刑法典第59条第5款[3]的规定解决（参见第七章第七节3）。"推定的同意"，则是指行为人是明知权利人没有同意，但是认为他会给予同意的情况。对于"推定的同意"，不能适用刑法典第50条，因为该规定只适用于同意确实存在的情况。不过，为权利人的利益而推定的同意，可以纳入 negotiorum gestio[4] 的范畴（民法典第2028条），并因此而成为排除犯罪的原因。但是，这种情况不构成犯罪的法律依据，不是刑法典第50条，而是刑法典第51条第1款规定的依法行使权利或履行义务（因为无因管理行为开始于为他人谋利益的行为，因而是一种权利，但管理行为一经开始，行为人就负有适当管理的法律义务）。

[3] 原文有误，因为意大利刑法典第59条没有第5款。相应的条文似乎应为第59条第4款，该款规定如果行为人错误地认为存在排除刑罚的情况，应作为有利于行为人的事实来认定。但是，在行为被法律规定为过失重罪时，如果错误是由行为人的过失引起

第 6 章　客观违法性

的，不排除可罚性。

　　[4] 拉丁语，即民法中的"无因管理"。

2. 行使权利（l'esercizio di un diritto[1]）

　　刑法典第 51 条第 1 款规定，"行使权利……排除可罚性"。"行使权利"可以排除犯罪的根据在于，法律认为行使法律承认的权利，优先于其他受刑法保护的利益。这样规定，可以避免出现不容发生的矛盾（如果法律一方面同意服务人员有权通过他人的花园，同时又规定该行为是侵犯他人住所而必须加以处罚，就无疑是一种荒唐的矛盾）。

　　[1] "l'esercizio di un diritto"，直译为"（一种）权利的行使"。

为了使行使权利具有排除犯罪的效力，必须将这种行为规定为犯罪规范的例外情况，而不能相反。只有这样，授权规范才可能成为犯罪规范的特殊规范，不仅使前者包括后者的全部构成要件，并且还使前者成为合法行为的特殊根据。如果将犯罪规范规定为有权规范的特殊规范，就意味着犯罪规范具有界定权利行使范围的作用，或者说权利的行使不能超越犯罪规范规定的范围。按此推绎，某人根据民法典第 896 条第 1 款规定的权利，剪除邻家伸入自己花园的植物的行为，就会成为刑法典第 635 条第 1 款处罚的毁损他人财物的一种特殊形式，因为授权优于禁令；刑法典第 432 条规定的纵火焚烧自己财产危害公共安全的行为，则成为所有人行使法律（民法典第 832 条）规定的"完全"、"排他"的处分权的一种形式，因为禁令优于授权，前者限制了后者的内容。要确定授权性规范是限制刑法规范适用范围的例外，或是属于相反的情况，并非易事。由于二者规定的内容往往不同，所以很难对它们进行逻辑—文理的比较。特别在涉及内容抽象、包容范围极广的宪法性权利时，这个问题就更为棘手。例如，宪法第 21 条第 1 款规定，所有公民都有用任何方式"自由表达自己思想的权利"；但是，刑法典第 595 条处罚的侮辱行为、第 594 条处罚的诽谤行为、第 414 条第 3 款处罚的公开支持重罪的行为，以及一系列所谓的"表意"犯，同样可说是表达思想的形式。相似的情况如宪法第 40 条第 1 款承认"罢工的权利"，但（作为罢工主要内容的）集体停工可能造成许多严重的危害结果，而罢工者在法律上往往负有阻止这些结果发生的义务（如医生罢工可能引起病人的死亡或病情加重，铁道口值班员罢工可能造成严重的交通灾祸，等等）。在这类情况下，应该分析刑法规范是否是对宪法规范的限制。但无论如何，刑法规范不能具有与权利根本对立的性质，否则，就将被视为违宪。例如，宪法法院1960年第29号判决宣告刑法典第502条违宪，因为该条规定因劳动合同而罢工为犯罪行为。根据法律渊源等级原则，普通刑法不能对行使宪法权利规定限制和例外，这是解决宪法权利和刑法规范关系的逻辑前提；然而，宪法性承认的权利也不是没有限制，因为这些权利可能与宪法本身规定的其他利益冲突，因此有加以平衡的必要。例如，自由表达思想的权利就必须与宪法第2条规定的"具有单个或社会人格人的不可侵犯的权利"相协调，人的生命、健康、名誉和荣誉等就属于这些不可侵犯的人权之列。在这个意义上，如果是为了实现更为重要或至少是同等意义的宪法利益，刑法规范可以合法地限制宪法性权利。在相反的情况下，就应该用宪法来限制刑法的适用范围。例如，公开支持重罪的行为，只有在不是纯粹的表达思想，而是一种"具体的足以引起重罪实施的行为时"，才可以适用刑法典第414条第3款进行处罚（宪法法院1970年第65号判决）。

但是，刑法规范在哪些具体问题上可以限制宪法性权利，并没有明确的法律规定。于是，这个问题就只能由司法解释来解决，尽管这种解释可以说是真正的、不折不扣的创制法律的活动。例如，在作为言论和出版自由焦点的新闻记者的权利问题上，司法实践规定了三条明确限制：（1）报道的事实必须真实（不得行使宪法承认的散布虚假的权利）[2]；（2）了解被报道的消息符合社会利益（例如，有关一个普通公民的婚姻危机，属于私人生活隐私权所保护的范畴；而一个电视明星的婚外恋，则被定义为公众渴望了解的事情）；（3）报道的方式必须适当，即报道消息的方式本身不得具有侵犯性。

[2] 意大利宪法第21条规定："任何人都有权用语言、作品或其他传播方式自由地表达自己的思想"（第1款）；"禁止违反善良

第6章　客观违法性

风俗的出版，演出或所有其他方式的表达。法律规定适当的措施来防止并制裁这类行为"（第5款）。

对行使权利中的"权利"必须作广义的理解，即这种权利应该包括主体在特定情况中可合法实施的任何行为。按此理解，刑法典第51条规定的行使权利，就应包括下列情况：亲权（即所谓父母对未成年子女的 *jus corrigendi*[3]）、对权利的处分权（如民法典第1456条规定的撤回权）、私人的职能（如监护权）、合法的利益（即主体的法律状况承认其可为一定的行为）；至于那些严格意义的"主观权利"（如对财产的所有权和处分权）、合法的权能（如刑事诉讼法典第383条规定的私人对现行犯的当场抓捕权）、公共机关的法定权力（如刑事诉讼法典第384条规定的检察官拘留犯罪嫌疑人的权力），显然更应属于刑法典第51条规定的"权利"范围。

　　[3] 原文为拉丁语，意为"管教权"。

对"权利"概念作如此广义的理解，有两条基本的理由：（1）将刑法典第51条的适用范围仅限于"主观权利"（dirito soggettivo），是不可想象的，因为"主观权利"是一个极有争议的理论范畴（人们为这个概念所下的定义可以说是近乎无穷无尽）；（2）如果法律规定某种权利优先是为了避免法律的内部矛盾，从这一角度考虑，也只能将刑法典第51条所说的"权利"，理解为主体在特定法律状态可实施的任何行为；如将其理解为主观权利，势必引起法律制度的混乱。

如果把刑法典第51条第1款视为合法行使权利不受处罚的法律渊源，那么该款规定到底是一个完整的排除犯罪的规范，还是一个"空白规范"呢？如果将其理解为一个完整的规范，刑法典第51条就是行使权利具有排除犯罪效力的唯一法律依据，该条规定中的"权利"作为正当化原因的构成要件，就是一个纯粹的规范性因素（参见第五章第一节2），至于决定其内容的规范究竟是法律、地方性法律、条例和习惯，则在所不论。如果将其理解为"空白规范"，根据刑法典第51条第2款[4]的规定，就只有某些规范，即能够排除犯罪规范适用的规范，才可能进入刑法领域；这样的话，那些地方性法律、行政条例或习惯均不能作为

"权利"的渊源（因为根据法律效力等级原则，它们不能修改作为普通法律的刑法，参见第二章第二节）。按后一种方式来理解刑法典第51条第1款，似乎更合理一些。刑法典第51条第2款规定本身排除犯罪的效力不大，因为这种效力必须由授权规范和犯罪规范之间的关系来决定；正如前面才分析的那样，犯罪规范在不少的情况下具有限制授权规范的效力。但无论如何，可合法行使而不构成犯罪的权利，只能是那些由立法机关制定的普通（或更高等级的）法律确定的权利。不过，这并不意味着这些法律必须对权利的内容有明确完整的规定。事实上，排除犯罪性规范与严格意义的法律专属性原则无关（参见第二章第二节），因为在这个问题上只要求尊重法律效力的等级原则（即相对的法律专属性原则：只有法律才能修改法律）。如果是这样的话，"权利"就不仅可以来自法律的规定，也可能出于符合国家法律的地方性法律、执行性行政条例和"secundum legem"习惯（即为法律所承认的习惯）。除上述情况外，根据法律而决定的司法、行政措施和根据民法典第1372条签订的"对当事人有法律效力"的合同，无疑也应是合法权利的渊源。至于行使外国法（或教会法）所承认的权利是否具有排除犯罪的效力，则应依该权利是否也为我国的法律所承认而定。

[4] 该款规定，执行行政命令的行为如构成犯罪，由下命令的行政官员承担刑事责任。

刑法典第51条第1款是否应适用于医疗手术和体育活动，曾经是，甚至现在仍然是众说纷纭的问题。

医疗手术本身是法律允许的行为，显然可从以下事实推出：（1）宪法第32条第1款认为健康是"个人的基本权利和社会的利益"，这是医疗手术活动合法性的宪法依据；（2）国家建设了庞大的预防和医治疾病的公共机构；（3）国家制定了专门的法规以确保医疗人员的职业技术水平。

合法的医疗手行为术可以有以下四种表现形式：（1）治疗性行为；（2）治疗—实验性行为；（3）纯粹实验行为；（4）纯粹美容行为。最后这两类行为与拯救健康无关，权利人在民法典第5条规定范围内所作的承诺，是这两类行为合法性的唯一根据。例如，如果"修复"鼻子的手术在脸上留下了永久性的疤痕，显然是符合典型事实的客观违法行为，行为人是否应对此承担刑事责任，可以仅仅根据其主观上有无罪过来决定。

医疗手术行为不构成犯罪的法律根据，绝对不能用有关紧急避险的规定（刑法典第 54 条）来解释。这不仅因为紧急避险只适用于存在"现实危险"的情况，而实施医疗手术时，并不总是存在这种危险，医生有时甚至以避免发生这种危险为唯一目的。更重要的是，紧急避险行为可以违背权益所有人意志，如果将医疗行为解释为紧急避险行为的话，病人就得听凭医生的任意处置。这样理解，显然违背了宪法第 2 条和第 32 条第 2 款[5]规定的尊重个人的原则。权利人同意，也不是排除医疗手术行为刑事责任的法律根据，因为病人没有同意对自己肢体造成永久性残损的权利（如对受严重感染而必须截肢的手术，用权利人承诺就无法解释）。

[5] 该款规定，如果不是根据法律规定，不得对任何人进行强制治疗。法律在任何情况下都必须尊重人的尊严。

实际上，作为一种为维护健康而经法律授权进行的活动，医疗手术必须以下列条件为合法性前提：（1）由有能力的人在从业活动中实施；（2）病人本人完全、真实、明示的同意（在病人为无能力人时，由其法定代理人同意；只有在法定代理人也无法通知的紧急情况下，才允许未经同意的手术）；（3）手术的必要性，这意味着对病人来说，不做手术的风险肯定不会小于实施手术的风险，而做手术的好处肯定要大于不做手术的好处；（4）完全按医疗规章制度办事。

有一部分人认为，上述条件本身就具有排除医疗手术作为伤害或杀人典型事实的意义，即使手术失败，也不具有侵害生命和健康的社会意义。如果病人术后良好，这种观点当然成立，因为尽管手术影响了病人的生理完整性，但病人的功能却得以恢复。为病人切除了肠癌的医生，不仅没有造成具有刑法典第 590 条意义上的任何疾病，反而是恢复了病人受损的健康。但是，如果手术只是部分成功（如感染被制止，但病人的肢体却被切掉了），甚至完全失败，就很难说不符合杀人或伤害的典型事实，或者说没必要归类为排除犯罪的行为。理论界还有一部分人认为，手术如果失败，也不能归类为排除犯罪的行为，而应该直接评价实施这种具备（违法性）典型事实的行为人主观上是否有罪过。他们的理由是，病人肯定不可能同意这样的结果（如，本人的死亡）。不过，持这种观点的人显然忘记了，与刑法典第50条规定的权利人承诺不同，在医疗手术中需要病人的承诺，是因为只有病人同意的手术才有合法性，其内容只涉及手术行为本身，与手术后的结果无关。实际上，如果医疗手术本身在客观上合法的话，它就是合法行为，手术成功与否，并不能改变这种行为的性质。最后要说明的是，实验 — 治疗性的行为事实上是一种特殊的治疗行为，进行特殊治疗的必要性（即不存在有效的非实验性治疗手段），就是这种行为的合法性根据。

体育运动也是一种法律允许的活动，各种有关组织和促进这种活动的法律规章就是明证。对体育活动中造成轻伤的行为，如果没有超出民法典第5条规定的范围，可以适用刑法典第50条的规定。例如，拳手在比赛中所受的打击和轻伤，都可以用他事前的同意来解释（他走上拳台就意味着他默示的承诺）。但是，如果发生了肢体残损（或死亡），就不能再适用刑法典第50条的规定了。这时，造成上述结果的行为必须符合下列条件，才是合法行为：(1) 比赛的进行事先经过法定运动组织的同意；(2) 参赛人的健康状况符合参赛要求；(3) 造成结果的行为没有违背有关当局制定的正式比赛规则。

3. 履行义务

刑法典第51条第1款规定，"……履行法律规范或公共权力机关合法命令规定的义务，排除可罚性"。这种行为排除犯罪性的根据，与行使合法权利完全相似，在于避免主体因身负相互冲突的义务而无所适从的局面。至于行为人义务的性质，按刑法典第51条第1款的规定，包括法律规范规定的义务和公共权力机关合法命令规定的义务两种情况。

(1) 法律规范规定的义务　　与行使权利相似，对这类义务必须根据特别法优先的原则,分析规定义务的法律规范是否是刑法规范的例外情况。例如,与刑法典第 605 条规定的非法剥夺他人自由的行为相比,刑事诉讼法典第 380 条规定的司法警察当场逮捕现行犯的义务就属于特殊的免罪规范;而与民法典第 1813 条规定的到期还债的义务相比,破产法第 216 条第 3 款规定的舞弊行为(即在破产前或破产过程中,以照顾某些债权人为目的,但却损害了全体债权人利益的支付行为)就属于特殊的犯罪规范。由于刑法典第 51 条第 1 款并没有明确限定"法律规范"的范围,因而义务也可能源于效力低于全国性法律的规范。这与行使权利不同(参见本节 2),因为这里是多个义务(而不是一个义务与一个权利)的冲突。如果仍然采取按法律效力的等级来决定履行义务是否免罪的话(例如,认为正式法律规定的义务要优于行政条例规定的义务),那么,这些义务的承担者就无论如何也要负责任:如果履行了非刑事法律规定的义务,就会承担刑事责任;如果履行了刑法规定的义务,就要受到民事、行政或纪律制裁。

(2)公共权力机关合法命令规定的义务 这种义务是"公共权力机关"意志的表现,私人权力机关的命令不具有这种效力(即使私人的权力具有法律承认的权威,如企业主对雇员,或父母对子女也不例外)[1]。法律之所以要将这两种权力区别对待,是因为公共权力机关只能以追求公共利益为目的,而这种公共利益可能优先于刑法保护的其他(公共)利益。私人的命令只能影响罪过,如果执行人不知情,就应因此而免除刑事责任(例如,某工人在不知道安全生产设施用途的情况下,按雇主的命令搬走了设施,其行为仍然具备刑法典第 437 条第 1 款规定的典型事实和客观违法性)。

[1] 2001 年草案第 34 条 1 取消了这一限制,规定只要是履行"合法命令规定的义务",即可"排除可罚性"。

这种命令的颁布者,可能是一般的公共权力机关,也可能是警察机关。前一种情况,必须以命令者和执行者间的依赖关系为前提,即义务的承担者必须服从上级机关的意志;而在后一种情况下,义务则具有普遍的性质,是一种私人或单位与有权就社会生活某些方面制定行为规范的权力机关间的关系。

规定义务的命令要具有排除犯罪的效力，就必须"合法"，不论形式或是实质，都必须符合法律的规定。就形式而言，只有颁布命令和执行命令的人都有相应的职能，并且颁布命令的形式符合法律规定时，执行命令才能排除犯罪的成立。同时，只有在存在授权规范要求的事实和法律前提，并且符合命令涉及的公共利益时，命令的颁布才谈得上实质合法。如果命令本身不合法，就没有排除犯罪的效力；执行这种命令，就是具有客观违法性的典型事实。刑法典第51条第2款明确规定，"如果执行命令的行为构成犯罪，由颁布命令的官员承担刑事责任"[2]。当然，执行不合法的命令，也不是在任何情况下都不受处罚，刑法典第51条第3、4款[3]规定的就是执行人也应承担刑事责任的情况。不合法的命令实际上是对公共权力机关保护利益的亵渎，因而不再是实现公共权力机关应有目的的手段，与刑法保护的利益相比，它不再处于平衡，更不用说优先的地位。执行不合法命令不是正当化原因，但可能影响执行人的主观罪过。这一点将在分析罪过时，加以说明（参见第七章第八节3）。

[2] 2001年草案第34条2规定，"如果执行命令的行为构成犯罪，颁布命令者与执行者都应承担刑事责任"。

[3] 意大利刑法典第51条第3款规定，"除因为事实错误而认为执行的是正确命令外，执行（不合法）命令的人也应对犯罪负责"。该条第4款规定，"在法律不允许执行人审查命令的合法性时，执行不合法命令的人不可处罚"。

2001年草案第34条3规定："在法律不允许执行人审查命令的合法性时，执行不合法命令的人不可处罚。如果法律有要求，发布命令的权限、执行命令的权限、命令必须具有的形式，永远都是可以审查的。"该条4规定："在命令明显具有犯罪性或执行者已认识到其违法性时，不可审查的命令的执行者应受处罚。"

4. 正当防卫（la difesa leggittima[1]）

根据刑法典第52条的规定，"因防卫本人和他人的权利免受不法侵害的现实危险的必要而被迫实施行为的人，只要防卫与侵害相适应，不受处罚"。

[1] 原文"la difesa leggittima"，直译为"合法防卫"。

关于正当防卫合法的根据，有一种观点认为是私人的自我防卫权。这种防卫权是国家防卫的补充，个人在不能及时求助于国家防卫时采用。另一种观点认为，正当防卫是与犯罪作斗争的需要，在任何情况下法律都不能给犯罪以可乘之机。这两种观点，相辅相成，实际上都是刑法典第52条的基础。如果仅用"自我防卫说"，很难解释为了救助第三人而实施的防卫行为。如果仅用"斗争需要说"，则不仅无法说明为什么无罪过的侵害，也可以成为防卫行为的对象，也不能解释为什么正当防卫不能超过必要的限度（在违法和合法行为之间无法进行比较，因为在任何情况下，法律都应该保护合法行为）。在正当防卫限度问题上，刑法典第52条显然是采用了自我防卫说，规定只有与侵害相适应的防卫行为，才具有合法的性质。

正当防卫的构成包括两个方面：侵害状态和防卫反应。前者是指不法侵害对防卫人，或者第三人的权利所造成的现实危险。这里的"权利"，作为侵害的对象，不仅指严格意义的主观权利（如所有权），而且包括主体的任何合法状态（亲权、对权利的处分权等权利和各种合法利益）。在理论上，曾有人主张一种含义更广的"权利"概念，企图将一切合法保护的利益都作为防卫对象，但显然未被采纳。接受这种观点，实际上意味着没必要使用"权利"这个概念，仅用"侵害"一词就足以表明对受保护利益的损害或者现实的危险。一般来说，集体利益或更广泛的利益（如公共秩序、环境保护等）不是正当防卫保护的对象，除非它们直接涉及个人的利益（如以不特定多数人的生命、健康为内容的公共安全）。法律规定这个限制，根本原因在于正当防卫只是公民自卫的手段，不是要公民来代行警察的权力，让他们去制止任何类型的犯罪。

对权利的侵害，是指对权利可能造成的损害［用法典中的语言说即是"现实的危险"（il pericolo attuale）］。造成侵害的既可能是作为（不一定是暴力行为），也可能是不作为（例如，某司机见发生交通事故，不仅不设法救助受伤的人，反而开车逃跑），但无论如何都必须是人类的行为。对无主动物采取的行动与刑法无关；针对他人的动物所作出的反应，如果不属于刑法典第638条第1款规定的情况（故意伤害、杀死他人动物），则可用"紧急避险"来解释。但是，对动物的主人或看管人可以实施防卫行为（针对不作为的防卫行为），促使他们制止动物的侵害。侵害必须具有"不法"（ingiusta[2]）的性质，按最通行的说法，即"不能有合法的名义"（sine jure）。因此，行使合法权能和履行义务都不可能具有"不法"侵害的性质。这里的"行使合法权能"，除行使合法权利外，还包括实施经权利人同意的行为，以及正当防卫行为等排除犯罪的行为。这里所谓的"履行义务"，除了刑法典第51条第1款规定的各种履行义务的情况外，还应包括刑法典第53条有关合法使用武器的规定。与上述情况相反，刑法典第54条规定的紧急避险行为，不具有排除"不法侵害"的性质，因为不能说无辜的第三者必须牺牲自己的利益。从这个意义上说，侵害的存在与侵害人主观上有无罪过没有关系（正因为如此，正当防卫也可针对无刑事责任能力的人实施）。

[2] 原文"ingiusta"直译为"不正当"。

对本人或他人权利的不法侵害，必须是"现实的危险"。这里所说的"现实的危险"，是指防卫行为实施时存在的危险。危险消失后实施的行为可称为"反击"，但不是防卫（如果构成犯罪，可根据刑法典第62条n.2的规定，以受不法行为挑衅而犯罪，作为减轻处罚的情节）。如果危险尚未实际发生，行为人则只能求助于公共机关来维护自己或他人的权益。对危险的判断必须采用通常的标准（即以最好的科学和经验为基础的或然性）。在评价危险时，不仅要考虑防卫行为实施时行为人可认识的条件，而且还应从行为后的角度全面考虑案件的所有情节。例如，如果事后查明抢劫犯用来威胁被害人的武器原来只是玩具，那危险就与被害人的生命无关；防卫人误认为抢劫者使用的是真武器而在防卫中将其杀死的行为，就不能用正当防卫来解释。这种情况不属于真正的防卫，而是"假想的防卫"（刑法典第59条第3款）。对于这种情况，应根据行为人主观上有无罪过来决定其是否应负刑事责任。有一种与此

第 6 章　客观违法性

相反的观点认为，所谓"现实的危险"，只能是依行为人行为时所认识到的情况作为判断的标准。这种观点实质上会导致承认"相互的"正当防卫，必将引起制度上的极大混乱。例如，在我们刚才所举的例子中，抢劫者明知使用玩具威胁不可能造成人的死亡，如果被害人误认为生命受到威胁而使用了客观上明显过当的防卫手段，这时就轮到抢劫者有权使用与维护生命相称的防卫手段了，这样我们就不能不得出一个荒谬的结论：这两个人的行为在客观上都是合法的。

应该注意，"现实的危险"包括侵害已经开始的情况，但并不等于侵害必须已经开始。而且只要侵害尚未结束，就允许对其采取防卫行为（不法侵害的"实际危险"，存在于"持续犯"和"惯犯"等犯罪行为的全部发展过程中；例如，被非法扣押者在其自由被剥夺的所有时间内，都可以对扣押人采取防卫行动）。

按照一部分理论界和司法实践的意见，刑法典第 52 条所说的"危险"，必须具有"非自愿"（involontario）的性质，即不是由防卫人有意造成的危险（如提佐以进行决斗来挑逗凯奥，凯奥的反击就不属于"非自愿的"危险）。但这种解决方案却很难令人信服。因为刑法典第 54 条第 1 款明确规定，"非自愿的危险"是紧急避险的构成要件之一，而刑法典第 52 条中则无此规定。这实际上是从反面说明，"非自愿的危险"不是正当防卫的必要条件。不过，行为人有意造成的危险，在许多情况下的确会排除防卫行为的合法性。但这些情况不适用刑法典第 52 条的理由，正如我们马上就要看到的那样，用行为不是出于"被迫"来解释似乎更为适当。

现在我们来看看"防卫反应"（la reazone difensiva）的内容。"防卫反应"包含三个因素："被迫"（la costrezione）、"必要"（la necessita`）、"相适应"（la proporzione）。

如何理解"被迫"这个概念，理论界众说纷纭。有一种解释这个概念的客观说认为，"被迫"是一种因危险的存在而被侵害人有防卫必要的状况。这种必要状况是一种纯客观的存在，即使行为人不知道有危险存在（例如，某人在打猎过程中，将一个正准备向他开枪的人当作野兽给打死），也可以说他是"被迫"行动。不过，在主体对危险没有认识的情况下，说他是"被迫"行动，未免有点可笑。因为一般人认为，"被迫"意味着主体只能以危险为条件决定自己的行动，法律当然不能把这种日常用语的含义颠倒过来使用。解释这个概念的主观说则认为，这里"被迫"，不仅意味着行为人对危险有所认识，而且还意味着这种认识是决定行为人采取防卫行为的直接动机。这种观点实际上是用有无罪过作为判断行为人是否"被迫"的标准，也有不少问题。将行为人的内心态度作为评价行为人是否"被迫"行为的标准，同样会得出荒唐的结论：在被侵害人错误地认为不法侵害是"合法行为"的情况下，他就无权采取必要的防卫行为。例如，某人犯罪后携赃而逃，他的同伙们因急于报复，决定化装为警察去追杀他；按上述观点，如果该人见其同伙时，真的以为是警察来了，其为了逃脱这些假警察的"逮捕"而实施的行为，就不是正当防卫。因为从主观上说，他没有"被迫"防卫。但是，难道说在这种情况下他就应该束手就擒，乖乖地听从其同伙的摆布吗？

事实上，"被迫"的含义必须联系正当防卫的自我防卫功能来理解。由于正当防卫源于利益冲突，这种"被迫"就应理解为受侵害人在"侵害"与"被侵害"之间进行的一种不得已的选择。只有这种理解才可能真正说明"被迫"的含义。因为这种理解的基础，不是行为人对冲突的认识，而是行为人必须进行选择的事实。按照这一理解，行为人必须进行的选择是一种客观的存在，不能掺进任何行为人意志的因素：如果行为人在利益冲突间的选择，是行为人故意造成的（如提佐为了找借口殴打某精神病人，故意对他进行挑衅），或者有意接受的（如提佐同意与情敌决斗），或者可用不损害任何人的方式回避而无意避免的（如提佐知道凯奥企图在某地袭击他，如果不去就什么事都不会发生，但依然照去不误；当然，如果提佐无法合理地避免，就又应另当别论），均不存在"被迫"的问题。

在判断可回避的选择是否属于"现实的危险"时，人们往往要求这种危险具有"不可避免"的性质（这应被理解为，如果即使在社会伦理意义上，回避危险也不会造成任何损害的话，存在回避可能性的行为就不是正当防卫)[3]。其实，这类根据模糊的解释，完全没有存在的必要（因为刑法典第52条并没有像刑法典第54条那样，明文要求以危险的不可避免性作为正当防卫的前提）。这里有必要补充的是，在所有前面所说的那些不属于"被迫"的情况中，如果实际危险超越了可选择的范围，被侵害人都有权进行正当防卫。例如，两人相约用拳头见高低，在争斗过程中一人却拔刀相向，面对这种性质不同的新威胁，另一个人无疑可采取正当防卫行为。

[3] 2001年草案第36条4规定，被侵害者可以没有任何风险地回避时，他应避免采取行动。

"防卫的必要"除意味着防卫行为在客观上必须与排除危险相称外，就受侵害人可采取的防卫手段而言，还意味着反应行为还必须具有相对的"不可避免性"。如提佐向侵害者凯奥开枪，结果却打死了路上的行人，这种所谓"错误的正当防卫"，就属于防卫手段在客观上与危险不相称的情况。就防卫手段的不可避免性而言，如果一个少女顺手拿起手边的水果刀杀伤或杀死了企图强奸她的人，完全符合防卫的必要；但如果是一个可以轻易制服对手的空手道冠军，扭断小流氓胳膊的行为，就是过当了。

长期以来，"防卫必须与侵害相适应"都被理解为"手段相适应"，或者更准确地说是指被侵害人使用的防卫手段与他可选择的手段相适应。[4]这种理解的荒谬之处在于，（1）这两种手段之间的比较，本来就是"防卫必要性"的内容；（2）使用手段和可选择手段之间的关系与侵害与防卫的关系没有任何相似之处（前者实际上只是不同的防卫形式之间，即实际的防卫形式与可能的防卫形式之间的关系）。除此之外，还有人将"相适应"解释为侵害者使用的手段与防卫者使用的手段之间的对应关系。这同样是一种不可接受的观点。如果此说成立，某人开枪打死用枪袭击其所养动物的人，就应该属于正当防卫（以枪对枪，手段相适应）；而某老人用手枪对付正准备用粗木棒猛砸其脑袋的彪形大汉，则要构成故意杀人（以手枪对木棒，手段不相适应）。这些结论，显然都是荒谬的。长期以来，理论界一直坚持必须以相互冲突的利益作为比较的基准。这种理解认为，根据被侵害人的具体情况（如砍掉一个杰出的钢琴家的指头，与砍掉一个退休老人的指头，意义显然不同），即使防卫行为损害的利益大于防卫的利益，也可能属于防卫与侵害相适应的范畴。如果侵害和防卫的利益性质不同，可用法律对它们进行保护的方式和程度作为评价的标准。例如，对侵害财产的犯罪，不得用剥夺侵害人生命的方式来防卫。不过，对严重侵犯性自由的犯罪，通常都认为可以使用一切可能的防卫手段，直至杀死侵害人。

[4] 2001年草案第36条4规定，在能够进行有效防卫自己或他人的情况下，防卫人有义务选择对侵害人造成最小损害的防卫。

从根本上说，仅以冲突的利益作为衡量防卫与侵害是否相适应的标准，也有先天不足之处。因为这种观点忽视了防卫和侵害行为本身的复杂性。[5]例如，假设提佐正在实施的行为，有伤害凯奥的危险，要确定凯奥防卫行为与提佐的不法侵害是否相适应，就不能不综合考虑下列因素：危险的程度（如果提佐只是握刀在手，显然不同于已经挥刀相向）、侵害者的主观心理态度（对故意、过失甚至无罪过的侵害行为，当然要区别对待）、冲突的性质以及由此决定的防卫者"被迫"的程度（危险只是超过了防卫者事先接受的程度和防卫者完全被迫接受，不能不分别处理）、防卫手段的可选择性（一个有多种不同效力的防卫手段可选择与只有唯一手段可排除危险，应该是判断相适应考虑的因素之一）等。事实上，为了正确判断侵害和防卫之间是否相适应，必须根据刑法典52条的规定，对冲突的利益以及侵害和防卫行为的一系列构成要素进行全面分析，然后才能得出正确的结论。

[5] 2001年草案第36条2规定，相称性必须在冲突的利益之间进行评估。

所谓的 *offendicula*，即那些为保卫所有权而采取的预防性措施（如安铁丝网、设陷阱、埋地雷、拉电网等），也应属于刑法典第52条规定的范畴，如果符合该条规定的要求，就是合法行为。理论界有一部分人认为，这类行为应属于刑法典第 51 条第 1 款（行使合法权利）调整的范围。不过，按这种方法处理，理论上就很难自圆其说。因为行使财产所有权，最多只能在处分财产的范围内排除行为的犯罪性。对于引起伤害、甚至死亡的行为，肯定不能用行使财产所有权作为行为合法性的根据。但如果认为这类行为属于正当防卫，得到的解释就更为合理：只要存在不法侵害的现实危险，且对侵害者造成的损害没有超过必要限度，采取防范措施就是合法行为。

5. 合法使用武器[1]

刑法典第 53 条是一个专门为公务员规定的排除犯罪性因素，若不具备经公务员"合法要求"的条件（刑法典第 53 条第 2 款），该规定甚至不能适用于与公务员共同实施行为的人（不过，根据刑法典第 119 条第 2 款[2]，上述规定已实际被部分废除）。以前的刑事立法中没有这种规定，现行刑法典第 53 条也开宗明义地讲，"除前面两条中的规定外……"这等于明确规定，相对刑法典第 51 条和第 52 条而言，该条的内容只具有从属性的意义。法律这样规定，显然意味着公务员在行使权能或履行义务的过程中，排除暴力、制服抵抗的行为，只要符合条件，就应按行使合法权能或正当防卫来处理；只有在不能按上述行为定性的情况下，才考虑是否适用刑法典第 53 条的问题。合法使用武器行为是正当行为的根据在于：任何阻止公务员履行权力机关规定的公共义务的障碍，均应排除。

[1] 2001 年草案第 38 条的标题不再是"合法使用武器"，而是"合法使用强制性手段"。

[2] 该款规定，客观的排除刑事责任的情节，效力及于所有实施犯罪的共同行为人。

合法使用武器的行为包含两个相应的构成因素："有必要使用武器的状态"（situanzione neccessitante）和"必要的使用武器状态"（situazione necessitata）。

"有必要使用武器的状态"，首先意味着存在需排除的"暴力"或需

—179

制服的"反抗"。从实践的角度讲，这里所说的"暴力"和"反抗"，是指按犯罪目的分别符合刑法典第336条和第337条规定的犯罪构成的行为。如果行为人使用暴力或胁迫是为了强制公务员实施违背其义务的作为或不作为，甚至仅仅是为了强制公务员履行职务，性质都属于"需排除的暴力"（刑法典第336条）；如果行为人的目的在于抗拒公务员"履行职务"，则应归入"需制服的反抗"的范畴（刑法典第337条）。

"被动的反抗"是否属于需排除的反抗，是一个值得探讨的问题。例如，示威者躺在铁路上拒不离开，或者某逃犯在警察抓他时驾车拼命逃跑，是否属于有必要加以排除的状态呢？事实上，对这个问题给一个肯定的回答，并无任何不妥。就履行公务的障碍而言，被动的反抗同样是需制服的反抗，就使用排除行为必须符合相当性而言，依法制服这种被动的反抗，不会对反抗者造成与反抗行为不相称的损害。因为，根据刑法典第53条的规定，除使用武器外，制服反抗的手段还包括任何一种"其他身体强制措施"（如警棍、高压水枪、直接的身体强制等），这些手段不会造成严重的伤害。同时，正如我们马上就要讲到的那样，适用刑法典第53条的规定，同样有个必要限度的问题。为了防止超过必要的限度，在所谓"被动反抗"的情况下，可以合法地使用直接的身体强制（将示威者拖走）、警棍、催泪弹；如遇逃犯驾车逃跑，就可以使用拦车链或向汽车的发动机、轮胎开枪等手段予以阻止。

1975年第152号法律第14条，对刑法典第53条第1款的内容作了补充。该条规定，如果基于"阻止有关毒品、制造海难、洪灾、空难、铁路灾祸、故意杀人、武装抢劫和扣押人质"等犯罪的必要，可以合法使用武器。这个补充规定是否必要，很值得怀疑。因为在这些情况下可以合法使用武器，本来就属于刑法典第52条和原刑法典第53条第1款规定的应有之义。不过，如果从刑法典第53条规定在历史上曾被认为不合法这一事实的角度考虑，立法者作此补充规定的首要目的，恐怕不是为了扩展刑法典第53条规定的内容，而在于重申该条规定的效力。

"必要的使用武器状态"，是指"出于履行自己职责义务的目的"而使用，或者命令他人使用武器或其他身体强制性措施。由于使用武器或

第 6 章 客观违法性

其他强制措施都必须服务于履行职务义务的目的,这里的武器仅指公务员(包括公共武装力量,如国家警察、宪兵和金融保安等)为履行职务而配带的武器。例如,某个不是因公而被批准带枪的 INPS[3] 负责人,在办公室用手枪来制止退休人员的喧闹,就不属于合法使用武器的范围。同时,履行职务义务的目的,还意味着只有作为履行职务义务的手段,使用武器才可能具有合法性。所谓作为履行义务的手段,是指使用武器本身就是履行义务(维护铁路的畅通是铁路警察的义务,用警棍驱散躺在铁轨上的示威者就是履行这个义务),或者为履行义务所必需(抓捕逃犯是警察的义务,开枪射击轮胎、阻止逃犯驾车逃跑,就是抓捕罪犯的前提)。

[3] 意大利"全国社会预防协会"(Istituto Nazionale di Prevezione Sociale)的简称,是意大利处理劳工关系的半官方性组织。

刑法学界占统治地位的观点,不同意上述分析。他们认为,所谓"出于履行自己职责义务的目的",应该是指行为人的动机。如果公务员使用武器是为了公报私仇,或出于一时义愤等个人原因,就不属于合法使用武器的范畴。但是,如果行为人的行为在客观上完全具备合法使用武器的条件,怎么可能用行为人的主观态度来否定其行为的合法性呢?一个警察在大街上驱赶那些倒霉的示威者时,完全可能有一种心满意足之感,他甚至还完全可能就是为了追求这种快感,才主动请缨承担镇压任务。就是属于后面这种情况,只要该警察的行为没有超出刑法典第 53 条第 1 款所规定的客观限制,就不可能否认其具有合法性(道理很简单,换一个警察也会采取同样的行为)。事实上,法律规定使用武器必须"出于履行自己职责义务的目的",只是为了避免纯粹的报复行为(例如,警官不是采用驱散人群的方式来清理路轨,而是用逮捕和殴打来满足恐吓示威者的目的)。

至于使用武器是否应以"被迫"和"必要"为前提,应参考对刑法典第 52 条的解释,*mutatis mutandis*[4]。就合法使用武器而言,如果利益的冲突还未直接涉及公务员,就不能说公务员受强迫(例如,在逃犯逃跑过程中,由于某些原因还没意识到警察的存在,就不是警察使用武

— 181

器的时机）；这里所谓的"必要"，是指如果职务上的义务可采用多种措施来履行，应该采用损害最小的措施。[5]

[4] 拉丁语，直译为"把必须搬走的东西搬走"，此处应理解为"前面已讲过的东西，这里同样适用（或没必要重复）"。

[5] 2001年草案第38条2规定，在使用危险更小的强制手段能够实现目的的情况下，不允许使用武器。

就刑法典第53条规定的字面含义理解而言，执行义务所保护的利益（如抓捕逃犯）与使用武器所损害的利益（如重伤害）之间是否适应，并不是合法使用武器必备的条件。人们认为，法律没作此要求，是因为这个规定是专制时代的产物。在专制时代，公共利益在任何情况下都比个人利益重要。但今天的人们普遍认为，根据共和国宪法规定的个人主义原则，如果使用武器对"不可侵犯的"人权，造成了与履行义务所保护的利益不相称的损害，就不应该属于刑法典第53条第1款规定的内容。不如此理解，刑法典有关合法使用武器的规定，就有被认定为违宪之虞。[6]

[6] 2001年草案第38条1规定……使用强制手段永远都必须与状态相适应，不能对无关的人的生命和健康构成具体的危险。

刑法典第53条规定，由"法律"来决定"其他可以合法使用武器或身体强制手段的情况"。关于这里所说的法律，特别值得一提的有：有关移送监禁人和逃跑犯的1975年第354号法律第41等条；有关监禁机关看守职责的1937年第586号国王令第169条（1977年第374号法律将该条的适用范围扩大到了执行监狱外围警卫任务的军警人员）；有关金融警察惩治走私犯罪的1958年第100号法律第1条等。

6. 紧急避险[1]

刑法典第54条第1款规定，"出于从非本人有意造成的，不可用其他方法避免的，严重损害个人的现实危险中拯救自己或他人的必要，而被迫实施行为的人，不受处罚"[2]。按照该规定，为了逃脱绑匪的追赶，

第6章 客观违法性

提佐偷车逃跑的行为；在发生海难时，凯奥为了拯救自己而将一个昏迷的同伴从舢板扔进水里的行为；为了从火灾中拯救自己的儿子，森博将昏迷在唯一出口的另一个人踩成重伤的行为；等等，都属于不应承担刑事责任的情况。从这些例子中，人们不难看出，有许多属于紧急避险的情况，如果不能直截了当地说就是"不道德"的话，说它们是"非道德的"一点不冤。正是由于这些情况的存在，如何解释紧急避险合法性的根据，就成了一个非常棘手的问题。

[1] 原文"Lo stato di necessita`"，直译为"必要状态"或"迫不得已的状态"。

[2] 本款规定中的"严重损害个人的"意大利原文为"grave danno alla persona"，直译应为"对人的严重损害"。因此，这里的"个人的"，是指"对人的"，不包括对财产的损害。但其内容究竟是仅限于狭义的生命、健康等人身权利，还是可以扩张到与人身有关的（如名誉、肖像等）其他权利，意大利刑法学界有不同的看法。

根据"利益平衡说"，紧急避险的合法性根据在于，拯救的利益和牺牲的利益具有同等价值：由于两个利益中必然要损失一个（甚至可能二者皆失），保留其中一个，不是一个"负面的"事实，在法律的账簿上，至少可以说是"收支平衡"。根据行为应当符合规范的"期待可能性"（inesigibilita`）[3]理论，紧急避险之所以合法，是因为存在某些特殊情况，不能奢望主体遵守法律为他规定的义务（*necessitas non habet legem*）[4]。显然，前一种理论倾向于将"紧急避险"理解为正当化原因，后一种观点则认为紧急避险缺乏"正常的"动机形成过程，所以赞成将其列入排除主观罪过的情况之一（即将紧急避险视为可原谅的事实）。

[3] "期待可能性"原文为"inesigibilita"，译为"期待不可能性"可能更为适当，因为该词原意是指（债务等）无法收回。

[4] 拉丁语，直译为"紧急状态（必要）不知道法律"。

这两种理论的差别，不仅在于如何理解紧急避险的根据，更重要的是，采用这种或那种理论会极大地改变紧急避险的内容。如果把紧急避险理解为正当化原因，其适用范围就包括所有的法律保护的利益（为救命而舍命、为保护财产而毁损财产，如提佐因自己的车失火，就擅自拿走他人的灭火器来灭火，只要符合利益平衡原则，均属紧急避险范畴）。如果将紧急避险理解为排除主观罪过的情况，它的适用范围就取决于危险的内容，因为不具备"期待可能性"的情况毕竟有限。用期待可能性理论作为根据，什么人是受到危险威胁的对象，对紧急避险的适用范围有特别的限制作用。如果受到危险威胁的是本人或与本人有特殊关系的人（如儿子、亲朋好友），行为人往往不可能有正常的动机形成过程；但如果涉及一个不熟悉的外人，就很难用期待可能性理论来解释。相反，如果运用平衡理论，在一般情况下都能较好地解决救助第三者的问题（例如，提佐可以为了救凯奥而牺牲森博，因为对法律来说，这两个人的生命具有同等价值）。

在上述两种意义迥然不同的理论面前，我们的刑法典可说是采取了一种名副其实的折中主义。但是，这种做法不仅是许多问题不能得到令人满意解决的原因，同时还使紧急避险在刑法体系中的地位也成为有争议的问题。我们将紧急避险问题放在正当化原因中来讨论，是因为这样更符合传统的做法。

与合法使用武器相似，"紧急避险"的构成也包括"引起必要的状态"（la situazione necessitante）和"必要的行动"（il fatto necessitato）两方面的内容。

所谓"引起必要的状态"，实际上是一种"能对个人造成严重损害的现实危险"（il pericolo attuale di un danno grave alla persona）。这种危险必须同时具有非本人有意造成，并且不可用其他方法避免的性质。与现在仍有少数人主张的观点不同，这里的"能对个人造成严重损害"，不仅指能对人的生命或健康造成损害，而且还包括能对宪法第二条规定的任何"不可侵犯的人权"造成损害。这些宪法权利，既可以是刑法保护的利益（如自由、名誉、隐私、贞操），也可能是其他法律所保护的利益（如姓名、肖像）。根据一种为最高法院所肯定的观点，这里的

第 6 章　客观违法性

"能对个人造成的严重损害",还应该包括那些与人格尊严有内在联系的手段(如住宿的需要)。不过在这种情况下,人们要求只有在符合特别严格的条件下,才能排除行为的犯罪性(即特别强调危险不能用其他手段避免)。[5]

　　[5] 2001 年草案第 37 条 1 明确将紧急避险保护的权利限定为"自己和他人的生命、身体的完整性、人身自由和性自由"。

对这里的"严重损害",可以有两个判断标准:一个是危险的性质(当处于危险中的利益具有头等重要性时,如生命,对这种利益的任何侵害都可以说是严重的损害);二是危险的程度(如果危险中的利益有量化的程度差别,如相对健康而言,整条大腿伤残与一个脚趾受伤显然意义不一样)。

危险必须是"现实的",这是成立紧急避险和正当防卫共有的条件,因此可以看一看前面的有关解释。不过,与规定正当防卫的刑法典第 52 条相比,刑法典第 54 条第 1 款规定,紧急避险中的危险必须具备"非自愿(形成)性"和"不可避免性"两个否定性特征。法律要求紧急避险的成立,必须具备比正当防卫更苛刻的条件,因为这两种行为的对象不同:正当防卫的对象是不法侵害人;在紧急避险中受打击的人,则是与危险状态的形成无关的第三者。这里的"非自愿性",意味着危险不是由行为人引起的,行为人对危险的形成既无故意,也无过失。例如,一个司机因违反交通规则,而造成发生严重损害后果的紧急情况(如在超速行驶过程中急刹车,结果车轮飞出撞坏了迎面而来的汽车);一个吸毒者因毒瘾发作,而去偷钱买毒品的情况,都不具有"非自愿性"的特征。这里的"不可避免性",则是指行为人没有排除危险的其他合法手段可选择。这一特征的有无,应根据特定主体在特定环境中的具体情况来确定。不过,在这个问题上,司法实践却是以一种"抽象判断法"为标准。特别是在所谓的"需要状态"(如疾病、失业、无劳动能力)问题上,司法实践认为,在大多数情况下,这些问题都可以通过"现代的社会组织"的干预来解决,不去分析行为人是否实际上享受到相应的社会福利。

"必要的行为"包括三个构成因素："被迫"、"必要"和"适当"。在确定紧急避险行为的范围时，"被迫"有着极其重要的作用。我们在分析正当防卫的条件时已经讲过，所谓"被迫"，是指在相互冲突的利益面前，行为人处于必须选择的地位。但由于紧急避险的成立，要受危险的"非自愿性"和"不可避免性"的限制，这时的"被迫"，就不仅指由行为人故意引起或有意接受的危险应被排除在外，而且还意味着一个更严格的限制，即从行为人的角度看，利益的冲突必须具有涉及其个人利益的性质。如果是行为人本人面临危险，同时又具备紧急避险的其他条件，"被迫"自然就是 in re ipsa[6]。但如果紧急避险具有救助的性质（为了拯救他人而实施的紧急避险），"被迫"就有明确的限制救助范围的意义。"被迫"的这种限制作用表现为，只有在危险与其本人利益相关的情况下，行为人才可以采取紧急避险行为。例如，某人为了拯救自己的儿子或亲密朋友而伤害了他人，当然可以说是出于"被迫"；但如果为了救一个可给他大笔报酬的企业家，一个水手将一个已救上舢板的人扔下大海，就不能用"被迫"来辩护。但总的说来，上述情况中的"被迫"，都只是行为人可为的一种选择，而不是其必须履行的义务。负有刑法典第593条第2款规定的救助义务的主体，无论如何都应该履行其承担的义务。在他不可能救助所有处于危险中的人的情况下（例如入海救人的水手只救起一个落水者，而另一个在水手还未来得及救他之前，已经被淹死了），对于他未能救助的人所受到的损害，就可以用紧急避险来解释（事实上，由于不可能同时将两人都一起救上来，救人的水手就是"被迫"在带个人性质的利益冲突中进行选择）。在行为人没有救助义务的情况下，如果对第三人的救助违背被救助者的意志，同样不能说是"被迫"。例如，某医生为了拯救病人的生命，在病人拒绝或有能力表示而没表示同意的情况下，就对病人开刀动手术，其行为就不属于紧急避险。

[6] 拉丁语，直译为"在事物本身中"，此处可理解为"不言自明的事实"。

"必要的行为"中的"必要"，除了指行为必须与排除危险相称之

第 6 章　客观违法性

外，还意味着行为人在排除危险时，只能选择损害最小的手段。[7]例如，如果用其他方法同样能够拯救自己的生命，行为人牺牲他人生命的做法，就不符合"必要"的要求。至于紧急避险损害的利益必须与拯救的利益"相适应"的问题，则应采用与正当防卫相似的分析方法，即根据危险状态与避险行为的全部构成因素，来对冲突的利益进行综合性的具体评价。不过，由于在紧急避险中受损害的是无辜的第三者的利益，衡量避险行为是否与损害结果相适应的问题，就应当采取更为严格的标准。这个标准就是：在任何情况下，被拯救的利益都必须等于或大于被损害的利益。

[7] 2001 年草案第 37 条 1 规定，紧急避险的成立必须以"不能用绝对可以造成更小损害避免，造成的损害必须与危险相称"为条件。

即使作为正当化原因来看待，紧急避险的法律效力也与其他正当化原因不尽相同。事实上，民法典第 2045 条就规定，紧急避险人应对被损害人进行"补偿"，"具体数额由法官根据情况决定"（即有可能赔偿全部损失）。总而言之，法律秩序并不认为紧急避险纯粹只具有积极意义，或者说这种行为 in toto（完全）符合法律秩序的需要。正是由于这个原因，不少人不赞成将其归入正当化原因之列。

刑法典第 54 条第 2 款规定，紧急避险不适用于"负有特定的置身危险义务的人"（如消防队员、警察等），显然是因为这些人本身就负有救助他人的义务。对国家机关履行职能的行为（例如，警察为了解救被绑架的人质，对抓住的绑匪进行刑讯逼供；由于在逃同伙威胁要杀死几个人质，法官释放了犯有多重重案的被告），是否可以适用紧急避险，是一个很有争议的问题。现在的通说认为，对这个问题应予否定的回答。这无疑是一个正确的答案。因为，国家权力机关的活动必须服从法律，必须按法律的规定办事，必须以发挥法律的保障功能为目的。如果对这种活动也可以适用紧急避险的规定，法治国家的根基就会动摇，宪法规定的社会生活的基础也将荡然无存。

"因他人的胁迫"而实施的避险行为，由刑法典第 54 条第 3 款调整。这种情况显然不是正当化原因,因为这种避险行为不具有客观的合法性。法律规定,胁迫者必须为这种行为承担刑事责任。受胁迫的人不受处罚,则是因为其主观上没有罪过。

7. 正当化原因的过当

刑法典第 55 条规定,实施"刑法典第 51、52、53 或 54 条规定的行为,过失地超出了法律或权力机关命令规定的限制或必要的范围","如果该行为被法律规定为过失重罪,适用有关过失重罪的规定"[1]。

> [1] 2001 年草案第 39 条规定,"过失地超出了实际存在的正当化原因限度的人,在该行为被法律规定为过失犯罪的情况下,承担过失犯罪的责任"。

"正当化原因的过当"(l'eccesso nelle cause di giusitificazione),可以分为两种情况。第一,"过当"可能因行为人主观上的估计错误而产生,即在具备正当化原因的全部前提情况下,主体自认为是必要的行动,实际上超出正当化原因的限度(例如,在只需要将凯奥打昏就能阻止侵害的情况下,提佐认为只有杀死凯奥,才能拯救自己的生命)。这种情况与刑法典第 59 条第 4 款规定的情况不同(参见第七章第七节 3),因为后者是指行为人在不具备正当化原因的前提情况下,误认为自己的行为不具有违法性。正当化原因过当的第二种情况,是主体在明知自己的行为超过了正当行为必要限度的情况下,由于缺乏能力、激动或伴随行为的其他原因,未能将行为控制在合法的限度内(如上例中的提佐知道击晕凯奥就足以制止侵害,但在敲击后者头部时,却因用力过猛而导致了凯奥的死亡)。人们称上述正当化原因的第一种过当为"目的过当"(eccesso nel fine),第二种过当为"手段过当"(eccesso nei mezzi)。

就定义上而言,正当化原因一旦过当,就不再成其为正当化原因,过当行为在客观上也不再是合法行为。但是,如果要主体对正当化原因的过当行为承担刑事责任,还必须具备两个条件:(1)行为人主观上存在对过当行为的过失;(2)主体行为所触犯的重罪法条有处罚过失的规定。[2] 相对"过当的正当化原因行为",原则上应该存在主体主观上没有罪过的情况（如某人开枪时，瞄准的本是侵害者的非致命部位，但由于侵害者突然移动，结果一枪将其打死）。对于这种情况，行为人就不应该受处罚。某些外国（如德国）的刑法制度，将这种正当化原因的过当分为"无力反应"（reazione astenica）和"激情冲动"（emozione stenica）两种类型：前者指因害怕、恐惧、忧虑等原因引起的过当，后者则是指由于愤怒、激愤、烦躁等因素造成的过当。对于前者，应按无主观罪过不构成犯罪处理，对后者则只是免除刑罚。类似的区分在我们的刑法制度中意义不大，但是，主体行为时的情绪也是认定主观罪过时必须考虑因素之一，却是不容忽视的事实。

[2] 这实际上包括两个条件，即（1）过当行为构成重罪；（2）过当行为触犯的法条有处罚过失的规定。

第 7 章　罪过[1]

第一节　概述

1. 罪过原则

从某种意义上说，整个刑法的发展史实际上就是一部将定罪的标准逐渐从违法行为移向行为者的历史。人类社会初期，人们以"神灵裁判"（criterio magico）为认定犯罪的标准，因为当时的人认为，犯罪人为自己身上的"邪恶力量"所控制，是危害发生的原因。在这之后，认定犯罪采用的是"自然"（criterio naturalistico）标准，即纯粹以行为在客观上造成的危害作为惩罚行为人的根据（按此标准，行为人也可能为自己所属血族其他人的行为负责）。自然标准后来进化为"心理标准"（criterio psicologico），在认定犯罪时，这种标准不但要求客观上的行为，而且还要求可以将行为归咎于行为人的心理因素（即行为人对危害结果持追求，或对其发生有过失的心理态度）。在心理标准基础上发展起来的"个人标准"（criterio personalistico[2]）认为，确定违法行为的

第7章 罪过

责任,只能以行为人的能力为限,并只有在分析决定行为的各种因素(包括决定行为人动机的因素)基础上,才能得出应否将违法行为归责于行为人的结论。

　　[1] 2001年刑法典草案第二章(犯罪)第四节专门规定了"罪过"(colpevolezza)。主要内容包括第25条"罪过责任",第26条"对法律的不知与错误",第27条"故意",第28条"过失",第29条"关于事实与正当化原因的错误",第30条"加重情节的主观归罪",第31条"加重结果的重罪",第32条"侵害与原指向不同的人的犯罪,关于被侵害人的错误",第33条"客观的可罚性条件"。

　　[2] 按意大利刑法学界的通说理解,也可译为"个人标准"。

因此,"罪过原则"(il principio di colpevolezza)(*nullum crimmen, nulla poena sine culpa*[3])意味着:如果要行为人对某一事实负责,该事实就必须在任何意义上都应理解为行为人的"行为"。宪法第27条第1款规定"刑事责任是个人责任"[4],将罪过原则提高到宪法原则的高度。[5]对宪法这一规定的理解,长期以来人们的认识并不一致:它究竟只是强调不应对他人的行为负责(即只要在行为人与行为间只具有自然意义上的联系,就可以认为行为是行为人"自己"的行为),还是为了说明确定行为人的刑事责任不仅需要行为人"自己的"行为,而且还需要"罪过"? 如果是前者,就显得有些荒唐,因为宪法在这里只是重申了一个并不是现代才有的刑法原则,并且如果真的需要规定这么一个原则的话,它完全可以采用更清楚的表述方式(例如,"任何人不得因他人的行为而受惩罚")。如果我们把个人责任的前提理解为,行为人不是"盲目"的原因,而是一个有能力根据自己的价值标准来选择自己行为的指向,理性地控制自己行为的人,认为上述宪法规定是用宪法的方式来强调"罪过原则"的观点,应该更符合情理。在关于刑法典第5条的一个重要决定中(1988年364号),宪法法院明确地支持了上述理解。

　　[3] 拉丁语,直译为"没有罪过就没有任何犯罪、没有任何刑罚"。

[4] 意大利宪法第 27 条第 1 款 "La responsabilita penale e personale"（刑事责任是个人责任）中的"personale"一词，在意大利语中有"个人的"、"人格的"、"人身的"等多种含义。

[5] 2001 年刑法典草案 25 条（"罪过责任"）规定，"行为人对实施犯罪的罪过是刑事责任不可缺少的前提"。

然而，为什么说罪过原则是合理的呢？为什么刑罚的适用只能以可归责于个人的标准为基础呢？"报应"（retributivi）的观念认为，刑罚是行为人所带来的"恶"的"报酬"（compensare），或者说是行为人为犯罪所支付的"代价"（moneta[6]）（参见第九章第一节 1）。按此观点，强调罪过原则是为了从实践的角度说明刑罚的根据。或者说，这一原则意味着，只有在行为人确实应为其行为而受谴责的情况下，即行为人在能控制自己不犯罪的情况下选择了犯罪，刑罚才可能作为犯罪的"恶"的反应而存在。违法行为，是行为人选择的结果，是对行为人处以（或者说他需要）刑罚的原因。如果行为人没有辨认能力与控制能力，或者主观上没有故意或过失，或者客观上存在免罪的理由，就没有理由对行为人进行谴责，也就没有刑罚存在的根据。

[6] 直译为"金钱"、"货币"。

现在，"报应"的观点已在很大程度上被预防性的理论取而代之。按照"预防论"的观点，立法者规定刑罚目的，是为了发挥刑罚的"一般预防作用"（la prevenzion egenerale）（一方面是劝阻人们不要实施刑法所禁止的行为，同时又是为了告诉人们被刑法所禁止的行为是无价值的行为，它们的无价值正是它们被禁止的原因）；法官适用刑罚的意义，则是在于发挥刑罚的"特殊预防作用"（la prevenzione speciale）（适用刑罚一方面是可以对犯罪人进行再社会化，同时也能起到将危险的犯罪人与社会相隔离的作用）。但是，用刑罚的一般预防与特殊预防功能似乎很难解释罪过原则的基础：为了劝阻人们不实施犯罪，刑罚的一般预防作用要求对最轻微的犯罪也适用严峻的刑罚；如果犯罪人再次实施犯罪的可能性很大的话，特殊预防也可能会有同样的要求（例如，为了一个因吸毒成瘾而犯侵犯财产罪的人就只有施以重刑，才可能防止其不再实施类似犯罪)。此外,谁也不能说处罚主观上无罪过的行为就不能满足一般预防的需要,而特殊预防本身更是包含将预防的范围扩大到有罪的行为之外的要求。如果不强调主观罪过,刑法制度就将盲目而严厉,人们的自由也因此将被限制到最小的程度。

因此,强调罪过原则,实际上反映了一种要求对刑罚的(一般和特殊)预防作用进行限制的需要。它代表的是一种与刑罚的预防功能相反,但在现代的自由民主制度中却居于不可侵犯地位的基本价值:对人的尊重。除了人们自身的要求外,不得为了某种目的而将人工具化,即不得将人用来作为实现超越他自身要求或强加于他的某种"目标"的工具,是尊重人的最基本要求。如果刑罚不以罪过作为适用的限度,仅以对社会成员的威慑、对犯罪人的隔离或最适当的再社会化为追求的目标,无疑就是将刑罚变成了一种实现某种预防性刑事政策的随机性的工具。这样就无法为刑罚的适用制定一个客观的标准,因为预防的要求永远都无法满足(如为了有效地消除一个只犯了轻罪,但可能再犯罪的人的人身危险性,有时可能不得不对其适用刑期极长的监禁性刑罚)。

相反,只有坚持罪过原则,刑法制度才能够从正面发挥刑罚预防功能的"积极"作用。就刑罚的一般预防作用而言,在立法中规定刑罚只能以罪过为基础,只能以罪过的范围为限度,实际上是意味着立法者将社会成员视为能够在认识自己行为性质的基础上自行决定自己行为后果的人,是立法者相信公民能以维护法律规范的价值作为自己行为基础的表现;如果每人都知道这样一个与其个人直接相关的标准,社会生活就将因此而变得更为安定。在刑罚的特殊预防功能方面,坚持罪过原则有助于正确地规划与实现对犯罪人的再社会化:如果犯罪人认为其所受刑罚不是"罪有应得",或者认为该刑罚是"不公平"的,要他对这种严峻得无法理喻(正如刚才所讲过的那样,潜在的预防需要是没有客观标准的)的法律制度不产生更大的对立情绪,就只能是一种幻想。

2. 罪过的心理概念与规范概念

启蒙时代的改革家首先提出的有关罪过的概念,在现代刑法学中形成了两种基本的学说：一是产生于启蒙时代的心理说，一是在德国著名法学家R. 弗兰克著名论文的推动下形成于本世纪初的规范说。时至今日，心理说在理论界尚有少数的支持者，但其在刑法学中的统治地位已逐渐被规范概念所取代。

罪过概念的"心理说"（la concezione psicologica）认为，罪过是行为与行为者之间的心理联系，其表现形式是行为人主观上的故意或过失。按此观点，所谓"有罪"（colpevole[1]），是指行为人对构成犯罪的事实持希望发生的态度，或者尽管该事实不是行为人所希望发生的，但只要遵循了有关的要求，行为人就完全可以预见它的发生。从根本上说，罪过的心理概念认为，罪过是将某事实视为主体行为的客观标准，因为尽管罪过是行为人的心理因素，但却是实际上可证明的东西。在启蒙时代的刑法学家看来，某种危害社会的事实之所以被法律规定为犯罪，根本原因在于该事实侵害了行为前存在的"自然"权利，因此，与罪过相比，危害事实具有更重要的意义。尽管罪过是刑事责任的必要条件，但它的作用仅限于证明危害事实与行为人之间存在有意义的心理联系，除此之外，就无任何意义。特别不能用罪过来影响刑罚的轻重，因为危害事实与行为人之间的心理联系作为一种客观事实，不论是故意或是过失，要么存在，要么不存在，不应该有"程度"上的区别。只有行为的客观方面，即行为对自然权利的损害，才是决定刑罚轻重的因素。

[1] 无论是德语中的"schuld"，还是意大利语中的"colpev-olezza"，都是源于拉丁语"*culps*"。它们最初的含义都是诉讼法意义上的表示被告人"有罪的"一种状态。

启蒙时代的刑法学家提出这个概念，有两个主要的目的：（1）严格防止法官"侵入"人的思想领域，避免在当时的宗教裁判所中所盛行的调查人的思想，并以人的思想来作为惩罚及其轻重根据的司法专横（*cogitationis poenam nemo patitur*[2]）；（2）严格区分应受道德谴责的行为与应受法律处罚的行为之间的界限，前者谴责的根据是主体的心理态度与行为动机，而后者处罚的基础只能是行为人"外化"（eteriorizzata）的意志所形成的危害事实［即"刑法非宗教化原则"（il principio di 'laicita'del diritto penale)〕。当时的人举例说，不论迫于贫穷，还是出自贪婪，盗窃就是盗窃：对行为动机感兴趣的只能是道德家，而不是法官。这种概念以启蒙时代对"平等的空想"（utopia equalitaria)[3]作为自己立论的基础，由于所有的人实质上都是平等的，因而应该有同样的动机来遵守社会契约，探讨行为人犯罪的具体原因因此而毫无意义。

〔2〕拉丁语，意为"不能对思想处以刑罚"，是中世纪末意大利的刑事注释学派提出的确定刑事责任的基本原则之一，在文中与刑法非宗教化原则相应。

〔3〕"平等的空想"原文为"utopia egualitaria"，直译应为"（把所有的人都视为）是同样的（人的）空想"。

然而，事实上人与人之间并不平等，就这一方面来说，启蒙思想家所企图建立的新社会，依然只是留在纸上的构想。但是，以此为基础的刑法制度却显然仍在继续。认识到这一点后，19 世纪的刑法理论认为，有必要根据行为动机的形成过程，将罪过分为不同的等级，这样，就可以对受不同动机驱使的犯罪区别对待，如对为求生被迫盗窃的处罚能够有别于因贪婪动机而实施的行为。为了达到这个效果，人们假设动机能对故意行为的"主动性"（spontaneita'）发挥影响：对实施偷窃的行为人来说，求生的需要有某种"强制性"（cogente），而贪婪的动机则不具备这种性质。不过，用这种方法来解决罪过的程度问题，在逻辑上显然是说不通的。因为，对行为人实施犯罪的"强制性"而言，出于生活需要的动机就并不一定强于贪婪的动机（因为，前者往往也可能伴随有拖延、犹豫和怀疑等情况）。这二者的差别实际上只能是一种社会伦理评价上的差别，而在强调罪过的自然基础的心理概念中，没有这种社会伦理评价的位置。

除此以外，由于故意是由真实的心理因素（即行为人的意识和意志）所组成，在过失中人们能找到的则只是一些带可能性的因素（即行为的可预见性），运用心理的罪过概念很难给罪过下一个统一的定义。因为一个统一的罪过定义，必须包含故意与过失共有的构成因素，但由于这两种罪过形式有上述差别，它们之间根本就没有共有的构成因素可言。以这个意义上说，心理的罪过概念并不是一种有关罪过本质的学说，而是一种有关罪过"表现形式"的理论。在这种理论中，罪过与故意和过失之间并不是一般与特殊的关系，而是集合概念与其组成部分的关系，因为故意和过失它们本身都是"一种罪过"（就像重罪与轻罪都是"犯罪的表现形式"，但犯罪并不是重罪与轻罪这两个概念的类概念一样）。

为了从理论与实践的角度解决"心理概念"的上述缺陷，人们提出了罪过概念的"规范说"（la concezione normativa）。这种超越心理说的理论认为，罪过的实质在于行为人意志与刑法禁令或命令间的对立，在于行为人没有根据刑法规范的要求运用自己的意志。就故意而言，罪过表现为行为人希望实现他本不应追求的东西；在过失中，罪过则表现为行为人没有预见到他本应预见到的事实。如果说这种理论基础是"义务"（dovere）的话，那么，它的核心就是对犯罪人"个人可非难性的规范性评价"（giudizio normative di rimprovarabilita`personale）。这种规范性评价的对象包含三方面的内容：行为人的辨认能力与控制能力、行为人与违法事实间的心理联系、影响动机形成过程的"伴随性情节"（le circostanze concomitanti）。其中最后一个因素的引进，是新理论的"革命性"（rivoluzionaria）的表现。"伴随性情节"（如家庭、社会、经济条件、受教育的水平等）通过对行为人动机形成过程的影响（例如，决定行为人犯罪是迫于生活的压力、缺乏教养，或是对社会的适应力太低），决定行为人的行为符合刑法规范要求的"（期待）可能性"大小。"期待可能性"（esigibilita`）[4]这个概念，指刑法规范对每一个主体可要求的程度：一个生长在社会下层、家庭环境恶劣、从小就偷窃的人，就不能"期待"他能像一个完全接受了社会主导价值观的人那样遵守法律的禁令。因此，行为期待可能性的大小是按社会伦理标准来进行评价的，这实际上是要求刑法规范必须是"有感情的"。

[4] 原文"esigibilita`"，直译为"可要求性"。

这种规范的概念实际从两个不同的方面"扩展"了罪过的内容：一是表现在评价标准方面（"期待可能性"实际上是一个非法律的标准），

一是表现在评价对象上(增加了"伴随性情节")。这两方面的扩充都是对刑法自身基础的一种致命威胁:

(1)用以社会伦理为基础的期待可能性来衡量罪过的大小,很可能有失控的危险。因为,既然可以用社会伦理为标准来决定行为人应受谴责的程度(并由此决定刑罚的轻重),那为什么就不能用这种标准来决定应受谴责性本身的有无(并由此排除刑罚)呢?按这种理论的逻辑,完全可能发生这种情况:用一些非正常的,特别具有社会伦理意义的伴随情节,来完全排除某个主体具体违法行为的"期待可能性"。事实上,魏玛时代的某些德国刑法学家就持这种观点,他们认为"期待可能性"就是一种可以排除罪过的非法律性因素。实际上,这种做法是把社会伦理规范置于刑法之上,让前者成为判断刑事责任是否成立的终极标准。这样做的结果,不仅(社会伦理规范的伸缩性和相对性)会给刑法的稳定性带来灭顶之灾,刑法的一般预防功能也会毁于一旦(因为每个人都会认为法律同意他们按自己所属集团的伦理观,而不是按法律的规定行动)。当然,这种理论很快就寿终正寝了。

(2)把评价罪过的对象扩大到"伴随性情节",同样有一个可能失控的问题。哪些属于"伴随性情节"呢?所有影响主体人生的情况都可能是这种情节。纳粹时代的刑法理论将一种极端扩张的"伴随性情节"概念与"主观的犯罪概念"(即将犯罪的本质归结为违反忠诚当局的义务的犯罪观)相结合,提出了"行为人罪过"(*colpevolezza d'autore*)或"因生活方式而生(*per la condotta di vita*)的罪过"的观点。于是,形成犯罪人之犯罪人格的生活方式,就成了作为被谴责对象的罪过的内容,而真正应被谴责和惩罚的对象——违法的典型事实,则被贬到了纯粹是犯罪者人格象征的地位。现代刑法的基础再一次从根本上面临威胁。

3. 规范说的新发展及对罪过的分析

最近的刑法理论(特别是德国的刑法理论),尽管总的来说仍未脱规范论的窠臼,但已对这种理论进行了根本性的修正。在这里详述这一修正的整个发展变化过程，显然不可能，因此我们仅限于描述一下这个进程中几个最主要的方面。首先值得一提的变化是，在这种理论中，罪过评价的对象不再只是简单的违法的典型事实，而是（具有违法性的）故意或过失行为。这样，故意与过失不再是"谴责"（rimprovo）[1]的标准，而同与它有内在必然联系的违法事实一样属于谴责评价的对象，就如违法的事实显然不是罪过的标准一样，故意和过失本身也被逐出了罪过的范畴。按这种处理，作为犯罪成立条件之一的罪过，其内容就只剩下了一些用来评价主体是否应因故意或过失的违法事实而受责难的因素。

　　[1] 这里的谴责"rimprovero"，大致相当于日本刑法中的"非难"。

　　但是，它究竟应包含哪些因素呢？在这里，需要根据这些因素在罪过中的作用，或它们要解决的问题将它们分为不同的种类：作为刑事责任根据的因素、排除刑事责任的因素与决定刑事责任轻重的因素。

　　"罪过"中作为刑事责任根据的因素，包括行为人的辨认能力与控制能力以及行为人认识刑法禁止性命令的可能性，这些因素都具有必须根据"某些主观化的参考标准"（criteri di riferimenti soggetivizati）才能确定的性质。法律规定的各种"可宽恕的理由"（scusanti）（如刑法典第53条规定的合法使用武器），是（作为"罪过"评价研究对象的）排除刑事责任的因素，这些因素本身都带有客观的性质（例如，要说明某事实是否属于刑法典第54条第3款[2]规定的情况，不必证明被胁迫的人心理所受的强制已达到足以迫使他实施犯罪的程度，只需证明主体的行为是在符合刑法规定的胁迫下实施的就行了）。与前两种因素相比，罪过内容中影响刑事责任轻重的因素（如刑法典第133条第2款第3项规定的各种犯罪动机），一方面包括一些作用不同的评价对象（如行为动机，个人条件等因素与刑事责任的根据或排除刑事责任等问题并无直接联系），另一方面又意味着对它们的评价只能严格以犯罪人人格为基础。上面三种情况，只是对罪过内容的大致分类。至于其中每一类究竟包含哪些具体内容，理论界有巨大的分歧。例如，有人认为"认识刑法禁止性命令的可能性"不是刑事责任的根据，应该属于"可宽恕的理由"(如果从反面将其表述为"了解刑法禁令的不可能性"的话);对"可宽恕的理由"是否应该采用客观的评价标准,在理解上也有不同的看法。

[2] 该款规定,紧急避险的规定"适用于因他人的胁迫而形成的危险,但是,在那种情况下,被胁迫的人所实施的行为由迫使他实施该行为的人承担责任"。

在意大利,尽管多数人都支持规范的心理概念,但刑法学界仍然认为罪过应该是一个统一的概念,不赞成上面那种按罪过因素的作用进行分类的做法。总的来说,(特别是就教学而言),意大利刑法学界的这种观点还是很有道理的:如果说罪过中除了确定或排除刑事责任根据的因素外,确实还存在更广泛的影响刑罚轻重的因素的话,那么,作为确定或排除刑事责任的根据的罪过因素本身,同样可能具有影响刑罚轻重的作用(如辨认能力与控制能力就有程度上的差别;他人的胁迫即使未到完全排除刑事责任的程度,但这种胁迫的存在总是一个不能忽视的从轻情节,等等)。不过,由于排除刑事责任的因素的性质与其他两种因素不同(这种因素不仅排除行为人的刑事责任,而且还排除行为人受保安处分的可能性,与作为刑事责任根据和决定刑事责任轻重的根据,因而只能影响刑罚有无或轻重的罪过相比,这一因素具有更为广泛的作用),有必要对其进行单独考察。鉴于前面讲过的理由,意大利刑法学界继续将行为与行为人间的心理联系视为罪过的内容之一,也有重新考虑的必要。不过,本章倾向于采用传统的观点。

第二节 刑事责任能力[1]

1. 刑事责任能力的概念及在犯罪构成中的地位

刑法典第 85 条第 1 款规定,"如果行为时没有刑事责任能力[2],任何人不得因实施被法律规定为犯罪的事实而受处罚";该条第 2 款紧接着规定,"有认识能力与控制能力[3]的人有刑事责任能力"。这里的"认识能力"是指了解自己行为意义的能力,即了解自己行为对自己与他人关系的价值的能力;而所谓的"控制能力",则是指根据行为的意义有目的地引导行为的能力。刑事责任能力的有无,与哲学中的自由意志毫无关系〔但后者在"道义的罪过概念"(il concetto di colpevolezza morale)中扮演着极其重要的角色〕。不能对无刑事责任能力的人适用刑罚,其根据并不是由于行为人无自由意志,而是因为从社会心理学的角度看,只有心理精神正常的主体才可能遵守社会的规范。

[1] 本节标题原文"l'imputabilita`",直译应为"可归罪性"或"可归责性",即可把客观上的事实视为行为人的行为,并据此认定行为人(主观上)有罪的条件(可能性)。除有特殊说明外,本书中的"刑事责任能力"均指"imputabilita"。

[2] "没有刑事责任能力"原文是"non era imputabile",直译为"不是可归罪(归责)的",大致相当于中国刑法中的"不负刑事责任"。考虑到意大利刑法典中所有这一表述,都是用来说明主体的刑事责任能力的,故本章将这一表述均译为"没有刑事责任能力"。

[3] "认识能力与控制能力"原文为"la capacita`di intendere e di volere",其中的"intendere"和"volere"均是多义词。前者有"了解、听、注意、企图"等义,而后者则有"想要、喜欢、希望、选择、决定"等义。对这两个词的确切含义,意大利刑法学界有不同的看法。

根据一部分理论界的看法,刑事责任能力的问题与罪过无关,而应属于犯罪人的范畴〔事实上,刑事责任能力的概念的确也是规定在刑法典中的"犯罪人"(il reo)[4]这一章名下〕;或者更确切地说,刑事责任能力是适用刑罚的个人条件(就像只有具有危险性才可能适用保安处分一样,参见第九章第二节3)。按照这种理解,刑事责任能力是犯罪存在的前提[5],而不是构成犯罪的条件。采用这种观点,意味着只能在严格的心理概念的意义上理解罪过的内容(参见本章第一节2),因为只

第 7 章　罪过

有将罪过视为纯粹的心理联系，才可能认为即使没有刑事责任能力的人，主观上也可能有罪过。这种观点认为，在适用保安处分时也必须区分重罪的故意与过失（例如刑法典第 19 条第 1 款和第 221 条第 1 款的规定[6]），就是必须将罪过与刑事责任能力分离的法律依据[7]。

[4] 意大利刑法典第一编第四章的章名为"犯罪人与受侵害人"。

[5] 注意：这里的"犯罪"是指客观上符合犯罪构成的违法行为。

[6] 意大利刑法典第 219 条第 1 款规定，"犯非过失重罪的被判刑人因精神不健全，或者慢性酒精或麻醉品中毒，或者聋哑等原因而被减刑的，如果原法定刑为不低于 5 年的有期徒刑，应由治疗监护所收容 1 年以上"；第 221 条第 1 款规定，对因精神不健全，或者慢性酒精或麻醉品中毒，或者聋哑等原因而被免罪的被告人，应由司法精神病院强制收容 2 年以上，但轻罪、过失重罪或法定刑为罚金及 2 年以下有期徒刑的除外。

[7] 在意大利刑法中，保安处分可适用于没有刑事责任能力的人。

就保安处分也须区分故意与过失而言，上述理解无疑是正确的；但如果将其推而广之，认为罪过可以离开刑事责任能力而存在，就显得根据不足了。没有刑事责任能力的人的确也可能故意或过失地实施违法事实，但在认定刑事责任问题上，这种故意与过失的意义与有刑事责任能力的人的故意与过失有根本的区别。一个有被人追杀幻觉的妄想狂患者的杀人故意，显然不能与具有完全刑事责任能力的正常人的杀人故意相提并论。由于不能正确地理解自己行为的意义，无刑事责任能力的人的故意只能是一种"被扭曲"的因素。人们可以用这种故意来说明行为人具有（较大）的危险性，但在罪过原则意义上，这种故意不是将行为归咎于行为人的根据（参见本章第一节 1）。事实上，离开刑事责任能力，就无罪过可言。

根据刑法典第 85 条的规定，行为人的"认识能力和控制能力"是行为人"刑事责任能力"的基础,在这二者之间存在一种明显的一对一的对应关系。但是,刑法典对这个问题的规定远不是这样简单。除第85条的一般性规定外,刑法典中还有一系列关于这个问题的特殊规定。总的来看,这些规定可以分为两种情况:

(1) 在涉及刑事责任能力或行为人的认识能力和控制能力的具体问题上,有些条文重申了刑法典第85条的一般性规定。属于这种情况的如刑法典第88条(完全无刑事责任能力的精神病人);第95条(病理性酒精中毒或麻醉品中毒者);第96条(聋哑人);第98条(14岁以上18岁以下年龄阶段的未成年人)。

(2) 作为一般规则的例外,法律规定在某些具体情况下,即使行为人在行为时没有(或只有部分)辨认和控制能力,但仍属于在法律上具有完全刑事责任能力的人。属于这种情况的如:刑法典第90条(激情和冲动状态"不排除也不降低刑事责任能力");刑法典第92条(自愿、过失或预谋性醉酒);第93条(在麻醉品药效下的行为),以及刑法典第87条(有意使自己处于无能力状态)。

面对这样一些法律规定,人们不能不提出这样一个问题:如果上述有关排除行为人认识能力和控制能力的法律规定能按合理的逻辑顺序来排列,而且这种排列能使人清楚知道刑事责任能力在哪些情况下存在,在哪些情况下应排除的话,那刑法典第85条规定的一般规则是否还有独立的适用空间呢?[8]?如果换一种提法,这个问题实质上是在问:有关排除刑事责任能力的情况是都应该由法律来明确规定,还是可以将刑法典第85条的规定直接适用于各种不同的具体情况呢?如果不想将刑法典第85条的规定当作纯粹的摆设,就必须承认它有自己独立的适用范围,即该条应适用于那些刑法典第86等条没有明确规定的、很少发生(甚至个别例外)的情况。例如,一个人来自与我们完全不同的文明(譬如所谓的"野人"),在还未适当地接受我们的文化以前,就可以适用刑法典第85条来作为判断其有无刑事责任能力的标准。但是,有一点很清楚,对上面的(2)中所说的那些法律有明确规定的例外情况,绝对不能适用刑法典第85条的规定。例如,以人格发展不正常而形成的人格障碍（所谓的"变态人格"），如果不属于精神病范畴，就不能作为排除刑事责任能力的原因，因为根据刑法典第 88 条的规定，只有精神病才能作为排除刑事责任能力的心理原因（参见本节 5）。对该条规定的反面解释，不允许对这种情况适用刑法典第 85 条第 1 款规定。

　　[8] 事实上 2001 年刑法典草案中已经专条（款）规定刑事责任能力是可罚性的必要条件。

　　关于排除或降低行为人认识能力和控制能力的因素与刑事责任能力的关系，应联系前者的具体性质来进行分析。这些因素可能是由于主体自身或第三者的行为而造成的（如刑法典的 86 条和第 87 条规定的情况），有可能是一些外在因素对人的干预而形成的（如年龄）。根据这些因素的内在特性，可以将它们分为（1）生理性因素（如年龄、激情和冲动）；（2）精神性因素（如精神病、聋哑、病理性酒精中毒或麻醉品中毒）；（3）（因酒精或麻醉品所引起的）中毒性痛苦和习惯。我们将在后面（参见本节 7）谈到，对因酒精或麻醉品中毒所造成的痛苦或习惯，必须分析行为人主观上对中毒状态的形成是否有故意或过失，中毒状态形成的主观原因不同，行为的法律后果也会有根本的区别。

2. 故意造成他人的无能力状态和有预谋地使自己陷入无能力状态

　　刑法典第 86 条规定："如果某人出于利用他人实施犯罪的目的，使他人陷入无认识能力和控制能力的状态，被陷入无能力状态的人所实施的犯罪行为，由使其陷入无能力状态的人负责。"从实践角度讲，这条规定并无多大价值。但是，如果考虑到该条规定的无能力状态，不同于刑法典第 88 条规定的排除行为人刑事责任能力的情况[1]（如因服用某种药片而引起的精神病状态），该规定在刑法体系中仍有存在的必要。对利用刑法典第 88 条规定的无刑事责任能力的人犯罪的人，应该按刑法典第 111 条的规定承担加重的刑事责任（参见第八章第四节 1）；对被利用来犯罪的人也因无能力（包括他的无能力状态是由他人造成的），而直接根据刑法典第 88 条的规定免除刑事责任。与刑法典第 88 条规定的情况不同，刑法典第 86 条规定的无能力状态，如果不是由第三者造成的，就不能排除行为人的刑事责任能力（例如，如果行为人出于犯罪的目的，使自己处于催眠状态，就应适用刑法典第 87 条[2]，而不应该排除行为人的刑事责任能力）。

[1] 意大利刑法典第 88 条规定，在实施行为时因疾病而处于无认识能力与控制能力状态的人，无刑事责任能力。

[2] 该条规定的内容，请参见正文中隔一段后的正文。

要适用刑法典第 86 条，必须同时符合下列条件：（1）行为人处于完全无能力的状态；（2）造成行为人无能力状态的目的在于实施犯罪；（3）无能力的人实际实施了使其陷入无能力状态的人所希望其实施的犯罪。如果无能力人实际实施的犯罪，不是造成其无能力的人希望其实施的犯罪，无能力的人仍然是无刑事责任能力的人，造成其无能力的人的刑事责任问题按刑法典第 116 条的规定来解决[3]（参见第八章第四节6）。

[3] 意大利刑法典第 116 条规定，在实际实施的犯罪不同于某个共同行为人所希望的犯罪时，如果该犯罪是其作为或不作为的结果时，该共同行为人也应对实际实施的犯罪负责。

如果无能力状态是行为人"出于实施犯罪的目的"自己造成的，则属于刑法典第 87 条调整的范围。对这种情况"不适用刑法典第 85 条前半部分的规定"，即不排除使自己陷入无能力状态的人的刑事责任能力。这个规定的基础即所谓的"原因中的自由行为"（*actio libera in causa*）[4]：在这种情况下，构成犯罪的"*actio*"（行为）本身并不是"*libera*"（自由的）（因为主体在行为时处于无能力状态），但"*in causa*"（在原因中），即作为犯罪行为起因的行为，却是自由的（因为使自己陷入无能力状态是主体出于实施犯罪的目的，在有能力的情况下自由地作出的选择）。按照"原因中的自由行为理论"，犯罪行为实际上是被提前到了使自己陷入无能力状态的行为，而真正构成犯罪的事实只是先前自愿行为的结果。按照通行的说法，通过原因中的行为，主体将自身变成了自己实施犯罪的工具。因此，行为人对自己在无能力状态中实施的行为应承担何种责任,从根本上取决于主体使自己陷入无能力状态时的心理态度:如果实施的犯罪与行为人的预谋相合,行为人就应承担直接故意的责任;如果实际实施的不是主体预谋的犯罪,只要在主体陷入无能力状态前应预见的范围之内,行为人都应承担过失犯罪的责任。例如,提佐为了实施抢劫而使自己陷入无能力状态,但在去抢劫途中,开车撞死了一个行人,就应该承担过失杀人的责任。

[4] 本段及下面一段中"原因中的自由行为"原文均为拉丁语 *"actio libera in causa"*。

"原因中的自由行为",只是指(刑法典第 87 条规定的)为了犯罪而使自己陷入无能力状态的情况,还是对那些主体自愿或过失地使自己陷入无能力状态,但没有任何犯罪目的的情况同样适用呢?这是一个值得讨论的问题。这个问题在如何处理醉酒和麻醉品中毒引起的无能力状态时,具有相当的实践意义,因此,我们将在讨论醉酒和麻醉品中毒的刑事责任能力时,对此进行具体的分析(参见本节 7)。

3. 年龄

人的认识能力和控制能力只能通过生理、心理成熟进程而逐步形成,是一个显而易见的事实。正是由于这个原因,刑法典第 97 条规定:"实施行为时未满 14 岁的人,没有刑事责任能力。"这个严格的限制,是一种绝对的关于无刑事责任能力的推定。这种推定并不符合人格发展形成的渐进性(对特定事实的认识能力和控制能力,绝不是在刚满 14 岁的第二天就一下子形成的),但是,这样的推定却为维护法律的确定性和法律面前人人平等所必需,在刑事责任能力这个特别容易引起争论的问题上,更需如此。

除了未满 14 岁的人绝对无刑事责任能力外,未满 18 岁的人的刑事责任能力问题,也必须根据案件的具体情况,一个一个地查明这些未成年人对自己实施的行为究竟有无认识能力和控制能力后才能确定。[1]不过,即使未成年人不属于无能力的人,也应减轻处罚(刑法典第 98 条第 1 款)。在司法实践中,人们以"成熟"作为衡量未成年人有无认识能力和控制能力的标准。这里的成熟包括生理器官方面的因素（如思维器官的发育）、心理方面的因素（如激情和情绪的成熟）和社会方面的因素（如与社会环境的相容性）。同一个未成年人，完全可能对某些犯罪有认识和控制能力，但对另一些犯罪则缺乏这种能力，因为人不可能一下子就能全部理解所有的社会文化价值（例如，一个未成年人就盗窃行为而言，有认识与控制能力，但对于窃取信件的行为就可能没有这种能力）。

[1] 2001年草案第95条规定："行为时未满14岁，或者已满14岁未满18岁不能理解行为的意义或不能根据对行为的理解而行动的人，不具有刑事责任能力。"

18岁以上的人，法律推定具有刑事责任能力。但是，这种推定只具有相对的性质，因为如果存在法律规定的特殊情况，同样可以排除已满18岁的人的刑事责任能力。

4. 冲动和激情状态[1]

根据刑法典第90条的规定，激情和冲动状态对刑事责任能力并无影响。[2]这里的"冲动"（l'emozione）是指一种心理上突然而短暂的兴奋状态（如愤怒、害怕、害羞、性亢奋等），它能使人产生强烈的高兴、痛苦等感觉；"激情"（la passione）是一种持续时间较长的情绪状态（如妒忌、仇恨、意识形态方面的追求等），它渗透于主体全部的心理活动并决定主体行为的方向。如果行为人的冲动或激情状态有精神病学方面的原因（如丈夫嫉妒忠诚至极的妻子，源于他认为其妻有无数情人的幻觉），就应适用刑法典第88条或第89条。[3]

[1] 该标题原文为"Gli stati emotivi e passionali"，严格按心理学含义应译为"激情与热情状态"，为了更接近日常用语，文中将"stati emotivi"（心理学意义的激情）译为"冲动"，将"stati passionali"（心理学意义的热情或心态）译为"激情"。

[2] 2001年草案第95条规定，如果行为人的无能力状态是由于不遵守实施相应行为应注意的规范引起的，不排除刑事责任

能力。

[3] 在意大利刑法典中上述两条的内容是关于精神病人犯罪应排除（第88条）或减轻（第89条）刑事责任的规定。

1930年刑法典规定冲动和激情状态不排除刑事责任能力，主要因为当时实践中存在一些非常过分的做法。在该刑法典颁布以前，重罪法庭的陪审官们常常以"为激情所控制"为由，开释那些犯下重大血案的人（这里所说的"激情"，当然是指那些能激起审判官同情感的激情）。今天的刑法典第90条，表明了立法者要求人们必须尽最大努力来控制自己情感世界的坚决态度。不过，对那些"被动型"（asteniche）或"压抑型"（depressive）的激情来说，这种"一刀切"的做法似乎也有过于严厉之嫌。与"外向型"（steniche）或"主动型"（reattive）的激情相比，前者是主体因一种被动的状态，为一种使其受刺激的行为所引起（如害怕、恐慌、恐怖），而后者则是驱使主体主动地实施侵犯性行为的动力（如愤怒、性亢奋）。

5. 精神缺陷

刑法典第88条规定，"因疾病而处于无认识能力或者无控制能力的精神状态"的行为人无刑事责任能力。[1]根据司法实践的理解，这里的"精神缺陷"（vizio di mente），是指"医学意义"的精神缺陷（即因疾病而产生的精神病状态），并不一定要求行为人实际患有精神病，因为有些生理疾患确实也可能导致行为人丧失认识能力和控制能力（如某些药物中毒反应、内分泌或循环系统严重失衡）。

[1] 2001年草案第94条规定："行为时因为疾病或严重的人格障碍，或者醉酒、因麻醉品中毒，而处于不能理解行为的意义或者不能根据对行为的理解行动的人，没有刑事责任能力。"

大家公认，"人格异常"（le anomalie della personalita'）不属于刑法典第88条规定的疾病范畴，因为性格和感情方面的问题并不属于真正意义上的精神病（例如，性怪癖、无同情心、"道德狂"等等，都不是一种疾病）。但是，"神经官能症状态"（gli stati nevrotici）是否属于刑法典第88条规定的疾病呢？与精神病不同，神经官能症患者具有分辨外部现实与心理想象的能力，也知道自己所受到的干扰。要回答刚才所提的问题，要看如何对神经官能症定性：如果将其视为一种精神疾患，就应给一个肯定的回答；如果认为这种情况属于非精神病性质的人格异常，答案自然就应该是否定的。鉴于世上并无真正的"精神病"（所谓的"精神病"实际上是对主体已表现出的某些行为受阻扰的症状进行归纳的结果，这种结论往往因医生能力的差异而具有很大的不确定性和可改变性），为了避免陷入逻辑上的同义反复，理论界已开始要求在认定精神缺陷时，除医学标准外，还应该采用心理学标准作为补充；这样，由神经官能症而引起的精神异常，就可以按精神缺陷来处理了。

根据刑法典第88条的规定，能够排除主体刑事责任能力的疾病，必须达到排除行为人的认识能力或者控制能力的程度。注意法律条文中采用的选择连词"或者"，这意味着为了排除主体的刑事责任能力，并不要求所患疾病能同时排除主体的认识能力和控制能力，而只要能排除其中之一，就足以成为排除主体刑事责任的根据。所谓"无认识能力或控制能力"是指主体行为时的"无能力状态"，即使是一种仅存在于行为时的暂时状态也无关紧要。

但是，这种无能力是否应结合实施行为的性质来加以认定，或者说认定无能力时，是否要求主体所患的疾病必须是其实施行为的原因，是一个颇有争议的问题。例如，某人有杀人的幻觉，实施的却是盗窃罪，他是否应承担刑事责任呢？占统治地位的观点对这个问题给了一个否定的回答，因为将主体在无能力状态中的行为划分为决定于疾病的行为和非决定于疾病的行为，本身就是荒唐可笑的。不论从刑法典第88条的规定或是从实践需要的角度看，均是如此，因为刑法典第88条所要求的精神状态是指主体作为整体的人格。应该注意的是，如果疾病是间歇性的（如癫痫），可能存在精神完全正常的时期（即所谓的"清醒的间歇"），在精神完全正常时期中的主体具有刑事责任能力。

根据刑法典第89条的规定，行为人的认识能力和控制能力可能出现"极大程度"的减弱，但未被完全排除的情况。在这种情况下犯罪的行为人仍应负刑事责任，但应减轻处罚（对这种主体仍可适用保安处分，参见第九章第二节）。对于现实中是否存在这种"部分的精神缺陷"，理论界尚无定论。有一部分人认为，就具体行为而言，行为人要么有认识控制能力，要么就完全无这种能力，不可能有一种既有认识又无认识，既能控制又不能控制的中间状态。但是，占主导地位的观点认为：现实的经验证明，有些主体的精神缺陷确未达到完全排除主体自我决定能力的程度。要指出的是，这里的"部分的精神缺陷"是一个量的指标，而不是质的标准。这个概念是指行为人认识控制能力整体上的减弱，不应将其理解为"在某些方面无能力"。所谓"在某些方面无能力"，则是指某些片面的偏执狂（如盗窃癖）。如果行为人在某些方面确实完全无认识或控制能力，则应该视为无刑事责任能力的人。

6. 聋哑

按刑法典第96条的规定，聋哑属于排除或减弱主体的认识或控制能力，并由此排除或降低主体刑事责任能力的原因之一。这种情况包括未接受适当的克服残疾教育的先天性聋哑和幼年发生的聋哑。在接受适当的社会文化教育后才发生的后天性聋哑，一般来说是一种大脑病变（如外伤、肿瘤等）的表现，本身属于刑法典第88条规定的范围。当然，要认定行为的刑事责任能力，还必须分析主体的具体情况。

7. 醉酒和麻醉品中毒[1]

关于刑事责任能力最有争议、歧见最多的问题，是刑法典中关于醉酒和麻醉品中毒的规定。在现行刑法典中，第91条、第92条、第93条，第94条的第1、2款和第95条是关于醉酒的规定，而有关麻醉品中毒的规定则有第93条、第94条第3款和第95条。对于这两种情况，法律的处理可以说是大同小异。

[1] 2001年草案第94条关于这个问题的规定是：（1）"行为时因为……醉酒、因麻醉品中毒，而处于不能理解行为的意义或者不能根据对行为的理解行动的人，没有刑事责任能力"；（2）如果

行为人的无能力状态是由于不遵守实施相应行为应注意的规范引起的，不排除刑事责任能力；(3) 如果行为人使自己陷入无能力状态是由于不遵守实施相应行为应注意的规范所引起，并且是由于无能力状态造成的，不排除刑事责任能力。

从纯自然的意义讲，这两类情况无疑都有排除或减弱行为人的认识、控制能力的效力。但在认定这两类情况中主体的刑事责任能力时，却应该分析它们形成的原因，并必须以主体造成这种情况的行为是否出于自愿、有无过失为根据。

因此，对醉酒和麻醉品中毒应按下列不同情况，分别处理：

(1) 如果行为人无认识或控制能力的状态是由不可预见或不可抗拒的原因引起的，即主体对这种状态的形成没有任何过错，应当排除主体的刑事责任能力；如果行为人的能力因上述原因而"极大地"减弱，则应减轻处罚（刑法典第91条）。例如，某人在酒厂吸入酒气而醉酒，或的确是误将麻醉品当作阿司匹林来服用，就属于这类情况。

(2) 如果中毒状态是行为人有意或过失地造成的，或者说按刑法典第92条第1款的规定，"不是由意外事件或不可抗力造成的"，行为人无能力的状态在刑法上就没有意义，即应将主体视为有刑事责任能力的人。例如，某人在大量饮酒后，杀死了他偶然碰到的情敌；或者吸毒后产生幻觉，开车撞死了行人还不知道，都应该承担相应的刑事责任。

在主体的无能力状态是自己有意识造成的情况中，"有预谋地（pre-ordinata）使自己陷入无能力状态"和"习惯性中毒"（l'intossicazione abituale）属于两种应该加重处罚的情节。其中"有预谋地使自己陷入无能力状态"，是指行为人以实施犯罪或为自己寻找辩护理由为目的而故意使自己陷入中毒状态，属于刑法典第92条第2款调整的范畴；而"习惯性中毒"则分为习惯性醉酒和习惯性吸毒。前者指酗酒成癖、经常陷入醉酒状态的情况（刑法典第92条第2款），后者则是指因吸毒成瘾而形成的无能力的状态（刑法典第94条第3款）。有预谋地使自己陷入无能力状态，是刑法典第87条规定的"原因中的自由行为"（actio libera in causa）的表现形式之一（参见本节2），只有严格符合刑法典规定的条件，才能作为加重刑罚的情节。将习惯性中毒作为加重情节，是因为这种行为具有严重的危害性，或者说是一种由生活方式决定的罪过（参见本章第一节 2），事实上，对这种情况加重刑罚，是对主体恶习的谴责。

（3）如果行为人的无能力状态是由"慢性中毒"造成的，按刑法典第 95 条规定，这种情况属于精神缺陷范畴，应按刑法典第 88 条和第 89 条的规定处理。所谓"慢性中毒"（l'intosicazione cronica），是指中毒极大地影响到主体身心健康，并已不可逆转地造成了严重的器官损害和人格变形的情况。慢性中毒与习惯性中毒区别之处在于：在后一种情况下，主体还有运用意志来控制、放弃自己的恶习，并最终恢复正常生活的能力。当习惯性中毒发展到慢性中毒程度时，主体已完全不可能改变自己的态度了。

在上述情况中，最成问题的是关于自愿或过失陷入中毒状态的规定（即上面所列举的第二种情况）。关于该规定的严厉性，曾被解释为完全是出于一般预防的需要，正如在《给国王的报告》[2]（第 55 号）中所指出的那样，"在醉酒状态中犯罪（今天完全可以加上在麻醉品中毒状态下犯罪），不论原因如何，不幸仍是相当常见且严重的现象。否认醉酒，除意外事件和不可抗力所引起的外，具有排除刑事责任能力的效果，对制止这种形式的犯罪来说，无疑是一种好的刑事政策"。既然这种自愿或过失地使自己陷入中毒状态不排除主体的刑事责任能力，那么对主体在这种状态下实施的行为，应当怎样，并在什么样的范围内确定主体的刑事责任，就成了另一个值得探讨的问题。

[2] 意大利现行刑法典起草时，意大利还是君主立宪制国家。

根据司法实践和一部分理论界的意见，对这种故意使自己陷入无能力状态的人应与有能力的主体同样看待，并根据主体行为时的心理态度决定其应承担的刑事责任。例如，某人在醉酒状态下超速行驶，轧死行人，就应按过失杀人罪处罚；该醉酒人若是在盛怒之下，打死某不识相的人，就应承担故意杀人罪的刑事责任。总之，按上述意见，对有意陷自己于无能力状态的人，也应根据适用于普通正常人的标准来定罪处罚。但问题是，在这种情况下的中毒者事实上不是正常人：由于受无能力状态的影响，他不可能对自己的行为和周围环境作出正确的理解和反应，他行为时扭曲变形的心理状态，已经不可能再按法律为正常人确定的故意或过失标准来衡量。

就这个意义而言，刑法典第 92 条第 1 款的规定，可以说是一个不折不扣的关于刑事责任能力的 *fictio*（虚构）：明明主体没有认识和控制能力，却仍然被视为有刑事责任能力，并且要按"行为时"的心理状态确定主体与行为间的心理联系及刑事责任的类型。无疑，这样的刑法规定，完全符合立法者强调一般预防的立法原意，但是，这种做法实质上是用偷梁换柱的手法将自愿陷入无能力状态的主体的行为纳入客观归罪的范畴。在这里，人们从最初关于主体能力的虚构出发，最终又导致另一个虚构的产生：例如，只要没有人引诱或强迫，醉酒人辱骂警察就必须按侮辱公务员罪处罚，即使其在醉酒状态根本不知道他骂的人是一个警察，对犯罪的成立也无影响。显然，这种做法不仅不是对罪过原则的尊重，而是与这个原则的精神背道而驰。

为了调和刑法典第 92 条第 1 款和宪法第 27 条[3]的矛盾，一部分学者认为应该用"原因中的自由行为"（*actio libera in causa*）来解决这个问题（参见本章第二节 2），即根据主体使自己陷入无能力状态时的心理态度，来确定主体与犯罪行为间的心理联系。例如，宪法法院（1970 年第 33 号判决）在肯定刑法典第 92 条第 1 款并无违宪之嫌时就认为，"中毒者在行为时确实处于无能力状态"，但"使自己陷入该状态时"却是有能力的。按照这种解决办法，主体就应该：(1) 承担间接故意的责任，如果在使自己陷入无能力状态时已经预见到自己可能实施的犯罪，并接受这种风险；(2) 承担过失犯罪的责任，如果他有能力预见到自己可能实施的犯罪。对后面一种情况，显然只有在法律规定过失犯罪也要受处罚的情况下（如过失杀人、伤害），才可能追究行为人的刑事责任；如果法律只处罚故意，即使行为人完全能够预见（如侮辱、毁损财产、暴力抗拒公务员、盗窃），也应该免除行为人的刑事责任。如此解决办法，也不能不让人困惑不解。

［3］按意大利刑法学界的通说，意大利宪法第 27 条有强调罪过原则的精神。

看来，要解决有意使自己陷入无能力状态的人的刑事责任问题，需要重新考虑一个能从根本上解决该问题的整体方案：如果主体在使自己陷入无能力状态时，已经预见自己可能实施的犯罪，并用使自己陷入无能力状态的方式接受了这种可能性，行为人就应该承担故意犯罪的责任；同时，如果认为使自己陷入无能力状态本身就是为法律秩序所不容的冒险行为，就应该将中毒者所能预见的所有其他犯罪都规定为过失犯罪；如果其实施的行为无处罚过失的规定，在量刑时可比照故意犯罪减轻处罚。为起草刑法典而制定的代理立法大纲，实际上就是采用的这种处理方法。

第三节 行为人与违法事实间的心理联系：故意

1. 故意的概念及意义[1]

刑法典第 43 条第 1 款规定："当行为人的作为或不作为所引起的，法律规定作为重罪存在根据的损害或危险结果，是行为人**所预见和希望**的自己作为或不作为的后果时，是故意（doloso）**或有意实施**（secondo l'intenzione）的重罪。"刑法典第 43 条第 2 款对故意轻罪也作了同样的规定。

［1］2001 年草案第 27 条（故意）规定，以积极或消极的有意行为实现了构成犯罪的事实的人：a. 如果希望自己的行为实现这一事实；b. 如果预见到自己的行为肯定会实现这一事实；c. 如果在预见结果发生的现实可能性时，接受自己的行为实现这一事实，承担故意责任。

"故意"（il dolo），是犯罪意志最典型的表现形式，因为它是违法事实与行为人之间最紧密、最直接的心理联系的表现。正因为如此，不论对于重罪或是轻罪来说，故意都是"刑事责任的充分根据"（sufficiente a fondare la responsabilita`）。根据刑法典第 42 条第 2 款的规定，故意是大多数重罪成立的必要条件，因为该款规定"除法律有明文规定的超故意[2]或过失重罪外，任何人不得因非故意实施的，被法律规定为重罪的事实而受处罚"。对于轻罪，刑法典第 42 条第 4 款的规定则要求"行为人对出于自己意识和意志的轻罪负责，故意或过失不论"。即使在刑法规定某种犯罪可以由过失或超故意构成时，故意一般也是该种犯罪的典型形态（例如，刑法典规定的杀人罪就是如此：第 575 条，故意杀人罪；第 589 条，过失杀人罪；第 584 条，超故意杀人罪）。与其他情况相比，故意总是最严重的罪过形式。纯粹就"危险性"（pericolosita`）来说，过失犯罪人可能会比故意犯罪者得到更为否定的评价（一个根本不遵守基本的交通规则的司机可以说是一枚"浮动的水雷"；在受到多年的欺凌后而忍无可忍的情况下，一个温和而有耐心的人杀死了他的迫害者，完全可能不再犯罪）。然而，从罪过的角度看，故意犯罪的人总是比过失犯更应受谴责：因为故意与过失不同，它涉及法律规范的效力问题，故意的存在表明行为人不愿意以法律的规定来指导自己的"个人"行为，从而从根本上威胁到作为整体的法律制度。

[2] 关于"超故意"的内容，请参见本章第五节的说明。

故意的实质由对典型事实的"预见"（la presentazione）与"意志"（la volonta`）构成。事实上，由于没有意志的预见是一种不完全的预见，而离开预见来谈意志，则毫无意义（例如，猎手因误人为兽而引起了他人的死亡，由于行为人的预见中不存在与行为人的意志相应的内容，他的意志与被害人的死亡之间就没有真正意义的心理联系）。因此，在实践中，所谓"故意"就是指行为人的意志。这是从刑法典第 43 条第 1 款的规定中，人们可以明确得到的唯一结论。该规定的其他内容，都可以说既含混不清，又漏洞百出。

故意，作为一种（行为人心理与典型事实之间的）"关系概念"（concetto di relazione），要求有明确的"对象"（oggetto）[3]。根据刑法典第 43 条第 1 款的规定，"行为人的作为或不作为所引起的，刑法规定

第 7 章　罪过

作为重罪存在根据的损害或危险结果",即是这种故意的对象。但是,关于这一规定,却存在两种完全对立的理解(参见第五章第三节);如果将该规定中提到的"损害或危险结果",理解为"刑法规定作为重罪存在根据的损害或危险结果",这种结果似乎应指犯罪的法律结果;但如果把这种结果理解为"行为人的作为或不作为所引起的""损害结果或危险",那又应得出这种结果是与行为有因果关系的自然(客观)结果的结论。

［3］即作为行为人的意识与意志的对象。

不仅如此,刑法典第 43 条第 1 款所引起的困惑还涉及故意的结构,即故意究竟应该以哪些真实的心理因素为自己的内容。由于这个规定只谈到行为人的"意志"或"有预谋的"重罪,就可能使人误认为故意的概念不应包括传统的"间接(indiretto)或可能的(eventuale)故意"(这种故意行为的犯罪结果不是行为人所希望,即不是行为人有意识追求的结果。参见本节 3)。总而言之,刑法典有关故意的定义不但没有明确故意的"形象",反而引起了一连串需要进行全面、系统探讨的复杂问题。

2. 故意的对象

为了确定故意的对象,可以将刑法典第 47 条的规定作为分析开始时的法律依据。该条是关于事实错误的规定,但却能从反面说明主体的心理态度必须包含的内容。刑法典第 47 条第 1 款规定,"关于构成犯罪的事实的错误排除行为人的可罚性"。尽管行为人可能对这种错误承担过失责任,但从这个规定中无疑可推出故意必须以"构成犯罪的事实"为认识对象的结论。

这里说的"构成犯罪的事实"即典型事实,其内容不包括(1)各种犯罪情节(刑法典第 57 条第 1、2 款,参见第八章第二节 3);(2)各种客观可罚性条件(刑法典第 44 条,参见第九章第三节 2)。由于主体在行为时,指导其行为的显然不是抽象意义的犯罪构成要件,而是各种实际的经验要素,因此,故意的具体内容就应该是行为中那些具有犯罪构成要件意义的具体事实。例如，对盗窃罪来说，并不以行为人明知其盗窃的物品到底是属于提佐，还是属于凯奥为故意的内容，只要行为人知道窃取的东西不是自己的，故意就能成立；对杀人行为来说，行为人是否对被害人的性别有确切的理解，同样不能影响故意的成立。这样的例子可以说是举不胜举。具体行为对象的特殊性，只要不涉及犯罪构成要件的改变，就不是故意必须包含的内容。同理，对被侵害人的认识错误，只要不属于极个别的涉及犯罪构成要件的情况（如刑法典第276条[1]等的规定），对故意的成立也无影响。刑法典第60条规定的所谓"对人的认识错误"，只有作为情节影响刑罚轻重的效力（参见第七章第二节3）。例如，提佐误把凯奥当做他的仇人森博而将其杀死，仍然构成故意杀人。因为行为人希望实现的事实和实际发生的事实间的一致性，应该在典型事实意义上进行抽象的比较：杀人罪的内容是"引起一个人的死亡"，森博是"一个人"，凯奥同样也是"一个人"，提佐故意中的经验因素具有符合犯罪构成要件的性质。

[1] 该条处罚的是侵害共和国总统的生命、健康或人身自由的犯罪。

在刚才所讲的意义上，故意的对象应包含行为的前提、行为和行为的客观结果。就纯正的不作为犯而言，故意的对象实际上就是行为人作为义务产生的前提（如对疏于救助罪来说，发现了一个昏迷的人，刑法典第593条第2款[2]）和行为人应该实施而未实施的作为；对不纯正的不作为犯来说（参见第五章第二节7），除了上述条件外，故意的对象还包括行为人所负的非刑法义务和应该防止的结果。

[2] 该款规定，对发现昏迷或看似昏迷的人、受伤的人或者处于其他危险之中的人，不给予急需的救助或不向有关当局报告的人，处3个月以下的有期徒刑或者60万里拉以下的罚金。

故意的对象是否应该包含行为的"危害"（l'offesa），或者说行为人是否必须知道自己所实施行为的无价值，是一个很有争议的问题。如果认为行为的危害是构成要件的必备因素（参见第五章第五节），对上述

第7章 罪过

问题显然应给一个肯定的回答（例如，事先经有关人士同意而伪造他人签名的行为，就不能认为是一个侵犯公共信用的事实）。有一部分学者甚至认为，根据刑法典第43条第1款的规定（参见本节1），不能不得出这一结论。正如前面已分析过的那样，如果将刑法典第43条第1款规定的结果理解为自然意义上的结果，就不可能将该规定适用于所有的故意犯罪：因为除实害犯（或结果犯）以外，形式犯（或纯粹行为犯）也属于故意犯罪的范畴。由于一个应该具有普遍效力的法律定义不可能包含一个不具普遍意义的因素，将刑法典第43条第1款中的"损害或危险结果"理解为任何犯罪都应包括的结果似乎更为适当。这种任何犯罪都必须具备的结果当然只能是犯罪的法律结果，即犯罪对刑法规范保护的利益的危害。同时，由于刑法典第43条第1款的规定将结果定义为"刑法规定作为重罪存在根据的损害或危险结果"，似乎更是支持上述理解：既然并不是所有的犯罪都有自然意义的结果，自然意义的结果当然就不可能成为犯罪"存在的根据"；犯罪的法律结果是行为对社会的危害，是任何犯罪成立的必备条件，因而也是所有犯罪"存在的根据"。

关于刑法典第43条第1款规定的上述理解，人们提出了相反但同样有说服力的意见：(1) 刑法典该款的规定本身是不清楚的，因为，除了将结果定义为犯罪存在的根据外，该款还规定犯罪结果是"作为或不作为"引起的结果，并要求这种结果具有行为人预见或希望的"作为自己作为或不作为的后果"的特征。刑法典的这一规定清楚地表明了，作为故意对象的结果应该是自然意义的结果。(2) 犯罪法律结果不可能，除了预见之外，是行为人所"希望"（volere）的结果，因为行为的无价值（即犯罪的危害）是一种行为人可能认识，但不可能"希望"的规范性评价，这种评价是否存在不可能由行为人的意志来决定。(3) 离开了典型事实，很难证明危害具有独立的意义（参见第五章第五节2）。

事实上，人们强调故意必须以犯罪的危害为对象，目的在于缓和刑法典第5条的不合理性。该条规定，不知法在任何情况下都不可能成为辩护的理由，不允许将行为人对法律保护价值的态度作为评价的对象，

—217

的确有过分严厉之处。例如，一个刚到我国的外国人，与他的直系亲属发生了性行为，即使他原所在国家的法律允许这种行为，也将被认为是犯了（刑法典第564条第1款规定的）乱伦罪。强调罪过必须以行为的危害为认识对象，在这种情况下就能弥补刑法典第5条规定的不足。现在，刑法典第5条已被（宪法法院1988年364号判决）宣布为部分违宪，该判决的内容在实践上结束了是否应将危害作为故意认识对象的讨论。

相反，行为的"客观违法性"应该是故意的认识对象之一，因为它是使典型事实成为犯罪的法定条件。[3]不过，与故意其他的认识对象相比，客观违法性具有不同的特点，这里必须特别加以说明。客观的违法性实际上是一个否定性的概念，它的存在只能用不存在正当化的理由来证明。正因为如此，作为故意的对象，它也不可能以正面的形式出现，而只能表现为决定其性质的反面形式：即不要求主体对行为本身是否客观违法有清楚的认识，只要求主体认识到自己的行为没有合法化的理由就行了。例如，杀人罪的故意，不要求有意引起他人死亡的主体明确认识到自己的行为不是执行命令、不是进行正当防卫，不是紧急避险，等等；只要行为人主观上不认为自己是在防卫正在进行的不法侵害，或避免正在发生的紧急危险，该罪的故意就能成立。

　　[3] 行为的"违法性"或"反社会性"是否是故意的认识对象，在意大利刑法学界是一个有争议的问题。认为"违法性"是故意必须认识的内容，"行为人不知道自己实施的是违反刑法的行为，就无故意可言"，曾是长期在意大利刑法学界占统治地位的观点，至今仍得到不少人的支持。但是，认为危害是犯罪的构成因素之一，坚持没有对行为违法性的认识，也可能存在犯罪故意的观点，在意大利也得到极权威人士的支持。不过，今天多数刑法学者认为，行为人不知道自己的行为违法，一般都不能作为排除犯罪的理由。因此，在一般情况下，行为人对违法性的认识，不是故意成立的必需的内容。但是，(1) 行为人认为自己行为属于刑法中的"正当行为"（如认为自己的行为属于正当防卫等），在一般情况下具有

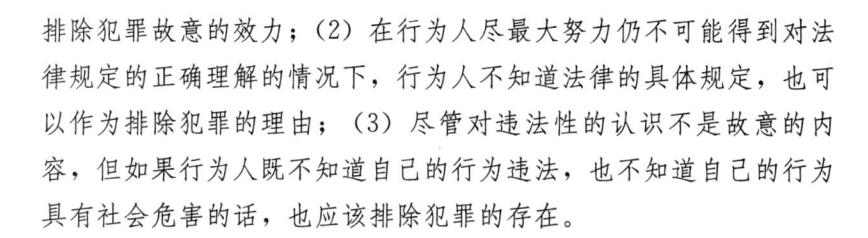

排除犯罪故意的效力；（2）在行为人尽最大努力仍不可能得到对法律规定的正确理解的情况下，行为人不知道法律的具体规定，也可以作为排除犯罪的理由；（3）尽管对违法性的认识不是故意的内容，但如果行为人既不知道自己的行为违法，也不知道自己的行为具有社会危害的话，也应该排除犯罪的存在。

3. 故意的结构

构成故意的因素，从本质上说都是真实的心理因素，即都是主体在实施典型行为时心中确实存在的心理态度。根据刑法典第 43 条第 1 款的规定，故意的内容包括两个方面，或者说两个因素，其中一个是"认识"（intelletivo）因素，另一个是"意志"（volutivo）因素。在正式分析这两个因素之前，有必要首先说明，这两种心理态度的内容不仅可能具有"逻辑推理"（discorsivo）性质，而且往往可能仅仅具有"实际进行"（effettuale）的特征。换言之，它们并不以主体必须运用清晰的语言概念在思考和希望为存在的前提（即主体的心理态度本身并不是以一个个独立的构成要件因素的语言逻辑形式存在，如对施盗窃行为的人来说，并不要求他认识到正在窃取的东西是"动产"[1]），只要主体是在按自己经验的方式行动，故意就可能存在。行为人有没有借助清晰的语言概念进行逻辑推理，并不影响故意的成立。例如，对杀人行为来说，行为人无论"在逻辑上"（discorsivamente）将被害人推论为什么东西，都不会影响故意的成立；一个强奸犯是否知道他强迫对方接受的行为从"语言学角度"（linguisticamente）应称之为"性交"，对故意的成立来说也同样没有意义。

[1] 按意大利刑法典第 624 条第 1 款规定，盗窃罪的东西是"他人的动产"（cosa mobile altrui，直译为"属于他人的可移动的东西"）。

（1）故意中的"认识因素"（il momento intellittivo）。故意中认识因素以构成典型事实的全部因素为对象，即主体心理上对这些构成因素性质的认识。这种认识必须包括：1）那些独立于行为之外，但作为行为前提的条件的认识。[2] 2) 对行为本身的认识,但这里的行为不仅是指刑法典第 42 条第 1 款规定中所说的行为(参见第五章第二节 8),因为该款规定中的行为实际上是指在客观上为构成典型行为所必需的举动,对这种行为的认识并不包括对这些举动实质内容的认识(例如,某人在不知道对方是妓女的情况下,叫对方给了他一大笔钱,无疑属于刑法典第 42 条第 1 款规定的对自己行为的"认识",但这种认识却不是故意,因为行为人实际上并不知道他在实施"剥削"妓女的行为[3])。3) 犯罪行为自然意义上的结果也应该是预见的对象:行为人必须知道这种结果将会作为自己的作为或不作为的后果出现。如果典型事实中包含规范性的因素,行为人必须对这种因素的法律或非法律价值有清楚的认识(即行为人必须对这些因素的性质有正确的评价)。因为按照法律规定,行为人的这种评价是犯罪构成的必要因素之一。不过,行为人对规范性因素的认识,并不一定要与法律规定的标准完全一致。例如,如果要求每个盗窃犯都必须认识到,其所偷物品的"他人性"(altruita`)[4] 在民法规定中的法律技术含义,恐怕就不会有几个窃贼会受到处罚。实际上,认定行为人对规范性因素的认识,采用世俗的标准,即用一般社会文化背景中普通人所持的符合法律规定的看法,就足以作出正确的判断。例如,在刚才所举的例子中,只要盗窃者知道其偷的不是"自己的东西",就足以确认他对盗窃罪的规范性因素有清楚的认识。

[2] 关于行为的前提条件,请参阅第五章第二节 9。

[3] 意大利刑法典原第 534 条处罚向妓女要钱的人(剥削妓女罪),该条及意大利刑法典中其他与妇女卖淫有关的重罪规定,均为 1958 年第 75 号法律取代。

[4] 这里的"他人性",是指被盗物品在法律上属于他人所有的性质。

(2) 故意中的"意志因素"(il momento voluttivo),显然不能作用于犯罪的"前提条件"[5],因为这些因素的存在不是由主体所决定的,但行为的整个过程则都是意志因素的控制内容。就作为而言,故意要求所有具有构成要件意义的举动都必须是出于行为人的意志〔例如,一个

第 7 章 罪过

人说侮辱性粗话的行为，不管行为人知不知道他说的话具有侮辱他人的性质，都具有刑法典第 42 条所要求的"有意性"（volontario）；但从故意的角度看，如果行为人不知道他所说言语的含义，就不能说该行为是行为人所"希望"（voluto）的行为］；就不作为而言，故意的意志因素则表现为主体"希望"（abbia voluto）用其他行为来取代履行义务的行为。

［5］这里指主体的身份，犯罪的时间、地点等存在于犯罪行为施行之前，但又为犯罪成立所必需的条件。

犯罪结果是否是意志因素控制的对象，长期以来都是一个极有争论的问题。有的理论认为，行为人的意志只能作用于自己的举动，只有对自己行为的控制才是故意的意志因素，因为客观的因果链条一经发动（例如，为了淹死自己的对手而将其扔入河内），犯罪结果就只能为行为人所预见，而不可能成为行为人控制的对象［此即所谓的"预见说"（la teoria della rappresentazione）］。实际上，由于故意行为的实质在于行为人有意识地将各种现实因素都变成自己实现"目的"的"手段"，行为决定结果的整个过程都应被视为受行为人意志控制的过程［此即所谓的"希望说"（la teoria della volontà）[6]］。

［6］原文"teoria di volontà"，直译为"意志论"。

如果行为人的意志能够控制结果，就需要确定在多大的程度上可以将行为的结果视为行为人意志的结果。假如结果是行为人实施作为或不作为时，有意识追求的目的（例如，某甲为了杀死某乙而向他开枪），那么行为的"确定性的结果"（evento certo）、"盖然的结果"（evento probabile）甚至只是"可能的结果"（evento possibile），都是可归咎于行为人意志的结果。假如结果并不是行为人所直接追求的目的，那就只有行为人预见到的确定（或很可能要发生的）结果，才是体现行为人意志的结果（如某甲为骗取保险金而放火烧楼时，预见到有一位住在顶楼的残疾人不可能及时地被救出来）。在后一种情况下，主体并不以被害人死亡为行为的直接目的，甚至还可能暗暗地希望出现某种偶然因素，以避免那种不是其"直接追求"的危害结果发生。但是，这些都不能否定危害结果是行为人意志的体现。犯罪意志的存在，并不因行为人为减轻自己的犯罪感而编造的种种道德托词而被排除，也不容与行为人的感情因素相混淆。如果行为人已经预见到自己的行为必然或很可能要发生危害结果，行为人的意志就应对行为客观上所指向的目标负责。在刚才所举的例子里，就不能说放火烧楼的某甲在纵火时，并不希望楼中的残疾人死亡。上面所说的两种情况都属于"直接故意"（il dolo diretto）。它们之所以被称为直接故意，是因为在这两种情况下，受意志支配的行为与结果之间的关系是手段与目的的关系。

然而，完全可能发生这样的情况：主体在追求某一具体目的时，只预见到自己的行为引起另一结果的可能性。例如，某恐怖分子在深夜安放炸弹企图炸毁某纪念性建筑物时，知道该处即使在深夜，仍可能有行人经过，并因爆炸而受伤或死亡（爆炸确实引起了这种结果）。长期以来，刑法理论和司法实践都认为主体对结果的心理态度属于"间接故意"（il dolo indiretto）或"可能故意"（il dolo eventuale）〔（这里的"可能"（eventuale）不是指故意本身实际上存在的，而是指与故意相联系的"可能"（possibile）发生的结果〕。

根据理论界最通行的观点，行为人是否"接受危害结果发生的危险"（accettazione di rischio），是决定（和限制）可能故意成立的根据。如果行为人对可能发生的结果持接受态度，尽管该结果只是其行为目的的"附带"结果，也可以说该结果是行为人所愿意发生的；相反，如果行为人认为结果不可能发生，自信完全能够避免，那么就属于有认识的过失。行为人对危害结果有所预见但不希望（也不接受）其发生，是这种过失的典型特征。例如，一个司机在市区街道上莽撞地开车漫游时，已经预见到不注意就可能会撞上人，但他自信其个人有驾驭风险的能力，肯定可以避免这种（后来实际上发生了的）结果，该司机的心理态度就属于有认识的过失。

那么，应该以什么为标准来确定行为人是接受（或拒绝）危害结果发生的危险呢？为了解决这个问题，有必要指出，就故意而言，行为人所预见到的可能发生的结果是一种具体的结果,即行为人认为该结果(即使发生的可能性不大)就是自己实施的具体行为的结果;而在过失中的结果,是行为人希望不发生的结果,即行为人自信可以排除的结果。这样,有意识的过失的典型特征就是:行为人所预见到的可能发生的结果只是一种抽象的结果,或者说不是与行为人所实施的具体行为相联系的结果,而是与行为人不遵守一般性规则的行为相联系的结果(在上述肇事司机的例子中,行为人之所以有过失,是因为他违反了为防止交通事故而在城区限制高速行车的规定)。从这一角度看,行为人所预见到的结果是否是与行为人的具体行为相联系的具体结果,就应该是判断行为人是否接受危害结果发生的危险的标准。如果此说成立,行为"本身就是"[7]确定行为人接受结果发生危险的标准,因为行为人在相信危害结果可能发生的情况下实施行为,就意味着行为人已经接受了危害结果发生的危险;如果行为人对自己相信会发生的危害结果持拒绝的态度,他就不会继续实施行为。

[7] "行为本身"原文为拉丁语 "*in re ipsa*",意为"就在事物本身"。

4. 故意表现形式与分类

作为归罪的主观标准,故意无疑处于最重要的地位(参见本节1)。正是因为如此,在刑法学的发展史上人们提出了种种不同的故意概念。不过,这些关于故意种类和形式的概念,并不是都具有理论或实践价值。

根据故意与犯罪发展阶段的联系,有人将故意分为"开始故意"、"伴随故意"和"事后故意"(il dolo successivo)。所谓"开始故意",是指存在于行为的开始阶段,但与行为发展无关的故意(例如,已做好开枪杀乙准备的某甲,在某乙出现时,决定中止犯罪,但他却在无意中碰上了枪机,射出的子弹照样引起了某乙的死亡);"伴随故意"(il dolo concomitante),则是指存在于整个行为实施阶段的故意(即故意的典型形态);"事后故意"(il dolo iniziale),指的是主体在实施了足以引起危害结果的行为之后才产生的故意（例如，护士本是无意中将毒药与病人所用的药放到了一起，但在她意识到药放错以后，却放任病人被毒死的结果发生）。由于故意只能是包含于典型行为中的故意，这是一条绝对的规则，因而根本就没有事后故意存在的可能。在所谓"事后故意"的场合，尽管主体对结果也完全可能承担故意的责任，但与这种故意相联系的是在发现（前行为所带来的）危险之后，行为人没阻止危害结果发生的不作为（如前例中的护士本应该采取行动阻止危害结果的发生，说她有故意，是因为她未履行这种作为义务）。所谓"开始故意"同样不是一种故意的形式：在所有需确定因果关系的犯罪中，故意必须与行为人发动因果链条的最后一个行动有直接的联系；如果这最后一个行动不是故意的，行为人以前的行为是否是有意实施的都将毫无意义。

根据故意的对象和犯罪危害的性质，故意可分为"实害故意"（il dolo di danno）与"危险故意"（il dolo di pericolo）。这种分类有助于区分那些带混合形态的犯罪形式：以危险的故意实施的实害犯（如超故意的杀人罪[1]）和以实害的故意实施的危险犯（如犯罪未遂）。根据故意的对象，人们还将故意分为"一般故意"（il dolo generico）与"特殊故意"（il dolo specifico）：前者指以构成要件为对象的故意，后者是指某些犯罪成立所必需的特殊的犯罪目的。特殊故意实际上是典型事实的主观因素（参见第五章第一节3）。

[1] 相当于中国刑法中的"故意伤害致死"。

根据主体意志与犯罪结果间的联系，除了可将故意分为直接故意与可能故意外，还有所谓的"选择故意"（il dolo alternativo），即行为可能引起的多种危害结果中任何一个的发生都符合主体的愿望的情况（如某甲有意识地向一群人开枪，对究竟打中谁持无所谓的态度）。这种故意显然只是间接故意的一种形式。

5. 故意的强度

刑法典第133条第1款第3项规定，除其他因素外，法官量刑时必须考虑"故意的强度"（l'intensita`del dolo），因此，故意是一个有程度的概念。古老的理论曾认为,故意的强度取决于主体的情感态度:犯罪时,主体实施犯罪时越冷静,越没感情,故意的强度就越高。这种观点很难让人接受,因为感情是不可能归咎于个人的人格特征之一(一个人的感情强烈与否,并不取决于主体的意志)。

如果从刑事政策的角度,可以将故意行为应负责任的根据归纳为行为人企图破坏法律秩序的话(参见本节 3),那就只能得出的这样的结论:故意的强度取决于犯罪决意的持续时间,因为这能表明行为人背离法律规定的程度。当然,如果行为人中途曾放弃了犯罪意图的话(如某甲曾放弃了杀害其对手的想法,但在重新看到他时,又抑制不住冲动,终将对手杀死),就不能光看犯意形成与行为实施之间的时间长短,还要分析犯意形成过程的连续性或是否有过中断。按此观点,故意的强度可以分为三级(其中每一级中又可以包含多种具体情况):"突发故意"(il dolo d'impeto),即犯意突然形成并立即付诸实施的故意(如某甲在被人挑衅所激怒时杀死挑衅者);"成熟故意"(il dolo di proposito),即在犯意的形成与行为的实施之间有相对短的时间间隔的故意(如前例中的某甲在受到挑衅后,在屋外等到挑衅者出来后才将其杀死);"预谋故意"(il dolo premeditato),即行为人经过仔细考虑,认真权衡行动的细节与利弊后,才将犯罪决意付诸实施的故意。

第四节 心理联系:过失

1. 过失的定义与意义

根据刑法典第 43 条第 1 款的规定,"在结果,即使有所预见,不是出于行为人的希望,而是由于疏忽、不谨慎、无经验,或者不遵守法律、法规、命令或纪律等原因而发生时,是过失"重罪。[1] 与故意的情况相似(参见本章第三节 1),法律为过失规定的这个定义同样有不少问题。因为,(1)作为这个定义核心的否定性因素("不是出于行为人的希望"的结果),并非在所有过失犯罪中都存在(实际上有些过失犯罪也是纯粹的行为犯，如刑法典第 527 条第 2 款[2]）；（2）在有些情况下，危害结果也可能是行为人希望发生的结果，法律之所以将这种情况也规定为过失，是因为行为人实施行为时主观上有疏忽、不谨慎、无经验等原因。属于这类的情况有，各种排除犯罪性行为过失地超过了必要的限度（刑法典第 55 条[3]）（参见本章第二节 7）；关于排除犯罪性行为的认识错误（刑法典第 59 条第 3 款[4]）（参见本章第七节 3）；关于构成事实的认识错误（刑法典第 47 条第 1 款[5]）（参见本章第七节 2）。例如，提佐本应该知道只要给侵害者造成伤害就可以制止对方的侵害，但是却有意地造成了侵害者的死亡，因为他过失地认为只有打死对方，才是有效保卫自己唯一的方法；又如凯奥将一个夙敌的不友好的姿势误解为向他进攻的信号，而动手将其打伤；再如，森博有意识地在食品里添加有毒物质，因未注意控制用量，结果造成多人严重中毒。在所有上述情况下，结果都是（或可能是）行为人所希望发生的。

[1] 2001 年草案第 28 条（过失）1 规定，"因违反要求认真、谨慎、熟悉的规范，或者不遵守法律、法规、命令或纪律规定的注意规范的行为实现了一个构成犯罪的事实的人，承担过失责任"。

[2] 该款规定，对在公共场所过失实施淫秽行为的人，处 6 万里拉至 60 万里拉的罚金。

[3] 意大利刑法典第 55 条规定，实施正当防卫、紧急避险、行使权利、履行义务等正当化原因行为时，如果过失地超过了必要限度，按过失犯罪处罚。

[4] 实际应为第 4 款，其内容为，如果行为人错误地认为存在排除刑罚的情况，在法律规定处罚过失犯罪的情况下，按过失罪处罚。

[5] 该款规定，行为人对构成犯罪的事实的认识错误若有过失，应按过失犯罪处罚。

对于这类过失，理论上有人将之归属于"不纯正的"（impropria）过失（因为尽管行为是故意实施的，但却应按过失处罚）。也有的人认为，根本就不存在所谓不纯正过失的问题，用正常的过失理论同样也能对这种情况作出合理的解释。因为，所谓故意并不仅指对结果的认识，行为人主观心理中缺少任何一个必要的认识因素[6]（参见本章第三节3），故意就不成立。除了结果"不是出于行为人意志"这一过失成立的前提条件外，任何情况都不排除过失成立的可能。但是，这种所谓"过失成立的前提"并无法律依据，甚至可以说为上面所列举的那些法律规定所否定。

[6] 这里指行为人对行为的前提条件、行为的构成条件（如对象、手段等）等犯罪构成因素的认识。

为了真正解决上述问题，有必要重构过失的概念，使之能够将所谓的"不纯正"过失也包容在内。从这个角度讲，可以将犯罪的过失定义为"缺乏任何构成犯罪故意的必要因素的情况"。这里的"缺乏"，不仅指缺乏对结果的希望，同时还可能是缺乏对任何犯罪构成因素的认识（即将过失作为一个从反面与故意相对应的概念）。

就实质内容而言，过失是一种与故意截然不同的罪过形式：故意的内容由有关犯罪行为的"真实的"心理因素组成，而过失则基本上是一种法律的评价，即对主体是否遵守与其行为相关的注意义务的判断。在过去，人们曾多次试图寻找过失存在的心理学根据，但最终都一无所获。人们发现，无论主体的何种过失心理，总是不可避免地同一定的注意、谨慎或自我估价联系在一起的。例如，就过失的成立而言，只要超速开车违背了有关的预防性规定，而且司机有可能遵守该规则，过失行为就能成立；至于汽车超速行使是行为人有意而为，还是驾车者思想开小差所致，或者司机因汽车记速器失灵而无法知道车速造成，这一切情况统统都无关紧要。

就重罪而言，只有在法律有"明文规定"的情况下，过失行为才会受处罚（刑法典第42条第2款）；但对轻罪而言，不论故意或过失一般都要承担责任（刑法典第42条第3款）（参见本章第六节1）。即使法律一般也指出某罪是否是过失犯罪（如刑法典第449条第1款、第572条第2款、第583条等），但并不是对所有的过失犯罪法律都有明确的指示，所以常常需要人们根据法律规定的内容来确定某一犯罪是否可由过失构成。从形式上看，这不能说不是一种可罚行为的扩张，因此，确有必要在法律条文中明确规定罪过的形式。

尽管就统计数字而言，过失犯罪所占比例不小（想一想过失杀人或伤害的案件就行了），对重罪来说，处罚过失仍然具有例外和补充的性质。因为，处罚过失性重罪，一般都只是保护极重要法益（如生命、健康、公共安全、公共健康等）的补充手段。如果一种行为，在故意实施的情况下都不受处罚，法律要为这种行为规定过失责任就未免荒唐；假设一个不希望发生（只是因疏忽而致的）危害的人要受处罚，一个希望发生危害的人反而可逍遥法外，恐怕就只能说是黑白颠倒了。

过失的构成包含三个基本的要素：违反客观的注意、谨慎、自我估价要求；遵守规则的情况下危害结果的可避免性；遵守规则的期待可能性（或违反规则的可归因性[7]）。

[7] 这里的"可归因性"，原文为"attribuibilita"，有违反规则的原因在于行为人自身的意思。

2. 不遵守客观的注意、谨慎或自我估价要求

人类社会生活中的相互联系要求人们在进行各种可能涉及他人利益的活动时，必须采取适当的预防措施以避免危害这些利益，并将发生这种危害的危险限制在社会所能忍受的范围内。例如，交通规则规定或禁止一系列的行为，目的是为了减少道路交通本身所具有的危险，并防止这种危险变成实际的损害。根据刑法典第 43 条第 1 款[1]的规定，以避免上述危害为目的的规则（或预防性规则）可以分为两类。当该款规定提到"疏忽、不谨慎或无经验"时，指的是源于社会一般经验或科学技术经验的抽象规则（违反这些规则的过失即所谓的"普通过失"）；而当该款规定说到"不遵守法律、法规、命令或纪律"时，指的则是包含于专门规范中的具体规则（违反这些规范的过失，人们称之为"特殊过失"）。后一种规则必须是"实际存在的"，其表现形式可能是"法律"（或与法律等效的文件，如 1955 年关于防止生产事故的第 547 号总统令），也可能是"法规"（即具有规范性的行政文件，如有关道路法的实施细则），还可能是"命令"（即针对特定主体的行政行为，如在十字路

第 7 章　罪过

口指挥交通的城市警察发出的指示），或者是"纪律"（即为规范某种活动而制定的内部规范，如企业的规章制度）。

　　[1] 该款第 3 项规定："当危害结果，即使行为人有所预见，并非出于行为人的意愿，而是因疏忽、不谨慎或不熟练，或者由于不遵守法律、法规、命令或纪律等原因所引起的时，是过失或非故意的重罪。"

　　如果说第二类规则都是有明确表现形式的实证性规范的话，第一类规则则完全是从非法律性的环境里推论出来的。对这类规则有一个如何证实的问题，即人们根据什么标准可以得出它们必然存在的结论。有种意见认为，这种标准应该根据某种类型的人在所处环境中应有的认真、谨慎来决定，这种标准也被称为 *homo eiusdem condicionis ac professionis*[2]，即以从事某种职业，担任某种职务或进行某种活动的人都应具有的观察判断力和应有的谨慎为标准。这种理论认为，行为人所从事的职业或所处环境是否在客观上要求行为人防止（或预见）行为的结果（或其他应归咎于主体的因素）的发生，是判断行为人是否违背这种规则的实践标准。与此相反的观点则认为，要判断行为人应有的认真与谨慎，应以"最好的科学与经验"为根据，分析主体行为时的具体环境，查明危害结果是否具有可预防（或可预见）性后，才能得出正确的结论。毫无疑义，后一种观点更具说服力。

　　[2] 拉丁语，直译为"本身的条件与职业（所决定）的人"。

　　不能将主体应有的"谨慎"与"认真"定义为客观的预防需要，否则对行为时主体的意识与防止危害结果或减少发生危险的联系，就不能作出合理的解释。因为，客观的预防需要只能表现为在一般情况下可采用的预防性措施，由于这种措施只具有一般性，确定其内容时就不需要考虑行为时的特殊环境，以及行为人实施行为时的主观能力等特殊的因素。然而，在决定过失能否成立时，这些特殊因素往往有决定性的作用：决定行为人遵守规则的可能性（或说明行为人违反了规则）的因素，同样能决定过失行为的可归责性。例如，一个司机在结冰的路上猛

229

地来个急刹车，结果汽车滑向一边，撞死了路人。如果按照客观的、非个人化的标准，该司机无疑违反了要求司机谨慎、禁止在那种情况下紧急刹车的客观规则，但事实上，如果要确定该司机是否应对这一事故负责，还必须分析该事故发生时的具体环境与司机的具体情况（例如，就环境而言，汽车是冬季行进在风雪弥漫的崎岖山路上，还是春季行驶在根本就无法想象会结冰的平原坦途上，应该得出不同的结论；就开车的司机而言，一位富有经验的开车老手，还是有一位不负责的教练在旁陪伴的学车新人，处理显然也有区别）。

不论是明文规定或是非明文规定的预防性规则，都可能包含各种极不相同的内容。它们规定的义务可能是命令性的（如要求主体采取特定的财产或人身保护措施的义务，通知的义务，监督下属人员活动的义务等），也可能是禁止性的（如不得进行或不得让他人进行某种危险的活动，不得使用某种工具、设施等）。对于违背命令性义务的过失行为，刑法典第43条第1款将其定义为"疏忽"，其表现形式为不履行预防义务的不作为；对违背禁止性义务的过失行为，刑法典第43条第1款所用的词是"不谨慎"，其表现形式为主体用积极的作为违反了预防性规定。而所谓"无经验"则是指违背技术操作规范的行为。对刑法典第43条第1款规定的一般过失的这种分类，无疑可以适用于各种特殊过失行为（即那些以不遵守法律、法规、命令或者纪律为内容的过失行为）。

正如刚才讲过的那样，主体的预防性义务可能指向第三者。在有些情况下主体应该让第三者为某些行为（如企业主应该规定工人如何使用各种劳动保护设施），在另一些情况下主体应该禁止第三者为某些行为（如企业主应该禁止工人使用某些危险的生产技术）。在要求主体对第三人为一定作为的预防性义务渊源于某些社会性规则时，确定主体是否违反义务往往是一个非常棘手的问题。在正常情况下，一般应适用"信任原则"（il principio dell'affidamento），即每个人都应该相信其他人会遵守自己所承担的预防性义务。但是，这种原则并无绝对的效力，经常可能发生主体需要采取相应的措施防止他人违反预防性义务的情况，特别是（1）行为人处于某种保障者的位置，这种保障的对象可以是特定的第三人（例如，护士必须看好受托照顾的精神病人），也可能是特定的危险源（例如，监管人员必须用适当的方式防止他人获得武器）；（2）对本应相信的他人，主体有特殊的理由排除或者怀疑其行为符合注意规则可能性（例如，手术小组中的主刀注意到他的某个助手没按规定执行其受托完成的工作，或者某司机发觉其他人违规超车）。

如果发生某种损害的风险不可能用适当的方式排除时，禁止性的预防义务可能完全禁止主体从事某种危险的活动。如果主体违反这种义务，就构成所谓"推定的过失"（la colpa assunzione）。有些危险活动具有很大的社会意义，尽管根据最好的科学和经验可以预见这类活动可能，（从统计学角度讲）甚至是不可避免地，引起损害结果的发生，但由于它们有益于社会，这类危险的活动不仅得到允许而且往往受到政府的鼓励（例如，兴建高速公路、投资生产某些剧毒、易爆或高度危险的产品等）。对这类活动来说，"被允许的风险"就是其合法性的限度。所谓"被允许的风险"（il rischio consentito），是指这种进行活动可能损害的利益与这种活动所保护的利益必须平衡。实际上，这种平衡不仅是上述（按常理本应禁止的）危险活动得到允许的唯一理由，同时也是制定有关这类活动的预防性规则的基础。但是在实践中，主体是否遵守进行这类活动的预防性规则，却成了判断"被允许的风险"的标准，即不是以风险是否在被允许的限度内为根据认定行为有无过失，而是以行为有无过失为基础来判断风险是否在允许的范围之内。

3. 遵守规则的情况下危害结果的可避免性

每一个预防性规则实际上都是一种手段性的命令，其目的在于通过规定特定的措施来防止某种结果发生，因此，只有发生的结果属于规则企图防止的结果时，才可能以违反规则对主体进行谴责。例如，提佐在开车逆向行驶时，车轮碰飞路上的石头，结果将人行道上的一个小孩砸伤，这里的小孩受伤就不属于交通规则所欲防止的结果，因为制定该规则是为了防止与正向行驶的车辆相撞，而不是为了保证路面的平整。总之，为了证明不遵守规则是结果发生的原因，就必须查明该结果是否是规则所欲防止的"风险的具体化"（la concretizzaione del rischio）。

有时会出现违反规则所引起的损害结果，（即使遵守规则的）合法行为也不能避免的情况。例如，我们前面曾举过一个例子（参见第五章第四节），某医生在应给病人注射奴佛卡因时，却给病人注射了可卡因，但如果他注射的真是奴佛卡因病人同样会过敏而死亡；又如，长期以来某病人都在一个药房的药剂师那里按处方拿某种有毒的药品进行治疗，并且他肯定有该药的处方（因为没有中断治疗的明显理由），该药剂师就在没有看病人处方的情况下给了病人一些那种有毒的药品，结果病人因该药毒性发作而死。对于这类即使行为人遵守了规则，也会造成危害结果的情况应如何处理，人们有不同的看法。

在上述情况中，尽管结果的发生的确属于预防性规则欲防止的"风险的具体化"，但由于遵守规则结果同样也不能避免，防止该结果实际上不是预防性规则的目的。当然，在这种情况下，必须将因不遵守规则的行为而引起的实际结果，与遵守规则也会发生的推定的结果进行认真的比较，只有遵守规则"肯定"，而不是"可能"也会产生同样的结果时，才可以排除行为人主观上的过失。

4. 遵守规则的期待可能性（或违反规则的可归因性[1]）

如何认定过失成立的第三个条件是最复杂的问题。这个问题实际上是在不遵守客观的注意、谨慎和自我评价义务的行为，已经具体化为危害结果的情况下，确定行为人是否是这一切的原因。要解决这个问题，应注意一般过失和特殊过失的区别（参见本节 2）。

> [1] 这里的"可归因性"，原文为"attribuibilita"，有违反规则的原因在于行为人自身的意思。

对"一般过失"来说，应以"标准人"（il modello dell'agente）[2]作为衡量主体有无过失的主观标准。这里所谓的"标准人"是指在同样条件中活动的有意识的、谨慎小心的人（即所谓的 *homo eiusdem condicionis ac professionis*[3]）。在实践中，如果某种结果是这种标准人能预见的结果，而行为人没有预见，就可以认定行为人的主观上有过失。例如，对某个

第 7 章　罪过

在家内临时充当水电工或木匠的人，就应该按一般水电工或木匠的标准来评价他的行为。同时，这种标准人也是一个规范的标准，因为它意味着某种抽象的具有一般意义的"预见义务"（dove e prevedere）。

　　[2] 相当于中国刑法学中的"客观标准"。
　　[3] 拉丁语，直译为"本身的条件与职业（所决定）的人"。

　　但"标准人"究竟应是什么样的人呢？在这个问题上，人们至少有两点看法完全一致。首先，标准人不应包含具体的行为人的所有特征，否则的话，永远都只可能得出结果是不可预见的结论（因为具有特定人格的具体主体，在结果发生的特定环境中，事实上就没有预见到结果的发生）。第二，构筑标准人模型时，必须考虑到从事某种活动的人可以分为不同的类型。例如，就医生而言，乡村医生、急救站工作人员和医学院的专科医生都应有各自的模型；就建筑设计人员来说，建筑工程师和协助他的助手也应有不同的标准。

　　在构筑标准人模型时，是否应考虑行为人的文化程度、操作能力、年龄和健康等技术知识水平和生理状况呢？人们对这个问题的看法很不一致。司法实践在构筑标准人模型时，倾向于采取客观的标准，即按从事特定活动所需的知识和经验来作为衡量的标准。不过，按这种模式来认定行为人有无过失，并不完全符合罪过原则。因为，按罪过原则的要求，即使在过失行为的归罪问题上，谴责行为人的基础也应是对行为人全部主观条件进行的客观评价。按这个要求，从主体角度评价过失成立的标准就应该包含具体行为人的知识水平、工作能力和身体状况等因素。这样，标准人的规范模型就变成了具体行为人的正常模型。这种模型实质即暂时撇开行为人在特定环境中实际实施的具体行为，分析行为人如果尽了自身最大的能力能够做到什么程度（即撇开具体行为后存在于"想象中的"行为人）。例如，一个刚来自第三世界国家的家庭女佣，在同时操作几个电器时，不注意造成电源短路而引起了火灾，如果没有任何人教过她应该如何正确地使用那些电器，那么其客观上不遵守注意规则的行为，就不应归因于她。但是，这件事如果发生在一个了解这些电器使用方法的妇女身上，电源短路发生的原因是因为她忘了关电源或

_233

思想开小差，就只能得出相反的结论。

　　当然，完全可能有这种情况：没有特定知识或能力的人进行某种活动的本身，就是违反了可归咎于行为人的预防性规则。这种情况就是人们所说的"推定的过失"（参见本节2）。这样的例子，如某个技术一般的外科医生，本来不具备必要的知识和能力，却出于自负，贸然决定对病人实施某种极其复杂的手术。

　　认定特殊过失是否应像认定一般过失那样，借用标准人模型来作为确定主体有无过失的标准，是争议最大的问题。如果法律、法规等规定的预防性规则有"弹性"（即规则的内容需要根据经验来确定），无疑应适用与认定一般过失同样的标准。例如，民法典第2087条规定，企业主应该"根据劳动的性质、经验和技术"采取"保护劳动者安全和人格尊严的必要措施"，就属于这种情况。但是，在多数情况下，特殊过失触犯的都是内容明确的"硬性"规则：例如，交通法典第148条第3款明确规定："企图超越同向行驶的车辆或自己前面的其他使用道路的人，在发出超车信号后，须从左侧……"。如果属于这种情况，有关的预防性规则就应该是一个"规范的标准"，对任何从事该种活动的人都应一律适用，例如，任何人都不得从右侧超车。

　　不过，"硬性"规定的预防性规则也有存在例外的可能。事实上，确实存在不可能期待行为人遵守有关规则的某些特殊情况：（1）行为人在不是出于过失的情况下，确实不了解某些特殊的预防性规则（且这些规则不属于一般人都应遵守的规则），例如，一个人在没有发现异常的情况下，搬走道路上以前没有，而且按正常情况也不应该有的停车标志；（2）如果遵守规则，反而会造成规则所欲预防的危害结果，例如，驾驶员从右侧超车，是因为发现前面的车因轮胎爆裂，而正在向左拐弯（这种情况即所谓的"应急之策"或"幸运操作"，司法实践认为只要行为人对这种危险情况的形成没有罪过，就可以排除行为人的过失）。应该注意的是，特殊过失要求行为人除了遵守特殊规则，还应遵守源于经验的一般规范时，仅是遵守"硬性"的预防性规则，并不排除主体承担一般过失的可能。

5. 过失的形式和程度

除了前面所作的分类外，还可以将过失分为两种主要的形式："无认识（incosciente）的过失"和"有认识（consciente）的过失"或"有预见（con prevezione）的过失"。过失行为是在行为人已经对结果有所预见的情况下实施的，是后一种过失的特征。至于这种过失与"可能故意"的区别，我们已在前面用某种方式进行过分析（参见第三节3）。这里需要补充的是，对过失重罪来说，有认识的过失是一种普遍的加重情节（刑法典第61条n.3）（参见第八章第二节6）。

根据刑法典第133条第1款n.3的规定，过失的"程度"是法官量刑时必须考虑的条件之一。过失的程度取决于构成过失的条件，更正确地说取决于（1）过失行为违背客观规则的程度（例如，超速行驶是超速10公里或是100公里，就有程度的不同），或者同一行为违反规则的数量（例如，超速行驶的汽车如果是一辆车况良好的新车，过失程度肯定应低于一辆刹车磨损严重、轮胎到处开裂的老爷车）。（2）结果可避免性。如果遵守规则结果就绝对可以避免，过失程度为最高；如果即使遵守规则，结果也还有发生的可能，过失的程度就较轻。（3）行为人遵守规则的期待可能性。行为人具有的能力越强、对问题的处理权越大、越有经验，过失程度就越高；反之，则过失程度越低（例如，一个刚从医学院毕业的工厂义务员对一个常见病所犯的诊断错误，和一个在医院工作的专科医生[1]所犯的同样错误相比，过失程度就相对较轻）。

[1] 意大利的"专科医生"指在医学本科毕业后，继续进行了5年至8年的专业培训后，才正式开始工作的医生。

第五节 超故意和客观责任

1. 客观责任的概念

按"罪过原则"的要求，只有故意和过失才应该是将行为归罪于行为人的形式（参见本章第一节1）。然而，在我们的刑法典中，至今仍残存有不少有关"客观责任"（resp onsabilita`obiettiva）的规定。仅仅根据行为与结果间的因果关系（如果这种因素是客观责任的构成要件的话），或者某种事实的客观存在（如刑法典第 539 条[1]规定中的被侵害人的年龄）来确定行为人的刑事责任，是客观责任的典型特征。总而言之，由于客观责任的成立既不要求故意，也不要求过失，在现代刑法制度中只具有负面的意义。

[1] 该条已为 1996 年第 66 号法律所废除，其原来的内容为"实施本章（即标题为'侵犯公共道德和善良风俗罪'的原意大利刑法典第二编第九章——译注）规定的罪，对未满 14 岁的未成年人造成损害的，有罪的人不得以不知被侵害人年龄为辩护理由"，现意大利刑法典第 609—6 条对此作了类似规定。

与客观责任有关的法律规定，刑法总则中有规定重罪的超故意形态的刑法典第 42 条第 2 款和第 3 款。有人不同意该条第 2 款是有关客观责任的规定（参见本节 2），但对其第 3 款是有关客观责任的规定却无任何人提出疑义，因为该款明确规定，"法律决定那些作为行为人的作为与不作为的后果，而应由其负责的结果的其他情况"。这里所说的"其他情况"，显然就是指不是属于该条第 1 款所规定的故意、过失或超故意等情况。

我们的法律制度是否允许客观责任的存在，是一个有争议的问题。如果认为宪法第 27 条规定的内容是强调罪过原则具有宪法意义（参见本章第一节 1），当然应该得出撇开故意和过失来决定行为人的刑事责任是违宪的结论。但长期以来，宪法法院都认为宪法第 27 条强调的是罪责自负，不得株连的精神，并以此来为客观责任的合法性辩护。从宣布刑法典第 5 条部分违宪的 1988 年第 364 号判决起，宪法法院开始转变立场，认为宪法第 27 条规定的是罪过原则。但与此同时，宪法法院又强调罪过原则没有"明确禁止客观责任"的含义；而罪过，至少就过失而言，仅与"最有意义的构成要件"有关，即实际上是将罪过视为行为人对犯罪危害应有的认识。

意大利刑法制度中有关客观责任的规定尽管很多，但在认定它们究竟是否属于客观责任时，却意见往往很不统一。本节只讨论能代表客观责任一般特征的"超故意"和"结果加重犯"，至于客观责任的其他情况，我们将在相关的章节中进行分析（关于 *l'aberratio delicti*[2] 参见本章第七节4；关于刑法典第116条和第117条的规定，参见本章第四节6和7；关于客观可罚性，参见第九章第三节2）。

[2] 原文拉丁语，意大利刑法理论中指一种纯粹由犯罪行为实施过程中非主体因素而引起的，犯罪的发展"偏离"行为人"预见"的情况，本书中将其译为"偏离犯"。

2. 超故意（La preterintenzione）[1]

根据刑法典第43条第1款的规定，"当危害的作为或不作为引起的损害或危险结果比行为人希望的更严重时"，重罪为"超故意"（preterintenzionale）。实际上，这里规定的是一种界于故意与过失之间的罪过的"中间形态"。说它有"故意"的成分，因为这里包含一个行为人"希望"的结果；说它有过失的因素，因为它以一个比行为人所希望的"更严重的"，行为人"并不希望的"结果为存在的前提。除此之外，超故意的成立，还要求行为人所希望发生的结果与实际上发生的结果具有同一危害渐进发展的性质。

[1] 2001年草案取消了"超故意犯罪"的规定，但专门增加了关于"结果加重犯"和"情节加重犯"罪过内容的规定。具体内容参见后面的相关论述。

和过失一样，"超故意"也必须是法律有"明文规定"才处罚（刑法典第42条第3款）。不过，事实上法律明文规定的超故意罪过只是极个别的情况，严格地说来，属于这种情况的重罪只有两个：超故意的杀人罪（即刑法典第584条规定的以伤害或殴打故意引起死亡）和超故意的堕胎罪（1978年第194号法律第18条第2款规定的"以企图伤害妇女的行为"引起被害人怀孕中断）。但是，某些结果加重犯的罪过形态是否属于超故意，是很值得研究的问题（参见本节3）。

毫无疑义，对超故意中包含的那种较轻的结果，行为人的心理态度应属于故意。但是，对那种较严重的结果，到底应以什么理由或什么名义归罪于行为的主体？这个问题是在理论和实践上如何认定超故意的关键。有一部分理论界和大部分司法实践中的人认为，这里的责任就是客观责任，或者说超故意就是故意和客观责任混合而成的责任罪过形态。但另一部分理论界的人士和某些司法实践中的判例[2]认为，超故意的内容应是故意与过失相加而形成的混合罪过形态。按后一种理解，对那种比行为人希望发生的结果更严重的实际结果，行为人必须是过失，即只有这种结果是行为人可以预见的结果时，才可能要求行为人对这种结果负责。

[2] 对这些判例人们的理解并不一致——原注。

后面一种观点的主要理由有以下两点：

(1) 根据刑法典第 42 条第 3 款的规定，客观责任应该是一种既不属于故意、也不属于过失，甚至也不属于超故意的归罪形式，而应由行为人负责的结果的"其他情况"，这实际上是在超故意和客观责任之间划了一道明确的界限。

(2) 要使超故意的概念符合宪法第 27 条规定的罪过原则，就必须要求行为人对其不希望发生的结果至少持过失的态度。

然而从根本上来说，上述两点理由都不能成立。

其第一点理由不能成立，因为刑法典第 42 条第 3 款规定的实质是撇开主体对结果的心理态度来决定行为人的刑事责任，即只要行为与某种结果之间有客观因果关系，就可以决定行为人的刑事责任，而行为人对该结果是否持希望的态度，对刑事责任的成立并无影响，这实际上是一种以"无差别原则"（il principio di indifferenza）为基础的客观责任。而超故意必须以实际发生的结果不是行为人所希望发生的结果为前提，否则，就构成不同的罪过形态（例如，如果是故意引起他人死亡，行为就构成故意杀人，而不是超故意杀人），这实际上是一种以"区别原则"（principio di distinzione）为基础的客观责任。上述两种客观责任尽管有区别，但这与二者都是客观责任并不矛盾，因为它们都认为"行为人应对其不希望发生的结果"承担刑事责任。

上述观点的第二点理由,也不足以将超故意中的实际结果纳入过失的轨道。因为,这一理由对罪过原则的强调有点"过分",企图将客观责任从现行的刑法制度中统统清除掉。这种做法当然值得欢迎,但这不符合目前我国刑法制度的现实:正如我们在前面已经讲过的那样,尽管措辞模糊,颇有歧义,但直到今天宪法法院仍在坚定地维护着客观责任存在的合法性(参见本节1)。

除此之外,如果承认行为人对超故意中的实际结果必须持过失的心理态度,还可能给刑法理论带来不可克服的矛盾。因为,根本无法确定何为这种过失的根据。[3] 以行为人的故意行为所违反的规范作为认定行为人过失的根据吗?答案是否定的。例如,在超故意杀人的情况下,就不可能用禁止伤害或殴打的规范,作为确定行为人有不得引起他人死亡的注意义务的法律依据。因为,该规范不是防止死亡的预防性规范,其目的是阻止伤害或殴打,而不是伤害或殴打的其他后果(如死亡)。以源于一般经验的预防性规范作为认定这种过失的依据吗?显然也不可能。由于这种罪过状态中包含一个行为人所希望发生的结果,如果以这种义务作为认定行为人主观过失的依据的话,该义务的内容似乎就应该这样表述:"应谨慎小心地实施犯罪,以免造成更严重的后果"。这种表述是绝对荒谬的,因为法律绝对不可能规定一种义务,其内容是如何保证正确地实施一种被法律绝对禁止的行为(正如表述中的"犯罪")。

[3] 本书作者将确定过失的法律依据分为两类:一类是源于一般社会经验的预防性义务,一类为法律、法规、命令或纪律规定的预防性义务。参见本章第四节2。

总之,超故意的罪过形态只能定义为故意和客观责任的混合,其基础是一句古老的法谚:*qui in re illicita versatur, tenetur etiam pro casu*(即,谁冒险违法,就应承担一切后果)。

3. 结果加重犯[1]

"结果加重犯"(I reati aggravati dall'evento)或"转化犯"(I reati

qualificati dall'evento)[2]是指当犯罪行为引起某种超出基本规范范围的结果时，法律规定应加重其刑事责任的情况。结果加重犯可以分成三种情况：

[1] 2001年草案第31条（因结果加重的重罪）规定："如果法律为故意重罪所造成的非（行为人）希望的结果规定了更重的刑罚，只有在这种结果出于过失的情况下行为人才对该结果承担责任"。

[2] 这里的"结果转化犯"原文为"reati qualificati dall'evento"，直译为"因结果而够格的犯罪"。

（1）作为特定犯罪目的内容的犯罪结果。这是指某些实施指向或企图引起某种结果为目的的行为就足以构成犯罪，如果结果产生就加重处罚的情况（如刑法典第243条、第286条、第501条）。[3]在这种情况下，结果必须是行为人希望发生的结果；加重处罚结果的规范的作用仅限于认可在危害结果未出现时，就提前对相应法益进行保护的规范。对这类犯罪不存在客观责任问题。

[3] 如我国刑法中有关放火、投放危险物质、爆炸等罪的规定。

（2）在基本规范范围内承担刑事责任的犯罪结果。这是指犯罪所引起的结果是犯罪行为的进一步发展，但其本身离开犯罪行为就没有独立意义的情况。例如，无罪的人因诬告而被处一定的监禁刑，是诬告罪的加重情节（刑法典第386条第3款），但刑法中并没有规定引起这种结果的行为应受刑罚处罚的专门规定，对这种犯罪只能在诬告罪范围内承担刑事责任，即使是该结果是故意引起的也是如此。

（3）超出基本犯罪规范的犯罪结果（一般是引起他人死亡或重伤）。这是指犯罪结果本身可以独立构成另一个不同的故意犯罪的情况。例如，刑法典第572条第2款、第591条第3款和第593条第3款等分别规定的虐待家庭成员、遗弃未成年人或疏于救助等行为致人死亡或伤害的情况等。在上述情况下，超出基本规范的结果不是行为人所希望发生的结果，否则，就应适用形式犯罪竞合的规则，按不同的故意犯罪规范处理（如故意杀人或故意伤害）。例如，提佐因想凯奥死亡，见其陷入危险而不施救，就应按故意杀人罪与疏于救助罪的形式竞合承担刑事责任（关于形式的犯罪竞合如何承担刑事责任的问题，参见第十章第三节1）。

如何认定上述（2）和（3）中结果加重犯的罪过形式，是刑法学中最棘手的问题之一。为了解决这个问题，首先必须确定这两种情况中的结果究竟是属于独立的犯罪，还是属于带情节的犯罪？（关于"带情节的犯罪"参见第八章2.1）。

如果是"独立的犯罪"（reati autonomi），其罪过状态显然就应该属于刑法典第42条第3款客观责任的范畴：不论是否出于故意或过失，行为人都应当对实际发生的严重结果承担责任。就上述（2）的情况来说，确定行为人责任的标准是"无区别原则"（即行为人应承担责任的结果可能是其希望发生的，但即使是其既不希望，也未预见该结果的发生，也同样应承担刑事责任）；而认定上述（3）中行为人刑事责任的标准则应是"区别原则"（即对这种结果行为人不是持希望发生的态度，也不一定是行为人能够预见的结果，行为人对这种结果的心理态度与超故意大致相似）。

如果属于"带情节的犯罪"（reati circostanziati），就应该适用刑法典第59条第2款（为1990年第19号法律第1条修改后的条文内容，参见第八章第二节3）。根据该款的规定，"加重刑罚的情节，只有在行为人了解，或因过失而不知道，或因出于过失而误认为其不存在时，才能由行为人承担"。如果适用该款规定，行为人对实际结果承担刑事责任的基础至少必须是过失，因而不存在客观责任的问题。但是，要对上述情况适用刑法典第59条第2款，显然有不容忽视的困难。由于这个问题涉及犯罪的情节，我们将在更合适的地方对这个问题进行进一步的分析（参见第八章第二节3）。

4. 以出版物为手段的犯罪

"出版物"（la stampa）是表达思想的手段（宪法第21条），但对任何一种全部或部分以观念意识为内容的犯罪来说，它同样可以成为实施犯罪的手段。例如，侮辱罪（刑法典第595条第3款），侮辱共和国罪（刑法典第290条），如果通过出版物散布虚假消息的手段来导致被害人产生错误的话，还可以成为实施诈骗罪的手段[1]（刑法典第640条第1款），等等。同时，由于出版物上的消息具有传播范围广、流转时间长等特点，用其作为犯罪手段更具有其他手段所不能比拟的破坏力。为了防止将出版物作为实施某些犯罪的手段，有必要对其进行适当的控制。

[1] 按意大利刑法典第640条规定，导致被害人产生错误是诈骗罪的构成要件之一。

在专制国家，行政机关对出版物进行预防性审查，是这种控制的主要形式；根据掌握政治权力的人的利益来限制出版物的内容，限制思想和观念的自由流通，就是这种控制追求的最终目的。正是出于这一考虑，宪法第21条第3款明确规定出版物不属于"应受批准或审查"的范围。在自由民主的制度中，完全可以通过保障印刷出版从业人员的素质（参见第五章第二节7），使他们具有控制出版内容的能力，来满足防止利用出版物来进行犯罪的需要。这种做法实际上是让某些特定的主体承担正确利用出版物的责任，间接地促使他们行使控制出版物内容的职能。说实话，今天确有需要扩大这种控制的范围，因为对无线电传播媒体的控制，意义绝不低于对出版物的控制。但是，根据现行刑法典的规定，仍然只有"出版物"才属于应控制的对象；宪法法院1982年第168号判决认为，即使宪法第3条规定的平等原则也不能成为将这种控制扩展到无线电传播媒体的理由，因为"与其他大众传播媒体相比，出版物特有的性质决定了其仍是最危险的可用来毁损他人名誉的载体"，所以不能将其与其他媒体相提并论。如果考虑到无线电广播和电视今天已达无孔不入的程度，那么宪法法院的上述论断就不能不让人感到迷惑。[2] 不过，对某些以无线电广播或电视为手段实施的犯罪，1990年第223号法律第30条已有所规定，尽管既不完善，也不准确（参见本章第五节5）。

[2] 2001年草案第24条（没有阻止以印刷品、广播 — 电视为手段的犯罪）规定，没有阻止以广播、电视为手段的犯罪与没有

第 7 章 罪过

阻止以印刷品为手段的犯罪同样处罚。

刑法典第 57 条规定，对于利用定期出版物犯罪，除出版物的作者应承担刑事责任外，该出版物的主管或副主管永远都负有防止出版物被利用来作为犯罪工具的责任（根据 1948 年第 47 号法律第 3 条的规定，"任何报刊或定期出版物"的主管或副主管均有此责任）；对非定期出版物来说，由发行人承担防止利用出版物进行犯罪活动的责任，但这种责任只具有从属的性质，因为只有在"原作者不明或无刑事责任能力"的情况下，他们才承担相应的责任。"在发行人不明或无刑事责任能力时"，上述责任就应由印刷人承担（刑法典第 57—2 条）。刑法典第 58 条规定，对"不遵守出版、发行定期或非定期刊物的有关法律规定"而出版发行的秘密刊物（如没有按 1948 年第 47 号法律第 2 条第 1 款的规定，在出版物上作必要说明的刊物），应按与非定期刊物同样的方式处理。

按照刑法典第 57 条和第 58 条的最初规定，如果有人利用出版物进行犯罪，出版物的主管应 ipso iure[3] 承担刑事责任。这种以主体的身份和防止犯罪发生的抽象义务为基础的刑事责任，可说是客观责任的典型形态。宪法法院尽管坚持这种归罪的标准并不违背宪法第 27 条第 1 款规定的精神，但同时也认为上述规定的内容确有修改的必要。于是，有了对原刑法规定进行修改的 1958 年第 127 号法律。根据新的规定，出版物主管（或发行人、印刷人）如果没有对出版物的内容进行"必要的控制，以防止出版物被利用来作为犯罪工具"，应"按过失"承担责任（刑法典第 57 条，刑法典第 57—2 条）。

[3] 拉丁语，直译为"根据法律本身"，在这里有"自动""必然"的意思。

有人认为，该规定中所说的"按过失"[4]承担责任，并不意味着行为人主观上必须真正具有过失；否则的话，法律就会直接用"承担过失责任"[5]的表述方式。[6]但这种理解既不符合 1958 年第 127 号法律的立法原意，更与宪法第 27 条第 1 款规定的罪过原则精神相悖（参见本章第一节 2）。因此，按占主导地位的观点，将出版物有关人员防止犯罪的责任理解为一种真正意义上的过失责任，应更为可取。按这种理解，只有在出版单位的组织形式和出版的内容，使相关人员有履行监督义务的期待可能性的情况下，才应追究这些人员的刑事责任。例如，一个全国范围发行极广的日报的总编，就不可能对每一条消息都进行仔细的审查；又如，对有关国内政治的报道控制较为容易，而对于经济性的广告，内容就较难控制。

[4] 原文"a titolo di colpa"，直译为"以过失的名义"。

[5] 原文"per colpa"，直译为"因为过失（而）"。

[6] 2001年草案第24条（没有阻止以印刷品、广播—电视为手段的犯罪）2中，已经明确规定相应人员只有"因为过失"（per colpa）才承担责任。

不过，司法实践的态度似乎是倾向于认为，上述出版物相关人员的责任是一种自动的责任，因而在追究这种责任时，一般都不注意查证这些人员是否有对出版物内容进行控制检查的实际可能性。可能很有必要改变这种由主管一人承担检查职责的情况，在确定具体的监督职责时，应充分考虑那些出版物主管的合作者（如有关地方新闻专栏的负责人）的作用，因为有关内容实际上是由他们在负责。

当然，完全可能出现这种情况：负有检查职责的人出于放纵他人利用出版物犯罪或与犯罪人同流合污的目的，而有意不履行职责。如果属于这种情况，行为人就应该按照刑法典第110条等规定的有关共同犯罪的一般原则处理（参见第八章第四节），因为刑法典第57条开宗明义地规定，该条的规定只适用于"不属于犯罪竞合的情况"。

根据在理论界和司法实践中均占统治地位的观点，刑法典第57条、第57—2条和第58条规定的内容都是独立的"以不作为方式实施的作为犯罪"的犯罪构成。这个构成中的行为是不遵守预防性规范（具体内容前面已讲过）；结果是利用出版物"实施的犯罪"（这里的"犯罪"是指客观违法的事实，因为实际利用出版物犯罪的行为人有无罪过，对是否应适用上述各条规定，没有什么意义）；刑罚则是"不超过"法律为"实施的犯罪"规定的法定刑的"三分之一"[7]。这种处理方法，实质上

第 7 章　罪过

是将出版物主管、发行人或印刷人视同利用出版物实施犯罪的共同犯罪人，认为他们过失地帮助了犯罪的实施，尽管在一般情况下，这种行为并不具有刑法意义（过失地帮助故意犯罪的人，不是可罚的行为；参见第八章第四节5）。

[7] 2001年草案第24条2规定，这种情况应按其没有阻止的故意重罪的刑罚减轻一半处罚。

不过，从严格意义上说，绝不能将这类行为归入共同犯罪的范畴，因为，(1) 刑法典第57条明确规定该条规定不适用于共同犯罪（因此，从反面说明该规定只适用于非共同犯罪的场合）；(2) 刑法典第58—2条第2款明确规定，针对出版物主管、发行人或印刷人提起的告诉、起诉要求或请求，"效力及于因发表文章而构成犯罪的作者"；如果上述主体应按刑法典第123条的规定作为共同犯罪人处理，刑法典第58—2条第2款的这一规定就纯属多余。

5. 通过电视或无线电广播实施的犯罪

为了弥补刑法制度中存在的一个显而易见的漏洞，1990年第223号法律第30条规定了一些利用电视或无线电广播等大众传播媒体实施的犯罪。在实践中，利用该条规定来处罚的犯罪只有两种：淫秽表演或陈列罪（刑法典第528条）和侵害他人名誉罪（刑法典第595条）。对于电台、电视台中的淫秽表演或陈列，1990年的法律明确规定由"私人（广播电视机构）的特许权享有人"、"公共（广播电视机构）的特许权享有人"或代理他们进行播放监督控制的人承担刑事责任。如果上述行为不是出于故意，即上述主体"是出于过失而未对播出的内容进行必要的监督控制，以防止实施"淫秽表演或陈列罪或者侵害他人名誉罪，广播电视的特许权享有人或他们的代理人按刑法典第57条规定的模式承担刑事责任（参见本节4）。

上述有关防止利用广播电视进行犯罪的规定有很多缺陷，但其中最根本的有两个：(1) 没有明确规定谁是应承担刑事责任的自然人（"特许权享有者"在一般情况下是指法人）；(2) 只规定了两种可处罚的犯

245

罪（而实际上，可通过广播电视来实施的犯罪，数目绝不亚于利用出版物来实施的犯罪）。

第六节 轻罪的心理因素

轻罪中的故意与过失

根据刑法典第 42 条第 4 款，"在轻罪中，每个人都对出于自己意识和意志的作为或不作为负责，故意或过失不论"[1]。以前人们曾认为，这种立法表述方式意味着没有必要将轻罪的归罪根据分为故意和过失，只要构成轻罪的作为或不作为是作为主体意识和意志的表现，就是行为人承担刑事责任的根据（参见第五章第二节 8）。这种理解最终只能将轻罪的认定纳入客观归罪的轨道，但是这种理解不但与刑法典第 42 条第 4 款的规定显然矛盾（因为该款中说的是"故意或过失不论"，这显然不能等于"既不是故意也不是过失"），同时也不符合刑法典第 43 条第 2 款的规定。因为后者规定，"每次在法律规定故意和过失有不同法律后果时"，关于"故意犯罪与过失犯罪"的区分同样适用于"轻罪"。这一规定无疑是轻罪也必须以故意或过失为存在前提的明证。

> [1] 2001 年草案第 25 条（过失责任）3 规定，如果不是出于故意或过失，任何人不因法律规定为轻罪的事实而受处罚。以印刷品为手段同样处罚。

今天几乎一致的意见认为，故意或过失都是对轻罪进行主观归罪必不可少的"充分的选择条件"：即一般来说，任何轻罪的罪过形态都既可以是故意，也可以是过失，但是，它们都必须有具体的内容。

对这种观点也有人持不同意见，认为只要实施了构成轻罪的行为，就足以推定行为人主观上有过失，不过，这种推定只具有 *iuris tantum*[2] 的性质，如果有充分的证据，也可以排除这种推定的过失。事实上，如果构成轻罪是违反某种预防—保护性规范的事实（参见第四章第一节 2），这种不遵守规范的行为自然就应属于过失范畴。例如，某人在公共场所乱扔具有危害或肮脏的物品（刑法典第 674 条），假如不是出于故意（例如，因为没意识到自己身在公共场所），这种过失行为的性质可以说是 *in re ipsa*[3]，因为针对这种行为而制定的预防性规则，目的就在于防止人们不加考虑就乱扔危险的物品。但是，确实也存在某些行为人不可能认识到自己行为的危害，因而应排除过失的情况（例如，一个人不知自己所在地方是公共场所，是因为该地刚刚由无人区改为公共场所，或者不是由于自己的过失而弄错了方向）。

[2] 拉丁语，直译为"就法律而言"。就法律中的推定而言，如果其性质是"iuris tantum"就是一种相对的推定，即是一种可以用证据推翻的推定；如果其性质是"*iuris et de iure*（不论就法律而言或是就法律以外的意义而言）"，就是一种绝对意义上的，不可能用任何证据提出相反证明的推定。

[3] 拉丁语，直译为"在事物本身之中"。人们常用这个短语来表示某个事实本身就是某种判断的证明（例如，某人用刀活活地割下他人的头，其行为构成故意杀人就是 in re ipsa），译为汉语大致与"不言自明"相应。

关于轻罪的罪过形态，最后有一点要注意：有些轻罪的构成决定了其罪过形态只能是故意，而有些轻罪则只能是过失。前一种情况，即人们所说的"本身就是故意的"[4]轻罪，属于这种情况的有刑法典第 660、661、670、671 等条[5]（例如，很难将"出于蛮不讲理或应该谴责的动机"的行为解释为过失行为）；而后一种情况则是人们所说的"本身就是过失的"轻罪（例如，刑法典第 712 条所处罚的收买疑似犯罪赃物的行为，只能是行为人应该知道但却不知道所收买的是犯罪赃物的行为，如果行为人明知自己所收买的是源于犯罪的赃物，就应按刑法典第 648 条规定的受赃罪处罚）。

[4] 这里的"本身就是"原文为"ontologicamente"，直译应为"从本体论角度讲，是……"

[5] 意大利刑法典上述各条规定的分别是要求以"出于蛮不讲

理或应该谴责的动机"为构成要件的"骚扰他人罪",要求以"欺骗"为构成要件的"滥用群众信任(扰乱公共秩序)罪",要求以"欺骗手段"为构成要件的"行乞罪",和"利用或放纵未成年人行乞罪"。

第七节　排除心理联系的原因

1. 概述：错误及分类

缺乏任何一个将犯罪归咎于行为人的前提,行为人和犯罪行为之间的心理联系都将因之而被排除。从纯粹抽象的逻辑角度讲,没有必要专门规定"排除心理联系的原因"(le cause di esclusione del nesso psichico),因为它们只可能是对法律正面规定的心理联系的反面说明。不过,现实的情况却不同,正是出于严格和准确地界定心理联系内容的目的,法律对排除心理联系的原因作了专门的规定。例如,我们在前面已经看到,确定故意内容的主要法律依据是刑法典有关事实错误的条文(刑法典第 47 条),而不是直接规定故意的刑法典第 43 条第 1 款(参见本章第三节 2)。由于故意和过失是两种完全异质的罪过形态(参见本章第四节 1),所以它们有自己各自独立的排除心理联系的原因。这意味着,即使从反面,这两种罪过形式也不可能有统一的表现形态:排除故意存在的心理原因,不能用来排除过失的存在,反之亦然。

"认识错误"(l'errore),是故意的对立面。一般来说,可以将"认识错误"定义为"对任何事实真实的自然或法律性质的不正确认识或缺乏(应有的)认识"。并不是所有的情况下,认识错误都是排除故意存在的原因,因此,对法律因不同目的而在不同情况下规定的各种认识错误,有必要先进行归类分析。

(1) 首先,可以根据认识错误有无法律效力,将错误分为"纯正的错误"和"非纯正的错误"。这里的"非纯正的错误"(l'errore proprio),主要是指那些"假想犯罪"(il reato putativo),即那些属于刑法典第 49 条第 1 款规定的情况。根据刑法典第 49 条第 1 款的规定,"实施错误地认为构成犯罪,而(实际上)不构成犯罪的事实的人,不受处罚"。例如,某人误认为自己与他人通奸的行为,今天仍是应受处罚的行为;或者某人在拿自己的物品时,误认为是在偷他人的东西,都属于假想犯罪的范畴。前一个例子是因"法律认识错误"(l'errore di diritto)而形成的假想犯罪;而后一个例子则属于因"事实认识错误"(l'errore di fatto)而形成的假想犯罪。从理论上说,属于假想犯罪的行为不应受处罚,原因在于行为实际上不构成犯罪,而不是因为行为人认识上有错误。法律作此规定的根本目的,则是为了强调法律规定的内容不能因行为人的主观态度而改变。所谓"纯正的认识错误"(l'errore improprio),是指刑法典第 47 条规定的关于事实的认识错误(例如,某人误将他人的东西当做自己的拿走,这种行为不可罚的原因,完全在于行为人主观上的认识错误)。

(2)根据对现实的认识错误实现的时机,可以将错误区分为影响意志形成的错误[即所谓的"动机错误"(l'errore motivo)]和影响意志实现的错误[即所谓的"能力错误"(l'errore inabilità)]。如果某人误认为另一个人是一只野兽而向他一个人开枪射击,是属于前者的例子;如果某人向某乙开枪,由于未瞄准或某乙刚好在开枪时弯了一下腰,结果却打死了某丙,则是属于后者的例子。

(3)根据错误的内容,可以将行为人的认识错误分为"对事实的认识错误"(l'errore sul fatto)和"对法律的认识错误"(l'errore sul diritto)。属于前者的例子如,由于两件行李非常相像,某旅客误将他人的行李当作是自己的行李拿走;属于后面的例子如,一个刚来意大利的穆斯林,因不知重婚为犯罪而再次结婚。

不要将行为人"对事实的认识错误"(l'errore sul fatto)或"对法律的认识错误"(l'errore sul diritto),混同于前面提到的"事实认识错误"(l'errore di fatto)和"法律认识错误"(l'errore di diritto),因为后者是指行为人对行为性质认识错误(如假想犯罪)产生的原因。

一个"事实认识错误"可以是"对法律的认识错误"的原因,例如，提佐不知道有处罚某行为的法律规定，因为他事前参考的有关书中没有提到这个规定；反之，一个"法律认识错误"也可能导致"对事实的认识错误"，例如，由于错误地理解了有关财产继承的规定，提佐在误认为他的占有物已经成为了他的所有物的情况下，将其没有所有权的财产给卖了，于是，行为人对所有权的认识错误（法律认识错误）就成了对行为前提认识错误（对事实的认识错误）的原因。

2. 对事实的认识错误[1]

刑法典第47条第1款规定，"对构成犯罪的事实的认识错误排除行为人的可罚性"，但"因过失引起的错误"，在实施的行为"被法律规定为过失重罪时，不排除可罚性。"在补充该款的内容时，刑法典第47条第3款明确规定："在引起对构成犯罪的事实的认识错误时，对非刑法性法律的认识错误排除可罚性"。与此同时，同条的第2款又进一步指出："关于构成某种犯罪的事实的认识错误不排除对另一犯罪的可罚性"。

[1] 2001年草案第29条（关于事实或正当化原因的错误）1规定：对构成犯罪的事实的无知或错误……排除故意，如果可以原谅，还排除过失。

"对事实的认识错误"（l'errore sul fatto），即对典型事实构成要件的认识错误（关于这个问题，在前面讲故意的内容时已做过分析，参见本章第三节2）。这种错误产生的原因可能是"事实认识错误"（l'errore di fatto）（可从刑法典第47条第1款的规定中推出这一结论），也可能是"法律认识错误"（对此刑法典第47条第3款有明确规定）。

如果引起行为人认识错误的原因是"事实认识错误"，需要证明的就只是行为人没有认识到某一犯罪构成要件的自然性质。例如，猎人误将某人当作了野兽；旅客误将他人的行李当作了自己的行李；作伪证的人相信自己所说的都是真话；使用假币的人被高超的伪造技术所惑，而误认为自己持有的是真币；等等。

但是，如果引起行为人认识错误的原因是"法律认识错误"，就是一个非常棘手的问题。事实上，刑法典第 47 条第 3 款的规定，只能解决因非刑法性的"法律认识错误"引起的，行为人对构成犯罪的事实产生了认识错误的问题；对由于非刑法性法律的错误认识而引起的行为人对刑法规范的认识错误问题（即行为人对刑法规范禁止的内容有错误认识），则似乎应根据刑法典第 5 条关于不知法不得免罪的规定来解决。例如（下面两种区分的理由将很快在后面加以说明），对已被他人购买的物品，某人误认为还是属于自己的而拿走，这种对被拿物品的"他人性"的错误认识，属于对构成盗窃罪的事实的认识错误（因而应适用刑法典第 47 条第 3 款）；某人认为作为被授权合法利用国有资源的一种形式，自己有权拥有海沙，就属于行为人对规定盗窃罪的法律产生了错误认识的情况（因此，对这种情况应适用刑法典第 5 条的规定）。

对这两种因"法律认识错误"而产生的"对事实的认识错误"和"对法律的认识错误"，在处理上曾经有极大的差别：如果错误的性质属于"对事实的认识错误"，行为在任何情况下都不构成故意犯罪，并且只有在该行为被规定为过失重罪的情况下，行为人才有承担刑事责任的可能性；如果错误的性质属于对法律禁止内容的认识错误，在宪法法院 1988 年第 364 号判决宣布刑法典第 5 条部分违宪前（参见本章第八节 2），在任何情况下行为人都不得以不知法来作为辩护理由。

在宪法法院作了上述判决之后，因"法律认识错误"而产生的"对法律的认识错误"，如果具有"不可避免的"性质，也可以作为行为人辩护的理由。这样，这种错误与因"法律认识错误"而产生的"对事实的认识错误"相比，处理上的差别已有所缓和。不过，这种差别仍然很大，作为一个存在的事实，"对法律的认识错误"*di per sè*（本身）并无意义（而"对事实的认识错误"则相反），只有在行为人主观上没有可非难性（即不具有认定过失所必须的期待可能性）的情况下，它才可以用来作为排除犯罪存在的理由（参见本章第八节 2）。所以，如果对非刑法性法律的认识错误导致一个行为人"对事实的认识"，这种错误会产生自动排除行为主观上的故意的法律效果；如果因此而产生的错误属于对刑法规定的认识错误，则不仅没有排除故意的效力，而且只要这种错误具有"可避免的"性质,行为人就应承担相应的刑事责任(如果行为是故意实施的,当然应承担故意犯罪的刑事责任)。

关于这种区别处理的根据,将在说明"对法律的认识错误"问题时作进一步的探讨(参见第八节 2),但对因非刑法性法律的认识错误所引起的"对事实的认识错误"和"对法律的认识错误"问题,这里有必要首先说明一下区分它们的标准。根据一种主要是广为司法实践接受的观点,应以刑法规范中是否"援引"(richiamata)了那些非刑法性的法律规定作为区分这两种错误的标准:如果为刑法规范所"援引",那些非刑法性的法律就与刑法规范相"结合"而成为刑法规范的一部分,并因此而获得与刑法规范同样的效力[此即所谓的"结合说"(la teoria dell'incorporazione)]。

这种理解刑法典第 47 条第 3 款的方式,实质上完全是一种对该款规定的 abrogans(废除性)解释。因为按这种标准,就根本不会存在对非刑法性法律的认识错误问题。如果没有为刑法规范所"援引",这种错误怎么可能成为对刑法规定的事实的认识错误呢?行为人对非刑法性法律的认识错误只有在涉及某个属于犯罪构成要件的事实时,才可能成为"对刑法规定的事实的认识错误",而成为犯罪构成要件,就意味着规定该事实的法律为刑法所"援引"。但是,如果按上述观点,为刑法规范所"援引",又意味着该法律与刑法规范的"结合"。这种明显而有害的逻辑循环,最终只能得到一个结论:根本就不存在刑法典第 47 条第 3 款规定的那种对非刑法性法律的认识错误。最高法院的司法实践实际上就是采用的这种做法,不过,该法院最近的一些决定已经开始显示出些微偏离"结合说"编织的怪圈的迹象。

事实上,刑法典第 47 条第 3 款规定所说的非刑法性法律,实质上是指犯罪构成中的规范性因素认识,由于对这些因素的理解带有评价的性质,所以认定它们的存在必须借助一定规范作为标准(参见第五章第一节 2)。在这里所说的规范即"不同于刑法的法律",对这种法律的认识错误就是刑法典第 47 条第 3 款中所说的"对非刑法性法律的认识错误"。每当行为人对非刑法性法律的认识错误,使行为人误将构成犯罪的事实视为具有另一性质的事实时,这种错误就属于刑法典第 47 条第 3 款中所说的,因"对非刑法性法律的认识错误"而"引起的对构成犯罪的事实"的认识错误。相反,如果行为人对非刑法性法律的认识错误,并没有使行为人对构成犯罪的事实的客观性质有所误解,而只是在行为是否合法的问题上使行为人产生了错误认识的话(即将不合法的行为误认为是合法行为),这种错误就属于对刑法禁令内容的认识错误。按照这种理解,那个刚来意大利的穆斯林,误认为根据宗教自由的原则,除他已有的妻子外,他有权在意大利娶第二个妻子,这种错误就属于因对非刑法性法律的认识错误(对宪法第 8 条规定的宗教自由的误解)而引起的"对法律的认识错误"。因为这个穆斯林想要的(重婚)正是刑法典第 556 条所禁止的,他误认为应该得到允许的,实际上却是法律必须制裁的。相反,如果某人不知他在某外国得到的离婚判决在意大利并无法律效力,回国后又再次结婚,这种错误就属于对刑法性法律的认识错误而导致的"对事实的认识错误",因为行为人并不希望在第一个婚姻外,再缔结第二个婚姻,因此行为人认识中的事实并不是刑法典第 556 条所禁止的事实。与此相似,如果行为人误认为,他拿走的东西依法属于他本人所有,这种错误就属于对构成盗窃罪的事实的认识错误(因为主体并不想要属于"他人的"的东西);如果某人在没有经主人同意的情况下,误认为自己可以到他人的地里去摘水果,就属于对禁止盗窃的法律的认识错误(因为这里的主体知道自己想要的是"他人的"东西)。

  现在到应该说明什么是"不同于刑法的法律"的时候了。在这里要特别说明的是,犯罪构成的规范性因素,除了由非刑法性法律决定的外,是否还应该包括那些由另一刑法规范决定的影响行为性质的规范性因素呢?例如,如果对刑法典第 648 条规定受贿行为时提到的"重罪",或者对刑法典第 368 条规定诬告罪时提到的"犯罪"等概念有认识错误,是否属于刑法典第 47 条第 3 款中所说的"对非刑法性法律的认识错误"呢?对这个问题,占统治地位的观点给了一个肯定的回答。这个回答是正确的,因为划分"对事实的认识错误"和"对法律的认识错误"并不以法律的性质为标准,如果对构成犯罪的事实的错误认识,确实是由对某个刑法规范的误解引起的,只要这些规范的作用只限于规定犯罪构成事实的性质(或者说本身不属于禁止性命令的范畴),就没有任何理由否认这种认识错误仍然属于"对事实的认识错误"。总而言之,只有把"不同于刑法的法律"理解为"不是规定具体的犯罪构成的法律",才是问题唯一可行的正解。例如,某人向法院诬告另一人实施了某种事实上被法律规定为犯罪的行为,但诬告人认为这种违法行为并不是"犯罪",而是属于行政违法行为,那告发人就不应承担诬告的刑事责任(因为行为人希望实施的行为,并不是刑法典第368条第1款规定的行为);与此相反,即使行为人误认为诬告告诉才处理的犯罪,不构成刑法典第368条第1款规定的诬告行为,他诬告其他人实施了告诉才处理的犯罪,同样要承担诬告的刑事责任(主体对刑法禁止性命令的范围有误解,因为诬告他人实施了告诉才处理的犯罪,同样属于刑法规定的诬告行为)。

"不同于刑法的法律"是否包括非法律性规范呢?例如,使人们普遍感到羞耻的感觉,是否可以作为衡量淫秽的标准呢?在这个问题上,人们的意见很不统一。不过,即使认为"不同于刑法的法律"不包括非法律性规范(因为刑法典第47条第3款提到的"法律"应该是一个法律的概念),对非法律性规范因素的认识错误也应属于刑法典第47条第1款调整的范畴(因为对非法律性规范因素的认识错误同样可能引起对构成犯罪的事实的认识错误)。对非法律性规范因素的认识错误,也可能引起对事实的认识错误和对法律的认识错误两种情况。例如,相对侮辱罪而言,某人误认为自己使用的侮辱性语言没有任何侮辱人的意思,就属于对事实的认识错误;而某人误认为自己侮辱他人的行为尚未到达刑法典第594条第1款规定的程度,就属于对法律的认识错误。

前面已经讲过,在任何情况下,"对事实的认识错误"都排除行为人对有错误认识的事实的故意责任,但是,可能发生这样的情况:行为人有错误认识的事实,是一个具有特殊化作用的构成要件,即是使某一犯罪区别于另一个更一般的犯罪的构成要件。如果属于这种情况,正如刑法典第 47 条第 2 款明确规定的那样，尽管行为人不对那个包含特殊构成要件的犯罪负责，但对那个一般性的犯罪，行为人应承担相应的刑事责任，因为行为人的行为完全符合该罪的构成条件。例如，如果提佐在不知对方身份的情况下，侮辱了一个正在执行职务的公务员，就不应按刑法典第 341 条第 1 款规定的侮辱公务员罪处罚，而应根据刑法典第 594 条第 1 款的规定承担侮辱罪的刑事责任，这种责任的性质无疑应是故意。

如果"对事实的认识错误"，是由于行为人的过失引起的，在其实施的事实被法律规定为过失重罪的情况下，行为人应承担过失责任（刑法典第 47 条第 1 款）。如果行为构成轻罪，就应根据刑法典第 42 条第 4 款规定的一般规则来确定行为人的可罚性问题（参见本章第六节 1）。

3. 对排除犯罪性因素的认识错误[1]

在分析客观违法性时，我们已经讲过，只要行为人没有自己行为是正当化原因的认识，就足以认定行为人的意识中包含对客观违法性的故意（参见本章第三节 2）。如果行为人认为自己的行为属于正当化原因，其行为就不具有故意的性质。对此，刑法典第 59 条第 4 款规定："如果行为人因错误而认为存在排除刑罚的情节，应作出有利于他的评价。但是，如果属于因过失而引起的错误，在其行为被法律规定为过失重罪时，不排除可罚性。"

[1] 2001 年草案第 29 条（关于事实或正当化原因的错误）1 规定：……错误地认为存在正当化原因，排除故意，如果可以原谅，还排除过失。

（因事实认识错误或法律认识错误而引起）关于"正当化原因的认识错误"（l'errore sulle cuase di giustificazione），也应分为"对（排除犯罪）事实的认识错误"（l'errore sul fatto della scriminate）和"对禁止性刑法规范的认识错误"（l'errore sul divieto）。如果主体误认为存在的客观事实，如果真的存在，他实施的行为就属于排除犯罪性的行为时，这种错误就是"对事实的认识错误"。属于这种错误的例子如，某人在深夜行走时，误认为自己受到一个形迹可疑的人的袭击（假想的正当防卫）；某人将财产所有人对其致意的友善姿势，错误地理解为主人同意他可以拥有主人的财产（假想的权利人同意）；某人在发生火灾时，没想到还有另外一个出口，误认为除了用大棒将堵在某一出口的人群赶开外，自己根本就没有生路（假想的紧急避险）；等等。对排除犯罪性事实的错误认识，也可能是由"法律认识错误"引起的。例如，某人将刑事诉讼法典第383条规定的私人在犯罪现场抓捕犯罪人的行为，误认为是一种正在进行的"不法"侵害，就属于这种情况。

"对禁止性刑法规范的认识错误"，在两种情况可能发生。其一是主体误认为其实施的犯罪行为是排除犯罪性的事实（如某捕鱼人认为即使未经主人同意，也可以在他人属地里捕鱼，而根据民法典第842条第3款的规定，这种行为是侵权行为）；另一种情况则是，主体误认为正当化原因存在比法律规定的更广的适用范围（如某人看见自己珍贵的东西就要被烧着，误认为财产也属于可适用紧急避险的利益[2]）。在这两种情况下，行为人对事实的客观性质都有正确的认识，但对它们的法律性质却有误解，错将这些不属于正当化原因的事实，当作是合法的行为。从根本上说，这些错误都是行为人对自己违反的刑法规范的适用范围有不正确的认识，或者说都属于对禁止性刑法规范的认识错误。某人为了拯救自己的财产，未经主人同意而拿走他人的灭火器，误认为这种情况不是盗窃行为，而事实上却是法律规定的盗窃行为。

[2] 在意大利刑法中，财产不是"紧急避险"保护的对象。

理论界有一部分人认为，刑法典第59条第4款规定的"错误"是一个泛指的概念，它既包括对事实的认识错误，同时也适用于对法律的认识错误。但这种偷偷摸摸地改变刑法典第5条规定的做法，显然与该条强调的一般原则相悖，并最终导致将两种本质不同的现象，"对事实的认识错误"和"对法律的认识错误"，无理地相提并论的结果。法律规定"对事实的认识错误"和"对法律的认识错误"应作不同的处理，不仅合理，而且有更深层的刑事政策考虑。

第 7 章　罪过

4. 能力错误及偏离犯[1]

正如前面已讲过那样,行为人"希望发生"与"实际发生"的结果之间的对立,可能完全是由行为实施阶段中的错误造成的,这种情况就是所谓的"偏离犯"。偏离犯可以有三种不同的表现形式:"原因偏离"[2](即尽管因果进程偏离,但实际结果仍然是行为人所希望发生的结果);"对象偏离"[3](即由于因果进程的偏离,危害结果不是发生在危害原指向的人[4]身上);"客体偏离"[5](即由于因果进程的偏离,实际发生的结果与行为人希望发生的结果性质不同)。

[1] "能力错误"原文为"errore inabilita"(参见本节 1 中的有关注释);"偏离犯"原文为"il reato aberrante",大致相当于中国刑法中的"因果关系错误"。

[2] 本书中"原因偏离"的原文均为拉丁语"aberratio causae",直译为"原因的偏离"。

[3] 本书中"对象偏离"的原文均为拉丁语"aberratio ictus",直译为"打击偏离"。

[4] 这里的"危害原指向(的)人"与后面的"行为人希望侵害的人"同义,前一个概念是意大利刑法典第 82 条第 1 款的表述方式,后一个概念是该条第 2 款规定中的表述方式。

[5] 本书中"客体偏离"的原文均为拉丁语"aberratio delicti",直译为"犯罪偏离"。

(1)"原因偏离"。所谓"原因偏离"是指这样的情况,主体的行为对自己选定的被害人造成了预定的损害结果,但这种结果却是由行为人事先没预见的因果进程引起的。例如,提佐本想将凯奥扔下河淹死,但后者在坠落过程中,却因头撞桥柱而死亡。对于这种情况应如何处理,法律没有明确的规定,但司法实践认为,这种偏离并不影响犯罪的成立。因为故意的成立,并不要求行为人对法律没有明确规定的实际因素也必须有准确的预见。就刑法典第 575 条规定的杀人罪来说,故意的成立只要求行为人对"引起"他人死亡的预见,上例中的特殊原因显然不是构成要件之一。当然,这种解释只是针对杀人罪这样的"任意手段犯"（I reati a forma libera）而言，如果犯罪属"限制手段犯"（I reati a forma vincolata），就应另当别论。如果限制手段犯中的原因偏离，使行为不再具有构成要件的性质，犯罪故意就不能成立。例如，某人以造成他人损失的方法，从他人那里获取不正当利益，但若他使用的手段不具有诡计或欺骗的性质，其行为就不构成刑法典第 640 条第 1 款规定的诈骗罪。

（2）"对象偏离"。根据刑法典第 82 条第 1 款的规定，所谓"对象偏离"，是指"因为实施犯罪的手段错误或其他原因，而对不是危害原来指向的人造成了危害"的情况。例如，提佐以杀人故意向凯奥开枪，谁知就在射击时，凯奥弯了一下腰，射出的子弹结果打死了偶然出现在射程内的森博；又如，提佐给凯奥寄去一封匿名的侮辱信，谁知该信被寄到了与凯奥同姓的森博手中。实际发生的危害和行为人希望发生的危害的性质相同，是适用刑法典第 82 条的前提；如果这两个结果的性质不一样，就按刑法典第 83 条有关"客体偏离"的规定来处理。

关于对象偏离的刑事责任，刑法典第 82 条明确规定："有罪的人如同实施了对其希望侵害的人造成了损害的犯罪一样承担责任"。因此，除被害人身份被法律规定为犯罪情节的情况外（参见第八章第二节 3），"对象偏离"的错误，没有任何刑法意义。例如，在前面所举的两个例子中，行为人就应分别按故意杀人和侮辱罪处罚。

对于刑法典的上述规定是否符合有关"故意归责"（l'imputazione dolosa）的一般原理，理论界有不同的看法。持肯定观点的人认为，主体希望侵害与实际受侵害的人是否一致，不是法律规定的犯罪构成要件，因而不是故意必须包含的内容（参见本章第三节 2）。因为，行为人希望引起一个人的死亡，而实际上他也确实引起了一个人的死亡；行为人实际杀死与其希望杀死的人是否同一个人，并无任何法律意义。

不同意这种观点的人指出，故意中的意识和意志因素具有 *hic et nunc*[6]的性质，或者说是针对一个在具体情况下符合犯罪构成的具体事实的认识和希望；而在"对象偏离"中，实际发生的情况并不是行为人所希望发生的具体事实（行为人根本就没有预见到会侵害到不同的被害

第 7 章　罪过

人，如果有所预见，他就会完全停止侵害；如果在有所预见的情况下，行为人未停止侵害，行为就不属于"对象偏离"，而应属于可能故意）。如果按这种逻辑推理，刑法典第 82 条的规定就应该是一种特殊的客观责任。如果没有刑法典第 82 条的规定，主体的行为则属于一种犯罪竞合的表现形式：针对其希望侵害的被害人而言，行为人应承担犯罪未遂（如果对该行为法律有惩罚未遂的规定的话，参见第八章第三节）；就其行为实际的被害人而言，行为人应承担过失的责任（如果法律规定该行为的过失也应处罚的话）。

　　[6] 拉丁语，直译为"当地及当时"。

　　根据目前占统治地位的观点，行为人在"对象偏离"的情况下承担刑事责任，并不要求针对希望侵害的对象实施的行为必须完全符合犯罪未遂的要件。例如，提佐是其年迈的婶婶的唯一合法继承人，他在准备送给其婶婶的巧克力里下毒后，将巧克力藏了起来，在他家帮工的女佣出于嫉妒，将巧克力找出后私自吃了，结果中毒而死。在这种情况下，提佐应承担故意杀人的责任，尽管他针对其婶婶的行为尚不构成犯罪未遂。但是，在这种情况下，故意成立不是因为行为人对典型行为有认识，而是由于一种纯粹的行为人没有预见的原因（甚至可能是一种根本就无法预见的原因），于是，只有行为人最初的犯罪意图才是可罚性成立的唯一依据。因此，通说的解释显然不符合 *cogitationis poenam nemo patitur*[7] 这一刑法的基本原则。由此看来，如果将刑法典第 82 条第 1 款的适用范围限制在更严格的范围内，即要求针对希望侵害的对象所实施的行为，至少应符合犯罪未遂的全部条件，似乎是更为可取的做法。

　　[7] 拉丁语，直译为"思想不分担刑罚"，即"刑罚不惩罚思想原则"的拉丁语表述方式。

　　在现实中，还存在对象偏离对希望侵害的对象也造成了损害的情况，即所谓的"多危害的对象偏离"（*aberratio ictus* plurilesiva）（例如，提佐向凯奥开枪，子弹射穿凯奥的身体后，又打死了森博）。根据刑法典第 82 条第 2 款的规定，在行为"除对其他人外，对危害原指向的人也造成了危害时，对有罪的人按为最重的罪规定的刑罚，并加重至二分之一处罚"。顺便说一下，条文中的"危害"只能是"实际的损害"（lesione），不能仅仅理解为"置于危险状态"（messa in pericolo）。

如果说在只造成了"单一危害"（mono offensiva）[8]的情况下，"对象偏离"中行为人实施的行为，相对危害原指向的人来说必须是犯罪未遂行为的话，那么这种未遂行为在"对象偏离"造成多个危害的情况下，就没有任何刑法意义（对于那些认为，针对原危害指向人的行为构成未遂，不是刑法典第 82 条第 1 款的适用前提的人来说，这种观点是不可接受的）。当然，这里所说的"未遂"行为，是指未对危害原指向的人造成"物质性"的损害；如果行为人的行为对危害原指向人造成了物质性损害，就应适用刑法典第 82 条第 2 款的规定来处理。例如，如果提佐本想开枪打死凯奥，但射出的子弹却只擦伤了凯奥的胳膊，但打死了偶然经过的森博。这种情况无疑应属于造成"多个危害"的对象偏离。

[8] 这里的"单一危害"，是指行为仅对危害原指向人以外的人造成了损害的情况。

"多危害"对象偏离的罪过形态问题，是一个较复杂的问题。[9]对行为人希望侵害的人所造成的危害来说，主体应对自己的行为承担故意责任，这一点没有任何疑问（例如，在刚才所举的例子中，提佐应对射击凯奥的行为承担杀人未遂的责任）。行为人对非其希望侵害的人所造成的危害，不应作为故意来处理，这一点同样很清楚，因为行为人的故意是针对一个人的故意（提佐只希望杀死一个人，而不是两个人[10]）。理论界有一部分人认为，因对象偏离而造成的非行为人希望的危害，主体应承担客观责任，但这种观点显然是没有根据的。刑法典第 82 条第 2 款规定，对造成"多个危害"的对象偏离，应根据"最重的犯罪"来决定刑罚。这个规定说明，造成"多个危害"的偏离行为，实际上是构成了两个犯罪：一个较重，一个较轻。由于这两个犯罪中有一个是故意，另一个就只能是过失（如果存在具体的过失的话），道理很简单，因为

"绝对的"客观责任对任何犯罪来说,都不是可罚的理由。如果提佐在故意伤害凯奥的同时,又无意中伤害了森博,如果其伤害后者的行为构成犯罪,就只能是过失犯罪,因为法律没有规定对伤害行为的客观责任。不过,行为人对伤害后者的行为是否应承担过失责任,还需要根据具体情况进行具体分析,在确定后面一个行为也构成犯罪以后,才可能进行故意犯罪与过失犯罪严重程度的比较。由于这种比较是就构成犯罪的具体事实进行比较,所以不排除过失犯罪是"最重的犯罪"的情况。

[9] 2001年草案第32条(侵害对象与希望指向的对象不同的,犯罪关于受侵害人的错误)3规定:犯罪人,除了其希望的侵害外,还实现了造成其他人损害的侵害,适用关于犯罪竞合(即中国刑法中的数罪并罚)的规定。

[10] 意大利刑法典第575条规定的杀人罪的构成要件是"任何人引起一个人的死亡……"

刑法典第82条,本来是刑法典规定的犯罪形式竞合的一种例外(关于犯罪的形式竞合,参见第十章第三节1)。按刑法典最初的规定,处罚犯罪的形式竞合也应适用严厉的并科原则。由于"对象偏离"与其他犯罪的形式竞合相比具有一定的特殊性(只有一个犯罪决意,对其他人的危害也带一定的偶然性),所以当时的立法者认为应给予一种较缓的处罚(即不采取并科原则,按最重之罪的刑罚并在该刑罚"一半"的范围内限制加重)。不过,处罚犯罪的形式竞合的量刑原则,现在已由并科改为"限制加重"[11](参见第十章第三节1),刑法典第82条实质上已失去存在的意义。

[11] "限制加重"原文为"cumulo giuridico",直译应为"(按)法律(规定的方法)相加"。

如果行为人造成了多个其不希望发生的危害(如提佐杀害凯奥的行为,无意中还引起了森博和墨夫的死亡),应否适用刑法典第82条第2款,曾是一个广为讨论且歧义纷呈的问题。从实践的角度看,今天已没有继续讨论该问题的必要。这种从字面上显然不能纳入刑法典第82条第 2 款规定的情况[12]，无疑可按形式的犯罪竞合处理（即一个故意犯罪和另外两个过失犯罪的竞合），因为在今天，这两种处理方法实质上已差别不大。

[12] 因为该款规定的是只构成两个犯罪的"偏离行为"，而提佐杀害凯奥的行为，无意中还引起了森博和墨夫死亡。按意大利刑法规定是构成了三个罪（引起一个人死亡构成一个罪）。

（3）"客体偏离"[13]。根据刑法典第 83 条第 1 款的规定，所谓客体偏离是指"因使用犯罪实施手段错误，或其他原因，引起一个与（行为人）希望的结果不同的结果"。例如，提佐扔石头本想砸坏凯奥的车，谁知却砸伤了一个小孩；提佐向凯奥开枪，结果却击中汽油桶引起了火灾。这些例子都属于由于实行行为的偏离，而实际发生的危害与行为人希望发生的危害性质不同的情况。

[13] "客体偏离"原文为"L'aberratio delicti"，下同。

刑法典第 83 条第 1 款规定，"如果该行为被法律规定为过失重罪，对不希望发生的结果，按过失"承担刑事责任。尽管法律规定的是"按过失"承担责任，但这种情况实际上是一种客观责任，否则，该款规定就完全没有存在的必要：任何人都知道，如果行为人在实施犯罪时引起了其不希望发生的危害结果，如果主体有过失，就应按过失处理。实际上，根据 qui in re illicita versatur, tenetur etiam pro casu[14] 原则，法律也可以用为过失罪规定的刑罚来处罚非过失的行为。因此，根据刑法典第 83 条第 1 款的规定，提佐扔石头砸车却砸伤小孩的行为，就应按过失罪来处罚（当然，如果砸车行为符合犯罪未遂的构成要件，提佐还应承担犯罪未遂的刑事责任）；但如果情况反过来，提佐扔石头本是想砸小孩，结果却砸坏了车，那么，提佐就只应当承担犯罪未遂的责任，因为法律不处罚过失毁坏他人财产的行为。

[14] 拉丁语，意为"谁冒险违法，就应承担一切后果"。

除了行为人不希望发生的结果外，如果偏离行为还引起了行为人希望发生的结果（即所谓的"多危害的客体偏离"），根据刑法典第 83 条第 2 款的规定，这种情况应按犯罪的竞合处理（参见第十章第三节 1）。

根据刑法典第 586 条的规定，如果主体希望发生的结果是"一种被法律规定为犯罪的事实"，行为人在追求这种结果时，又无意中造成了"致人死亡"或"伤害"的结果（如在实施刑法典第 610 条第 1 款规定的私人暴力行为的过程中，造成了被强制人的死亡），就应"适用刑法典第 83 条的规定"（即行为人应承担过失杀人或过失伤害罪的责任），"但应按刑法典第 589 条和第 590 条规定的刑罚加重处罚"[15]。但是，在这种"多危害的客体偏离"中，构成故意犯罪的行为不能是（1）伤害行为或殴打行为，因为这两种行为如果引起被害人死亡，就应按超故意杀人罪处罚（参见本章第五节 2）；（2）法律已明文规定引起被害人死亡或伤害为加重情节的犯罪（如刑法典第 438 条第 2 款、第 571 条第 2 款、第 588 条第 2 款、第 592 条第 2 款的规定，等等）。

[15] 意大利刑法典第 589 条规定的是过失杀人罪，第 590 条规定的是过失伤害罪。

5. 意外事件

刑法典第 45 条规定的"意外事件"（il caso fortuito），在刑法体系中一直是一个"无家可归的流浪者"[1]。因为它在刑法体系中究竟属于哪个范畴，刑法学界从来没有定论。前面已经讲过，有不少人主张意外事件应属于因果关系研究的问题，不过理由总显得不太充分（参见第五章第四节 4）。而另一些人则认为，所谓"意外事件"是一些使行为人不得不为某些举动的异常状态（如司机突然发病，不能控制车的方向），因而应属于研究行为是否出于主体意志与意识[2]时所探讨的范畴（参见第五章第二节 8）。按照最传统但至今仍占统治地位的观点，意外事件是从一个侧面界定过失的标准，因为意外事件就等于"不可预见性"。然而，以可预见性作为归罪的标准，只在认定一般过失时才具有意义；如果将意外事件定义为使主体无法按注意规则要求行为的情况（例如，磷光现象使红色的交通标志灯看起来像绿色；防风玻璃突然碎裂使人无法看见车前的情况；刚换的新轮胎突然爆裂），那么就很难认为特殊过失（或不遵守特别规范的过失）与意外事件是完全的不相容的事物。从这个意义上说，将意外事件定义为因不可能遵守客观的注意规则而引起的不可避免的结果，似乎更为合适。

［1］"无家可归的流浪者"原文"senza patria"，直译为"没有祖国（家乡）的"。

［2］"意志与意识"原文为"suitas"，直译为"状态"。

第八节　可原谅的理由

1. 前提

"可原谅的理由"（le scusanti），是指某些可排除行为人主观罪过的情况。在意大利刑法理论中，这是一个很成问题的概念。在一般情况下，"可原谅的理由"，只是指那些排除主体与行为的心理联系的因素（在实践中，指各种形式的错误）。认为刑事责任能力是罪过要素之一的人还认为，排除刑事责任能力的因素，也应排入可原谅的原因之列。

事实上，意大利的刑法制度中存在一些"排除刑罚的情节"（circostanze di esclusione della pena），它们既不属于正当化原因的范畴，也不可能像"纯粹的排除可罚性原因"（cause di esclusione della mera punibilità）一样（参见第九章第三节 3），放在犯罪论以外来研究。这些情节具有排除行为人主观罪过的效力，从而阻却人们作出非难行为人的判断。这样的例子如，由于人身有受到严重侵害的现实危险的威胁，行为人实施了构成犯罪的行为。这种行为本身在客观上肯定不具有合法的性质，否则，法律就不会规定由威胁者来承担该行为的刑事责任（刑法典第 54 条第 3 款[1]）。如果行为人执行不可审查的命令而构成犯罪，同样不可能是合法行为，因为在这种情况下命令的人要承担刑事责任（刑法典第 51 条第 4 款[2]）。根据宪法法院 1988 年第 364 号判决，如果对法律的认识错误具有不可避免的性质，主体实施的客观上不符合法律要求的行为（即与法律的客观需要相悖的行为），具有违法性但却不应由行为人承担责任，因为他不具备了解法律的客观条件。

　　[1] 该款规定，精神上受威胁而实施犯罪可按紧急避险处理，实施的犯罪由威胁者承担刑事责任，参见第五章第二节8。

　　[2] 该款规定，"在法律不允许执行人审查命令的合法性时，执行不合法命令的人不可处罚"，参见第六章第二节3。

　　上述行为，不仅具有客观违法性，同时还可以说都是故意行为：他人的威胁或命令能影响行为人的动机，并不能排除主体实施行为的意志；对法律的认识错误更不能排除故意，否则，法律就不会强调这种错误只有在"不可避免"的情况下才具有意义（请与对事实的认识错误比较一下，后者在任何情况下都具有排除故意的效力，根本不需考虑错误是否可以避免）（参见本章第七节2）。

　　从根本上说，"可原谅原因"实质上是为法律承认的一些异常情况，即一些不可能奢望主体按法律要求行动的情况。如果是这样的话，它们就应是判断行为人是否具有按法律要求行动的"期待可能性"问题，在犯罪论体系中属于认定犯罪成立的第三阶段，即认定行为人主观罪过的阶段（参见本章第一节2）。不过，与一般的排除期待可能性的情况不同，判断可原谅原因的成立，不需要根据不同法律的规定进行具体的分析，而只能按法律的规定进行认定，因为法律对主体不可能根据法律行动的具体条件都有明确的规定。

　　法律规定可原谅原因的根据何在？人们并无统一的认识。有种理论认为，异常情况（如威胁、命令等）使行为人的"动机受强制"（pressione motivizionale），是在这些情况下排除罪过的根据。然而，对这种情况与其说行为人的动机受"强制"（pressione），还不如说是出于行为人动机的"偏离"（alternazione）。而另一种理论认为，法律规定"可原谅原因"的根据，应以特殊预防的需要来加以解释（关于特殊预防，请参见第九章第一节1）：对这些行为的主体来说，没有进行再教育或再社会化的任何必要，因而就没有理由对他们处以刑罚的理由。其实，这两种观点并没有根本的冲突，正是由于行为人对处于法律规定的动机偏

―265

离的情况,没有主观罪过,才使得对他们适用刑罚失去了意义。

在共同犯罪的情况下,如果只有一个行为人具有可原谅的原因,只能免除其个人的刑事责任,效力不得及于其他的共同行为人(刑法典第119条第1款,参见第八章第四节5)。由于并不排除行为的客观违法性,可原谅的原因纯粹只有在刑法"内部"排除适用任何刑事制裁措施(包括刑罚和保安处分)的作用,并不具有排除行为的民事或行政违法性的效力。

在刑法总则范围内,"可原谅的原因"包括不可避免的对刑法的认识错误(刑法典第5条;宪法法院1988年第364号判决),执行无权审查的犯罪性命令(刑法典第51条第1款),由他人的威胁而造成的紧急避险(刑法典第54条第3款)和不可抗拒的暴力[3](刑法典第46条)。在这四种可原谅的原因中,前两种属于缺少认识刑法禁令内容可能性的情况,后两种则属于行为人无法按照刑法要求决定自己行为的情况。除总则的规定外,刑法分则中也有一些法条规定的情况属于可原谅的原因,例如,刑法典第242条第2款[4],第384条第1款[5],1988年第244号法规第4条(合法反击公务员的专横行为),等等。

[3] "不可抗拒的暴力"系"violenza irresistibile"的直译,大致相当于中国刑法中的"身体受(绝对的)强制"。

[4] 意大利刑法典第242条第1款处罚使用武器对抗国家的意大利公民;该条第2款规定,若身在敌国的意大利公民使用武器对抗意大利是为该国法律所强迫,免除处罚。

[5] 该款规定,如果为从不可避免会造成严重损害自由或名誉的状态中拯救自己或自己的近亲的必要所迫,实施了意大利刑法典第361条至第366条,第369条,第371—2条至第374条,第384条等规定的各种妨碍司法活动罪的行为人,不可罚。

最后,关于可原谅的原因还有一点应该注意。在司法部起草的刑法典改革大纲中,除了执行当局非法的命令外,执行因受他人委托而必须采取强制性措施的私人权威的命令,在为法律特别认可的情况下,也被明确地规定为"排除刑事责任的主观原因(即可原谅的原因)"(大纲第17条)。

2. 不可避免的对刑法规定的认识错误[1]

刑法典第 5 条曾根据 *ignorantia legis non excusat*[2] 这一古老的法谚，严厉地规定，"任何人都不得以不知道刑法作为自己辩护的理由"。该刑法典的起草报告认为，这条规定是保障刑法典能迅速顺利施行的"必要措施"，并能避免各种可能出现在司法实践中的障碍。如果真是出于这种原因，确定行为人的刑事责任时，就根本不应该考虑主体的心理因素，因为证明主体的心理因素无疑是迅速适用刑法的障碍。事实上，刑法典第 5 条规定的理论基础，是强调刑法报应—威吓作用的一般预防学说（参见第九章第一节 1）。这种理论要求社会成员根据刑法的规定来限制自己的行为，如果对法律有错误的认识，按说应给予更严厉的处分，因为，按这种理论的逻辑，了解刑法的规定是每个公民的"绝对"义务。

　　[1] 2001 年草案第 26 条（对法律的无知或认识错误）规定，在对关于自己实施的行为的违法性错误源于可原谅的关于刑法的认识错误的情况，排除罪过。

　　[2] 拉丁语，意为"不知法不是抗辩的理由"。

鉴于对于很多根据临时的行政或预防需要而规定的犯罪，行为人的确无法了解，司法实践曾在轻罪问题上采取了一些具体的措施，来缓和刑法典第 5 条规定的严厉性。尽管态度时有变化，但总的说来，以前的司法实践也承认对主体的法律认识错误，在下列情况下应作出有利于行为人的认定：（1）行为的实施得到有关主管机关的措施或意见（包括非正式的意见）的认可；（2）对同一主体以前实施的同一性质的行为，法院曾以"行为未被法律规定为犯罪"为由而宣判为无罪；（3）有关主管机关对该种行为长期持容忍态度，从未进行过干预（如何处理这种情况，司法实践和理论界均有不同的看法）。根据司法实践的解释，在上述情况下应排除主体对轻罪的罪过，是因为行为人存在所谓"应有的善意信任"（buona fede qualificata）。但是，这种解释只能说明行为人不知道刑法规定的原因，因而只解决了行为人对法律规定的过失问题，至于排除行为本身的过失根据何在，却没有任何说明。严格地说，这种解释肯定不符合原刑法典第 5 条规定的精神，因为根据该条规定，对法律的认识错误并没有可原谅与不可原谅的区别。就这个意义上讲，司法实践中提出的"应有的善意信任"，实际上带有一种平衡法性质的概念。

在刑法典第 5 条是否符合宪法规定的问题上，宪法法院 1988 年第 364 号判决作出了该条规定部分违宪的决定。该判决认为，*ignorantia legis non excusat*（不知法不得为抗辩理由）的规定，并不符合宪法第 27 条第 1 款规定的罪过原则（参见本章第一节 2），如果"根据主体和法律之间的关系以及由此决定的主体和行为的联系，不可能发现可从法律角度视为无价值的事实"，行为人与行为之间的心理联系就不能作为决定主体刑事责任的根据。从宪法第 27 条规定的罪过原则出发，宪法法院还认为，主体不了解法律如果不是出于过失，用刑罚进行再社会化教育就没有意义，因为行为人并不是故意践踏法律维护的价值。

此外，在现行宪法的框架内，具有多种含义的罪刑法定原则具有保障公民自由的作用（参见第二章 2），但公民有认识刑法规定的可能性，从而能自由选择行为，才是发挥这种作用的基础。将认识刑法规定的客观可能性，通过认识活动转化为公民对法律规定的具体认识，是公民应有的了解法律规定的义务，这种义务从更广的范围来讲，也是宪法第 2 条规定社会团结义务的有机组成部分。[3] 对一个认真履行了这种义务，但仍然对法律产生误解的公民，当然不能和那些因没有履行这种义务而对法律无知的人同样对待。总之，刑法典第 5 条被宣布部分违宪的原因，是该条含有"不承认对刑法不可避免的认识错误有可原谅性"内容，那么，在宪法法院的上述判决之后，该条规定的实际内容就应该是，"除不可避免的情况外，不知道刑法不是辩护的理由"。

[3] 宪法第 2 条规定，"履行政治、经济和社会团结的普遍义务"属于"不可侵犯的人权"之一。

宪法法院的上述决定，使我们的刑法制度得以跻身于当代最先进的、承认对法律认识的错误也可成为辩护理由的刑法制度之列。前面提到对事实的认识错误在任何情况下（即使不能作为辩护理由）都具有排除故意的效力（参见本章第七节 2），现在也能得到完全合理的解释。

由于对事实的认识错误取决于主体行为时的客观条件,那些妨碍行为人正确认识客观现实的条件,对任何处于同样条件下的人都可能有同样的作用,因而在任何情况下都应作为排除故意的理由。而对法律禁令的认识错误,是主体个人对法律价值的主观态度的体现,尽管从原则上说任何人都有了解法律规定的可能,但这并不排除在特殊的情况下,某个主体认识错误的产生确有不可避免的原因。由于这种原因只是属于个别人的特殊情况,对法律的认识错误本身就不是排除故意的根据,如果确实不可避免,则可作为排除主观罪过的理由。

为了解决哪些对法律的认识错误具有不可避免性的问题,宪法法院提出了一些原则性的标准。在认定这类对法律的认识错误时,显然不能采取"纯主观的标准"(即纯粹取决于行为人人格特征的标准),因为如果采用纯主观的标准的话,行为人对法律的任何认识错误都可能具有"不可避免的"性质。鉴于这种情况,宪法法院认为在认定这类错误时,只能采用"纯客观标准"和"混合标准":

(1)"纯客观标准"。所谓"纯客观标准"是指由于法律本身"内容的绝对模糊"或者有关当局对法律规定没有明确且一贯的解释,因而使公民根本无法了解法律的真实内容。这种情况实际上属于国家机关违背了向社会提供正确信息的义务,因而阻碍了公民履行主动了解法律规定的义务。

(2)"混合标准"。这种标准是指主体在形成犯罪决意时,处于一种使一般人都可能犯同样错误的特殊条件中(例如,有关当局的负责人提供了错误的担保),但是,如果主体具有了解法律规定的特殊条件或特殊专业能力,则不存在对法律认识错误具有不可避免性的问题。

总的来说,在勾画公民了解刑法规定义务的范围时,宪法法院采用的是客观标准,即以特定法律实际上的可认识性为标准。在说明这个标准时,宪法法院主要强调了可能影响法律可认识性的两个因素,其中一个是法律的立法表述方式,另一个则是决定行为人确信行为合法性的特殊原因(在这个因素中包括前面所讲的"应有的善意信任")。

按照这个标准,对杀人、抢劫、盗窃、强奸等"自然犯"的刑法规定，一般不存在可原谅的认识错误问题，因为这些犯罪的违法性是不言而喻的客观存在，所以，对刑法的认识错误，可原谅的多是有关"行政犯"的刑法规定，因为"行政犯"不仅范围经常变动，并且有些行为本身不一定真正具有危害。不过，有关"自然犯"的刑法规定，也可能存在某些使人们发生错误认识的特殊情况，因此，对这类规定认识错误也不应"先验地"一概而论。（例如，某刚到意大利不久的外国人，与直系姻亲发生了造成轰动的性关系，就可能因确实不知道刑法典第564条规定的乱伦罪的具体内容而免于处罚，因为根据其所在国家的法律，直系姻亲间的性关系并不属于乱伦罪的范围）。

3. 执行无权审查的犯罪命令[1]

刑法典第51条第4款规定，"执行不合法命令的人，在法律不允许他审查命令的合法性时，不应处罚"。

> [1] 2001年草案第34条3规定："在法律不允许执行人审查命令的合法性时，执行不合法命令的人不可处罚。如果法律有要求，发布命令的权限、执行命令的权限、命令必须具有的形式，永远都是可以可以审查的。"该条4规定："在命令明显具有犯罪性或执行者已认识到其违法性时，不可审查的命令的执行者应受处罚。"

一种较普遍接受的观点认为，该款规定只适用于"内容违法"[2]的命令，而执行"形式违法"的命令则不属于可原谅的行为（参见第六章第二节3），因为在任何情况下，执行命令的人都有权对命令的形式提出异议。审查命令的形式要件是下属执行命令时必须履行的义务，如果命令不具备法律规定的全部形式要件（发布命令的权力、服从命令的义务、合法的形式），他就有权不执行命令。按照这种观点，执行形式上不合法的命令（例如，执行无权发布命令的人的命令），在任何情况下都不能排除执行人的刑事责任。但在现实中，确实存在某些执行人不可能对命令的形式进行审查的情况。例如，司法警官在执行检察官的命令时，就只可能审查该命令的类型和命令的形式，但却无法知道，就具体案件的具体情况而言，检察官是否有权发布该命令。实际上，所谓下属有审查命令形式的义务，仅是针对命令是否具有"可执行性"，即仅是针对那些与执行义务有关的命令形式而言的。

　　[2]"内容违法"原文为"illegittiminta` sostanziale"，直译为"实质违法"。

　　至于命令的内容是否属于执行人审查的范围，应该根据执行与发布命令人之间从属关系的性质来确定。具体做法是以规定这种关系的规范为标准，来确定执行命令的人是否，或在什么范围内，有法定的权力来评价命令的内容以及命令是否符合法律规定的目的。一般来说，军人或类似人员（如国家警察、消防队员等）之间的上下级关系，不允许或严格限制对命令内容的审查；而一般民事从属关系中的下级人员，则在很大程度上拥有对命令内容的审查权。

　　人们常用无权审查的命令的"强制性"（la sua pretesa natura vincolante），来说明执行这种命令不应受处罚的根据：由于命令必须服从，因此执行人不应对违反刑法规定而承担责任。但是，如果认真地想一想的话，在我们的制度中不存在具有强制力的犯罪命令。因为"强制性"（vincolativita`）这个概念，意味着存在惩罚不执行犯罪命令的规定，但在我们的法律制度中不但没有这种规定，反而是存在许多对犯罪命令不仅不应该服从，而且还应该拒绝的明确规定。例如，(1) 1975 年第 3 号共和国总统令（即《国家民事雇员章程》）第 17 条第 3 款规定，"在命令内容为刑法所禁止时，雇员不得执行上级的命令"；(2)（有关国家警察的）1987 年第 121 号法律第 66 条第 4 款规定，"公共安全机关的成员接到如果执行明显构成犯罪的命令，应不执行并立即向上级报告"；(3) 1986 年第 545 号总统令（《军事人员纪律条例》）第 25 条第 2 款规定，"军事人员收到明显反对国家制度的命令或者如果执行明显构成犯罪的命令，有不执行命令并尽快通知上级的义务"。

　　上述最后两个规定都提到如果执行"明显构成犯罪"的命令（为 1978 年第 382 号法律废除的平时军事法典第 40 条也有类似的内容），这种提法并不意味着在命令的犯罪性质不明显时，下级负有必须执行的义务，其唯一的作用是界定下级人员审查命令内容的义务范围。而这个义务，才是真正的执行犯罪命令不受处罚的根据：如果没有适当的检查并控制命令内容的权力，执行人就不可能理解命令的内容是否构成犯罪，因而就不应该期待他拒绝执行构成犯罪的命令。

但是，如果命令的内容"明显构成犯罪"，即当明眼人都能看出命令的违法性时（如命令向和平的手无寸铁的群众开枪），被命令的人就有拒绝执行的义务；如果不顾这种义务而执行命令，就应对构成犯罪的行为负责。不过，这里的"明显构成犯罪"似乎也应适用于只有执行人了解命令犯罪性的情况，即那些被命令人因特殊原因而对命令的犯罪性具有充分认识的情况（例如，因为偶然见到上级的笔记而对他的犯罪意图有确切了解）。

4. 因他人威胁而造成的紧急避险状态

根据刑法典第54条第3款，该条第1款有关紧急避险的规定，"也适用于由他人的威胁而造成的紧急避险状态，但是，在那种情况下，被威胁人实施的行为由强迫他实施该行为的人负责"。

这里的"威胁"（minaccia），是指一种提出者能够决定是否实现的严重损害，威胁者利用这种可能实现的损害作为心理强制的工具，迫使被威胁者实施某种其本不愿意实施的行为（在这里指某种构成犯罪的行为）。造成该款规定的紧急避险状态的威胁，除不能是行为人有意引起的外，必须达到具体的"严重损害人身的现实危险"的强度，并且具有用其他方法不能避免的性质（例如，面临不参加合伙抢劫就会被杀死的威胁，行为人没有向有关当局求救的机会）。只有完全符合上述条件，法律才认为行为人不可能按自己的意志遵守刑法的规定。

这种可原谅原因的范围（包括威胁和被迫实施的犯罪行为之间的相称性），完全是仿照紧急避险的条件来规定的，但是这种行为不属于正当化原因的范畴，因为这种行为在客观上具有明显的违法性（否则，就不会让威胁者来承担刑事责任）。顺便讲一句，仅是使用暴力或威胁来迫使或促使他人犯罪的行为，不论强度如何，都可以按刑法典第611条第1款[1]的规定来处罚。

[1] 该款规定，使用暴力或威胁来迫使或促使他人犯罪的行为，处 5 年以下有期徒刑。

5. 不可抗拒的暴力

刑法典第 46 条规定，"因被他人以不可抗拒或无法避免的生理性暴力所强迫实施行为的人"，应免除处罚。在此种情况下，"被强迫的人实施的行为由使用暴力者负责"（刑法典第 46 条第 2 款）。

前面曾讲过，该款规定中的暴力是指一种"绝对的强制"（coazione assoluta），即是一种能完全排除行为中意识和意志因素的强制（参见第五章第二节 8）。不过，该款规定的适用范围似乎不应该如此的狭窄，因为刑法典第 46 条第 1 款规定的生理性暴力，具有主体"不能抗拒或避免"的性质。按该款规定的表述方式，那些主体完全可能抗拒的暴力，但如果抗拒则会造成严重的人身伤害，而且与按强制者的意愿实施犯罪造成的危害相比，这种伤害具有更为严重的性质（如某人在他人殴打强迫之下实施盗窃），也应该属于刑法典第 46 条第 1 款规定的范围。

第 *8* 章　犯罪的表现形态

第一节　概述

犯罪表现形态的概念

犯罪可以有不同的"表现形态"(forma di manifestazione)。其中最简单，也可以说是最典型的，是由单个行为人实施的"犯罪既遂"(il reato consumato)，即在不具备正当化理由的情况下，由一个主体在承担刑事责任所必要的罪过的支配下，单独实施的，具备全部犯罪构成要件的行为（如一个人故意实施的引起他人死亡的行为）。除此之外，犯罪还可以根据不同的标准分为以下的表现形态：

（1）"带情节的犯罪"(il reato circostanziato)，即因具备法律规定的加重情节或减轻情节而影响罪行轻重的犯罪表现形态。这种犯罪表现形态的特点，是有一个与基本构成不同并能影响刑事责任程度（轻重）的因素（例如，根据刑法典第62条第2项的规定，如果杀人行为是由于受他人挑衅而实施的，就应减轻处罚[1]，但如果杀人是出于无聊的动机，根据刑法典第61条第1款第2项的规定，则是属于加重处罚[2]的条件）。

第 8 章 犯罪的表现形态

[1] 该项规定,"在他人的不正当行为所造成的激怒状态中实施犯罪"属于普通的减轻情节之一。

[2] 该项规定,杀人如果"具有刑法典第 61 条第 2 项规定的情节之一"应适用死刑(现改为无期徒刑);意大利刑法典第 61 条第 2 项规定,"行为出于卑劣或无聊的动机"是犯罪的加重情节之一。

(2)"未完成的犯罪"(il reato tentativo),即犯罪的实现尚未到达犯罪既遂程度的犯罪表现形态。这种犯罪形态的特征是犯罪人的行为尚未完全具备刑法分则规定的犯罪构成要件,但其行为又具有实现全部条件的危险,此即所谓的"犯罪的未遂"[3](如某甲为了杀死某乙而向其开枪,但只对某乙造成了伤害的结果)。

[3] 意大利刑法典未对犯罪预备与犯罪未遂作明确区分,其规定的犯罪未遂(tentativo di commettere il reato)包括犯意明确、手段相当的预备行为(参见本章第三节)。

(3)"共同犯罪"(il concorso di persone nel reato),即由多个犯罪主体共同实施的犯罪。这种犯罪表现形态的特征在于,犯罪的实施不是由一个主体单独进行,而是由多个主体相互配合的行为共同完成,这是一种以利用他人的行为为特点的犯罪(如某甲给某乙武器,让他去杀某丙,某甲与某乙就是在共同实施犯罪)。

上面所说的"带情节的犯罪"是针对只具备基本犯罪构成的"简单犯罪"(il reato semplice)而言;"未完成犯罪"是相对"犯罪既遂"而言;"共同犯罪"则是与"单主体犯罪"(il reato monosoggetivo)相对应的犯罪形态。

第二节 带情节的犯罪[1]

1."犯罪情节"的概念及功能

刑法典经常不加区别地使用"情节"(circostanze)这一概念(如刑法典第 59 条第 1 款),来表示加重情节、减轻情节和排除刑罚的情节。[2]纯粹从技术角度讲,所谓"情节"应该是仅指加重情节和减轻情节。这些情节可以定义为犯罪的一些偶然或次要的因素,它们不能影响犯罪的成立,但却可以改变量刑的轻重甚至刑罚性质(即将一种刑罚改变为另一种刑罚,如刑法典第666条第1、2款的规定[3])。

[1] 2001年草案将规定"犯罪情节"(circostane)的一章列到"刑罚的种类"之后"刑罚的运用"一章之前。

[2] 意大利刑法中的加重情节(circostanze aggravanti)、减轻情节(circostanze attenunti),分别包含我国刑法中的从重情节、从轻情节在内;而排除刑罚的情节(circostanze di esclusione della pena)则往往既指免罪的情节,也指免刑的情节。

[3] 意大利刑法典第666条第1款规定的非法演出罪,法定刑为2万里拉至100万里拉的罚款;该条第2款规定,非法演出若具有申请被驳回、允许被撤销或临时中止等情节,法定刑为一个月以下的拘役。

从正面讲,情节必须具有"修改刑罚"的作用,这种修改可能是"比例性的"(即将刑罚增加或减少到一定的限度,在一般情况下是以"适用于犯罪的刑罚"[4]为基础,然后在该刑罚的1/3的范围内加重或减轻处罚),也可能表现为因情节而规定新的法定刑,并重新确定法定刑的最高和最低限(如刑法典第625条)。

[4] 这里的"适用于犯罪的刑罚"既不是法定刑,也不是宣告刑,而是指如果没有加重或减轻等情节,对具体犯罪应适用的刑罚。

不应该将"情节"混同于刑法典第133条规定的各种能影响刑罚轻重的"因素"(coefficienti)或所谓的"不纯正情节"(c. d circostanze impropie)(参见第九章第一节4),尽管后者也是量刑时必须考虑的因素(如就动机而言,刑法典第133条第2款n.1规定的犯罪动机,刑法典第61条第1项规定的卑劣或无聊的动机,刑法典第62条第1项规定的具有特殊道义或社会价值的动机等,都是量刑时必须考虑的因素),

第 8 章 犯罪的表现形态

但是这些因素与"情节"有显著的区别，因为：

（1）按情节决定的刑罚可能超过法定最高刑和最低刑的限度，而刑法典第 133 条规定的诸因素只能在法定刑的范围内发挥作用；

（2）刑法典第 133 条规定的都是一些"中性"的因素，要知道它们在量刑时究竟具有从重或是从轻的作用，还必须具体分析它们的价值内涵（如刑法典第 133 条第 1 款第 3 项规定的罪过的程度，就既可能是有利于犯罪人的因素，也可能是不利于犯罪人的因素）；与此相反，情节都是一些性质确定的事实，根据法律规定的固有内容，它们要么是加重情节，要么是减轻情节（例如，刑法典第 61 条第 3 项规定的有认识的过失，在任何情况下都是加重处罚的情节）。

从反面讲，不应该或不可能成为犯罪的构成要件，是犯罪情节的典型特征（例如，刑法典第 61 条第 10 项规定的加重情节[5]，就不能适用于刑法典第 341 条规定的侮辱公务员罪，因为该情节的内容实际上是后者成立的基本前提）。至于如何根据这一特征区分犯罪构成要件和犯罪情节的问题，我们稍后再进一步说明。

[5] 意大利刑法典第 61 条规定的内容为一般性的加重情节，其中的第 10 项规定，对正在执行职务的公务员、从事公务的人员、天主教或国家承认的宗教的神职人员，外国的外交、领事人员犯罪，为加重情节之一。

关于犯罪情节，首先应该说明的问题是其功能具有双重性。一方面，在刑法分则规定的抽象而一般化的犯罪构成和实际存在的形形色色的具体犯罪事实之间，犯罪情节可以起一种中介的分类作用，从而能更好地做到使刑罚与具体的犯罪相适应。例如，就刑法典第 624 条第 1 款的规定来说，盗窃就是盗窃，不论盗窃的东西是稀世珍宝还是仅值数文的破铜烂铁，也不论盗窃的动机是劫富济贫还是为了资助恐怖分子进行犯罪活动，按该款规定统统都应构成盗窃罪。但是，上面所列的特殊情况（以及可适用于盗窃罪的其他数以十计的类似因素），显然应作为对盗窃罪作出不同处理的根据。另一方面，正如现行刑法典[6]的规定所证明的那样，立法者规定犯罪情节的目的，是希望通过一些（内容往往过分绝对的）条文和一些适用情节的明确规定，使情节能发挥限制、引导并支配法官在量刑问题上的自由裁量权的作用。不过，第二次世界大战后进行的一系列改革，已大大削弱了情节的上述第二个功能。

[6] 这里的"现行刑法典"原文是"il codice Rocco"，直译为"洛克法典"。

在正式展开对情节的分析前，最难处理的可能是如何认定情节的问题。当立法者规定修改某一犯罪应处刑罚的因素是涉及该犯罪的构成要件的事实时，就会产生该因素究竟是一个真正的犯罪情节，或者是一个独立犯罪的问题。例如，处于物质上或精神上被抛弃状态中实施的杀婴行为（刑法典第578条）属于杀人罪中处罚较轻的特殊情况，但这种情况到底是属于刑法典第575条规定的杀人罪的减轻情节，还是一种相对刑法典第575条的规定而言是特殊的，但却是独立的犯罪呢？

正确地解决这一问题具有极其重要的实践意义，因为它涉及如何适用一系列刑法规定的问题。在这些规定中，特别值得一提的有：(1) 刑法典第59条第1款：该款规定，减轻情节的存在与行为人的认识无关[7]（而犯罪构成要件的成立，则必须按"主观归罪"[8]的规则决定）；(2) 刑法典第59条第2款：该款规定，不论罪过形态是故意还是过失，加重情节都同样可以成立（而对故意犯罪来说，只有成为故意内容的事实，才可能成为具有刑法意义的构成要件）；(3) 刑法典第69条：该条规定，在犯罪情节竞合的情况下，法官可根据具体情况采用优先或等价原则[9]（参见本章第二节4），如果是犯罪构成要件的竞合，显然不可能适用该款规定。[10]

[7] "存在与行为人的认识无关"原文为"applicazione obiettiva"，直译为"客观的适用"。

[8] 这里的"主观归罪"（imputazione soggettiva），是指只有行为人主观上能够认识并能够控制的事实，才能够认为是主体的行为，或者说才能"归罪于"主体。

[9] 根据意大利刑法典第69条的规定，这里所谓的"优先"是指在同时存在加重和减轻情节的情况下，只以优先考虑的加重或

第 8 章 犯罪的表现形态

减轻情节作为量刑的依据;所谓"等价",是指加重情节和减轻情节可以相互折抵。至于究竟是采取"优先"或"等价"原则来处理,加重情节与减轻情节的关系,得由法官根据具体的案情来决定。

[10] 在意大利刑法中,犯罪构成要件的竞合,应按犯罪竞合来处理。

例如,如果刑法典第 583 条第 2 款规定的重伤,不属于伤害罪的加重情节,而是像一部分人所认为的那样,是一种与刑法典第 582 条规定的伤害罪不同的独立犯罪,那该重伤(如丧失某种感觉器官)就必须是行为人所希望发生的结果;如果该款规定的重伤,只是伤害罪的加重情节,那么,这种重伤就不一定以行为人的希望为成立的条件,只要对该结果有过失,对主体就应适用该款规定的刑罚。此外,如果刑法典第 583 条第 2 款规定的重伤是一个加重情节,当同时存在一个减轻情节时(如刑法典第 62 条第 2 项规定的因受挑衅而实施犯罪),那么,根据刑法典第 69 条的规定,法官就有权只考虑减轻情节,并按基本的犯罪(即刑法典第 582 条规定的普通伤害罪)决定刑罚;但如果该款规定是一种独立的犯罪,即使存在上述减轻情节,也必须以该款(为重伤)规定的法定刑为基础决定刑罚。

要正确地解决如何区分犯罪构成要件和犯罪情节的问题,显然不能先入为主地采用抽象的"实质标准"(criteri sostanziali)。例如,认为能改变犯罪侵害客体的事实就是犯罪构成要件,如果不能改变犯罪侵害的客体,就属于犯罪情节。这种结论显然只能产生于犯罪构成要件和犯罪情节的区别已经解决了之后,而不是在尚未解决该问题之前,因为这时人们可以说,因为行为所侵害的客体没有改变,所以某事实是犯罪情节,如果情况相反,则属于犯罪构成要件。

用"形式的标准"(criteri formali)来解决上述问题,似乎更有道理。所谓"形式的标准"包括以下几个方面。首先,应分析在带情节的犯罪构成与基本的犯罪构成之间是否存在一种"特殊与一般"的关系。[11] 存在这种关系意味着,除了基本犯罪构成的全部因素外,"带情节的犯罪构成"还含有前者所没有的特殊因素。如果没有这种关系（如刑法典第378条第1款和第3款[12]），有关的犯罪构成就肯定不是有关犯罪情节的规定。因为从定义上来说，所谓情节就是指没有修改犯罪构成要件的事实。但是，两个事实之间的"特殊与一般"的关系只是认定犯罪情节的必要条件，还不能作为认定犯罪情节的充分根据。有些独立的犯罪与其他犯罪的构成之间，也可能存在这种关系。[13]为了正确地区分犯罪情节与犯罪构成要件，还必须考虑以下情况：（1）有关规定在"立法中的实际性质"（qualifica legislativa）（如刑法典第339条、第576条、第577条、第625条等[14]），这是一种在形式的法律制度[15]中不可低估的因素；（2）法条中提到的有关应适用情节的规定（如刑法典第593条第3款中就提到，应按刑法典第64条[16]的规定"加重处罚"；刑法典第285条第5款也规定了应如何适用刑法典第69条[17]规定的问题）；（3）法律单独为某事实规定了一个独立的 nomen juris（罪名），并对该事实的构成进行了全面的描述，其中既包括另一个犯罪的全部构成因素，也包括该事实特有的构成要素（如相对刑法典第575条的规定而言的刑法典第578条[18]）。这种规定方式间接，但却是非常明确地表明了立法者强调该事实是独立犯罪的意志。

[11] 这里的"特殊——一般"的关系，原文为"rapporto specialita"，直译为"特殊性关系"。

[12] 意大利刑法典第378条第1款规定，对帮助应判[死刑]、无期徒刑或有期徒刑的重罪犯的非共同犯罪人，处4年以下的有期徒刑；该条第3款规定，如果被帮助的重罪犯应判其他刑罚，或被帮助的人是轻罪犯，处100万里拉以下的罚金。

[13] 关于这个问题请参阅本书第十章第二节。

[14] 意大利刑法典第339条规定的是各种私人侵害公共行政罪的加重情节；第576条规定的是各种应适用死刑（现实际应适用无期徒刑）的故意杀人罪的加重情节；第577条是故意杀人罪的其他加重情节；第625条规定的是各种使用暴力侵犯财产罪的加重情节。上述条文的标题就是"加重情节"。

第 8 章　犯罪的表现形态

　　[15] 认为刑法制度是一种严格讲究形式的法律制度，是意大利刑法学界的通说。

　　[16] 意大利刑法典第 64 条的标题为"在只有一个加重情节的情况下增加刑罚"。

　　[17] 意大利刑法典第 69 条的标题为"加重情节与减轻情节的竞合"。

　　[18] 意大利刑法典第 575 条的标题为"杀人"，第 578 条的标题为"在物质或精神上被抛弃的情况下杀婴"。

　　在认定犯罪情节时，结果加重犯到底是情节犯还是独立的犯罪，可能是最有争议的问题（参见第八章第五节 3）。如果采用形式的标准，这种情况无疑应属于情节犯的范畴，因为有关这种结果的规定常常提到应适用有关情节的规定（例如，根据刑法典第 280 条第 5 款规定的精神，因企图实施恐怖活动或脱逃罪而引起他人死亡和伤害的，按前刑法典第 69 条规定的方式处理加重情节的竞合问题；又如，刑法典第 593 条第 3 款规定，如果疏于救助而致人伤害，应按刑法典第 64 条有关加重情节的规定"加重"刑罚）。此外，法律从未为结果加重犯规定单独的 nomen juris（罪名），也没有为它们规定独立的犯罪构成。但必须注意的是，如果将结果加重犯作为情节看待，（根据 1990 年第 19 号第 1 条修改后的法律）刑法典第 59 条第 2 款规定的加重情节的归罪标准就成了一个极大的问题。关于这一点，我们将在本章第二节 3 中分析。

　　除结果犯外，如果运用形式标准仍不足以确定某一法条规定的事实，是犯罪情节或独立的犯罪，就会产生到底应该如何确定这类事实性质的问题。目前占统治地位的观点认为，这类事实只能作为犯罪构成要件来处理，因为只有这样才能发挥罪过原则的保障作用。事实上，确定这类事实性质的根据应该是一个优于罪过原则的原则，即罪刑法定原则，因为宪法第 25 条第 2 款和刑法第 1 条都强调，只有法律"明确"规定的违法事实才是犯罪（参见第二章第三节）。当人们不能确定一个事实到底是犯罪情节或是某一犯罪行为的构成要件时，实际上是对法律是否规定了一个独立的犯罪有不同的理解。根据罪刑法定原则，犯罪必须由法律"明确"规定，这意味着犯罪本身的含义必须是确定无疑的，如果对法条规定的事实究竟是不是犯罪尚存疑义，那么该事实无疑就应属于犯罪情节的范畴。与此相反的结论，实际上是用纯粹解释性的选择来取代了立法者专有的权力（即决定某事实是否是犯罪的权力）。

2. 情节的分类

犯罪情节可以根据不同的需要从不同的角度进行分类。这些分类有些具有理论性质，有些则是根据法律规定的内容进行分类（因此，这种分类方法具有更直接的实践意义）。

从理论角度，可以将犯罪情节分为下面两种情况。

（1）"有明确规定的情节"［或"特定（specifiche）情节"］与"无明确规定的情节"［或"一般（generiche）情节"］。所谓"有明确规定的情节"（circostanze definite），是指对其内容法律有明确规定的情节（如刑法典第 61 条和第 62 条规定的各种一般的加重和减轻情节）。而所谓"无明确规定的情节"（circostanze indefinite），则是指法律没有明确指出情节的内容，只是简单地规定"情节严重"或"情节特别严重"应加重处罚（例如，规定有关违反劳动规章的犯罪的 1970 年第 300 号法律第 38 条第 2 款），或者"危害轻微"应减轻处罚的情况（例如，规定有关骗税罪的 1982 年第 516 号法律第 4 条第 2 款）。刑法典第 62—2 条规定的情节，从性质上也属于无明确规定的减轻情节（参见本节 7）。

由于无明确规定的加重情节是一种法律没有规定确切的限制，实际上完全是由法官来决定是否加重刑事责任的情况，因而如何解释这种情节同具有宪法意义的明确性原则的关系，是一个很严肃的问题（参见第二章第三节）。

（2）"内在情节"（circostanze interinseche）与"外在情节"（circostanze estrinseche）。前者是与犯罪构成要件有关的情节（如刑法典第 61 条规定的第 3、4、7 项，第 62 条第 4、5 项规定的情节），后者则是指与犯罪构成要件联系不甚紧密的情节（如刑法典第 62 条第 6 项规定的情节、累犯等）。

第 8 章 犯罪的表现形态

根据法律规定的内容，除了可以将情节分为"加重情节"（aggravanti）和"减轻情节"（attenuanti）外，还可以进行下列分类。

（1）"普通情节"（circostanze comuni）和"特殊情节"（circostanze speciali）。前者是指原则上可适用任何犯罪的情节（如分别由刑法典第 61 条和第 62 条规定的各种加重和减轻情节），而后者则是只适用于单个犯罪或某组犯罪的情节（如刑法典第 576 条和第 577 条规定的杀人罪的加重情节、第 625 条规定的以暴力方式侵害财产罪的加重情节等）。

（2）"客观情节"（circostanze oggettive）和"主观情节"（circostanze soggettive）。根据刑法典第 70 条的规定，所谓"客观情节"是指与行为的方式（如刑法典第 61 条第 4 项规定的犯罪使用残忍手段），危害的程度（如刑法典第 61 条第 7 项规定的侵犯财产罪数额巨大）及被侵害人的条件和身份（如刑法典第 61 条第 10 项规定的侵犯公务员等正在执行职务的人员）等有关的情节；而所谓"主观情节"则是指主观要件的程度（如刑法典第 61 条第 3 项规定的有预见的过失），犯罪人的条件和身份（如刑法典第 61 条第 9 项规定的滥用职权），犯罪人与被侵害人的关系（如刑法典第 576 条第 1 款第 2 项规定的杀害直系尊、卑亲属），或者其他与犯罪人有关的情况。

这里所说的"其他与犯罪人有关的情况"，主要是指有关行为人的刑事责任能力和累犯的情况（如刑法典第 98 条第 1 款和刑法典第 99 条规定的情况[1]）。一部分理论界的人和个别司法判例认为，这些与犯罪人有关的情节不是"严格意义"的主观情节，因而不能适用有关的刑法规定（持这种观点的人主要是想在有关犯罪人刑事责任能力的问题上，不适用刑法典第 69 条关于加重情节优先，可不考虑减轻情节的规定；坚持即使减轻情节处于次要地位时，影响犯罪人刑事责任能力的情节也应作为减轻情节发挥作用）。但在刑法典第 70 条和第 69 条第 4 款都明确规定有关行为人的情节属于"主观情节"的情况下，人们确实不知道诸如此类的观点怎么可能站得住脚（参见本节 4）。

[1] 意大利刑法典第 98 条第 1 款规定，已满 14 岁未满 18 岁的人，如果有刑事责任能力，应对实施的行为承担刑事责任，但应

减轻处罚；第 99 条规定，对累犯应加重处罚。

（3）"强制情节"（circostanze obbligatorie）和"选择情节"（circostanze facoltative）。在确定情节的存在后，法官"必须"还是"可以"加重或减轻刑罚，是划分这两种情节的标准。属于前者的例子如刑法典第 61 条、第 62 条、第 576 条、第 577 条和第 625 条等；属于后者的例子如，刑法典第 99 条，第 114 条第 1 项至第 3 项的规定等。

（4）"具有普通效力（a effetto comune）的情节"和"具有特殊效力（a effetto speciale）的情节"。根据刑法典第 63 条第 3 款的规定，所谓"具有特殊效力的情节"是指增加或减少刑罚可以超过基本刑 1/3 的情节，"具有普通效力的情节"显然是必须受这个范围限制的情节。属于前者的例子如刑法典第 61 条、第 62 条和第 389 条第 1 款；而刑法典第 99 条第 2、3 款，第 424 条第 2 款、第 628 条第 3 款等则是属于后者的例子。刑法典第 64 条第 1 款和第 65 条第 3 项规定，在法律没有具体规定增加或减少刑罚的数量时，就意味着加重或减轻刑罚的幅度不得超过基本刑的 1/3。

（5）"比例（a effetto proporzionale）情节"和"独立（a effetto speciale）情节"。划分这两种情节的标准是，法律在规定某种情节时是否改变了基本罪的法定刑种类或规定了新的法定刑幅度（刑法典第 69 条第 4 款，参见本节 4）。属于前者的例子如刑法典第 61 条、第 62 条，第 99 条第 2、3 款、第 339 条第 1 款、第 424 条第 2 款等；属于后者的例子则有，刑法典第 625 条、第 628 条第 3 款、第 648 条第 2 款等。

3. 情节的认定[1]

刑法典第 59 条第 1 款原来的条文规定，不论是犯罪的加重或减轻情节均应按"客观归罪"的原则来加以认定，行为人没有认识到情节的存在或错误地认为其不存在，并不影响犯罪情节的成立。对加重刑罚的犯罪情节来说，这实际上是客观责任的一种形式，显然不符合宪法第 27 条第 1 款规定的罪过原则（参见第七章第一节 2）。[2]

[1] "情节的认定"原文为"imputazione delle circotanze"，直

译为"情节的归罪"。

［2］2001年草案第30条（加重情节的主观归罪）规定，只有在有认识或者因过失而没有了解的情况下，加重情节才应由行为人承担。

1990年第9号法律第1条在修改刑法典第59条第1款时，改变了其中前两款的内容。现在该条的第1款规定，"减轻或免除刑罚的情节应作有利于行为人的认定，即使行为人对此没有认识，或错误地认为其不存在"；根据该条第2款，"加重刑罚的情节，只有在为行为人所认识，或者因过失而没有认识，或因过失决定的错误而认为其不存在时，才应由行为人承担"。根据这两款规定，现在对减轻情节采用的仍然是客观标准，因为这显然是一个有利于犯罪人的规定；而对加重情节，现在则以行为人至少必须有过失为归罪的标准。例如，如果提佐盗窃了一个物品，价值达到了数额巨大的程度，但是，只有在提佐知道该物品的价值，或者根据认定过失的一般标准，他可能知道该物品价值的情况下（参见第七章第四节4），才可能作为刑法典第624条第1款关于盗窃罪的一般规定和刑法典第61条第7项[3]有关加重情节的规定，对提佐加重处罚。除此之外，还有一些加重情节本身包含了行为人主观态度的内容，如刑法典第61条第1项规定的卑劣或无聊的动机。对这些与主体心理有内在联系的情节而言，显然就不存在犯罪情节是否被行为人所认识或是否具有可认识性的问题。

［3］该项规定，数额巨大为侵犯财产罪的加重情节。

对"结果加重犯"（i reati aggravati dall'evento）是否应适用刑法典第59条第2款的规定，是一个非常棘手的问题。构成结果加重犯的情节，都是由行为引起的自然性结果，并且都具有行为人没有认识（或不可能认识），或更准确地说没有预见（或不可能预见）的性质。如果立法者将结果加重犯都规定为情节犯，明确要求这类犯罪中的结果只能是行为人所预见或可能预见的结果，当然是一种较适当的选择。不过，即使如此也不能解决因结果加重犯而生的所有难题。由于结果加重犯中的结果本身是一个独立的犯罪构成（参见第七章第五节3），如果行为人

_285

对这种结果已经有所预见,并接受了发生这种结果的风险,就不允许将这种结果作为情节处理,因为行为人的这种心理态度已属于可能故意的范畴(参见第七章第三节3)。对这类情况,应按以该结果为构成要件的故意犯罪处理(参见第七章第五节3);而结果加重犯中的结果,只要行为人主观上具有过失就足以成立。

在对被侵害人有认识错误(参见第七章第三节2)或只造成单一侵害的 aberratio ictus(对象偏离)(参见第七章第七节4)的情况下,如果涉及需要客观归罪的情节,刑法典第81条第1款要求适用刑法典第60条规定的一些特殊规则。尽管这些曾经举足轻重,但现在已经没有多大意义的规则包括:

(1) 对"涉及被侵害人的条件或身份或者犯罪人与被侵害人关系"的情节,如果行为人主观上没有罪过,就不应承担责任(刑法典第60条):例如,提佐向凯奥开枪,结果打死了是公务员的森博,就不应适用刑法典第61条第10项规定的加重情节。

(2) 如果行为人错误地认为存在涉及被侵害人的条件、身份或者犯罪人与被侵害人关系等情况的减轻情节,应该作出有利于犯罪人的认定(刑法典第60条第2款)。例如,如果提佐因受凯奥挑衅而向其开枪,结果却打死了无辜的森博。在这种情况下,尽管实际被打死的森博并没有向提佐挑衅,但仍应适用刑法典第62条第2项的规定,对提佐按因受人挑衅而实施犯罪减轻处罚(与现在的刑法典第59条第2款的精神相似)。

根据上面两条规则,如果某种加重情节属于行为人针对希望侵害的人而实施的行为,就不能适用于对实际受侵害人造成了危害的情况,因为针对后者的行为中并不包含这些情节(例如,假设提佐向正在执行职务的某公务员开枪,实际却打死了一个没有该身份的人,就不应以针对正在执行职务的公务员犯罪为由而加重处罚)。但是,如果对造成实际被侵害人的危害行为中包含作为减轻情节的事实,即使在行为人对原打算针对其希望侵害的人实施的行为中并不存在,也应按刑法典第59条第1款规定的一般规则,作出有利于犯罪人的评价(例如,提佐本想窃取凯奥的一件珍宝,却误偷了森博的一件价值菲薄的东西,就应适用刑法典第 62 条第 4 项规定的减轻情节,按盗窃物品数额不大减轻处罚)。

对"涉及被侵害人的年龄、其他条件、生理或心理状态等"情况的情节,刑法典第 60 条第 3 款重申应适用刑法典第 59 条第 1、2 款的一般性规定。例如,提佐原本打算教唆某成年人自杀,但却误将一个未成年人当做了教唆对象,对这种情况,仍然应根据刑法典第 580 条第 2 款的规定,对提佐按教唆未成年人自杀而加重处罚。

4. 情节的适用和情节的竞合[1]

在适用有关情节的规定时,必须注意区分三种不同的情况:(1)只存在单一的情节;(2)多个同一性质情节的竞合;(3)多个不同性质情节的竞合。

[1] 2001 年草案第 67 条(情节的计算)规定:(1)在不存在情节竞合的情况下,法官根据法律对加重情节或减轻情节的规定,对有罪的人增加或减少适用的刑罚。(2)为每一个加重或减轻情节增加或减轻的刑罚相当于法官在没有这些情节应适用刑罚的 1/6 到 1/4。如果存在两个或更多的加重情节,或者两个或更多的减轻情节,刑罚的增加或减少可至一半。(3)在同时存在加重与减轻情节的情况下,如果法官认为加重情节优先,则不考虑减轻情节应减少的刑罚,只计算加重情节应增加的刑罚。如果法官认为减轻情节优先,不考虑加重情节应加重的刑罚,只计算减轻情节应减少的刑罚。如果法官认为加重情节与减轻情节具有同等意义,量刑时不考虑这些情节。(4)上述各款中关于减轻处罚的规定不适用于刑法典第 100 条第 4 款,第 105 条第 3 款规定的情况。

(1)如果只存在一个情节,必须首先确定该情节是"比例情节"还是"独立情节"(参见本节 2)。如果属于"比例情节",法官就应该先撇开该情节来决定基本罪的刑罚,因为基本罪的刑罚是情节加重或减轻刑罚的基础。在确定了基本罪的刑罚之后,再根据具体的情节,在法律规定的幅度内决定应加重或减轻的刑罚(刑法典第 63 条第 1 款、第 64

条和第 65 条）；在加重情节涉及有期徒刑或减轻情节涉及无期徒刑时，还应注意刑法典第 64 条第 2 款[2]关于加重情节、刑法典第 65 条第 2 项[3]关于减轻情节的特殊规定。如果属于"独立情节"，由于法律为情节规定了种类或量刑幅度上与基本罪不同的法定刑，法官就只能按刑法典第 133 条规定的标准，像处理独立犯罪一样根据具体案情来决定刑罚。

[2] 该款规定，因单个加重情节而决定的刑期，有期徒刑最高不得超过 30 年。

[3] 该项规定，具备单个减轻情节时，无期徒刑应减为 20 年～24 年的有期徒刑。

（2）如果同时存在多个"性质相同的"（omogenee）情节（如多个减轻情节的竞合或多个加重情节的竞合），首先必须确定这些情节是"真正的"（reale）情节竞合的，还是具有"法条竞合的性质"（apparente）。如果属于后者，显然就应按上面（1）中所说的办法，作为一个加重或减轻情节来处理。

所谓情节竞合"具有法条竞合的性质"，是指属于某一特殊规范规定的情节，同时符合某一普通规范有关情节的规定，但根据刑法典第 15 条[4]的规定，只能适用前者规定的情况（参见第十章第二节 2）。例如，就故意杀人罪而言，刑法典第 576 条第 1 款第 2 项规定的杀害直系尊、卑亲属，相对第 577 条第 1 款第 1 项的规定而言，就是一种特殊规范。因为后者只要求杀害的对象是直系尊、卑亲属就能成立，而前者的成立还必须同时具备刑法典第 61 条第 1 至第 4 项规定的其他情节，或者具备使用了毒害等阴险手段，或者有预谋实施等情节。

[4] 该条是有关"特别法优先原则"的规定。

根据刑法典第 68 条第 1 款的规定，在某个犯罪情节"本身就包含了另一个情节"时，也只应适用一个情节（如醉酒状态本身就包含了各种情节在内），即只适用"那个能最大限度地加重或减轻刑罚"的情节。但如何确定这种包含关系的性质，却是一个问题。由于刑法典第 68 条第 1 款明显是刑法典第 15 条规定的保留条款，人们据此推出了该款规定的两个情节之间的关系不是一般与特殊关系，而应该是交叉关系。这里所谓的"交叉关系"（interferenza）是指在该款规定的两个情节，既各自分别有某些异质的特征，但又共同包含某些相通的因素，正是这种情况存在，人们才可以说其中一个情节的实现包含了另一个情节的内容。例如，刑法典第 386 条第 2 款第 2 项规定的减轻情节（抓获因自己的过失而脱逃的人犯），就不能说是刑法典第 62 条第 6 项规定的减轻情节（消除犯罪的危害或危险后果）的特殊情况，因为对这两个情节的时间因素，法律有不同的规定（前者是 3 个月，后者是审判前），并且后者的成立还要求消除犯罪后果必须是出于犯罪人的主动，这也是刑法典第 386 条第 2 款第 2 项所没有的内容。然而，由于这两种情节都以消除犯罪后果为共同的核心，如果某事实同时具备这两种情节的全部要素，刑法典第 386 条第 2 款第 2 项规定的情节，事实上就包含刑法典第 62 条第 6 项规定的全部内容。

当几个性质相同的情节都是"真实的情节"时，如果它们都属于具有"普通效力的情节"（参见本节 2），法官应先在假设没有这些情节的情况下，决定对基本的犯罪应处的刑罚；然后，再以基本罪的刑罚为起点，开始逐一适用加重（或减轻情节），而每适用一个加重（或减轻）情节时，都以前面已经加重（或减轻）了的刑罚为计算的基础（刑法典第 63 条第 2 款）。这样，在适用多个加重或减轻情节时，刑罚的增加和减轻都具有"递增"或"递减"的性质。例如，在基本罪应处刑罚的刑期为 3 年的情况下，如果具有两个普通的加重情节，并都应按最大幅度加重处罚（即都是应加刑 1/3 的情节），那么第一个被加重情节加重的刑期是 1 年，而被第二个加重情节加重的刑期则是 1 年零 4 个月，因为第二个加重情节的基础刑期已不是 3 年，而是 4 年。如果是减轻情节，计算的方法就相反。

在几个"具有普通效力的情节"同一个"具有特别效力的情节"（参见本节 2）竞合，或者几个"具有普通效力的情节"同一个"法定刑不同的""独立情节"相互竞合时，法官应先适用"具有特别效力的情节"或"法定刑不同的独立情节",然后再逐一适用具有普通效力的加重或减轻情节(刑法典第63条第3款)。

如果相互竞合的情节都是具有特别效力的情节,或者都是法定刑不同的独立情节,则应只适用其中最严重的(加重情节)或最不严重的(减轻情节)。不过,法官"可以"在此基础上再加重或减轻处罚。这实际上是将那些次要的情节,转变成了具有普通效力的"选择情节"(刑法典第63条第4、5款)。

刑法典第66条和第67条分别规定了在适用加重或减轻情节时,"递增"或"递减"刑罚的最大限度。[5]

> [5] 意大利刑法典第66条规定,因多个加重情节而决定的刑期,一般不超过基本刑的3倍,有期徒刑不得超过30年,拘役不得超过5年,罚金不得超过2000万里拉,罚款不得超过400万里拉;第67条规定,因多个减轻情节而决定的刑罚,一般不得低于基本刑的1/4,无期徒刑不得低于12年。

(3) 如果相互竞合的情节"性质不同"(eterogeneo),法官就应根据刑法典第69条的规定,比较这些情节的具体性质。这种比较可能得出两种结果:第一,加重情节和减轻情节具有同等的价值。在这种情况下,应就像根本不存在犯罪情节一样适用基本犯罪的刑罚。第二,加重或减轻情节具有优先的地位。对这种情况,应只适用居于优先地位的加重或减轻情节。

刑法典第69条的规定是意大利现行刑法制度的核心之一。该条有关犯罪情节的坚实而充满生气的规定,可能成为从根本上推动意大利刑事制裁制度改革的动力。根据刑法典第69条最初的规定,"涉及犯罪人个人固有的(inerenti alla persona del colpevole)情节"和"独立(autonomi)情节",不能与其他情节放在一起进行比较(参见本节2)。法律当时规定这些限制的理由,就"独立情节"而言,在于法律为某一个情节规定独立的法定刑这一事实,意味着立法者认为该情节对犯罪危害的影响具有质的意义,与只在基本犯罪的基础上加重、减轻刑罚的"比例情节"相比,这种情节是一种性质结构均有根本差别的事实;就犯罪

第 8 章 犯罪的表现形态

人个人固有的情节而言，则是因为这些情节的内容都是与犯罪行为无关的主体特征，因此这种情节与其他影响犯罪的情节间没有"可比性"。

从原则上说，这些理由本身不是没有道理，但这些规定在实践中带来的实质不平衡，却常常让人无法接受。例如，一个人撬开车锁，偷了街边一辆公用的破自行车，就应该处 3 年至 10 年的有期徒刑（除了刑法典第 625 条最后一款的规定外，该行为还具有该条第 1 款第 2 项规定的对盗窃物品使用暴力和第 7 项规定在公共场所盗窃公用财物两个独立的加重情节），即使适用刑法典第 62 条第 4 项规定的减轻情节（盗窃财物数额较小），该人所受的刑罚无论如何都不可能少于 2 年的有期徒刑[6]。与该犯罪行为的实际危害相比，这个刑罚怎么都显得太重。

[6] 意大利刑法典第 625 条第 1 款规定，具备一个该款各项所列的独立的犯罪情节，应处 1 年至 6 年的有期徒刑，并处 20 万里拉～200 万里拉的罚金；该条最后一款规定，若具备两个或两个以上上述情节，应处 3 年至 10 年的有期徒刑，并处 40 万里拉至 300 万里拉的罚金；意大利刑法典第 62 条第 4 项规定"盗窃数额不大"为具有普通效果的减轻情节，最多只能减少基本刑的 1/3。因此，即使按意大利刑法典第 625 条最后一款规定的最低刑（3 年的有期徒刑）处罚，对犯罪人也应判处 2 年的有期徒刑。

由于改变全部有关犯罪情节的规定，将是一项十分艰巨的工程，人们选择了只修改刑法典第 69 条的方案，于是有关情节性质的限制被打破，所有的情节都成了可以相互比较的情节（1974 年第 99 号代理性立法第 6 条）。由于有了这种规定，法官量刑时的自由裁量权实际得到了极大的扩展。例如，在刚才所举的例子中，法官可能认为加重情节优于减轻情节，那他就可以在 3 年至 10 年的范围内决定法定刑；法官也可能认为减轻情节优于加重情节，那他就可以在 14 天到 3 年有期徒刑的范围内决定基本的刑期后[7]，再减轻该刑罚的 1/3；如果法官认为加重情节和减轻情节具有同样的价值，上述案件就应在 14 天到 3 年有期徒刑的范围内决定适用的刑罚。

[7] 意大利刑法典第 624 条为盗窃罪规定的基本刑为 3 年以下

有期徒刑（意大利刑法中有期徒刑的起点为 14 天），并处 6 万里拉～100 万里拉的罚金。

这种扩大法官自由裁量权的做法，并不总具有积极的意义。因为这种做法会推翻立法对保护利益的评价，贬毁刑法的保护功能。例如，刑法典第 572 条第 2 款规定，虐待家庭成员致死的刑罚为 12 年～20 年的有期徒刑，但如果一个普通减轻情节得到了法官的认可，该行为就可能按刑法典第 572 条第 1 款规定的普通虐待罪处罚（法定刑为 1 年～5 年的有期徒刑），如果法官认为该减轻情节优于虐待致死这个加重情节，犯罪人所受到的处罚就实际上就可能仅是 8 个月的有期徒刑。仅此一个例子，已足以说明问题的严重性。

如果考虑到法律并没有说明应以什么样的标准来规范情节间的比较，上述风险就更为明显。很多人认为应以刑法典第 133 条作为规范情节比较的标准，但是该条规定显然只能作一种理解（参见第九章第一节 4）。如果以该条规定为标准，无异于说情节的比较应完全属于法官自由裁量的范围。要解决这个问题，似乎有必要撇开那些纯粹外在的因素（如情节的数目，情节的法律效力等），从各种情节内在的强度入手，评价它们在具体犯罪中应有的"分量"。例如，在具体的犯罪中，一个相对克制的挑衅（刑法典第 62 条第 2 规定的减轻情节）可能抵消一个特别严重的折磨（刑法典第 61 条第 4 项规定的加重情节）；对一个富人造成了巨大的财产损失（刑法典第 61 条第 7 项规定的加重情节），也可能与极具社会意义的动机（刑法典第 62 条第 1 项规定的减轻情节）在量刑问题上具有同等的价值。

就限制刑法典第 69 条中包含的法官裁量权而言，现在唯一可见的方法是立法者用各种方式排除或限制情节间的等值关系或优先关系（这种方法在规定新型的犯罪情节的时候，特别常见）。例如，作为加重情节，"以实施恐怖活动为目的"就不能为减轻情节所抵消（转化为 1980 年第 15 号法律的 1979 年第 625 号法规第 13 条）；以种族歧视或种族仇恨为目的这类加重情节，同样具有这种性质（转化为 1993 年第 205 号法律的同年第 122 号法规第 3 条）。这样的例子当然还有很多，但这些

"单个"的例外规定,多是偶然需要的结果。对 1974 年仓促而草率地修改刑法典第 69 条的后果,尚待人们进行全面而理性的反思。

5. 情节的效果

除了决定具体刑罚的轻重之外,情节还有其他法律效果。这些效果亦被称为情节的"法律意义"(c. d di rilevanza edittale)。从法律角度看,这些效果仅仅决定于情节的存在,与情节的适用无关。在情节的这类效果中,最重要的有:对"犯罪时效"的影响(刑法典第 157 条第 2、3 款规定,具体犯罪的追诉时效应结合情节对法定最高刑的影响来决定);对诉讼性质的影响(在某些情况下,加重情节具有将告诉才处理的犯罪变为公诉罪的效力,如刑法典第 646 条第 3 款[1]);对诉讼管辖的影响(具有特别效力的情节或规定了不同刑罚的情节,具有改变诉讼管辖的效力。刑事诉讼法典第 4 条);对采取对人的防范措施(刑事诉讼法典第 278 条)和决定逮捕的影响(刑事诉讼法典第 379 条)。

[1] 意大利刑法典第 646 条第 1 款规定,一般侵占罪被侵害人告诉的才处理;该条第 3 款规定,侵占他人因紧急情况而被迫寄存的物品,或滥用从属、亲属、职务、劳务、同居或款待关系侵占他人财产,为公诉罪。

6. 普通的加重情节[1]

刑法典第 61 条规定了一系列"普通的加重情节"(le circostanze aggravanti comuni)(参见本节 2),具体包括以下内容。

[1] 2001 年草案第 64 条(加重情节)规定了 5 个普通加重情节,其中包括:(1)以恐怖主义、推翻宪法规定的秩序、黑手党性质的威胁、种族歧视为目的实施犯罪;(2)犯罪是为了实施或掩饰另一个犯罪,或者为了使自己或他人得到,或确保另一个犯罪所得的结果、利益、报酬或为了逃避惩罚;(3)在实施侵犯财产的重罪或其他损害财产的重罪时,对被侵害人造成重大财产损失;(4)在故意侵犯人身的重罪,或其他以对人的暴力实施的重罪中,行为出

于卑劣或无聊的动机,或采用了折磨或残忍的手段;(5)在过失重罪中,在已经预见到结果的情况下的行为。

(1)[2]"行为出于卑劣或无聊的动机"。动机是行为的心理原因(而目的则是行为人追求的客观目标,一个富人为继承遗产而犯罪,为了得到财产是目的,而动机则是贪婪)。所谓"卑劣"(abietto),是指道德特别低下(例如,为了取悦有性虐待癖的情人,和他一起折磨自己的女儿);所谓"无聊"(futile),是指与所实施的犯罪相比,行为的动机确实微不足道(例如,为了超车而杀人)。

[2] 这里的(1)、(2)、(3)……的内容,分别是意大利刑法典第61条第1、2、3……项规定的内容;紧接(1)、(2)、(3)……序号后面双引号内、句号前的译文,即是该条各项规定的直译。

(2)"犯罪是为了实施或掩饰另一个犯罪,或者为了使自己或他人得到,或确保另一个犯罪所得的结果、利益、报酬或为了逃避惩罚"[3]。

[3] "逃避惩罚"原文为"impunita",直译为"免罚性"。

这个情节实质上包含两种不同犯罪间的联系形式,即不同犯罪之间的目的联系和因果联系。犯罪之间的"目的(teoleologica)联系",不以作为目的的犯罪已经实施为存在的条件(例如,为了抢劫而盗车);而犯罪间的"因果(conseguenziale)联系",则要求作为前提的犯罪和作为结果的犯罪同时存在(例如,为了销赃而分割一幅偷来的名画,是为了得到盗窃罪的利益而毁损财产;而杀人后毁尸灭迹,则属于为了逃避惩罚而实施犯罪)。这里所说的"结果"是指行为人追求的犯罪"效果"[4];"利益"(profitto)即因犯罪而得的经济上的好处;"报酬"(prezzo)则是指对行为人实施犯罪的回报。

[4] 这里的"结果"原文为"prodotto",有"产品"、"成果"等义;"效果"原文为"risultato",有"结果"、"成果"、"效果"等义。

由于1974年第99号代理立法第8条修改了刑法典对"连续犯"(il

reato continuato）的规定[5]，现行刑法典第 81 条第 2 款规定，不同性质的犯罪也可能构成连续犯（参见第十章第三节 3.2）。在刑法典作了如此的修改后，人们就对上述情节是否仍然有存在的必要提出了质疑。因为，现行刑法典第 81 条第二款规定，对"在同一犯罪计划"支配下实施的各种犯罪，都可以按连续犯作出更有利于犯罪人的处理，如果承认这个加重情节的存在，似乎与强调不同犯罪间心理联系一致性的立法精神不符。

[5] 原来刑法典的规定。

实际上，上述观点是将两个性质不同的问题搞混了：这里的加重情节评价的对象是单个犯罪，即根据单个犯罪与其他犯罪的实际联系来确定犯罪的严重程度；而连续犯评价的对象是作为整体的一系列犯罪，对这类犯罪只能根据法律的规定，按其中最严重犯罪的刑罚为基础，再在加重该刑 1/3 的范围内处罚。当然，也可能出现这种加重情节和连续犯重合的情况。

（3）"在过失重罪中，行为时已对结果有所预见"。参见第七章第三节 3。

（4）"对人采用折磨或残忍的手段"。这里的"折磨"，是指在"经济性"犯罪中对人造成与犯罪目的不相称的生理或心理伤害（如拷打被扣押的人质）；而所谓的"残忍"，则是指给人造成无助于犯罪实施的精神痛苦（如强迫儿子参与杀害亲生父亲）。

（5）"利用妨碍公共或私人进行防卫的时间、地点、人等情况"。这种加重情节即所谓的利用"防卫缺陷"，如在突然停电时进行盗窃，或对一个行动不便的人实施抢劫。

（6）"有罪的人在主动逃避执行因前一个犯罪而决定的拘留、逮捕、收监命令期间犯罪"。该项规定的情况，以前曾被称为"在逃犯"（il lattintante），定义首先见于 1930 年刑事诉讼法典第 268 条第 1 款。不过，现行的刑事诉讼法典第 296 条第 1 款对这个定义作了修改（该款规定，"主动逃避预防性羁押、居所性逮捕、禁止出国、禁止居住、执行监禁命令的人是在逃犯"。参见规定上述措施的刑事诉讼法典第 285 条、

284条、286条、281条、283条第2款和第656条第1款）。这里所讲的犯罪情节，似乎还应该适用于从监禁中脱逃的"脱逃犯"（l'evaso）。因为，脱逃犯也符合逃避执行监禁命令的特征，何况刑事诉讼法典第296条第5款还专门规定脱逃的"效果在一切方面均等同于在逃犯"。

（7）"在实施侵犯财产的重罪或其他损害财产的重罪，或者追求非法利益的重罪时，对被侵害人造成重大财产损失"。这个情节中所说的犯罪，除了刑法典第二编第十三章规定的侵犯财产罪外，还包括一些不以财产为主要侵害对象，但也对财产造成了侵害的重罪（如刑法典第314条和第316条[6]），以及以谋求不正当利益为目的的重罪（如为了获得继承权而杀人）。

[6] 意大利刑法典第314条规定的是"贪污罪"，第316条规定的是"利用他人错误的贪污罪"，这两个罪都属于意大利刑法典第二编第二章第一节规定的"公务员侵害公共行政罪"的范畴。

财产损失"重大"，是本情节成立必需的前提条件。评价财产损失是否重大，应采用客观标准，一般不考虑被害人的经济条件。不过，在仅根据客观标准不足以认定情节的严重性时，被害人的经济情况也可以作为参考。

（8）"加重或试图加重犯罪的结果"。这一情节在实践中适用极少，只有在被加重的结果不构成独立的犯罪，或不是独立的犯罪情节的情况下（例如，提佐打伤了凯奥后，阻止其他人送凯奥去医院治疗），才可能适用本情节。

（9）"滥用公共职能、公共服务或者神职的权力，或违背其固有义务而实施犯罪"。适用这一情节的主要对象，是刑法典第357条规定的公务员和刑法典第358条规定的从事公务的人员。本情节的成立不仅要求行为人必须具有一定的身份，并且犯罪还必须是行为人在行使法律赋予的权力时，偏离了应有的目的，或者违背其职务义务的结果（如司法警官在自己所写的报告中诬告他人）。

关于这里的"神职"，有一个问题，即这种"神职"究竟是泛指所有从事宗教活动的人士，还是仅指那些国家法律承认的宗教人士？如果作广义的理解,似乎有悖于刑法典第 61 条第 9 项中有关"权力"和"义务"的提法,因为任何具有法律意义的"权力"和"义务",都必须以得到法律的承认为前提。

(10)"对正在执行职务的公务员、从事公务的人员、具有天主教或其他国家许可宗教的神职人员,或者外国的外交或领事人员犯罪,或因他们履行职务、服务的原因而对他们犯罪"。与上一个情节相似,本情节也包含一种犯罪与身份的关系。这种关系可能具有偶然的性质("正在执行职务"),也可能是一种目的性的关系("因履行……的原因")。就后一种关系而言,本情节的成立并不以被侵害人实际履行了相应的职务或服务为必要条件(例如,为了阻止某司法警察对有关案件的调查而对他家纵火)。

(11)"滥用从属、家属、同事、劳务、共同居住或款待关系犯罪"[7]:这里"滥用"的意思是使这些关系偏离应有之义。本情节中的"从属"关系,是私法意义上的"从属"关系(如父母对子女享有的亲权),如果是公法规定的从属关系,就属于前面(9)中所列的加重情节;"家属"关系是指共同属于一个核心家庭的成员,这种关系并不以血亲或姻亲为必要条件;"同事"关系指在同一个单位工作的人,临时在同一个单位工作的也包括在内;"劳务"包括一个主体向另一个主体提供的任何服务;"共同居住"意味着共有共同的居住空间,包括非自愿的共同居住(如同一监舍中的服刑人);"款待"在这里是指主人在一个享有 jus exclude(排他性权利)的地方接待一个人。

[7] 引文中"从属"、"同事"原文分别为"autorita"、"relazione d'ufficio",直译应为"权威"和"职务(或公务)上的关系"。

应该注意的是,特别法中也规定有一些"普通"的加重情节(即在原则上可以适用于任何犯罪的情节)。例如,转化为 1980 年第 15 号法律的 1979 年第 625 号法规第 13 条规定,"以实施恐怖活动或推翻民主制度为目的"而实施的任何犯罪,除法定刑为无期徒刑的外,都应加重基本刑的一半处罚;转化为 1993 年第 205 号法律的同年第 122 号法规第 3 条规定,"出于人种、民族、种族或宗教歧视或仇恨目的",或者

—297

"出于帮助具有上述目的的组织、团体、运动、集团的目的"而实施任何犯罪,应在基本刑一半的范围内加重处罚。这类情节本应是刑法典规定的内容,但在非法典化的进程中,它们却成了特别法的内容。至于这种安排的不当之处,我们前面已作过分析(参见第一章第二节2)。

7. 普通的减轻情节[1]

刑法典第62条规定的普通减轻情节如下[2]:

[1] 2001年刑法草案第66条(减轻情节)规定了6种普通的减轻情节,其中包括:(1)行为出于有特别道义或社会价值的动机;(2)在因他人不正当的行为所激起的愤怒状态中行为;(3)在以财产为对象或其他侵害财产罪中,造成或企图造成特别轻微的损害;(4)因行为人所从属的权威而导致实施犯罪,或者在提供劳务的活动中,在处于优越地位的人规定的条件下实施犯罪;(5)因避免对人身或财产的重大损失,而在明显降低了按照规范行为的可能性的情况下,实施犯罪;(6)在审判前,完全弥补了损害,或者采取了有效的排除或减轻后果的行为。

[2] 以下序号后面的引文均是意大利刑法典第62条所列各项规定的直译。

(1)"行为动机具有特别的道义或社会价值",这是一个与刑法典第61条第1项规定相反的情节。根据司法实践的解释,这里的动机不能是纯粹利己的冲动,而必须是按现行的观念具有特别意义的道德或伦理动机。只要以相当的强度体现道义的精神,似乎任何以符合宪法价值的社会生活观念为渊源的动机,都应该属于具有这种性质。

(2)"行为是在由他人不正当行为所引起的激怒状态中的反应",此即所谓的"因受挑衅"而应减轻刑罚的情节。这里所说的"不正当"行为,包括非法律意义上的不正当行为(例如以一种欺负人的方式行使权利);而"激怒状态"则是指一种强烈的足以降低行为人自我控制能力的爆发性情绪(因而不包括仇恨、嫉妒等不具有这种性质的情绪状态)。这里所指的"反应",并不一定是立即反应,只要激怒状态没有消失,行为人的反应都属于本情节的范畴（注意：刑法典第 599 条第 2 款规定，在被他人激怒状态中实施的侮辱或侵害名誉的行为，属于排除可罚性的行为）；本情节中所说的"反应"也不一定与不正当行为相称（当然，不相称不能达到刑法典第 61 条第 1 项规定的"无聊"的程度，参见本节 6）。

（3）"有罪的人不是惯犯、职业犯或倾向犯，在不是参与为法律或当局所禁止的会议或集会的情况下，因骚动人群的暗示而实施行为"。群体活动对个体行为的影响，是对这种情况减轻处罚的根据。

（4）"在实施侵犯财产的重罪或其他损害财产的重罪中，对被犯罪侵害的人造成的财产损失特别轻微，或者，在实施追求非法利益的重罪中，当追求或实际获得的利益特别轻微并且造成的损害或危险结果也特别轻微时"。这个情节中与追求非法利益有关的内容，是 1990 年第 19 号法律第 2 条追加的，在刑法典最初的条文中没有相应的规定。

上述规定的前一部分与刑法典第 61 条第 7 项规定的加重情节有完全对应的关系（参见本节 6），但对根据 1990 年法律增加的那部分内容，人们却提出了这样一个问题：对一个追求轻微非法利益，并只造成轻微损害的人必须减轻处罚，究竟根据何在？例如，提佐为了很少一点钱就答应实施重伤他人的行为，但由于意外的原因，他只对被害人造成了轻微伤害。如果仅就因微利而犯重罪而言，不仅不应该是减轻情节，反而应该加重刑罚才对，因为这种情况符合有关犯罪出于"无聊"动机这个加重情节的规定。

（5）"被侵害人的故意行为与有罪的人的作为或不作为共同引起了结果的发生"。这个情节在实践中极少发生，因为适用本情节必须同时具备两个条件：第一，被侵害人的行为本身不是构成犯罪的条件（如不得具有刑法典第 579 条第 1 款[3]规定的类似情况）；第二，被侵害人的行为不具备中断因果联系的性质（刑法典第 41 条第 2、3 款[4]，参见第五章第四节 4）。

[3] 该款是有关经被害人同意实施的杀人行为的规定。

[4] 这两款都规定，事后发生的本身就足以造成危害结果的原

因，排除行为与结果间的因果关系。

（6）"在审判前，通过赔偿，或者在可能的情况下，通过恢复原状，完全弥补了损害；或者，除第56条最后一款规定的情况外，在审判前，主动并有效地消除或减轻了犯罪的损害或危险结果"。这个情节里包含犯罪结果可进行补偿和不可进行补偿两种情况。就前一种情况而言，犯罪行为的实施者"完全弥补了损害"是适用本情节的条件（最近的司法实践认为，由保险公司进行的补偿不应属于考虑之列，但这种做法尚未完全得到理论上的认可）；而对后一种情况适用本情节，则要求行为人必须采取主动（即不是由于他人的强迫或外界的压力）而有效（即实际产生了积极的结果）的行动，例如，诽谤者在捏造的事实尚未被揭穿以前，主动赔礼道歉。

不论上述哪种情况，补偿性行为都必须发生在审判之前。这里所说的审判之前，除了包括刑事诉讼法典第484条等规定的普通审判程序或者刑事诉讼法典第438条等规定的"截短的审判程序"[5]开始之前，也包括刑事诉讼法典第444条等规定的"根据当事人请求适用刑罚"[6]被同意之前；在刑事诉讼法典第449条等规定的"最直接审判"[7]、第453条等规定的"立即审判"[8]或者刑事诉讼法典第464条规定的"对处罚令有异议而引起的审判"[9]开始之前，也属于本情节中所说的"审判前"。

[5] "截短的审判程序"原文为"giudizio abbreviato"，指以一审为终审的程序。

[6] "根据当事人请求适用刑罚"原文为"applicazione della pena su richiesta delle parti"，指对符合一定条件的犯罪，被告人和公诉人可以要求按应处刑罚减轻1/3处罚。

[7] 指将逮捕的犯罪人直接从犯罪现场提交法官审判。

[8] 指在证据清楚后，立即进行审判。

[9] 意大利刑事诉讼法中的处罚令，是指对只应处财产刑的犯罪，检察官可以要求法官在未经审判的情况下发布刑事处罚令。如果被告人或相应的民事责任人对处罚令有异议，则应开始审判程序。

在普通的减轻情节中，除了上述法律有明文规定的情节外，还包括所谓的"酌定情节"[10]。1889年刑法典中本有类似规定，1944年第288号法律第2条以该刑法典为蓝本，再次将这一规定纳入了现行刑法典的体系，内容即现行刑法典第62—2条。根据该条规定，除了刑法典第62条规定的各种减轻情节以外，在法官"认为其他不同的情节也可以作为减轻刑罚的理由时，可以考虑这些情节"，不过，在任何情况下，它们都只能"像一个单独的情节"那样发挥作用。如何认定这类情节，实践中并没有一定的标准，因而酌定情节实际上是一种法律赋予法官的工具，使其能根据具体案件的特殊情况，发挥平衡刑事制裁的作用。在实践中认定酌定情节时，法官必须参考刑法典第133条关于"不纯正"（improprio）情节的规定（参见本节1和第九章第一节4）；考虑在具体案件中，该条规定的哪些情况具有说明行为人罪过较轻或犯罪能力较弱的作用（例如，行为人极端困难的经济条件是行为人犯罪的根本原因），然后视具体情况，决定它们是否可以作为减轻刑罚的根据。

[10] "酌定情节"原文为"circostanze generiche"，直译为"一般情节"。

8. 累犯[1]

"累犯"（la recidiva），是一种与犯罪人有内在联系的主观加重情节（参见本节2）。就一般意义而言，所谓累犯，就是指"已经因一个犯罪被判刑的人，又实施另一个犯罪"（刑法典第99条第1款）。不过，这种以同一主体在不同时间多次实施犯罪为内容的累犯概念，只是所谓"自然意义"的累犯，刑法意义上的累犯与此有严格的区别。

[1] 2001年草案第65条（累犯）规定：（1）对有效判决判罪后5年内再犯同一性质的罪的人，加重处罚；（2）同类性质的犯罪是指违反了同一法律规定，或者侵犯了同一利益，或者因为行为的具体性质、动机呈现出根本的共同性的犯罪。

根据严格的"报应（retribuzionistica）理论"（参见第九章第一

节),累犯本不应该有任何刑法意义(事实上,新的犯罪的确也不会因为行为人以前犯过罪而变得更为严重)。但是,由于以前已经犯过罪,犯罪人对刑法的规定理应有更清楚的理解,因此,其以后实施的罪行,就应受到更严厉的谴责。如此,累犯就应属于与行为人动机形成过程有关的犯罪情节,具有从法律评价的角度说明行为人罪过的强度的作用(参见第七章第一节 2)。按照这一观点,为了确保有关规定的确定性和合法性,关于累犯的规定就必须具有"特定性"(即必须以实施的犯罪具有同质性为累犯成立的前提)、"时限性"(即只有在前罪实施后一定时间内再犯新罪,才可能构成累犯)、"强制性"(即在任何情况下法官都必须适用有关规定)。

根据特殊预防的理论(参见第九章第一节 1),累犯是犯罪人人身危险性的象征,新的犯罪不仅证明行为人具有更强的犯罪能力,同时也表明以前的处罚没有起到阻止犯罪人再犯新罪的作用。按照这一观点,累犯就应具有"一般性"(即再次实施任何犯罪都可能构成累犯)、"终身性"(即犯罪人一生中任何时候再次实施犯罪,都应该构成累犯)、"选择性"(即法官应根据具体案件中的行为人的危险性,来确定是否适用有关累犯的规定)。

按照刑法典最初的规定,累犯具有一般性、终身性和强制性的特点,这种累犯制度,显然是根据镇压的需要综合了上述两种理论的结果。1974 年第 99 号法规(后转变为 1974 年第 220 号法律)改革了原有的累犯制度,规定对累犯的处罚具有选择的性质(即对累犯"可以"加重处罚,刑法典第 99 条)。根据最高法院的理解,法官在决定应否对累犯加重处罚时,应遵循一种双重的标准,即应同时根据报应的观点和从特殊预防的需要出发来处理这个问题。从报应的观点出发,法官应考虑以前的处罚是否增强了犯罪人对刑法规定的理解程度;就特殊预防的需要而言,法官应正确评价适用刑罚对犯罪人在将来再犯新罪有何影响。

根据刑法典第 99 条的规定,累犯分为该条第 1 款规定的"简单累犯"、第 2 款规定的"加重累犯"和该条第 4 款规定的"重复累犯"。刑法对不同类型的累犯,规定了不同的加重处罚尺度。所谓"简单累犯"

第 8 章　犯罪的表现形态

(la recidiva semplice)，是指一般在前罪被判刑后，又犯新罪。"加重累犯"(la recidiva aggravata)包括下列情况：(根据刑法典第 101 条规定的定义[2])新罪和以前曾被判刑的犯罪性质相同；在前罪被判刑的 5 年之内又犯新罪；在前罪刑罚执行完毕后或执行期间犯罪；在主动规避刑罚执行期间又犯新罪。而所谓"重复累犯"(la recidiva reiterata)，则是指以前已构成累犯的再犯罪。

[2] 意大利刑法典第 101 条规定的内容为"刑法意义上被认为是具有同一性质的犯罪，不仅指触犯同一法律规定的犯罪，还包括那些尽管触犯本法典不同法条或不同法律规定，但构成犯罪的事实或犯罪动机的性质在具体案件中具有根本相同的特征的犯罪"。

(根据 1974 年第 99 号法规而被采用的)刑法典第 99 条第 5 款规定，对累犯加重处罚，在任何情况下都不得超过其所实施犯罪被判刑罚的总和。假设没有这种限制，当新罪被处的刑罚非常重时，仍然按比例加重刑罚，被加重的刑罚就可能大大地超过以前被判处的刑罚。这样，以前已被判决的罪对刑罚的影响，就显然超出了合理的限度。

除了刑罚以外，对累犯还不能适用下列刑法制度[3]：免罪性赦免(刑法典第 151 条第 5 款)、交钱免罪[4]（刑法典第 162—2 条第 3 款)、缓刑（刑法典第 164 条第 2 款第 1 项和第 168 条第 1 款)、司法宽恕[5]（刑法典第 169 条第 5 款)、免刑时效（刑法典第 172 条第 7 款)、免刑性赦免（刑法典第 174 条第 3 款)、假释（刑法典第 176 条第 2 款)和复权[6]（刑法典第 179 条第 2 款)。

[3] 本段括号中的条款，均以对累犯不得适用有关刑法制度为内容。

[4] "交钱免罪"原文为"oblazione"。根据意大利刑法典第 162 条的规定，对法律只规定了罚款的轻罪，如果犯罪人愿意在庭审开始或决定处罚令前，交纳相当于法定最高刑 1/3 的款项和诉讼费，犯罪即因此而消除。

[5] "司法宽恕"原文为"perdono giudiziale"，为意大利刑法典第 169 条规定的一种刑法制度。根据该条规定，未满 18 岁的人

_303

实施法定最高刑为2年以下的自由刑或1万里拉以下财产刑的犯罪,如果法官认为不进行审判或不进行宣判,犯罪人也不致再犯新罪,就可以不进行审判或不作有罪宣判。

[6]"复权"原文为"riabilitazione",是刑法典第179条至第181条规定的一种在主刑执行完毕5年后,"免除附加刑和有罪判决的其他刑法效果"的刑罚制度。

第三节 犯罪未遂

1. 犯罪的"既遂"(即成犯与持续犯)和犯罪未遂

当犯罪完全实现刑法分则规定的犯罪构成要件时,即"既遂"(consumato)的犯罪。根据犯罪既遂的情况,可将犯罪分为"即成犯"与"持续犯"。

所谓"即成犯"(i reati istantanei),是指以(行为犯[1]中的)犯罪行为最后一个举动的完成,或(结果犯[2]中)犯罪结果的发生为既遂标志,犯罪构成要件并不向行为或结果之后延伸的犯罪。例如,被害人死亡之后的情况,就不可能成为刑法典第575条规定的杀人罪构成要件的组成部分;同理,对刑法典第368条规定的诬告罪来说,行为人一经向有关当局控告,犯罪即告既遂;就刑法典第490条规定的犯罪而言[3],真实文件毁损之时,就是犯罪既遂之时。上述犯罪的既遂,表现为 *punctum temporis*[4]。

[1]"行为犯"原文为"reati formali",直译为"形式犯"。

[2]"结果犯"原文为"I reati materiali",直译为"实质犯"。

[3]该条规定"任何人毁弃、删改或隐匿真实的公私文件之全部或部分,根据文件内容分别以第476条、477条和485条规定的刑罚处罚"。

[4]拉丁语,意为"时间上的一个点"。

第 8 章　犯罪的表现形态

"持续犯"（i reati permanenti），是法律规定行为或结果在时间上必须具有持续状态的犯罪。如刑法典第 605 条规定惩罚"任何剥夺他人人身自由的人"，该罪的既遂就要求他人的人身自由被剥夺这一犯罪结果在时间上必须有一个发展的跨度，如果没有时间上的延续状态，就谈不上具有人身自由被"剥夺"的特征。这类犯罪行为或犯罪结果在时间上呈必须延续状态的犯罪，又被称之为"必要持续犯"（i reati necessariamente permanenti）。如果犯罪行为的某个构成要件既可能在时间上呈持续状态，也可能在瞬间完成，此即所谓的"可能持续犯"（i reati eventuali permanenti）。如刑法典第 594 条第 1 款规定的侮辱罪，就既可能由行为人即时的侵害构成，也可能表现为在时间上呈延续状态的侵害（如写在墙上的谩骂）。

总而言之，持续犯的犯罪既遂，在时间上是表现为"一段"（periodo），而不是"一点"（momento）。它包含整个从不法状态的开始到结束之间的时间：即这种犯罪的既遂开始于不法状态起始之时，结束于不法状态完结之时。由于这种犯罪既遂的持续阶段具有构成要件的意义，因此整个阶段都要求有刑事责任的前提条件存在。例如，如果非法扣押他人者突然昏迷，或者身体受到绝对的强制（参见第五章第二节 8），犯罪的持续状态也即因之而结束，因为以后的不法状态，不再属于扣押人意志所能控制的范围。

持续犯和"具有持续效果的即成犯"，是两种不同的犯罪形态，不应将它们混为一谈。后者是指那些犯罪结果具有持续性的即成犯。例如，就刑法典第 624 条第 1 款规定盗窃罪来说，行为人将他人物品非法据为己有（即能对其自行处理）的那一刻就是犯罪的既遂，但对被害人来说，财产的损失在时间上就具有持续的性质。

在犯罪行为既遂以前，或者（对持续犯来说）在犯罪既遂开始以前，（故意）犯罪的发展一般都要经过"犯意形成"（l'ideazione）（孕育犯罪决心）、"犯罪预备"（la preparazione）（准备犯罪方法或寻找犯罪时机）、"犯罪实行"（l'esecuzione）（实现犯罪计划）几个阶段。纯粹的犯意形成过程，在任何情况下都没有刑法意义（*cogitationis poenam*

_305

nemo patitur[5]，参见第五章第二节1)，但在犯罪预备和实行阶段之间存在"犯罪未遂"的问题。根据刑法典第56条第1款，所谓"犯罪未遂"(il tentativo)是指实施了"以相称、明确的方式指向实施重罪"[6]，但尚未到达既遂阶段的行为（即该款规定中所说的"如果行为未完成或结果未发生"）。

[5] 拉丁语，直译为"思想不分担刑罚"。

[6] 引文原文为"atti idonei, diretti in modo non equivoco a commettere un delitto"；由于意大利刑法学界对该规定有不同的理解，这里就采用了完全直译的方法。

有关犯罪未遂的规定，在刑法体系中具有从属的性质，因为它的适用必须以存在相应犯罪规范为前提（同时，这种只属于重罪的刑法制度，不能适用于有关轻罪的规定。参见本节7)。刑法总则有关犯罪未遂的规定，实际上具有"成倍增加"刑法分则中犯罪规范的作用，由于有了犯罪未遂的规定，每一个有关重罪的规定，实际上都增加了一个与之相应的未遂形式。例如，刑法典第575条中有关"任何人引起一个人死亡"的规定，与刑法典第56条的规定相结合，就应该读为"任何人实施相称的、以明确方式指向引起一个人死亡的行为"。通过这种结合，刑法实际上将故意犯罪的可罚性，提前到犯罪既遂以前的行为。

犯罪未遂显然是一种独立犯罪形态，不应与犯罪既遂的各种情节相提并论，尽管对犯罪未遂的量刑和各种情节一样，以犯罪既遂为基准来裁量（参见本节8)。由于行为未完成或结果未发生是犯罪未遂成立的前提，因此犯罪未遂是犯罪既遂的一种否定。它不仅不是犯罪既遂的一种特殊形式，而且与犯罪既遂干脆就不可能并存。

2. 未遂行为可罚性的根据

关于将行为的可罚性提前到犯罪未遂的根据，在理论上存在两种完全对立的观点。

根据"客观说"(le teorie obiettive)，犯罪未遂可罚性的根据在于未遂行为对刑法所保护利益的"危险"(pericolo)。按此观点，只有具

第 8 章 犯罪的表现形态

有实质危险意义的行为,或者说与实施犯罪"相称的"(idonei)行为才具有未遂的意义。"主观说"(le teorie soggettive)则认为,处罚未遂的根据在于犯罪主体的"犯罪意志"(la volonta`criminosa),即表现行为人犯罪决意的行为本身,表明了行为人与法律秩序间的对立。不以行为在客观上造成足以威胁法益的实际危险为犯罪未遂成立的条件,是主观说总的特点,但在如何认识犯罪意志的性质和作用等问题上,这一理论内部却存在许多不同的观点:

（1）认为犯罪意志是"主体人身危险性"(pericolosita`del sogget-to)的象征。这种观点认为任何表现犯罪意志的客观举动都能构成犯罪未遂,只要这些举动足以说明存在推动主体实施犯罪的因素就行。一般来说,这种观点认为不仅那些不足以造成实际危险的未遂行为,可以构成犯罪未遂,就是那些所谓"非真实的"(irreale)未遂行为(即那些根本不可能造成实际侵害的行为,如使用巫术、迷信手段等),也应属于犯罪未遂的范畴。

（2）认为犯罪意志的实质是一种主体通过行为表现出来的、企图"破坏"(difunzionale)法律制度的稳定和社会成员对法律制度的信心的主观"态度"(atteggiamento)。这种观点认为,尽管表现犯罪意志的未遂行为没有造成实际的危害,但这是由于偶然的因素决定的；如果没有这些偶然因素,犯罪就会达到完成状态,因此,犯罪未遂不应该包括那些完全不可能造成危害的行为。

在如何处罚未遂行为的问题上,"客观说"主张对犯罪未遂的处罚应区别于犯罪既遂(前者的处罚应轻于后者,因为它包含的现实危害程度要小于后者)；"主观说"则主张未遂与既遂应同样处罚(因为二者中包含的犯罪意志没有实质区别),或者认为未遂犯是否应从轻处罚,属于法官自由裁量的范围。

在犯罪未遂问题上,意大利刑法典坚定地采用了客观说:只有明显与实施犯罪相称(并用明确的方式表示出犯罪意图)的未遂行为,才是应受刑罚处罚的行为,对犯罪未遂的制裁总是要轻于相应的既遂犯罪。只有在"不能犯"(i reato impossibile)问题上,刑法典的规定才反映

—307

了主观说的观点（刑法典第 49 条第 2 款[1]，参见第五章第五节 2 与本节 10）。该规定可将不可能造成实际危害的不能犯行为，视为主体人身危险性的象征，并以此作为对主体适用非监禁性保安处分（保护管束）的根据。

[1] 该款规定"因行为手段不相称或不存在行为的客体而损害或危险结果不可能发生，排除行为的可罚性"；同条第 4 款规定，法官可对免刑的被告适用保安处分。

3. 可罚行为的起点[1]

如何决定可罚行为的起点是未遂客观说的核心。这个问题的实质在于确定何时并在什么条件下可以说 l'ter criminis（犯罪阶段）已发展到足以对保护的法益构成"危险"的程度。以"实行行为的开始"[2]作为可罚行为的起点，是一种从拿破仑刑法典开始，并为许多国家刑法典所采用的立法模式。例如，1889 年意大利刑法典（第 61 条第 1 款）就将犯罪未遂定义为一种由"以犯罪为目的，并以适当手段开始实施犯罪"的事实。这种表述方式有很多问题，但其中主要的是，这种立法模式并未真正解决可罚行为起点的问题。因为这种立法模式只不过将可罚行为的起点问题，换成了如何确定犯罪实行阶段的起点问题。在这个长期困扰刑法学界的问题面前，人们提出了种种解决方案，却都难尽如人意。

[1] 2001 年草案第 41 条（未遂的重罪）1 规定：采取实施法律规定为重罪的行为，或者以直接接近实施的行动准备采取实行行为的人，如果行为未完成或者结果未发生，承担重罪未遂的责任。

[2] 原文"inizio dell'esecuzione"，中国通常译为"着手"。

（1）根据（F. Carrara[3] 所主张的）"犯意明确说"（il criterio dell'univocita），实行行为是指"本身"（di per se）能单独证明行为人所追求的犯罪目标的行为，即本身能"从客观上无可争议地"（obiettivamente introcontrovertibile）证明行为目的的行为（例如，一个人买枪的目的可能是多种多样的，既可能是合法的，也可能是非法的；行为人

第 8 章 犯罪的表现形态

带枪进入被害人的住舍也可以作多种解释,如该枪可以是用来威胁、伤害、抢劫或者杀死被害人的工具;但将枪对准被害人胸膛的行为,就不能不认为行为人具有杀人的目的)。如果严格地按照这种观点的逻辑推绎,根本就不可能存在什么具有可罚性的未遂行为;因为,如果孤立地看,人的任何举动都可能具有不只一个的目的。

[3] 意大利刑事古典学派的创始人。

(2) 根据"部分构成要件实现说"(il criterio della realizzazione parziale della fattispecie),实行行为是指至少实现了部分典型行为的行动。显然,用这种理论也不能解决可罚行为何时开始的问题。根据这种理论的内在逻辑,"限制手段犯"(I reati a forma vincolata) 的未遂,只能表现为犯罪完成前的最后一个举动(例如,盗窃未遂的成立,必须以犯罪人开始窃取财物为构成要件,其他的如进入他人住宅,使用工具撬开保险柜等事实均不属于未遂范畴)。而对"任意手段犯"(I reati a forma libera) 来说,则根本无法确定何时为犯罪未遂的开始,因为任何可以引起犯罪结果的行动,都可以说是符合构成要件的行为(例如,人们完全可以认为为杀死仇敌而买枪的行为,就是杀人未遂行为,因为该行为是引起被害人死亡行为必不可少的组成部分)。由于上述缺陷,人们对这种观点提出了不少补充和修正意见。如有的认为,先于构成要件行为前实施的,但与构成要件行为间有必要联系的行为也应具有未遂行为的意义;也有的认为,只有直接指向被保护利益的侵害行为,才可能构成犯罪的未遂行为。但就现有的观点来看,还没有一个能作为明确划分实行行为与非实行行为的标准。

为了克服上述困难,洛克法典(即现行刑法典)抛弃了以实行行为的起点为核心的立法模式,将认定犯罪未遂的标准定义为"以相称、明确的方式指向实施犯罪的行动"[4]。当初作这样规定的立法者,就是认为部分实现构成要件行为之前的行为,也可能具有犯罪未遂的意义。

[4] 引文原文为"atti idonei, diretti in modo non equivoco a commettere un delitto"。由于意大利刑法学界对该规定有不同的理解,这里就采用了直译的方法。

4. 犯罪未遂的构成要件一：犯罪行为的相称性[1]

犯罪未遂的客观方面包括两个要素：行为的相称性与犯罪指向的明确性。

[1] 2001年草案第41条（重罪的未遂）3规定，在因行为（condotta）的不相称性……而犯罪不可能完成的情况下，排除重罪未遂的可罚性。

这里所谓"行为的相称性"（l'idoneita`degli atti[2]），是指未遂行为能对被保护的法益造成现实的危险。判断行为相称性的存在，实质上是在回答以下三个问题：(1)这种相称性存在的时间；(2)这种相称性判断的对象；(3)判断这种相称性的标准。

[2] 直译为"行（举）动的相称性"。

(1) 判断相称性存在的时间，无疑属于一种"*ex antea*"（事后）判断，即把事实带回到主体行为的最后一个举动完成之时来进行判断（这就是所谓的 *prognosi postuma*[3]）。事实上，如果撇开犯罪行为的整个发展过程，只是根据行为结束后的实际情况来进行判断，就只能得出任何未遂行为都不可能具有相称性的结论，否则，主体追求的犯罪目标就不会没有实现。例如，提佐向凯奥开枪，即使已对凯奥造成了致命伤，但凯奥却非常幸运地被一个技术极端高明的外科医生抢救了过来。如果根据后来的实际情况判断，提佐开枪击中凯奥致命部位的行为，仍然属于与杀人不相称的行为，因为凯奥能够死里逃生这一事实，就是最好的证明。

[3] 拉丁语，意为在事情结束后，设想人们在事情发生的具体环境中，会如何预测事情的发展。

(2) 相称性判断的"对象"（oggetto），是在一定特定的环境中实施的"具体行动"（gli atti inconcreto）。正是在这个意义上，现行刑法典第56条第2款用"行动"取代了1889年刑法典第61条第1款使用的"相称的方法"（mezzi idonei）这一提法。因为就"方法"而言，可能出现从抽象的角度看"相称"，但在具体的情况下却"不相称"，或者相反的情况。例如，从抽象的意义讲，"枪击他人"当然是与杀人相称的手段，但在具体的情况下，如被害人在射程之外，就不再是"相称的"杀人手段。又如，给人喝含糖饮料，如果抽象地看，显然不可能具有致人死命的性质，但给快昏迷的糖尿病人喝这种饮料，就是一种与杀人完全相称的方法。相反，判断行动的相称性，则只能以具体的举动作为判断的对象，因为行动是表现行为人在特定时间中特定经验的一系列特定的动作（例如，开枪射击的行动，就是通过行为人的瞄准、位置、与被害人的距离、子弹上膛、枪的射程等一系列动作表现出来的）。只有以具体的行动作为判断的对象，才可能将未遂行为定义在现实（而不是假设或潜在）危险的基础之上。

为了正确地判断行动的相称性，还必须将对具体行动的评价与前面所说的 *prognosi postuma*（设想行为人在行为时的具体环境中，如何预测行为的结果）相结合。如果将事实上存在的全部特殊情况，都加到一起来考虑的话（例如，某甲瞄准他人心脏开枪，但由于枪未握紧，结果只射中了他人非致命的部位；或者被害人在某甲开枪时，突然弯了一下腰），那就会得出与实施犯罪相称的未遂行为，几乎不可能存在的错误结论。在这里必须说明，所谓将行动的相称性放在行为人行为时的环境中来加以评价，不仅是从"时间"（cronologico）意义上，同时也是从"逻辑"（logico）意义上来说的（即从行为人的预见，行为人对行为的控制等角度来进行加以评价）。

从这个角度来考虑"导致行为未遂的意外因素"[4]（即那些阻止了犯罪行为向前发展的事实），不仅那些犯罪行为实施后发生的"意外因素"（如对被害人及时、有效的抢救）不能排除行为的相称性，因为相称性的判断只能具有 *prognosi postuma* 的性质；就是那些行为时就存在，但在客观上不可能为行为人所认识的"意外因素"，同样不能排除行为的相称性，这是因为从行为人的角度看，这些因素在逻辑上应属于行为实施后才出现的因素。例如，某甲去抢劫，却由于警察事前已得知情况并采取了预防措施而未能得逞，尽管在警察已有所防备的情况下，某甲的抢劫根本不可能成功，但这种情况并不能排除行为的相称性。又如，一个在市场行窃的小偷，将手伸进一个老妇人的手提包里，但因老妇人生性谨慎，从不将钱放在手提包而未能得手，这种缺乏具体犯罪对象的行为，也不是与盗窃不相称的行为。同理，杀手向一个事先有所警觉而穿有防弹背心，或坐在装有防弹玻璃的小车中的被害人开枪，也应按上述二例处理（但如果上述防护措施很明显的话，就应该得出相反的结论，因为这时它们就属于行为人有所认识的原因）。

[4] 原文"fattori paralizzanti"，直译为"致使（行为）瘫痪的因素"。

就这种评价行为相称性的方法来说，刑法典第 49 条的规定是唯一的例外。因为该条规定，如果犯罪对象根本就不存在，即使从行为人当时所处的位置来看，*ex antea*（事后）应得出行为具有相称性的结论，也属于"不可能的犯罪"（il reato impossible）（因而，这种未遂行为也可能不具有与实施犯罪行为相称的性质）。但是，这里所说的犯罪对象不存在必须是绝对意义上的不存在，如果犯罪对象不存在只具有碰巧或偶然的性质，则不能作为排除相称性的根据。例如，向一个已因自然原因死亡的人开枪，或以非法持有为目的而盗窃一幅已被大火烧毁的珍贵名画，这种行为对象的不存在，就是绝对意义的不存在。但是，如果只是在被害人本应出现的特定时间与地点未找到被害人，或是珍贵的名画已被转移到其他城市去了，这种缺乏犯罪对象的情况就只具有碰巧或偶然的性质，不影响未遂行为相称性的成立。

刑法承认绝对缺乏犯罪对象具有排除未遂行为相称性的作用，是因为客观说是刑法中犯罪未遂制度的理论基础（参见本节 2）。如果犯罪对象的不存在具有"绝对意义"（*in rerum natura*），行为就绝不可能产生威胁法律保护利益的危险。在这种情况下要惩罚行为人，就只能以表现出来的犯罪意志为根据。

(3) 判断相称性的标准，一般来说，应该是"明显的发生危害（danno）的可能性"。由于处罚犯罪未遂的根据是未遂行为对被保护利益的"危险"，未遂的成立就必然要求行为人的行动本身，必须是一种能够决定危害发生的"姿态"（attitudine）。

第 8 章　犯罪的表现形态

另一方面，要具体地评价危害发生的可能性是否"明显"，还必须考察行为人的行动与有关犯罪之间的联系。如果未遂行为属于行为已实施终了的结果犯［即所谓的"实施终了的未遂"（il delitto mancato）[5]，如前面所讲的提佐开枪射杀凯奥，已受致命伤的凯奥后来却被他人救活］，评价行为的相称性就应该以行为是可能引起结果发生的"适当原因"（adeguatezza causale）为标准，这实质上就是以行为具有引起结果的"现实可能性"（probabilistico）为标准。与此相反，如果未遂行为只是行为人意图实施的犯罪行为的发展过程的一部分（即所谓"未实施终了的未遂"[6]），如开枪杀人在举枪瞄准时被人阻止，或企图入室盗窃在翻墙时即被抓获，甚至是正在研究被害人习惯或正在准备犯罪工具时即被发现。对这类行动而言，行为是否具有"推动犯罪阶段向前发展的相当性"（adeguatezza alla prosecuzione dell'iter criminis），就是判断行为是否具有相称性的标准。

［5］原文"delitto mancato"，直译为"缺乏（犯罪结果）的犯罪"。

［6］原文"delitto tentato in senso stretto"，直译为"严格意义的犯罪未遂"。

5. 犯罪未遂的构成要件二：行为指向的明确性[1]

对刑法典第 56 条规定的"以明确的方式指向实施犯罪"，有两种完全根本的理解。

［1］原文"la direzione non equivaca degl iatti"直译为"行动无歧义的指向"。

"主观的理解"（concezione soggettiva）认为，该规定并不是在描述犯罪未遂成立的根本条件（构成要件），而只是在强调未遂的成立要求"证明"（prova）确有犯罪故意存在。按照这种理解，行为的"明确性"就纯粹只具有要求在诉讼程序中提供证明（即从主体的行为中推论出主体心理态度）的作用。司法实践中有部分采用了这种观点的人还认为，这种证明并不是绝对必须的，因为主体的态度还可以用其他因素来证明（如行为人事后的行为，行为人的口供等）。

不同意这种理解的人，提出了以下三点反驳的理由：(1) 对所有的犯罪来说，行为都具有证明行为人主观心理态度的作用，关于犯罪未遂的规定没必要单独对此加以强调；(2) 从立法技术角度说，在实体法中作出这种只具程序意义的规定，是不应该出现的现象；(3) 对"明确性"作如此理解，可能将任何显示犯罪意图的行为都作为犯罪未遂来处罚（例如，为杀人而买枪，属于具有"推动犯罪阶段向前发展的相当性"的行为，加上行为人承认买枪的目的就是为了杀人，就必须得出行为具有明确性的结论，因为这二者的结合完全可以证明行为人的犯罪意图）。

事实上，为了保证在区分可罚行为与非可罚行为时，有一个（至少是相对）确定的标准，就只能根据"客观的理解"（concezione obiettiva）来解释这里的"明确性"，即将这种"明确性"理解为："行为人已实施的行为，必须能从客观上表明行为人的行动明显地具有正在实施犯罪的性质"。然而，如果想仅仅根据已实施行为的本身，来加以证明行为具有这种性质，那么，具有明确性的行为，如果不是完全没有的话，也只能限于那些马上就要既遂的行为（例如，某甲半夜进入他人住宅的行为本身，完全可能指向多个目的：盗窃、抢劫、毁坏他人财产、强奸，等等）。如果不确定参照的对象（即行为明确的指向是相对什么犯罪而言），这种判断在现实中就无立足之地。正确地运用对"明确性"的客观理解，要求首先从证据学的角度，证明已实施的行为必须与行为人希望实施的犯罪之间具有一种"预见上的同一性"（previa identificazione），然后在此基础上，确定已实施的行为是否能说明其行为确实是指向意图实施的犯罪（例如，相对杀人行为而言，举枪瞄准，准备射击可以说是一种具有"明确性"的行为，但对携带武器就不能下此结论，因为这种行为可能指向其他目的，如用来威胁他人；非法进入他人住宅，对盗窃行为可以说有"明确"的指向，但相对强奸罪而言，就不具有"明确性"）。

第8章 犯罪的表现形态

6. 犯罪未遂的罪过形态[1]

就行为的客观违法性而言，犯罪未遂与既遂并无多大区别，但在罪过，特别是行为和行为人之间心理联系的问题上，却必须作进一步的说明。

[1] 原文"la colpevolezza nel tentativo"直译为"未遂中的罪过"。

只有故意犯罪的未遂行为才有可罚性。犯罪未遂的这一特征，有些人认为具有"本体—结构的性质"（ontologico-strutturale），因为未遂行为指向的明确性，是过失行为不可能具有的特征。另外一些人则将未遂的这一特征，简单地归结为适用刑法典第42条第3款的结果（参见第七章第三节1），即法律不处罚过失的未遂，只是因为法律没有明确规定过失的未遂也应受处罚。

犯罪未遂与犯罪既遂中的故意具有同一性，因为在这两种情况下行为人都希望实施犯罪（而不是犯罪的未遂）。司法实践中占统治地位（但受到一部分理论界批评）的意见认为，所有的故意犯罪都有未遂形态，间接故意也不例外，因为，未遂行为指向的明确性具有客观的性质。如果行为人已经明确预见到，自己的行为可能引起与自己所追求的目标不同的具体危害结果，并已接受了这种结果发生的危险，即使危害结果实际上并没有发生，也就没有任何理由排除行为指向具有"明确性"（这样的例子如，某甲在纵火烧毁一座看上去无人居住的楼房时，已经预见到里面可能有人睡觉，并明知如果自己纵火烧楼的话，在里面睡觉的人就会被烧死，事实上也确实有人在该楼里睡觉，但该人因救火队员及时赶到而被抢救了出来）。

然而，正如前面所指出的那样，只有与行为人意图实施的犯罪相比较，才能得出行为是否有明确指向的结论，因而，只有行为人所希望发生的犯罪结果，才应该作为确定行为指向的参照物。如果此说成立，间接故意就不应该有未遂形态。因为，所谓间接故意是一种行为不是直接指向犯罪结果的故意形态。

7. 各类重罪中的未遂问题

前面已经提到,犯罪未遂仅指重罪的未遂,轻罪没有未遂形态。法律作此限制是因为在多数情况下,有关轻罪的规定如果不是属于对法益进行提前保护的范畴(此即所谓的预防—保护性的轻罪规定),就是为了满足进行行政控制的需要[此即有关所谓"行政犯"(contravvenzioni c. d. amministrattive)的规定]。对触犯前一种规定的轻罪来说,不可能存在未遂的形式(因为对它们的处罚和处罚未遂一样具有将保护法益的措施提前的意义);而对触犯后一类规定的轻罪来说,法律感兴趣的只是行为人不得实际实施法律禁止的行为,而行为人实施这种行为的企图并不妨碍进行行政控制的实际需要。

就重罪而言,某些犯罪是否具有未遂形态是一个值得探讨的问题,而有些重罪根本就不存在未遂的问题。

(1)"不作为的重罪"(i delitti omissivi)中,似乎不存在未遂形态。因为不作为不是刑法典第 56 条第 1 款所说的"行动"(atti),行为人也没有实施"作为"(azione)。但是,传统的解释学一直坚持必须对这一规定进行扩张解释。如果这样的话,就可以很平静地承认"不纯正的不作为犯"(i delitti omissivi impropri)具有"犯罪结果未发生的"未遂形态(例如,海滩救生员见人落水,不跳入海中抢救,站在一旁旁观,结果落水者被一个游人救起,就属于这类未遂)。但在应用这种解释来说明"纯正的作为犯"(i delitti omissivi propri)是否存在未遂时,人们的认识却产生了分歧。主导性的意见对此持肯定态度,这无疑是正确的。因为在行为人的作为义务正好要到期之前,或正在到期的时候,如果行为人在实施具有刑法典第 56 条第 1 款规定意义上的,即明显使其履行义务成为不可能的行为时被人制止,就可能构成犯罪的未遂(例如,发现需救助者而负有报告义务的人,在逃跑时被抓住,然后被强迫到有关当局去报告)。

(2)"危险犯"(i delitti di pericolo)中是否存在未遂的问题,不能一概而论。如果是"具体危险犯"(pericolo in concreto)(参见第五章第五节 1),就很难理解这类犯罪存在具有可罚性的未遂,因为这无异

第 8 章 犯罪的表现形态

是说处罚能引起危害的"危险的危险"（即一个实际上"不可能引起危害的危险"，如刑法典第 432 条第 1 款规定的情况[1]）。但若是"推定危险犯"（pericolo presunto），则显然应该在原则上承认存在犯罪未遂形态的可能。这一方面是因为法律规定作为这种犯罪构成要件的危险状态，即使与这种行为可能造成的更大的危害相比只是一种危险，但这种危险本身往往就是一种危害（如刑法典第 423 条第 1 款规定的情况[2]）；另一方面，没有任何理由认为防止该种危险出现的法律规范（如刑法典第 439 条第 1 款规定[3]），不能适用于明显能够造成该种危险出现的行为。

[1] 该款规定处罚任何足以对水、陆、空运输安全造成危险的行为。

[2] 该款规定处罚没有造成实际损害的纵火行为。

[3] 该款规定处罚没有造成实际损害的投毒行为。

(3) "阴谋犯"（i delitti di attentato）中，不存在犯罪未遂的问题。因为，"阴谋犯"的可罚性基础实际上就是"指向"（diretto）某种特定结果的行为（如刑法典第 241 条第 1 款、第 283 条、第 285 条、第 286 条第 1 款等[4]），或"阴谋实施的"（di attentare）行为（如刑法典第 276 条、第 280 条和第 295 条的第 1 款[5]）。由于这类犯罪的客观方面具有与未遂行为相似的结构，人们讨论的问题不是这类犯罪有无未遂，而是它们本身成立的条件，即这类犯罪到底是必须同时具备刑法典第 56 条第 1 款规定的（犯罪未遂的）两个条件，还是只要求其中的条件之一（如有人主张只要求行为的相称性），甚至干脆一个条件也不要，因为阴谋犯也可能由纯粹的预备行为构成。

[4] 意大利刑法典第 241 条第 1 款规定处罚阴谋破坏国家完整、独立和统一的行为；第 283 条处罚以宪法不允许的方式危害宪法或政府形式的行为；第 285 条处罚以危害国家安全为目的的破坏、抢掠、残杀行为；第 286 条第 1 款处罚以引发内战为目的的行为。

[5] 意大利刑法典第 276 条处罚任何企图危害国家总统的生

317

命、健康与人身自由的行为；第 280 条第 1 款处罚以恐怖主义或颠覆民主政体为目的而实施的杀人、伤害行为；第 295 条第 1 款处罚阴谋危害外国国家元首的生命、健康或人身自由的行为。

(4)"持续犯"（i delitti permanenti）在行为的非法状态还不足以构成犯罪既遂之前，有存在未遂形态的可能（例如，一群绑匪正在设法将被害人推进汽车中时，被警察的干预制止了；但如果该被害人已被绑匪推进汽车，在向其他地方转移的过程中被解救出来的，犯罪就构成既遂了）。

(5)"惯犯"（i delitti abituali）[6]（参见第五章第二节3）中是否存在未遂形态，也是一个有争议的问题。持肯定的态度似乎更有道理，因为完全可能发生这种情况：行为尚不具备构成惯犯既遂的起码条件，但却明显地具有与惯犯相称的倾向。

[6] 意大利刑法中的"惯犯"，指任何必须以经常性反复实施的行为（如虐待）为构成要件的犯罪。

(6)"附客观可罚性条件的重罪"（i delitti sottoposti a condizione obiettiva di punibilità）（参见第九章第三节2）中也有存在犯罪未遂的可能。但这种犯罪的未遂，只存在于客观可罚性条件本身的实现，不以犯罪既遂为前提的犯罪中（如已引起公愤的乱伦行为，就可以构成刑法典第 564 条第 1 款规定的乱伦罪的未遂；但刑法典第 558 条[7]规定的以谎言引诱他人结婚罪就不存在未遂形态，因为该行为的可罚性条件是婚姻被宣布无效，但这个条件实现时，犯罪已经既遂了）。

[7] 该条处罚用谎言隐瞒自己具有（除已存在的婚姻以外的）不能结婚的情况，并因这种情况而导致婚姻被宣布无效的情况。

未遂与情节之间的联系 [即表现在"情节犯中的未遂"（il tentativo in forma circostanziata）]，是一个需要特别加以考察的问题。关于这个问题，首先应注意，在法律将犯罪未遂本身规定为一个情节时（即作为情节犯的构成要件时），该情节就不适用有关未遂的规定（例如，被害人的财产没有或只受到轻微损失，如果是盗窃未遂的结果，就不能适用刑法典第 62 条第 4 项[8]规定的从轻情节）。除此之外，还应该注意以下两种情节：

> [8] 该项前半段规定，侵犯财产罪对被害人造成的财产损失特别轻微的，应从轻处罚。

(1) 实施行为时已经存在的情节（例如，杀人未遂行为，若出于无聊动机，则具备刑法典第 61 第 1 项规定的加重情节；若是受挑衅而实施，就应该适用刑法典第 62 条第 2 项规定的减轻情节）。在这种情况下适用有关情节的一般规定，没有任何问题，但在这种情况下是否应该适用有关"特殊情节"（circostanze speciali）的规定（参见本章第二节 2），理论界有一些争议。有的人认为，"特殊情节"是犯罪既遂的情节，不能适用于犯罪未遂的情况（因为犯罪未遂是一种不同于既遂的独立犯罪，参见本章第三节 1），否则就有悖于罪刑法定原则（例如，刑法典第 625 条第 1 款规定的那些加重情节，就只应适用于刑法典第 624 条第 1 款规定的盗窃既遂罪；如果有人携带武器盗窃未遂，就只能承担盗窃的责任，不能按刑法典第 625 条第 1 款第 3 项的规定加重处罚）。

不同意这种观点的人认为，上述分析完全是形式主义的。犯罪未遂的独立性，并不妨碍将刑法典第 56 条第 1 款同情节犯的规定相结合，并形成新的犯罪构成（即形成独立的"情节犯的未遂形态"）。按照这种观点，如果已实施的行动确实可能导致严重的结果，即使结果加重犯也可能有未遂形态（例如，一种确实可能导致重伤的虐待行为被他人阻止，就可能构成刑法典第 572 条第 2 款规定的虐待致人重伤的结果加重犯的未遂）。

(2) 行为实施时并不存在，但如果行为向前发展，或行为到达既遂，肯定会存在的情节（例如，提佐在企图偷偷地溜进他人家中盗窃时被发现，如果行为向前发展，就会具备刑法典第 625 条第 1 款第 1 项规定的入室盗窃这一加重情节；提佐盗窃一珍宝未遂，如果既遂，就会具备刑法典第 625 条第 1 款第 7 项规定的盗窃数额巨大这一加重情节）。司法实践认为，对这类情况应一律适用有关情节的规定，但这种做法确有值得商榷之处。因为根据刑法典第 59 条第 1、2 款的规定，情节只能

—319

是实际存在的情节（参见本章第二节 3），同时刑法典第 56 条第 1 款也规定，所谓未遂是"重罪"的未遂，而不是"情节"的未遂。

由于犯罪情节不存在未遂问题，因而前面所讲的"情节犯的未遂"也理应属于被否定的概念。

8. 犯罪未遂的处罚[1]

根据刑法典第 56 条第 2 款[2]的规定，对犯罪未遂应比照既遂犯减轻处罚。法律规定减轻标准只是针对法定刑而言的，所以法官必须在此框架内，根据一般的量刑原则，决定具体刑罚。例如，假如既遂罪的法定刑刑期为 1 年至 3 年，那么按最大限度减轻最低刑和最小限度降低最高刑后，相应的犯罪未遂的刑期就应是 4 个月至 2 年。与刑罚轻重或行为方式有关的附加刑（参见第九章第一节 3），应该同样适用于犯罪未遂，对此人们并无歧义。但对有关特定犯罪既遂的附加刑（如刑法典第 317—2 条[3]），是否应适用于该犯罪未遂形态的问题，理论界却有不同的看法。对这个问题，似乎应该给一个否定的回答，因为法律为特定的犯罪既遂规定的附加刑，不属于"法律明文"为犯罪未遂规定的刑罚。

[1] 原文"la pena del tentativo"直译为"未遂犯罪的刑罚"。

[2] 该款规定，"犯罪未遂有罪的人应处 [24 年至 30 年的有期徒刑，如果法律为重罪规定的刑罚为死刑]（方括号内的内容已不适用——译注）12 年以上的有期徒刑，如果规定的刑罚为无期徒刑；在其他情况下，按法律为重罪规定的刑罚减轻三分之一至三分之二处罚"。

2001 年草案第 41 条（未遂的重罪）2 规定，未遂犯按法律为犯罪既遂规定的刑罚减轻三分之一至一半处罚。

[3] 该款规定，对贪污和索贿罪应附加剥夺公权终身。但若因有减轻情节而被处 3 年以下有期徒刑者，则附加有期限的剥夺公权。

第8章 犯罪的表现形态

9. 中止犯罪与主动防止结果发生[1]

刑法典第 56 条第 3 款规定,"如果有罪的人自动中止行为,只在已实施的行动本身构成其他犯罪时,对已实施的行动承担责任"[此即所谓的"自动中止"(desistenza voluntanria)];根据刑法典第 56 条第 4 款,"如果自动阻止结果,按照为犯罪未遂确定的刑罚减轻三分之一到一半处罚"[该款规定的情况被人们称为"主动防止结果发生"(recesso attivo)、"后悔行动"(pentimento operoso)或"有行动的悔改"(ravvedimento attuoso)]。

[1] 2001 年草案第 42 条(悔改 Ravvedimento)规定:(1)行为人自动中止行为或阻止结果的实现,排除未遂重罪的可罚性;(2)当结果因为其他原因未实现,而行为人具有自动而相称的悔改时,也排除可罚性;(3)已实施的行动构成其他犯罪时,不排除可罚性。

法律规定这两种刑法制度的根据何在,人们并无一致的看法。一部分理论界人士认为,对犯罪中止免除处罚和对自动防止犯罪结果减轻处罚的根据,都应该以"积极预防"(prevenzione positiva)来解释:在犯罪到达既遂之前,通过给犯罪人一个"奖励"(sollecitazione premiale)来消除犯罪对法益的危险,符合法律秩序的整体利益。这种给敌人,即给自动中止或自动防止犯罪结果的犯罪人一条退路的观点,即所谓的"金桥理论"(teoria del ponte d'oro)。另一些理论界的人士认为,这些行为排除(或减少了)"刑罚特殊预防的目的",才是这两种刑法制度的根据。因为中止和主动防止结果发生是犯罪人犯罪意志微薄的象征,因而对他们适用刑罚(或按一般情况适用刑罚)已无意义。还有一部分人主张,刑法中规定犯罪中止和自动防止犯罪结果的基础,应该用罪过的强度来解释:由于行为人自由地选择了,尽管稍微迟了一点,与法律规定一致的行为,因此大大地降低了罪过的程度。事实上,这三种观点都具有说明刑罚作用的意义(参见第九章第一节 1),它们之间是相辅相成的关系,并非水火不容。

"自动中止"(desistenza voluntanria),是指在行为尚未完全实现刑法规定的构成要件之前，中断已经开始实施的行为（或在不作为的情况下，开始履行自己的义务）。总的来说，这种行为属于犯罪未遂的一种形式，即属于1889年刑法典[2]第61条第1款所称的"试图犯罪"（delitto tentato），或现行刑法典第56条第1款描述的"如果行为未完成"的情况。属于这种情况的例子如，提佐放弃非法持有刚偷的物品；或者经被害人的苦苦哀求，凯奥停止了抢劫。

[2] 这里的"1889年刑法典"原文为"il condice Zanardelli"（扎纳尔德里刑法典）。

与自动中止不同，"自动阻止结果"（il recesso attivo）意味着行为人在行为已经实施完毕后，阻止结果的发生（并获得了成功；如果行为人的努力未能达到目的，则属于刑法典第62条第6项规定的减轻情节，按犯罪既遂减轻处罚。参见本章第二节7）。例如，提佐为了淹死凯奥而将其扔入河内，然后又跳下水将其救了起来；又如，森博在与梅沃签合同时使用了欺骗手段，但在执行合同前，又主动承认了自己的谎言。

自动中止和自动阻止结果也有难以区分的时候。如在犯罪是"任意手段犯"（i reati a forma libera）时，就有如何确定行为"实施终了"的问题。例如，提佐在第一枪没有击中被害人的情况下，并未继续开第二枪、第三枪。在这种情况下，提佐开第一枪的行为本身肯定已符合杀人行为的构成要件，但同样肯定的是，如果他继续开第二、第三枪，行为会更有效果。这时，就产生该行为到底是自动中止，还是自动阻止结果的问题（不过，如果归入后者的话，就有一个该行为只具有"停止继续实施"的特征，不属于"积极行动"的范畴的问题）。

从另一方面看，这种困难的存在，还因为纯粹消极的举止，即行为人没有任何"积极"行动的行为，也有自动阻止结果的问题。例如，提佐用威胁的手段强迫凯奥答应给他一大笔钱（即刑法典第629条第1款规定的敲诈勒索行为），但事后又决定不去接受这笔钱，因而阻止了获取非法利益这一结果的发生。从严格的解释论角度说，这种情况本不应是一个问题，因为刑法典第56条第4款并没有规定"阻止"结果的只能是积极的行为，其强调的只是行为必须产生积极的效果，至于行为人

第8章 犯罪的表现形态

是用什么方式阻止了结果的发生，并不影响自动阻止结果的成立。如果在具体情况下，行为人的消极举动也能发生阻止结果发生的效果，没有任何理由不适用有关的"奖励性"规定。

任意手段犯何时为"实施终了"的问题，解决起来确实相当棘手。总的来说，承认前面所说的行为属于自动中止，似乎理由要更充分一些。因为，在考虑行为的相称性时，行为人可继续实施行为的可能性是一个必不可少的因素（参见本章第三节 4），不能说在决定自动中止时，这个因素没有任何意义。例如，说提佐向凯奥开第一枪的行为是与杀人相称的行为，就包括了在第一枪未击中的情况下，他还可以开第二、第三枪的可能性在内；正是因为如此，提佐没有开第二枪、第三枪的举动，就应该理解为其行为尚未"实施终了"。

不论自动中止或是自动阻止结果，都必须以"行为的自愿性"（la volontarietà dell'attegiemento tenuto[3]）为成立的前提。这里的"自愿性"（la volontarietà），并不意味着行为人必须有后悔、悔过等值得赞誉的动机〔即不等于刑法典第 62 条第 6 项规定中所说的那种"主动性"（la spontaneità）〕，而只是强调在行为人中止犯罪或阻止犯罪结果发生的动机中，不能存在强制性因素。因为如果有这种因素，任何人都自然会放弃犯罪的实施或阻止结果的发生。例如，某人由于撬锁工具不灵、碰响了警铃，或被人撞见等原因而放弃盗窃，其行为就不具有"自愿性"；同样的道理，如果某人入水救出受害人，是因为自己推人下河的行为被人看见；或者不出面去拿自己勒索的钱，是怀疑有警察设埋伏等原因，其阻止犯罪结果发生的行为也不具有"自愿性"。

[3] "la volontarietà dell'attegiemento tenuto" 直译为"（行为人）所持这种态度的自愿性"。

自动中止排除未完成犯罪的可罚性，但如果已实施的行动本身能单独构成其他犯罪，行为人就应承担相应的刑事责任（例如，在进入他人住所后放弃实施盗窃行为，仍应按刑法典第 614 条第 1 款规定的侵犯住所行为处罚）。关于自动中止排除可罚性的原因，理论界有人认为是因为自动中止不具有犯罪未遂的客观特征，也有的人认为自动中止属于排除故意的理由。但这两种观点显然都忽视了这样一个事实：不论就行为的客观方面或主观方面而言，自动中止都包含了犯罪成立的全部要件。因此，占主导性的观点认为，自动中止实际上是一种行为中发生的排除可罚性原因，或者说是一种消除行为本身的原因（参见第九章第三节3）。

自动阻止结果则是犯罪未遂形态中唯一具有特殊效果的特殊减轻情节（参见本章第二节2），因此，对其应适用有关情节的规定（参见本章第二节3等）。

10. 不可能的犯罪[1]

关于刑法典第49条第2款规定的"不可能犯"（il reato impossibile），我们前面已经有所接触。例如，我们分析过它与典型行为和危害性之间的关系（参见第五章第五节2），也探讨过缺乏犯罪对象对行为相称性的影响（参见本节4）。

> [1] 2001年草案第41条（未遂的重罪）3规定，在因行为对象不存在……而犯罪不可能完成的情况下，排除未遂重罪的可罚性。

刑法典第49条第2款的规定实际上有两层含义。首先，该款规定了两种不具有相称性的犯罪未遂，一种是行为绝对不相称的未遂（即行为在任何情况下都不可能引起犯罪结果的未遂；例如，用阿司匹林下毒杀人；向枪支最大射程外的人开枪等），另一种则是因为犯罪对象不存在的未遂（前面已讲过其含义，参见本章第三节4）。

其次，作为一般的规定，对一切按法律规定行为本身具有结果作用，而结果并不一定是构成要件的犯罪，都属于可以适用该款规定的范围。具体讲，可适用该款规定的情况包括：

(1)"阴谋犯"（il delitto attentato）（参见本节7）中那些绝对不可能实现"指向"结果的行为。例如，一群退休老头因退休金太低，而挤在一起吵吵嚷嚷地要求恢复君主立宪制，就属于与刑法典第283条规定的阴谋推翻宪法绝对不相称的行为。

(2)"目的犯"（I reati a dolo specifico）（参见第五章第一节3）中，

那些在任何情况下都不可能实现行为人追求目标的行为。例如，提佐为了骗取保险金而故意毁损自己的财产，但保险合同却早已因过期而失效了。相对刑法典第642条第1款规定的保险诈骗而言，这种行为缺乏特殊目的的对象，不可能具有相称性。

（3）"教唆犯"（I reati di istigazione）（参见本章第四节2）中教唆的内容根本不可能引起他人去犯罪的行为。例如，某喝醉酒的老头在旅馆里教唆旅客去炸兵营，相对刑法典第415条规定的教唆行为而言，该老头的行为就具有绝对的不相称性。

不可能犯的客观方面没有任何危险的内容，只是行为人主观危险性的评价对象（参见第九章第二节3），因此，它只对是否适用保安处分有意义。

第四节　共同犯罪[1]

1. 共同犯罪的根据

犯罪可能是多个人相互合作的结果。从犯罪学的角度看，这是一种越来越突出的犯罪现象：一种需要从法律上单独加以处理的犯罪活动，因为不论从实施行为还是从形成犯罪心理的角度看，犯罪都会因为多个行为人适当的力量联合与分工而变得更为容易。

[1] 本节标题原文"Il concorso di persone nel reato"，直译为"犯罪中人的竞合"。

2001年草案第43条（犯罪中人的竞合）1规定：任何人参与犯罪的实施，或者决定、教唆其他共同参与人，或为其他共同参与人提供有利于犯罪实施的帮助或明显助于结果实现的协助的人，是共同参与犯罪的人。

面临这一事实，法律制度必须解决两个具有内在联系的问题：
（1）在什么样的条件下，可以认定一个人的行为是"共犯（con-

corsuale）行为"。解决这个问题的目的，是为了在追究刑事责任时，避免只考虑直接参与实施犯罪的实行人，将其他主体撇在一边，使那些行为可能不直接具备刑法规定的构成要件的人逍遥法外（例如，只为他人提供了撬门的工具，但并未直接窃取他人财物的行为，就不符合刑法典第 624 条第 1 款规定的盗窃罪的构成要件），因为就犯罪的实施来说，这些人可能实际上曾起了重要作用（有时甚至是比直接实施犯罪的行为更为重要的作用：大家可以想一想抢劫银行中的"内线"，或者出钱雇佣杀手的老板，他们的行为绝对具有从根本上决定犯罪实施的作用）。

（2）针对这种具有"特殊"危害的共犯行为，法律应该如何处理。这里所说的"特殊"，不是指共犯行为所造成的危害有什么"特殊"（杀死一个人的行为，不论是一个人或是几个人实施的，都只是杀死了一个人，犯罪主体的多重性并不意味着被害人的生命受到多重侵害），而是指共犯行为在"侵害方式"（modalita'd'offesa）上的特殊性，而侵害方式在刑法中具有特别重要的意义。不论从一般预防的角度（犯罪人的联合会引起社会更大的不安）、从特殊预防的角度（在共同犯罪中寻求犯罪的力量，是主体具有更大的危险性的证明），还是从罪过的角度（就罪过与犯罪实施之间的关系而言，共同犯罪具有更大的可非难性）看，共犯行为的侵害方式都具有不容忽视的意义。

关于共同犯罪的刑法制度（刑法典第 110 条等），实际上就是为了有关解决上述两个问题制定的。规定共同犯罪成立的条件，是为了解决在什么样的情况下，不直接具备刑法分则规定的构成要件的行为属于共犯行为；规定对共同犯罪的制裁，则是为了根据共同犯罪的参与人在共同犯罪中的不同作用，对共同犯罪人进行不同的处理。

在如何认定共同犯罪的成立条件问题上，有一种"扩张的正犯理论"（la concezione estensiva dell'autore），不同意共同犯罪是一种独立的犯罪形态。这种理论，或者以"目的论的原因说"（prospettiva teleo-logico-causale）为根据，将用任何方式参与犯罪的人都作为正犯来处理；或者按照所谓"意志刑法论"（c. d. diritto penale di volota`）中的"主观发展说"（peospettiva soggettiva sviluppata）（参见第四章第二节

第 8 章 犯罪的表现形态

1)，把所有具有明确的犯罪意志的行为都视为犯罪的实行行为。

在"扩张的正犯理论"看来，认定"正犯"（l'autore[2]）的根据，不是行为侵害某种利益的特殊方式，而是行为对法律保护的特定利益的危害。于是，法律规定的犯罪构成要件，就被解释为仅仅具有说明刑法保护的是何种利益的作用，而不能用构成要件来限制法律规范的适用范围。例如，一个人不论是教唆他人盗窃，还是借给他人盗窃所用的必要工具，与实际实施了盗窃行为的人一样，都是盗窃犯。

[2] "l'autore"直译为"（实行行为的）行为人"。

按此观点，有关共同犯罪的法律规定，实质上是取消"幕后"（retrostante）主体的正犯资格，因而它们是限制，而不是扩大了可罚性行为的范围。这种理论在精神上与自由民主的刑法制度是完全相悖的。我们的刑法制度，是以罪刑法定原则为基础的刑法制度，这种制度要求在认定正犯问题上，必须以"限制的（正犯）概念"（la concezione restrittiva）为指导。按照这种理论，只有那些实施了具备构成要件行为的人，才属于法律规定的"正犯"。要处罚那些实施了非典型行为的行为人，就必须援引专门的法律规定，即有关共同犯罪的法律规定。

为什么那些实际上"非典型（antipica）的行为"能够（根据共同犯罪的规定）成为"典型（tipica）行为"呢？对于这个问题，理论界有很多人认为，可以用"共犯从属性说"（il dogma dell'accessorietà）来系统地加以说明。按照"共犯从属性说"的观点，共犯的行为之所以具有刑法意义，是这种行为"进入"（di accedere），或者"结合"（di aggiungere）一个符合法定构成要件的主要行为的结果。

由于对主要行为成立条件的理解不同，"（共犯）从属性"（l'accesorieta）理论在历史上曾有过三种对从属性程度要求不同的表现形式：(1) "极端的从属性说"，这种理论要求主行为必须同时具备典型性、客观违法性和罪过三个要素（即要求主行为本身必须构成犯罪，否则，从属行为，如帮助不具备刑事责任年龄的未成年人实施违法行为，就不具有刑法意义）；(2) "限制的从属性说"，这种观点认为实行人的行为必须具备典型性、客观违法性，但不一定是有罪过的行为（即承认参与无罪过的人实施的行为,也可能构成共犯);(3)"起码的从属性说",即只要求主行为具备刑法所要求的典型性的从属性理论(这种理论认为参与因具备正当化原因而不构成犯罪的行为,也可能构成犯罪)。

共犯从属性说有以下三个缺陷:

(1)首先,这种理论中的"极端从属性说"对很多具有可罚性的行为都不能作出合理的解释(如协助无责任能力的人实施的危害行为),尽管有人企图用"间接正犯说"(la figura c. d. autore mediato)(参见第四节9)来对此加以弥补。

(2)这种理论不屑于说明从属行为与主行为的"实质"(dipendenza reale)关系(从属行为与主行为间必须存在因果关系,还是只要求有其他关系),而只是说前者必须以后者的存在为前提,或因后者而派生。在这种理论看来,从属行为只是一种"第二性的典型行为"(tipicità secondaria),是主行为的"反射"(riflessa)。事实上,以共犯的行为类型为基础(即将共犯分为教唆犯、帮助犯、共同正犯)的刑法制度(主要是德国的刑法制度),其中包括1889年的意大利刑法典所采用的共犯制度[3],是"共犯从属性说"赖以产生并发展的前提。由于没有从一般意义上规定非实行行为为什么也是犯罪行为的理由,在上述刑法制度中,人们注意的重点只能是如何认定法律规定的各类共犯[4],而从属行为与主行为间到底应是一种什么样的关系问题,自然就被抛在了一边。总而言之,"共犯从属性"理论不能解释主行为与从属行为联系的实质,原因很简单,如果刑法制度中没有关于共同犯罪的一般规定,人们看到的就只能是法律规定的各种共犯的类型。

[3] 该法典第63条第1款规定的是实行犯与直接的共同正犯;第63条第2款规定的是主犯(determinatore);第64条第1款第1项规定的是教唆犯;第2项规定的是从犯;第3项规定的是帮助犯。

[4] 例如,就1889年刑法典第63条第2款规定的主犯而言,就是确定如何认定其行为"对他人犯罪具有决定作用";就该法典第64条第1款第2项规定的从犯而言,为了认定他是否是参与了

第 8 章 犯罪的表现形态

共同犯罪,就是看他是否"为实施犯罪提供犯罪方法或犯罪工具"——原注。

刑法典中有关共同犯罪的一般规定,是意大利现行刑法中共犯制度的基础(刑法典第 110 条规定,"当多人共同参与同一犯罪的实施时,参与者各自……"),用共犯从属性说来解释这么一种刑法制度,就既显得不合时宜,同时又有循环论证之嫌。说它不合时宜,是因为现行制度不承认在认定共犯行为的时候,应有任何形式上的限制(以从属性为前提,必然会引起什么是"从属性"的问题);说它循环论证,则是因为这种理论将共犯行为定义为具有从属性的行为,而具有从属性的行为即共犯行为。

(3)即使采用将共犯行为典型化的刑法制度,用共犯从属性说也根本无法解释实行行为由多个人分别实施的现象。因为这种现象中不存在由单个主体实施的,完全符合刑法分则规定的构成要件的行为(例如,甲对乙实施暴力,丙则取走乙的钱包;甲和丙的行为都不完全符合抢劫罪的构成要件)。

事实上,如果一定要说共犯行为具有"从属性"的话,那么,这种从属性也不是共犯行为的从属性,而是处罚共犯行为的法律规范的从属性。适用有关共同犯罪的法律规定,必须以处罚单个主体的法律规范为前提,并以这种规范为基础来"扩张"它所规定的典型行为。有关处罚单个主体的法律规范与共同犯罪的规定相互结合,产生了一种新的实际上包含"多重主体的构成要件"(fattispecie plurisoggettiva eventuale)。例如,所有共同具有以非法占有他人动产为目的……的行为,都符合与刑法典第 624 条第 1 款的规定相结合而产生的盗窃罪共犯的构成要件。

对这种多主体的犯罪构成来说,除了其他条件外,行为符合刑法分则规定的构成要件,同样是其成立的前提之一(不过,这并不意味着符合刑法分则规定的构成要件的行为,必须是某一个共犯的行为)。这种多主体构成要件说的优点在于,它用来解释刑法中的共同犯罪制度的理论,与解释整个刑法制度的理论重新达到了协调一致程度。这样,在分析共同犯罪的成立条件时,就完全可以运用适用于所有犯罪的统一模式，即将共同犯罪的构成也分为典型行为、客观违法性和罪过三部分。这里需要指出的是，多主体的构成要件说最初源于强调共犯行为"统一性"（l'unicita）的理论，即认为共同犯罪人的行为侵害的都是同一法益的观点。直到今天，理论界仍有一部分人坚持认为，有多少种参与共同犯罪的行为，就应该有多少种多主体的犯罪构成，其中的每一种行为，都可以作为某一共同犯罪人承担不同于其他共同犯罪人的刑事责任的根据。

2. 共同犯罪的典型事实：（1）主体的多重性；（2）实现了与单个主体相同的典型事实

就行为的典型性而言，多主体犯罪构成的成立要求具备下列条件：（1）多个主体（刑法典第110条规定，"当多人……"）；（2）实现了与单个主体相同的典型事实（刑法典第110条要求"……共同参与同一犯罪……"）；（3）参与人对共同行为作出了有客观意义的"加功"[1]（即刑法典第110条所要求的"……共同参与……"）。

[1]"加功"原文为"contributo"，直译为"贡献"。

（1）所谓"主体的多重性"（la pluralita'di soggetti），是指行为的主体是多个自然人，但这并不等于每一个主体都必须有罪过或其他个人方面的可罚性条件。在多个自然人主体中，如果有人不具备刑事责任能力，或主观上没有罪过，或具备可原谅的理由，或其他排除可罚性的个人原因，并不排除共同犯罪的成立。这是从刑法典第112条第4款[2]的规定中推出的明确结论（该款在规定共同犯罪的从重情节时提到"即使共同参与人中有人不具备刑事责任能力，或不具备可罚性的条件"），从刑法典第111条和第119条第2款的规定中也可以得出类似结论。[3]

[2] 书中原文为"第112条第2款"，译者根据本书作者帕多瓦尼等注释的《刑事审判法典与法律汇编》（1996/1997年版）作了更改。该款规定："即使共同参与人中有不具备刑事责任能力，或不具备可罚性条件的，本条1、2、3项规定的从重情节同样适用。"

第 8 章 犯罪的表现形态

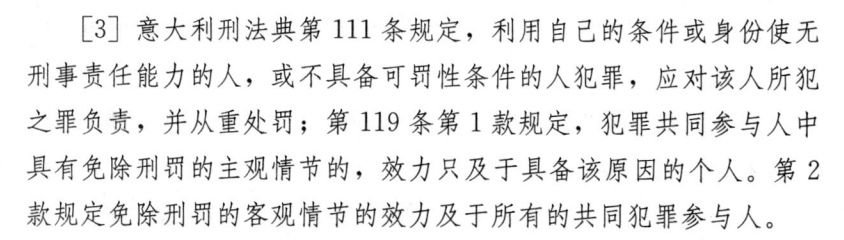

[3] 意大利刑法典第 111 条规定，利用自己的条件或身份使无刑事责任能力的人，或不具备可罚性条件的人犯罪，应对该人所犯之罪负责，并从重处罚；第 119 条第 1 款规定，犯罪共同参与人中具有免除刑罚的主观情节的，效力只及于具备该原因的个人。第 2 款规定免除刑罚的客观情节的效力及于所有的共同犯罪参与人。

(2) 至少有一个共同参与人的行为具备犯罪成立所必须的基本的客观要件。这里所说的具备基本的客观要件，是指至少必须具备犯罪未遂的构成要件，因为共同犯罪也有共同犯罪的既遂与共同犯罪的未遂之分。但是，所谓"未遂的共同犯罪"（tentativo di concorso），即企图共同实施犯罪的行为，如果没有发展为共同实施犯罪的行为，就不具有刑法意义。这一原则的法律依据，除了刑法典第 110 条（"……共同参与同一犯罪……"）外，主要的还有刑法典第 115 条。该条规定，共谋或教唆的犯罪没有实施，犯罪的共谋与教唆不具可罚性；不过，上述行为可作为人身危险性的评价对象，并因此而成为（依刑法典第 115 条[4]第 2、3、4 款的规定）确定适用保安处分，即"保护性管束"（libertà vigilata）可能性的根据（刑法典第 229 条第 2 项，参见第九章第二节 5）。

[4] 该条第 2 款规定，"法官可以对共谋犯罪而为实施者适用保安处分"；第 3 款、第 4 款规定，教唆他人犯罪，被教唆人接受教唆但未实施犯罪，或教唆他人实施（重）罪未为被教唆人接受者，适用该条第 1 款（免除可罚性）和第 2 款（可适用保安处分）的规定。

总的来说，除某些"身份犯"（reati propri）（参见本节 7）外，共同犯罪人之间的具体分工并不具有特别的意义。刑法分则规定的典型行为可以是由一个人实施的（如杀人行为的指挥者、执行者），也可以是由所有的人共同实施的（如二人同时开枪，都射中了被害人的致命之处），还可以由每个共同犯罪人都只实现了一部分典型事实的行为共同构成（如前面所举由两个行为人一个使用暴力、一个拿钱的方式实施抢劫行为，参见本节 1；或者由多个行为人用乱拳将被害人打死的杀人行为）。

犯罪的既遂和构成犯罪未遂的最后一个举动，是共同犯罪行为在时间上终止的最后界限，che non puo'essere tenuta post patratum crimen。在我们刑法制度中没有像 common law（即英美法系中的普通法——译者）那样承认"事后共犯"（la complicita'successiva）的规定；不过，如果在事前答应在犯罪完成后给予行为人一定的帮助，这种行为本身就具有共犯的意义（即使事后没有给予帮助，共犯行为依然成立）。在事后帮助犯罪人的行为，如果不属于事前有通谋的情况，可视其情况分别构成刑法典第378条规定的对人的包庇罪，第379条规定的对物的包庇罪，刑法典第648条规定的受赃罪或第648—2条和第648—3条规定的"洗钱罪"。

3. 共同犯罪的典型事实[1]**：（3）客观上的"加功"**

认定哪些行为在客观上属于共同犯罪行为，是共同犯罪理论中真正的 punctum dolens[2]。在这个最重要的问题上，刑法典第110条只是简单地规定"当多个人共同参与……其中的每个人承担……刑罚"，而对什么是"共同参与"并没有作进一步的说明。由于共同犯罪行为本身不一定是刑法分则规定的典型行为，因此，正确地认定共同犯罪行为，涉及划分罪与非罪的界限这个根本问题。如果没有明确的理论标准来界定共同犯罪行为的范围，刑法典第110条这种一般性的规定就有被认为是含义模糊的危险。[3]

[1] 根据2001年草案第43条（犯罪中人的竞合）1的规定，构成共同犯罪的行为包括"参与犯罪实施，或者决定、教唆其他共同参与人实施犯罪，或为其他共同参与人提供有利于犯罪实施的帮助或明显助于结果实现的协助"等行为。

[2] 拉丁语，直译为"痛点"，在这里有最敏感、最难解决的问题的意思。

[3] 在意大利现行宪法体制下，含义模糊的刑法规定，会因违背宪法规定的明确性原则而被宣布为违宪。

根据一种得到刑法典起草者支持的意见，所谓共同犯罪行为，是指按照"条件说"（la teoria condizionalistica）（参见第五章第四节1）对

第 8 章 犯罪的表现形态

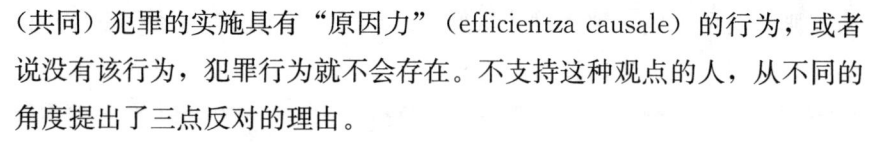

（共同）犯罪的实施具有"原因力"（efficientza causale）的行为，或者说没有该行为，犯罪行为就不会存在。不支持这种观点的人，从不同的角度提出了三点反对的理由。

（1）从刑事政策角度看，以这种观点来界定共同犯罪的行为，范围特别（因而也过分）狭窄（这与用条件说来界定单个主体构成要件中的行为不一样，参见第五章第四节1）。例如，按照这种观点，那些对共同犯罪加功但未被实际利用的行为（如提供的开锁工具由于保险柜并没有上锁而没有派上用场），那些对犯罪的实行来说，不是必要的帮助行为（如为实施盗窃的实行犯放风，在大多数情况下都没有必要），那些不能从根本上决定犯罪实施的行为（如为犯罪人提供使犯罪实施更为便利的劝告），等等，都不可能成为共同犯罪中的行为。

（2）从司法实践的角度看，按条件说的标准来认定行为的原因力，不仅在涉及行为的心理影响（即行为对他人意志的影响）时极端困难（例如，要确定没有某人的鼓励，行为人是否会同样实施犯罪，在多数情况下都显得有点荒唐）；同时，在有的情况下，例如在每个主体的行为都各自符合刑法分则规定的构成要件时，根本就不可能用原因力标准来认定共同犯罪的行为（例如，两人都同时向被害人开枪，每个人的子弹都击中了被害人的致命处）。

（3）从法律规定的角度看，刑法典第114条第1款规定了一个选择性的减轻情节，其内容为"在犯罪的预备或实施中重要性极小"的人应减轻处罚。属于该款规定的共同犯罪行为，就肯定不属于按条件说具有原因力的行为（因为一个能决定犯罪行为发生的行为，只能是具有"根本性"的行为，而不可能是重要性"极小"的行为）。

为了克服上述缺陷，有人认为共同行为人行为的原因力，应该是指对"实际上已经实现了的犯罪行为"[4]的原因力。按照这种解释，所谓对共同犯罪具有原因力的共犯行为，就是指离开了该行为，共同犯罪就不会存在，或者会以另一种方式存在的行为。例如，为实施盗窃放风的行为，可以说是已实施的盗窃行为的 *conditio sine qua non*（必要条件）。因为，如果没有这种行为，尽管实行犯仍会实施盗窃，但实施的

_333

方式则将有所不同。那些对共同犯罪的实施实际上没有起到帮助作用的行为，也可以用同样的道理来解释（例如，尽管开保险柜的钥匙实际上没有派上用场，但如果实行犯事先没有得到钥匙，就可能不会去偷保险柜中的财产）。但是，这种说法显然是一种"先验的证明方法"[5]，按照这种观点的逻辑推理，只要能对具体犯罪行为的特殊性发生影响的行为，都属于对共同犯罪有原因力的共犯行为。但什么是具体的共同犯罪行为的特殊性，以及根据什么标准来认定这种特殊性，对这两个至关重要的问题，上述观点显然不可能作出正确的回答。例如，多一个人参与，当然是能决定具体抢劫行为特殊性的事实；如果某顾客刚好在犯罪人在抢劫银行时到达银行，没有该顾客在场，具体的抢劫行为就肯定会具有不同的特点（起码会少一个目击者），但是有谁能够说，该顾客的行为属于共同犯罪行为呢？事实上，如果一个犯罪行为的具体特征不属于法律规定的典型事实，就没有法律意义，因此，并不是任何能决定具体行为特殊性的事实，都能作为判断共犯行为成立的标准。

[4]"实际上已经实现了的犯罪行为"原文为"il fatto storicamente verificatosi"，直译为"历史地实现了的事实"。

[5]"先验的证明方法"原文为"petizione di principio"，指将一种尚未证明的判断作为论据的逻辑错误。

根据上述分析，判断共犯行为成立的标准，似乎不应是决定共同犯罪实施的"必要条件"，而应该是共同犯罪成立的"充分条件"。按照这个标准，下列情况就应属于共犯行为：

（1）对符合刑法分则规定的构成要件的事实，具有决定作用的行为：例如，某老板派遣杀手杀人的行为；在银行卧底的"内线"，为抢劫银行提供情报的行为，等等。

（2）对"具体的具有法律意义的共同犯罪的实施方式"，（如同 conditio sine qua non 一样）起了决定作用的行为。这里所说的"具体的具有法律意义的共同犯罪的实施方式"是指法律规定的犯罪构成要件或者犯罪情节，在具体的共同犯罪中的实现方式。例如，教唆他人用更有效的方法进行勒索的行为，就属于对敲诈勒索罪的客观行为的实现方式有

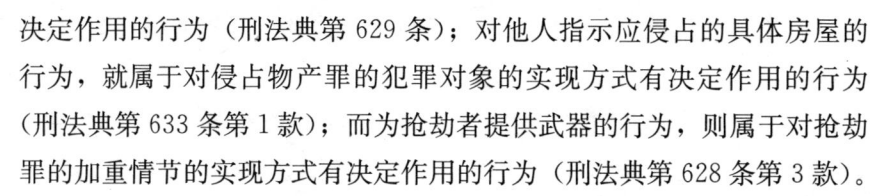

决定作用的行为（刑法典第 629 条）；对他人指示应侵占的具体房屋的行为，就属于对侵占物产罪的犯罪对象的实现方式有决定作用的行为（刑法典第 633 条第 1 款）；而为抢劫者提供武器的行为，则属于对抢劫罪的加重情节的实现方式有决定作用的行为（刑法典第 628 条第 3 款）。

根据一部分理论界的看法，符合"充分条件"的共犯行为，还应该包括那些 ex antea，即在行为时，看来能够"增大犯罪实现风险"的行为，以便将那些实际上没有起作用，甚至"帮了倒忙"的帮助行为也能纳入共犯行为的范畴。例如，尽管开锁工具实际上没有起作用，但给盗窃实行犯开锁工具的行为，在行为时就有增大盗窃行为实施可能的作用；又如，尽管由于在共同盗窃中担任放风任务的人打瞌睡，才导致实行犯们被当场抓获，但是他承担放风任务的行为，却对盗窃的实施起了决定性的作用。这种以行为时是否能增加犯罪风险作为判断共犯行为标准的观点，本是一种可以合理地解释犯罪未遂的理论（参见本章第三节 4）。当被用来解释共犯行为时，这种理论企图以刑法典第 56 条第 1 款的规定来作为自己的法律依据。然而，恰恰是该款规定的内容，不允许将这种理论运用于共同犯罪领域，因为，承认以行为时增大风险的可能作为判断共犯行为的标准，实质上就是承认存在"未遂的共同犯罪"，而我们的刑法制度是不允许这种情况存在的。

实际上，在理论界和司法实践中均占统治地位的观点，是一种以条件说为基础的理论。这种理论认为，所谓共犯行为，至少必须是"有助或有利于"犯罪实施的行为。这里所说的有助或有利于犯罪的实施，包括主观（加强或有效地支持了他人的犯罪决意）和客观（提供能使犯罪的实施更为便利的帮助）两个方面的因素。从法律规定的角度看，这种标准的含义比其他标准更为模糊，因此，有必要对其含义作进一步的说明。按照这种观点，下列行为应该属于有利或有助于共同犯罪实施的共犯行为：

（1）加强他人犯罪决意的教唆行为和参与制定具体犯罪计划的共谋行为。这一结论实际上是对刑法典第 115 条规定的反对解释，该条规定在教唆或共谋的犯罪并未实际实施的情况下，教唆和共谋不是可罚的行为,那么,就可以从反面推出,如果被教唆或共谋的犯罪被付诸实现,这两种行为都足以构成共犯行为。

(2) 协调其他共犯行为的行为。这种行为可能不是实施共同犯罪的必要条件(例如,在盗窃罪实施过程中,协调如何搬运赃物的行为),但却无疑是属于刑法典第112条第1款第2项规定的有利于共同犯罪的条件。如果这种行为事实上没起作用,甚至起了妨碍犯罪实施的作用,那就得从共犯"心理联系"的角度,分析是否可能将其作为一种教唆的形式看待(例如,将开锁钥匙交给盗窃行为的实行犯的行为,就得分析其是否起到了加强犯罪决意的作用)。

除了上述两种情况外,其他任何形式的支持犯罪的表示都不属于共犯行为。例如,在他人实施犯罪时,对其加以赞扬的行为,或者给抢劫犯赠送护身符的行为,等等。

根据新刑法典的代理立法纲要第26条第1款,所谓共犯是指"在犯罪的决意形成阶段、预备阶段或实行阶段,实施能决定或有利于危害结果实现行为的人",对所谓有利于犯罪结果实现的行为,该款还进一步明确规定"只是指能使危害结果的实现更可能、更容易或更严重的行为"。

参与共同犯罪的行为可以是作为,也可以是不作为。事实上,人们认为根据刑法典第40条第2款的规定,共犯行为也应包括那些没履行阻止犯罪发生的法律义务的行为。例如,警卫为了帮助盗窃而故意不开启安全系统;司法警察见他人强奸妇女而袖手旁观的行为等。只要将不阻止结果换为引起结果发生,我们前面对以不作为方式实施的结果犯所作的全部分析(参见第五章第二节 7),完全可以用来解决这里的共犯问题。

如果主体没有阻止犯罪结果的法律义务,那么他不干预犯罪实施的行为,就属于不可处罚的"默许行为"(connivenza)(如果根据具体情况,不属于有意义的共犯行为的话)。不过,在司法实践中常常碰到主体"出席犯罪"(presente al reato)的情况,却是一个值得讨论的问题。人们认为,如果主体的"出席"是对实行犯的一种激励或保障的话,这种情况可以作为共犯行为来看待。例如，某人为报世仇，因其家族首领的在场而激发并增强了杀人的决心。

4. 共同犯罪中的正当化原因

刑法典第 119 条第 2 款规定，"排除刑罚的客观情节效力及于所有共同参与犯罪的人"。这一规定意味着，参与一个客观合法事实的行为，在任何情况下都是合法行为。法律只可能作这样的规定：因为一个没有客观违法性的行为，是一种合乎法律秩序整体需要的事实，那些决定或有利于实现这种事实的行为，也只能被认为是合法的行为。

这里所说的"排除刑罚的客观情节"，只能是单个主体的实行行为（因为只有这种行为，才可能作为客观违法性的评价对象）。例如，对他人土地享有通行权的人，教唆另一人去穿越他人的土地，就不能适用刑法典第 119 条第 2 款的规定，因为被教唆人的行为已经构成刑法典第 637 条规定的非法侵入他人土地罪，教唆人就不能免责，但是，如果被教唆的人享有土地通行权，结论就应该完全颠倒过来了。

5. 共同犯罪中的罪过[1]**：故意的共同行为和过失的共同行为**

共同犯罪的刑事责任，是刑事责任的一种独立形态。根据（刑法典第 42 条第 2 款为重罪和第 42 条第 4 款为轻罪确立的）一般规则，故意在任何情况下都是刑事责任成立的充分的主观条件（参见第七章第三节1）。但共同犯罪中的故意，包括"对刑法分则规定的典型事实的故意"和"对共同行为的故意"两方面的内容。

> [1] 2001 年草案第 43 条（共同参与犯罪）2 规定，每个共同参与人各自在自己罪过的范围内承担责任。

"对刑法分则规定的典型事实的故意"（dolo del fatto tipico monosoggettivo）[2]，这是为共同行为成立"犯罪"所必需，但不一定为实现上述典型事实的行为人所必需的故意。因为，共同行为人中一般只要有一个人具有这种故意，共同犯罪就能成立。例如，提佐在清楚地知道某物品不属于凯奥所有的情况下，怂恿凯奥拿走其误认为是自己的

—337

东西。这时，行为人就不具有盗窃的故意，但教唆者却具有这种故意。刑法典第112条第4款间接地肯定了这种认识，因为该款在规定一些加重情节时，提到"即使某个行为的参与人……不可罚"。人们认为，缺乏故意就应该是不可罚的原因之一。

[2] 原文"il dolo del fatto tipico monosoggettivo"，直译为"单个主体典型事实的故意"。

"对共同行为的故意"（il dolo dell'atto di concorso），这种故意的对象包括行为人对自己实施的行为，以及这种行为和其他共同行为人的行为之间的联系，其具体内容是对实现共同犯罪行为的认识和意志。这种故意的成立，不以所谓的"事前共谋"（previo concerto）（即共同参与人事前的共识）为成立的前提，因为共同犯罪行为的实施，也可能是在事前没有任何决定的情况下突然发生的。例如，提佐看见凯奥正在用拳头殴打他所憎恨的森博，于是就给了凯奥一根棍子。这种故意的成立，也不要求共同行为人间必须有"相互的意思沟通"（la reciproca volontà di concorrere），或者"共同的意志"（la volontà comune），因为共犯行为也可能是单向的行为。例如，某个对主人不忠的佣工，知道有人要来主人家偷东西，故意不启动家中的保险装置，以便让盗窃者能偷到更多的东西。在这个例子中，佣工是盗窃行为的共犯，但对盗窃行为的实行者只能按单独实施了盗窃罪确定责任。

在共同犯罪中的故意中，"线人"（l'agente provocatore）[3] 的地位是一个值得探讨的问题。这里所谓的"线人"，是指以发现并惩罚其他共同犯罪人为唯一目的而以不同方式参与实施共同行为的人（例如，为当场抓住罪犯而打入抢劫集团的警察）。在这里，我们只分析线人不存在免罪理由的情况（如尽管是根据命令而采取的行动，但有明显的犯罪表现的情况。参见第七章第八节3）：(1) 当线人主观上只预见到（因及时干预而阻止犯罪完成的）未遂时，由于他只希望发生犯罪的未遂而不能说具有（既遂的）故意，但根据犯罪未遂的理论，这种未遂的故意应与既遂的故意同样处罚；(2) 在犯罪注定是要既遂的情况时，如果线人实施了客观上具有共犯性质的行为，按照一般理论认为其不应受处罚就更显得荒唐，因为要将这种行为纳入某种严格限制的规定之中，显得特别困难。但是，为了有效地与犯罪作斗争，利用线人打入犯罪组织又是不可或缺的。正是基于这个考虑，立法者制定了专门的法律来调整某些特别重要的线人行动。其中重要的如，1990年关于麻醉品的第162号法律第26条，1992年关于货币流通和贩卖武器、爆炸物的第306号可转化为法律的法令（后来转化为1992年第356号法律）第12条之4。这两个法律都规定司法警察某些（与职责或职能相称的）行为不受处罚。这些合法行为包括"只能出于获取证据的目的"，并根据重罪的具体情况具体决定的某些符合构成要件的行为（如购买麻醉品、替换货币、购买武器，等等）。这种"排除犯罪的原因"（scrimnante），似乎应是一种真正的"正当化原因"（causa di giustificazione）。因为这是国家权衡两种冲突的利益之后所作的选择。这里的利益的一方是（需要线人干预的）应予镇压的犯罪行为，另一方是（线人实施的）"犯罪行为"。除此之外，上述法律规定中还提到，"除刑法典第51条规定的内容外"。这种表述也说明，法律所允许的线人的行为，属于一种履行义务的正当化原因。

　　[3] 原文 "l'agente provocatore" 直译为 "诱惑者"。

　　共同行为人在共同犯罪中的独立性，使故意参与过失犯罪的行为具有了成为共犯行为的可能。由于即使实施刑法分则规定的典型行为的人没有故意，其他共同行为人也可能同样承担刑事责任，那其他行为人自然也可能和主观上有过失的实行犯一起构成共同犯罪。例如，某人用一种毒药偷换了给病人的注射剂，而护士在给病人注射时，也没有注意这两种药包装上有很大的差别，结果引起了病人的死亡。

　　至于共同的过失行为，必须注意刑法典有关罪过的一般规定：对于重罪，只有在法律有明文规定的情况下，才处罚过失（刑法典第42条第2款；参见第七章第四节1）；而对于轻罪来说，过失和故意都同样是归罪的标准（参见第七章第六节1）。在注意到过失重罪和过失轻罪中差别后，首先应考虑的问题，是过失重罪中共同过失行为和故意重罪中的过失共犯行为。

(1) 对"过失重罪中的共同过失行为"（il concorso colposo nel delitto colposo），刑法典第 113 条规定，"在过失重罪中，在结果是由多个人的合作引起的时，对其中的每个人都按法律为该罪规定的刑罚处罚"。1889 年刑法典没有与现行刑法典第 113 条相应的规定，因此，在该法典施行期间，人们曾怀疑过是否应该允许这么一种共同犯罪的形式存在。1930 年刑法典承认了这种共同犯罪的形式，但赋予了它一个名称 ["过失重罪中的合作"（cooperazione nel delitto colposo）]，以表示其与故意的共同犯罪有所区别。

根据通说，过失重罪中的共同行为，是一种对结果发生具有原因力的过失行为的竞合形式。过失行为人间相互合作的意识和意志，是将这些过失行为联系起来的心理因素，但这种合作的意识和意志中没有故意犯罪必须的内容。例如，两个郊游者在干燥的森林中点火做饭，结果引起了火灾；又如，车主将自己的车借给一个没有驾驶执照的人开，后者因技术不熟练而轧死了行人。在实践中，单个过失行为要具有刑法意义，必须本身就是完全符合构成要件的行为。它们因行为人进行合作的意识和意志而成为共同行为，实际上只具有影响量刑的作用，因为这种过失的合作可以是适用某些加重情节的对象（刑法典第 113 条第 2 款[4]）。

[4] 意大利刑法典第 113 条（过失犯罪中的合作）第 2 款规定："对指使他人在犯罪中合作的人……加重处罚。"

但实际上，就某些本身尚不足以单独构成过失犯罪的合作行为来说，没有理由认为不能以刑法典第 113 条的规定作为定罪的根据。例如，提佐怂恿凯奥超速行驶，以便提前到达目的地，结果凯奥因来不及刹车而撞死了森博。在这个例子中，就提佐本身的行为和身份而言，他并没有违反注意义务，但他却应因其行为与凯奥的行为间有合作关系而承担刑事责任。

(2) 关于"故意重罪中过失的共犯行为"（il concorso colposo nel delitto doloso），不应该有什么刑法意义。因为，根据刑法典第 42 条第 2 款的规定，过失行为必须要法律有规定的才处罚，而故意重罪中的过

第 8 章　犯罪的表现形态

失共犯行为，显然不属于法律有明文规定的情况。此外，刑法典第 113 条规定的内容也只涉及了过失重罪中的共同行为。对于这类行为，在多数情况下都是按独立的（单个主体实施的）过失犯罪处理，与其他人因故意而承担的刑事责任无关。例如，提佐将枪乱扔，结果被凯奥拿去做了杀人工具。在这个例子里，提佐可能会因违反了刑法典第 589 条的规定而构成过失杀人罪，而凯奥则应根据刑法典第 575 条定为故意杀人罪。

对过失或故意轻罪来说，没有任何理由否认它们存在过失的共同犯罪问题（例如，对过失轻罪来说，提佐因为认识错误而向卖主保证其儿子已满 16 岁，因而可以卖给他刑法典第 730 条第 1 款所禁止向未成年人出售的有毒有害物品；或者对故意轻罪来说，提佐因不知道自己身在自然保护区，而帮助凯奥破坏刑法典第 734 条所保护的自然景观，但是凯奥对这一点却有清楚的认识）。一部分理论界人士不同意这个结论，它们认为刑法典第 113 条的规定具有"界定"作用：如果它规定过失重罪中的共同行为具有可罚性，就不能反过来说，过失轻罪中也应该有共同犯罪的形式。但是，持这种观点的人忘了，刑法典第 113 条规定的参照物是刑法典第 42 条第 2 款有关重罪的规定（即只有在法律有明文规定的情况下，过失重罪才承担刑事责任）；而对轻罪来说，应该适用刑法典第 42 条第 4 款（即对轻罪来说，不论故意过失，一般都应承担刑事责任），以及刑法典第 110 条的规定。特别是刑法典第 110 条在规定共同犯罪时，使用的表述是（包含轻罪在内的）"共同犯罪"（il concorso nel reato）。

有关共同犯罪中罪过的其他问题，应根据个人责任原则来解决。前面已经讲过，某个行为人缺乏刑事责任能力，并不影响共同犯罪行为的成立（参见本节 2），可宽恕的原因也不是排除共同犯罪的条件。行为时缺乏刑事责任能力，或主观上没有罪过的主体当然不应受处罚，但其他参与共同犯罪的行为人，却必须承担相应的刑事责任。例如，根据刑法典第 119 条第 1 款的规定，组织不满 14 岁的人进行盗窃的成年人，应为他们的盗窃行为承担刑事责任（并可能适用有关的加重情节加重处罚,参见本节8),而对那些未成年人最多也只能适用保安处分(见第九章第二节)。

6. 共同犯罪的偏离（*L'aberratio delicti* concorsuale）[1]

刑法典第116条第1款规定:"当实施的犯罪不同于某个共同行为人所希望的犯罪时,如果结果是他的作为或不作为的结果,他也得对该犯罪负责。"这里规定的情况,实际上是一种共同犯罪中的"犯罪偏离"(参见第七章第七节4),就某一具体的共同犯罪人来说,其他人和他一起共同"实现"的犯罪,并不是他"希望发生"的犯罪。这样的例子如,提佐让凯奥去伤害森博,但后者却故意杀死了森博;提佐答应为盗窃行为放风,但他的同伙却去实施了抢劫;提佐本是组织一次绑架,但实行犯们却强奸了被害人。当然,在所谓的偏离的共同犯罪中,至少有一个行为人必须对实际实施的犯罪持"希望"态度。否则,该犯罪就是"所有"(而不是"某个")行为人所不希望的犯罪,也不属于适用刑法典第116条的范围。例如,提佐叫凯奥去伤害森博,但后者却不注意打死了森博。在这种情况下,提佐和森博都应该承担共同超故意杀人的刑事责任。

[1] 2001年草案第45条（某个共同参与人不希望发生的犯罪）1规定,对某个共同参与人不希望发生的犯罪,只要该事实被法律规定为过失犯罪,该参与人对其承担过失责任。

刑法典第116条用明确的表述形式规定,当实际实施的犯罪不同于某个共同犯罪人希望的犯罪时,该行为人应对实际实施的犯罪承担客观责任,即仅仅根据行为和结果之间的因果关系来认定的刑事责任(参见第七章第五节1)。如果偏离的结果是由于行为后才发生的,本身能单独决定结果发生的因素造成的(刑法典第42条第2款),是行为人可以不对该结果承担刑事责任的唯一例外(参见第五章第四节4)。按此逻辑,一个在外为盗窃犯放风的人,就可能为盗窃犯们在房内强奸女主人的行为承担责任。这种极端严厉的规定,实际上是滑向了要求主体为他人的行为承担刑事责任的边缘(参见第七章第一节2)。因为,这无疑

第8章 犯罪的表现形态

是将他人起意实施，主观上与主体无关的行为，仅根据纯粹客观的联系，就当作主体"所希望的"的行为来处理。

司法实践在处理这个问题时，采取了一种较缓和的方式。他们认为，如果要共同行为人对某一个他所不希望的犯罪承担责任，该犯罪的结果就必须是行为人能够预见的结果（因此，必须存在某种形式的过失，即使因为没有任何法律规定在实施犯罪行为时应有的注意义务，这种过失还不是真正刑法意义的过失）。正如宪法法院在驳回刑法典第116条违宪控告的判决（1965年第42号）中所说明的那样，上面所说的结果的可预见性是一种非常"客观"的预见性。宪法法院认为，刑法典第116条并不违背宪法第27条第1款规定的精神，因为根据司法理解，该条的内容并不属于客观责任的范畴，与行为人的希望不同的犯罪，必须是"根据人类行为一般发展和相互联系的情况，作为行为人所希望实施的犯罪在逻辑发展上的可预见性，可能为行为人心理所预见"。按照这种解释，刑法典第116条第1款规定的责任，就是一个"怪胎"，因为它要求主体对"过失"行为承担"故意"的责任。

实际实施的犯罪，可能比某个行为人所希望的犯罪更为严重，也可能相对轻微（例如，提佐派凯奥去伤害森博，但凯奥只是跑去将森博骂了一顿）。如果更严重，"对希望实施较轻犯罪的人应减轻处罚"（刑法典第116条第2款）。

刑法典第116条第1款是仅适用于在行为人希望的结果未发生的情况下造成了"单一损害的犯罪偏离"，还是对除了造成犯罪人希望的结果外还引起了其他结果的"多重损害的犯罪偏离"（例如，提佐命令凯奥去杀人，但凯奥杀人后还在被害人家中偷了东西），也同样可以适用，是一个值得探讨的问题。[2] 司法实践的做法是，对这两种情况都适用刑法典第116条第1款的规定。但这实在是一种让人困惑的做法，对这种除了本来希望发生的结果外，行为还造成了其他危害的情况，难道应该因行为人实施了更为严重的犯罪而根据刑法典第116条第2款的规定对行为人减轻处罚吗？（如前面所举的例子中，本应对杀人行为负责的提佐，就不应该因为凯奥还偷了被害人家里的东西而减轻处罚；相反，如

343

果是提佐命令凯奥去偷东西,而凯奥除偷东西外还杀了人,提佐就应对他不希望发生的杀人罪承担减轻处罚。)事实上,刑法典第 116 条第 2 款的规定在逻辑上是以行为人希望的结果没有发生为前提的,因为在这种情况下,如果实际发生的结果比行为人希望的结果更轻,行为人承担的就已经是较轻的刑事责任,没有理由(根据客观归罪的逻辑)再给其一个优惠。但是,如果其希望的结果已经发生,主体就必须对这个结果承担责任;如果还造成了其不希望发生的其他结果,主体只对其不希望发生的结果承担减轻责任。刑法典第 116 条第 1 款只规定了造成单一损害结果的偏离,对造成多个损害结果的偏离的情况,原则应根据刑法典第 83 条的规定来解决。

[2] 2001 年草案第 45 条(某个共同参与人不希望发生的犯罪)2 规定,如果除了与某参与人不希望发生的犯罪外,还实施了行为人希望的犯罪,适用犯罪竞合的规定。

7. 身份犯的共同犯罪

从原则上说,"身份犯"(i reati propri)的共同犯罪与一般的共同犯罪没有什么区别(参见第四章第三节 3)。但是,这类共同犯罪的成立,要求至少有一个共同犯罪人必须具有相应的身份,否则,就不存在身份犯的共同犯罪问题。在纯正身份犯的共同犯罪中,具有身份的人必须是直接实施犯罪行为的人[1],因为只有这种实行行为才符合刑法分则规定的犯罪构成的要求。例如,构成乱伦罪的性关系,只能是特定血亲或姻亲间的性行为,不具备这种身份的人,可能教唆或帮助实施这种行为,但绝不可能实施符合刑法分则规定的构成要件的行为。

[1] 意大利刑法中没有正犯和共犯的区别。

就"认定犯罪的主观根据"(l'imputazione soggettiva)[2]来说,纯正身份犯共同犯罪的成立,要求其他共同犯罪人必须对实行人的特定身份有所认识。至于不纯正身份犯的共同犯罪,刑法典第 117 条有专门的规定。根据该条的规定,"如果,对某一参与共同行为的人来说,犯罪因该人的个人条件或身份,或者该有罪人与被侵害人的关系,而改变了性质[3],其他共同行为人也应对这一个犯罪负责"。在实践中,对所有共同行为人都成立的犯罪(如刑法典第 646 条第 1 款规定的非法侵占罪),如果其中某个行为人因具有特殊的身份而构成了不同的犯罪(如刑法典第 314 条第 1 款规定的贪污罪),这种罪名的改变就应"客观地"及于所有的共同行为人。不过,如果因特殊身份而构成的犯罪更重,法官可以根据案件的具体情况,对那些不具备该身份的共同行为人减轻处罚。

[2] 原文"l'imputazione soggettiva",直译为"主观方面的归责"。

[3] "性质"的原文为"titolo",直译为"(犯罪的)名称"。

8. 共同犯罪的处罚[1]

总的来说,对各共同犯罪人应同等对待是决定共同犯罪刑事责任时应遵循的基本原则(刑法典第 110 条)。这个原则要求,对每个共同犯罪人都应在法律为其实施的犯罪规定的法定刑的幅度内决定刑罚。但是,在以共犯行为的分类为基础的刑法制度中,一般都为不同的共犯行为类型规定了不同的刑罚(例如,1889 年刑法典第 64 条第 1 款规定,对教唆犯、帮助犯和从犯应按法定刑"减轻一半"处罚)。现行刑法典的规定是一种合理的选择,因为要"先验地"决定各类共犯行为的意义,以及它们在具体犯罪实施过程中对罪过的影响,在任何情况下都是一件非常困难的事情。

[1] 关于共同犯罪人的刑事责任,2001 草案第 43 条(共同参与犯罪)2 规定,每个共同参与人在自己罪过的范围内承担责任。第 44 条(减轻与加重情节)规定:(共同参与人中)(1)客观意义明显轻微的行为减轻处罚;(2)除事前有通谋外,参与故意作为犯罪中的不作为行为减轻处罚;(3)犯罪行为的组织者、指挥者,以及支配从属于自己的人或者完全或部分无能力的犯罪的人,加重处罚。

但是，同等对待并不等于对每一个共同犯罪人都应处以完全相同的刑罚；相反，法官必须根据具体的案情以及刑法典第133条的规定（参见第九章第一节4），来具体决定各共同犯罪人应承担的责任。除此之外，刑法典还根据共同犯罪人在共同犯罪中的作用，专门规定了一系列适用于共同犯罪的情节。按照有关规定，对故意的共同犯罪来说，有两个影响加重情节的基本因素：

（1）因共同行为人人数众多而增大的共同犯罪的危险性（按照刑法典第112条第1款第1项规定，所谓人数众多是指"五人或五人以上"）；

（2）一个共同犯罪人对共同犯罪实施有特殊的"支配"（或主导）作用，这种"支配"作用可能源于该共同犯罪人的权力或法律规定的优越地位（刑法典第111条和第112条第1款第3、4项），也可能只是与该人在实施共同犯罪行为中的角色有关（即存在刑法典第112条第1款规定的"造意人"、"组织人"或"指挥人"）。这种有造意和有组织的共同犯罪具有特殊的严重性，因而法律规定应处以比一般共同犯罪更重的刑罚。如对利用行使亲权"支配"子女犯罪的父母，就应加重处罚。与之相反，对于在犯罪中处于服从或从属地位的人（刑法典第114条第3款）和实施的行为"在犯罪预备或实行中重要性最小"的犯罪人（刑法典第114条第1款），则应该减轻刑事责任。除此之外，刑法典第116条第2款[2]（参见本节6）和刑法典第117条[3]（参见本节7），还规定了两个减轻刑罚的"选择情节"。

　　[2] 该款规定，如实际实施的犯罪重于某一共同犯罪人所希望实施的犯罪，对希望实施较轻犯罪的人减轻处罚。

　　[3] 该条规定，当共同犯罪因某一共同犯罪人的身份等个人条件而变为更严重的犯罪时，对不具备这种身份的共同犯罪人可减轻处罚。

过失重罪中的过失行为，如果具备刑法典第111条[4]和第112条第1款第3、4项[5]规定的情节应加重处罚；如果符合刑法典第114条第1款和第3款[6]规定的情节，则应减轻处罚。

　　[4] 该条规定，导致不可罚的人实施犯罪行为，或父母行使亲

权导致他人犯罪为加重情节。

[5] 该两项分别规定，利用权力、上级或监督关系导致他人犯罪和导致未满 18 岁的人、精神病人或神智不健全的人犯应于当场逮捕的重罪，为加重情节。

[6] 意大利刑法典第 114 条第 1 款规定，在共同犯罪的预备或实施过程中作用轻微的人可减轻处罚；该条第 3 款规定，因受当局、上级或监督人迫使或利用而犯罪，或因未满 18 岁以及精神不健全等原因而被他人诱使犯罪，或因他人行使亲权被迫使、利用而犯罪，为共同犯罪人的减轻情节。

至于那些适用于单个主体的犯罪情节（亦称"单个共同行为人的情节"，例如提佐与凯奥一起抢劫，凯奥因是国家警察而具有刑法典第 61 条第 9 项规定的加重情节，或因是在逃犯而具备该条第 6 项规定的加重情节，或者相反，提佐在与凯奥一起实施了盗窃罪后，因自动赔偿损失而具有刑法典第 62 条第 6 项规定的减轻情节），1990 年第 19 号法律第 3 条修改后的刑法典第 118 条规定，"涉及犯罪动机、故意强度、过失程度"以及"与有罪的人有关的各种情节"（参见本章第二节 2），"只就具备该情节的人进行认定"。法律作如此处理，是因为这些情节都具有严格的个人意义，在任何情况下都不可能涉及其他共同犯罪的参与人。除这些情节以外，所有共同犯罪人都应在刑法典第 59 条第 1、2 款[7]规定的范围内，为其他主观或客观情节共同承担责任（参见本章第二节 3）。

[7] 该条第 1 款规定，减轻或排除刑罚的情节，不论行为人是否有认识，均应作有利于行为人的认定；第 3 款规定，加重处罚的情节，只有在行为人有认识或有过失的情况下，才能认定。

9. 间接正犯

根据一种源于德国的刑法理论，所谓"间接正犯"（l'autore mediato）是指本身没有直接实施刑法分则规定的犯罪行为，但利用了因各种原因而不受处罚的主体实施犯罪的人。传统的理论认为，在间接犯罪

— 347

中被利用来直接实施犯罪行为的主体包括：（1）没有刑事责任能力的人；（2）主观上没有罪过的人；（3）对执行的命令无审查权的人；（4）处于紧急避险状态中的人；（5）受不可抗拒的暴力强制的人。在意大利刑法学界，人们也曾认为上述主体不是犯罪行为的"实行人"[1]，因为他们只是在幕后操纵人手中的"工具"，而后者才是完全、绝对地"支配了犯罪行为"（signoria sul fatto）的实施。

[1] "实行人"和"正犯"在本书的原文中均为"autore"，即"行为人"。

"间接正犯"是"极端的"共犯从属性说的产物。提出这个概念的目的，是为了在犯罪的直接实行人不具有可罚性的情况下，让犯罪行为的操纵人为自己实施的不具备构成要件的行为承担刑事责任，从而堵塞"从属性"理论中这一明显的"漏洞"。不过，"有限"的从属性说和"最低限度"的从属性说，也承认间接正犯的概念。因为在以犯罪人的分工为基础的德国刑法制度中，如果不承认这种概念，对实际操纵犯罪的人就最多只能按教唆犯处理，即必须按实行犯的规定减轻处罚；如果将这种犯罪的实际操纵者视为（即使是"间接"的）"正犯"，而不是其他任何应减轻处罚的"从犯"（concorsuale），就可以对其适用正犯的刑罚。由于这个原因，甚至"故意的工具"和"行为人后面的行为人"两种情况，也包括在广义的"间接正犯"的概念之内。所谓"故意的工具"（strumento doloso），是指只有犯罪的操纵者具备犯罪成立所要求的特定故意，而直接实施犯罪的行为人没有这种故意的情况（例如，提佐具有刑法典第633条第1款规定的侵占他人土地的故意，却诱使没有这种故意的凯奥非法进入该土地）。所谓"行为人背后的行为人"（autore dietro autore），则是指尽管犯罪行为的直接实施者也具有可罚性，但整个犯罪的实施仍然完全处于幕后操纵者控制之下的情况（例如，提佐在其领导的犯罪集团中，派一人去实施杀人计划）。

在我们的刑法制度中，间接正犯的概念没有任何实际意义。因为这种情况，不论从法律规定还是刑法理论的角度看，都完全应该属于刑法规定的共同犯罪的范畴；如果将支配犯罪实施的人称为"正犯"（实行

第 8 章　犯罪的表现形态

行为的行为人），就意味着对这种情况不能适用有关共同犯罪的规定。

尽管如此，我国刑法学界至今仍有少数人坚持认为，刑法典第 86 条（为了让人犯罪的目的而使其丧失责任能力，参见第七章第二节 2）、第 111 条（利用无责任能力和不可罚的人犯罪）、第 48 条（因他人欺骗而产生的错误）、第 51 条第 2 款（犯罪性命令）、第 54 条（因他人威胁而形成的紧急避险状态）、第 46 条（身体强制）等，都是有关间接正犯的规定，因为在这些情况下法律都规定应由造成他人无能力状态或实施了欺骗等行为的主体承担刑事责任。

10. 必要共犯[1]

到目前为止，我们分析的共同犯罪，都属于多个主体共同实现了刑法分则为单个主体规定的犯罪。但是，在刑法分则规定的犯罪中，有些只可能由多个主体的行为构成，如果只有一个犯罪主体，犯罪就不能成立。这种情况就是人们所说的"必要共犯"（reati a concorso necessari），或更正确地说是必须以多个主体为存在前提的"必要的多主体构成"（le fattispecie plurisoggetti necessarie）。例如，刑法典第 416 条规定，"三人或更多的人以实施多个重罪的目的而联合……"又如刑法典第 556 条第 1 款有关重婚罪的规定，以及刑法典第 588 条第 1 款有关斗殴罪的规定等。

[1] 原文为"le fattispecie plurisoggetti necessarie"，直译为"必须以多个主体（为构成要件）的犯罪构成"。

必要共犯有两种情况：一种是按照法律明文或默示的规定，所有共同犯罪的参与者一律都应受处罚（此即所谓"纯正的必要共犯"）；另一种情况是，法律规定只处罚某些或某个共同犯罪的参与者（即所谓"不纯正的共犯"）。在第一种情况中，如刑法典第 416 条第 1 款规定的组织犯罪集团罪，第 556 条第 1 款规定的重婚罪，第 330 条第 1 款规定的公务员共同擅离职守罪，就属于法律明文规定要处罚所有共同犯罪参与人的情况；而刑法典第 564 条第 1 款有关乱伦罪的规定和第 588 条第 1 款有关斗殴罪的规定，则属于法律默示要处罚所有犯罪的共同参与人的情况（因为这两款分别规定，要处罚实施了引起公愤的乱伦行为或参与斗殴的"任何人"）。刑法典第 346 条（该条只惩罚利用与公务员的关系招摇撞骗者，而不惩罚行贿者）、第 318 条第 2 款（该款明文规定对不纯正的贿赂罪[2]，只处罚收受贿赂的公务员，不处罚行贿者），则属于"不纯正的必要共犯"的例子。

  [2] 这里的"不纯正的贿赂罪"，是指该款规定的公务员对已履行的职务收受贿赂的行为。

  对"不纯正的必要共犯"中那些法律没有明文规定要处罚的必要共同参与人，有人提出了是否可以按刑法典第 110 条关于共同犯罪的一般规定来加以处罚的问题，因为该条是刑法总则的一般规定，可以适用刑法分则的任何条款。对这一问题，人们理所当然地给予了一个否定的答复，因为这显然违背罪刑法定原则：如果法律规定的构成要件必须包含或必须以另一个主体的行为为前提，但法律并没有规定应对该主体进行处罚，那就意味着法律没有要处罚该主体的意思。例如，破产法第 216 条第 3 款规定，出于有利于个别债权人的目的，在破产前或破产过程中而进行交付或假造股权的是犯罪行为，但根据该款规定应受处罚的只是进行交付或假造股权的人，而不应该包括实际受惠的债权人。当然，这种理解并不排除不可罚的犯罪"必要"参与人，可能对犯罪的实施发挥不同的作用。例如，上例中破产的企业主实施有利于某债权人交付，可能是该债权人以提出破产要求来进行威胁的结果。如果属于这种情况，不适用刑法典第 110 条将该债权人作为共同犯罪人处理，就没有任何理由。不过，这种一方面排除"必要"行为的可罚性，同时又认为在特定的情况下非典型行为也应受处罚的做法，也有人认为是一种前后矛盾。但持这种观点的人忘记了，上述两种行为具有根本不同的性质，应该得到不同的评价。例如，债权人接收债务人履行债务的行为，当然不应被规定为应受处罚的行为，但是，若不处罚造成破产企业主进行犯罪的行为，就不合情理。

  如果实施（必要或可能）共同参与行为的主体，属于刑法规范的保护对象，其行为不具有可罚性。关于这一点，人们有完全一致的认识。

第 8 章 犯罪的表现形态

例如，因迫于需要而借高利贷的人，不论是接收高利贷，还是要求他人借与其高利贷，都不属于可罚的行为（刑法典第 644 条第 1 款）。不过，在这种情况下，刑法分则规定的犯罪构成是否仍然属于"必要共犯"的范畴，就成了一个值得怀疑的问题。这种行为实际上属于被害人本身必须与犯罪人合作，但绝不应因此而受处罚的情况。但是，如果被害人的合作行为超出了法律规定所允许的范围（例如，某人使用威胁的手段，强迫他人借与他高利贷），对犯罪人来说就可能属于刑法典第 62 条第 5 项规定的减轻情节（参见本章第二节 7）。

在什么样的范围内应适用刑法典有关共同犯罪的一般规定，是关于必要共犯的最后一个问题。对那些不属于刑法分则规定的构成要件，但对必要共犯行为的实施起了决定或帮助作用的行为（如为乱伦行为提供场所或唆使他人进行斗殴的行为），应适用共同犯罪的一般规定（刑法典第 110 条），对这一点没有任何人提出疑义。但是，在有关共同犯罪的其他规定（刑法典第 111、112、114、118 条）是否应适用于构成必要共犯行为本身的问题上，却有人提出了反对意见，因为与任意共犯相比，必要共犯具有独立的犯罪结构。针对这种意见，人们提出了一种更为合理的见解：由于必要共犯适用刑法典第 110 条的基础，是因为必要共犯也是"多个人共同参与同一犯罪"；因此，只要在不属于刑法分则条文独立调整范围内的情况，就可以适用有关共同犯罪的一般规定。如有关组织犯罪集团的刑法典第 416 条第 5 款[3]的规定，就属于排除适用刑法典第 112 条第 1 款第 1 项[4]规定的情况。

[3] 该款规定，犯罪集团的成员超过十人以上，为组织犯罪集团罪的加重情节。

[4] 该项规定，共同犯罪人为五人以上时，为普通共同犯罪的加重情节。

第 9 章 犯罪的法律后果

第一节 刑罚

1. 有关刑罚的理论

"刑事"处罚（即刑罚）[1]是一种带惩罚性的制裁措施。制裁作为不遵守法律规范的后果，可以是"复原性的"（reintegratorio），即法律要求违法者回到符合法律要求的状态（如民法典第 1447 条、第 1448 条规定的要求停止侵害和第 1453 条规定的解决违约的办法），也可以是"补救—赔偿性的"（riparatorio-risarcitorio），即用经济手段来消除违法行为造成的经济上的不平衡（如民法典第 2043 条规定的赔偿损失）；还可以是"惩罚性的"（punitivo），以违法行为实施者的某种与违法行为本身无直接联系的法益为打击对象，是这种制裁的典型特征。这种制裁的目的不在于恢复 lo status quo antea[2]，也不是从经济上补偿违法行为所造成的损失，而是为了在法律规范未被违犯之前，用这种制裁来确保人们遵守法律的要求，一旦有人违犯这种规范，就用这种制裁来坚决地表

第9章 犯罪的法律后果

明对违法行为的否定态度。在许多情况下不可能采用复原性与赔偿性的制裁措施来保障法律规范得到遵守，或者不能仅仅使用这些措施来保障法律规范的效力。遵循一种与惩罚性制裁特别相应的逻辑，有的法律规定的"制裁"是"奖励性的"（premiale），即遵守法律规定就会得到好处。

　　[1] 脚注号前的原文为"la pena 'criminale'（o pena in senso stretto)"，直译为"'刑事意义的'处罚（或严格意义的处罚)"。在意大利语里，"pena"一词有广狭二义：广义泛指一切处罚，狭义（pena in senso stretto）即指刑罚。

　　[2] 拉丁语，译为"（事物）原有的状态"——译者。

　　惩罚性制裁措施，可按归属的法律部门进行如下分类：行政处罚，其中包括对违反以某类不确定的社会成员为调整对象的法律规范的处罚（如1891年689号法律所规定的行政制裁措施）以及对违犯调整国家机关内上下级关系的法规的处罚（即所谓的纪律处分）；私法性的处罚（亦称私法性惩罚），如民法中"不必提供损害证据"的惩罚性条款（民法典第1382条第1、2款），雇主可以制定的纪律处罚（民法典第2106条）。"刑事性"处罚（la pena "criminale"），从现在起简称为"刑罚"（pena），是惩罚性制裁措施的典型，因为这种措施所影响的利益一般都具有宪法性意义（特别是个人的自由）。由刑罚而引起的最基本的理论问题，是刑罚本身存在的根据问题。这个问题的实质在于说明，为什么必须运用这种既不能恢复法律被违犯前的原状，也无法补偿违法所造成的财产损失，且实质上只能归结于给受罚人以痛苦的制裁措施。对于这个几千年来都是哲学与法学的反思对象的亘古之谜，人们的回答可以归入三种基本的方向：（1）报应论；（2）特殊预防论；（3）一般预防。

　　（1）根据"报应论"（la teoria retributiva），刑罚是对犯罪人罪过的"报酬"，即 *malum passionis quod infligitur ob malum actionis*[3] [参见格老秀斯，《战争法》（*De jure belli*）第二卷第二十章第11节]，这种理论最原始的公式[4]反映的是对私人报复进行理性化限制的要求（否则，就会出现冤冤相报无时了的局面）。

[3] 拉丁语，直译为"因自己的行为所造成的痛苦而导致的痛苦"——译注。

[4] 如圣经中记载的古代的同态复仇法："以命偿命，以眼还眼，以牙还牙"（参见《出埃及记》21、24）——原注。

这种要求后来发展成了用公共权力来取代私人报复的理论，并最终成为只有国家才能行使刑罚权的基础。这样，对犯罪的反应由私人的报复转变为有组织的社会的官方行为，后者的任务就是通过惩罚有罪的犯罪人来镇压危害社会的行为。在这种理论看来，报应是一种以"分配正义"（giustizia distributiva）（即视正义为各人得其应得的正义观）为基础的基本的社会伦理要求，或者说它是要求确认被违反的规范的具体象征。这里讲的"报应"，首先是指"道义报应"（retribuzione morale）[正如康德在其著名的《法学》（Dottrina del diritto）中提出的那样，即使文明社会经全体成员同意解体，或在世界末日到来之际，也"必须将监狱里的最后一个杀人犯绳之以法，以使每人都为自己的行为承担刑罚，鲜血不溅落在那些不应受处罚的人身上"]。报应的第二个含义，则是指"法律报应"（retribuzione giuridica）（正如辩证法大师黑格尔所提出的那样，犯罪是对法律的否定，而刑罚又是对犯罪的否定，通过这种否定的否定，法律又最终得到了肯定）。

报应论认为刑罚是正义的要求，除此之外并无特殊的目的。鉴于报应论否认刑罚与某种外在的目的之间具有任何性质的联系，因而也被认为是一种"绝对的"（assoluta）理论。另一方面，由于报应论坚持有罪必赎，因而它不需要正面地说明刑罚的根据，而只是说明刑罚必须以一种超越一切时空的抽象的最高价值观为自己存在的前提。可以这样说，这种绝对的刑罚理论的基础实际上是一种同样绝对的国家理念，即将国家视为只受自己的最高需要束缚的绝对存在。现代的国家显然不可能，也不应该具有这种伦理的，或者说形而上学的特点。如果说报应说本身的确能够成立的话，它就应该从价值哲学的角度（即认定行为的无价值）一劳永逸地解决究竟哪些行为是"有罪"的问题。如果把惩罚的需要视为绝对的，同时又允许违法行为存在范围的可变性，那么这种理论

第9章 犯罪的法律后果

显然就是矛盾的。遗憾的是，各国法律对犯罪的不同规定并不支持这种学说。（例如，如果认为惩罚通奸行为的需要是绝对的，那么一些国家怎么可能不再将其规定为犯罪？如果认为这种行为可以不受惩罚，那又怎么能说惩罚的需要是一种绝对的需要？）尽管报应论有上述缺陷，然而我们不可忘记由于这种理论坚持刑罚与罪过之间必须有一种相应的比例关系，因而对法律文明作出了极其重要的贡献。坚持这种刑罚与罪过之间的比例关系，一方面是强调即使是在受惩罚的时候，犯罪人也是"一个人"（因为是"他的"罪过在决定刑罚：黑格尔坚持刑罚是对犯罪人理性的"尊重"）；另一方面，这种关系也有效地设定了国家行使刑罚权的范围（因为国家刑罚权不能"超出"罪过的范围）。

（2）"特殊预防论"（la teoria della prevenzione speciale）认为，刑罚是一种工具，其目的在于防止罪犯再次实施犯罪。进行惩罚的目的不是为了 *quia peccatum est*[5]（正如报应论所主张的那样），而是为了 *ne peccetur*[6] ［格老秀斯曾援引瑟那卡所著的《愤怒论》（De ire）中的话 *nemo prudens punit, quia peccetum est, sed ne peccetur*[7] 来表述这种思想；参见《战争法》第二卷第二十章第四节1］。在怎样防止犯罪人再犯罪的问题上，支持特殊预防论的人提出了种种互不相容的学说，概括起来大致有以下三种主张：

　　[5] 拉丁语，意为"已有的犯罪事实"。
　　[6] 拉丁语，意为"不再犯罪"。
　　[7] 拉丁语，意为"不应该因已有的犯罪而受惩罚，（惩罚）是为了防止再犯罪"。

（1）发挥刑罚改造（保罗：*poenaconstituiturinemendatione homminu*[8]）、再教育犯罪人或者使犯罪人"重新社会化"（risocializzazione）的作用。其中强调重塑犯罪人内心道德的人主张应对犯罪人实行改造；认为应给犯罪人新的成熟的社会伦理意识的人，支持对犯罪人实行再教育；认为刑罚的目的只在于让服刑人获得起码的与社会生活相容的"行为习惯"（*habitus* comportamentale）的人，则重视刑罚使犯罪人重新适应社会的作用。

[8] 拉丁语，意为"刑罚应是对人的改造"。

（2）发挥"刑罚的威慑"（intimidazione）作用，即认为通过判处并执行刑罚来影响犯罪人的心理，使其认识到实施犯罪的最终结果只能是搬起石头砸自己的脚。

（3）发挥"刑罚的隔离"（la neutralizzazione）作用，即将犯罪人关在牢中，他自然就不可能再实施犯罪了。

以防卫社会的需要为名，无限地扩张国家的刑罚权，是特殊预防论最大的缺陷。由于刑罚只着眼于将来，所以在预测对犯罪人不利的情况下，对犯罪人的惩罚就可能是至死方休，即使其犯罪极其轻微也不能幸免。除此缺陷之外，按该理论，决定刑期长短的依据只能是犯罪人将来犯罪可能性的大小，而对这种可能性的评估根本就不可能得出一个确定的结论。如果出现未来犯罪可能性的评估对犯罪人有利并认为行为人不会有再次犯罪的危险时，就应该取消对行为人的处罚，不论罪行有多严重（因嫉妒而犯杀人罪的人一般不会再次行凶，因为他嫉妒的对象已被杀死了；战争罪犯也无需为自己的行为承担责任，因为审判他们时，他们已无能力发动新的战争）。过分地强调刑罚对罪犯的改造作用，特殊预防的理论就可能被用来支持各种侵犯人格最深处的实践［例如，通过"所谓洗脑"（c. d. lavaggio del cervello）的方式来使犯罪人重新适应社会］，甚至直接改变犯罪人的生理构造（例如，脑叶手术，阉割等）。特殊预防理论显然忘记了只有一个人已实施的犯罪行为，才是处罚犯罪人的根据，一个以承认不可侵犯的人权为基础的法治国家（宪法第 2 条）不会允许任何对人格的践踏。当然，特殊预防理论对法律文明也有极其重要的贡献；因为它把刑罚视为一种可以"修复"（recupero）罪犯并使其重新获得生活能力的工具，这样就促使人们改革行刑机构的目的和组织，使其能尽可能地产生这种积极效应。

（4）"一般预防论"（la teoria della prevenzione generale）认为，刑罚的目的在于防止其他的社会成员实施犯罪。在这种理论看来，刑罚主要有两个作用：一是"劝阻"（dissuazione）作用，即用刑罚可能产生的消极后果来恫吓（威慑）社会成员；一是"说服"（perssuasione）作用，即通过刑罚的惩罚作用来说明犯罪是一种"恶"（male）。一般预防理论同样包含着允许国家刑罚权无限扩张，并在事实上造成对真正的恐怖统治的认可：只要符合防止人们实施某些犯罪的需要，就没理由阻止国家对这些犯罪规定极其严厉、特别残酷的刑罚。除此之外，这种理论认为处罚犯罪人纯粹只具有工具性的意义：处罚犯罪人的目的不在于对犯罪人的惩罚，而是为了给他人树立一个方面的榜样。古因提历亚诺（Guintiliano）对此有句名言：*omnis poena non tam ad delictum pertinet, quam ad exemplum*[9]。总而言之，这种理论也是在根本上与（宪法第2条）把人当作人来尊重的要求背道而驰的。将人作为人来尊重，就意味着只有人本身才是目的，不允许把任何人作为实现与其本人无关的目的的手段。

> [9] 拉丁语，意为"刑罚对犯罪不起作用，其作用在于树立一个（可以阻止其他公民犯罪的）榜样"。

当然，一般预防论对正确认识刑罚的作用来说仍具有相当的意义，因为从立法的角度说，规定刑罚的目的无疑应该是为了"阻止"犯罪，如果认为规定刑罚不是为了消除企图违法者的勇气，那么规定刑罚的目的何在呢？

2. 刑罚在不同发展阶段的作用

上述各种理论的共同缺陷在于忽视了刑罚是一种变化的事物，不是僵死不变的东西。在法律实践的三个阶段中，刑罚有不同的表现形式：(1)"法定刑"（edittale），或者说立法阶段的刑罚（即法律为各种犯罪规定的刑罚）；(2)"宣告刑"（giudiziale），或者说司法阶段决定的具体的刑罚（即法官适用于具体犯罪人的刑罚）；(3)"执行刑"（esecutiva），或者说犯罪人所服的刑罚（即以判决为基础实际上执行了的刑罚）。刑罚的上述三种表现形式所处法律阶段不同，它们的作用也有所区别。

(1) **立法阶段**　在法定刑阶段，刑罚主要发挥一般预防作用。立法者在法律中规定实施一定行为的人会受到一定的刑罚处罚，显然不是一个简单的"通知"(informazione)。这种规定一方面是一种威胁,同时也是一种信息。前者的目的在于"阻止"违法行为;后者则是为了"说服"人们守法。有不少人不同意刑罚在立法阶段具有一般预防作用,因为促使行为人犯罪的动机事实上往往与法律规定无关(例如,以精神分析为基础的犯罪学理论认为,犯罪的根本原因在于行为人潜意识中有"受刑的需要";不同社会团体与亚文化犯罪理论则认为,犯罪是行为人受自己所接触的行为模式影响的结果……)。尽管上述观点不无道理,尽管刑罚的一般预防功能主要是通过守法的人的心理,而不是犯罪人的心理来发挥作用,但刑罚对很多行为都具有威慑、阻止的作用却是一个不容否认的事实。

事实上,刑罚的一般预防作用是与下列两个因素紧密相连。即,刑法规范的内容;刑事制裁不可避免性的程度。就第一点而言,人们必须注意:受刑罚处罚的行为越具有侵害社会根本利益的性质,这种性质越为社会所普遍认识,刑罚制度越遵循刑罚从属性原则来严格地限制犯罪的范围,刑罚就越能发挥其应有的一般预防功能(刑罚制度的膨胀会削弱刑事制裁的意义;参见第四章第二节 4)。就刑事制裁的有效性而言,有一点很清楚:一种刑法制度如果不能保证对其规定的可罚行为进行起码的制裁,那就根本无一般预防的功能可言(在这种情况下,人们根本就不相信刑法规范所包含的威慑)。

另一方面,在法定刑阶段有两个作为一般预防限度的因素:一个是"罪刑相适应原则"(principio di proporzione)[1],一个是特殊预防的需要。首先,在罪刑关系问题上应坚持罪刑相适应原则,即根据罪行的严重性来确定法定刑的幅度。一种(只顾强调刑罚的威慑效果而)对所有的犯罪均规定相同制裁的刑罚制度,只能起到提高犯罪水平、抵消刑罚一般预防功能的作用(如果抢劫的"刑罚风险"与杀人一样,这实际上会起到促使每一个抢劫犯都去杀死被害人的作用,此即刑罚威慑力的"相对"标准)。罪刑相适应实际上是抽象地包含在法定刑中的"报应性"因素,这种因素将在刑罚适用的各个阶段反映出来,因为法定刑决定了法官具体量刑的范围。除罪刑相适应外,特殊预防的需要也是限制一般预防作用的一个因素,现代刑法不允许立法上确定刑罚时,一点也不考虑犯罪人再社会化的可能性,即使刑法规定的犯罪很严重,但不能排除经过改造的犯罪人可能重新成为社会的一员。正是在这个意义上,宪法第 27 条第 3 款规定,"刑罚不能有与人道相悖的处遇,必须以对被判刑人的再教育为目的",禁止采取任何不能服务于上述积极目的的制裁措施。

[1] 原文 "principio di proporzione",直译为 "比例性原则"。

(2) **司法阶段** 在司法阶段,刑罚的主要功能是通过诉讼程序来树立使犯罪人受到刑事追究的榜样,以确保并实现法定刑的威慑作用。然而,在具体决定犯罪人的刑罚时,其标准应该是 "报应" 和 "特殊预防" 的需要。通行的观点认为,具体量刑时应排除一般预防的因素,因为让具体刑罚来满足一般预防杀鸡儆猴的需要(如在某种犯罪特别突出的地区对罪犯处以最高的刑罚来使人们不敢实施类似的犯罪,或者运用法定最高刑来平息民愤),意味着将人作为实现与其无关的目的的工具,因而不符合宪法第 27 条第 2 款规定的精神(参见第七章第一节 2)。另一方面,上述限制似乎只应适用于 "对罪犯不利的情况"(in malam partem),从一般预防出发来考虑具体的刑罚,有时可能会轻于根据报应或特殊预防的需要来确定刑罚(参见本节 7)。量刑时,如果遇到根据特殊预防的需要对罪犯不利的情况,究竟是应该将特殊预防与一般预防同等看待,还是应该特殊预防或一般预防优先呢?人们的意见是不一致的。实际上,即使认为特殊预防应根据社会防卫的需要无限扩张的话,也必须对适用刑罚的 "最高限度"(limite superioe)有清醒的认识,这个限度就是罪犯的 "罪过"(la colpevolezza)(参见第七章第一节 2)。"刑事责任是个人(人格)责任原则"(il principio di personalita` della responsabilita` penale)(宪法第 27 条第 1 款),就其全部内容来说,不仅包含了刑事责任的全部前提,同时也意味着刑罚从整体上必须与行为人的罪过相称。刑罚不能超出罪过的限度,然而却可以根据特殊预防的需要,低于罪过内容所要求的刑罚。例如,一个性格孤僻的人犯了盗窃罪,如果罪过轻微,就绝不能因其很可能成为惯犯而处以严刑;

然而，如果一个有良好社会地位的家庭的母亲在超级市场偷东西，却可以出于特殊预防的考虑，对其处以轻于其罪过的刑罚。理论界有一部分人认为，刑罚不能超过罪过内容的限制是司法阶段量刑的基础，因为，既然刑罚是"法律规定的痛苦"，这种痛苦必须存在的理由就只能是根据人们对犯罪人应受责难的判断，而得出犯罪人"应受"这种痛苦的结论。在司法阶段，人们还选择监禁刑的执行方式或"替代措施"（misure alternative alla pena detentiva），如缓刑、替代性刑罚（参见本节5）。在适用这些措施时，都应根据具体情况综合考虑一般预防、特殊预防和报应的需要。

（3）**刑罚的执行阶段** 在宣判后，刑罚的执行也具有一般预防的作用（因为只有这样才能显示法定刑的可信性与严肃性），然而，在从整体上说，这一阶段应着重发挥刑罚的特殊预防功能。在对犯罪人判刑后，就进入了采取最适合的方式来防止其将来再犯的阶段。正确地发挥刑罚在这一阶段的作用，也将对每个刑罚阶段赋予积极的意义。如果刑罚最终能使一个人重新成为社会共同体的成员，或至少使其不再犯罪，以前所付出的一切代价（犯罪的实施与危害；刑事诉讼与执行刑罚的社会成本；罪犯个人因受刑而付出的精神痛苦和人身自由等代价），都总算得到了相应的补偿。

正是在这个意义上，宪法第 27 条第 3 款强调刑罚必须具有"再教育"的功能。这一基本原则尽管适用于刑罚的所有阶段，但对于刑罚的执行却具有特殊的意义。因为正是在这一阶段，人们决定刑罚的内容，并决定刑罚的"具体含义"（senso concreto）。执行刑罚的过程中，在综合考虑一般预防与报应要求的基础上，人们主要根据特殊预防的需要，来选择决定各种监禁刑的替代措施。

3. 法定刑的分类：主刑与附加刑

刑法典规定的刑罚分为主刑和附加刑：主刑指每一犯罪规范都必须具有，并"由法官在有罪判决中判处"的刑罚；附加刑则是指"依法律规定作为"某些或某类犯罪"有罪判决的刑罚后果"（effetti penali）的

第 9 章　犯罪的法律后果

刑罚（刑法典第 20 条）。

（1）**主刑**[1]　刑法典第 17 条分别规定了重罪和轻罪的主刑。前者的主刑为无期徒刑、有期徒刑和罚金；后者的主刑为拘役和罚款。

[1] 2001 年草案第 49 条（重罪的刑罚）规定：（1）适用于重罪的主刑有：1）特殊的有期徒刑；2）有期徒刑；3）居所执行；4）罚金。（2）适用于重罪的主刑或附加刑有：1）禁止担任一种或更多的公职；2）禁止担任法人或企业的领导职务；3）禁止从事某种职业或行业；4）禁止剥夺与公共行政签约的资格；5）吊销或暂停驾驶执照；6）禁止出国，或禁止离开某个大区、某省、某市；7）禁止（divieto）进入特定场所；8）公布犯罪判决。第 50 条（轻罪的刑罚）规定，适用于轻罪的刑罚有：（1）罚款；（2）暂时不准担任某种或更多的公职，或者从事某种职业或行业，或者担任法人或企业的领导职务；（3）禁止（divieto）进入特定场所。

宪法只允许"战时军法中规定的死刑"（宪法第 27 条第 4 款），在这一严格限制范围内的死刑被 1994 年第 589 号法律第 1 条第 1 款废除[2]。自彼耶特罗·勒奥颇尔多大公（il gradaduca Pietro Leopoldo）在"托斯卡那刑事立法改革（1786）"中在世界上第一次废除死刑以来，意大利刑法对死刑的规定发生了多次的反复。这里特别值得一提的是，扎纳尔德里刑法典（1889）曾全面废除了死刑，但在专制主义刑事政策的指引下，死刑又被单纯强调一般预防的威慑作用的洛克法典重新（在较大范围内）采用。1944 年，普通刑法典中死刑重新为该年第 224 号法律第 1 条规定废除（并以无期徒刑代之），1948 年第 21 号法律第 1 条则废除了除战时军法外，所有特别刑法中规定的死刑。

[2] 该款规定"对战时军法典中规定的犯罪，废除死刑并由刑法典中规定的最高刑代之"。

刚才提到的 1994 年第 589 号法律，将适用于战时军法规定的犯罪的死刑也予以废除，并代之以无期徒刑。除了废除死刑的其他理由外，死刑是与个人的需要相悖的，而个人的需要是我们整个制度的基础（宪法第2条）；杀死一个人，意味着完全否认他的价值。

"无期徒刑"（l'ergastolo），是适用于重罪的"终身"（perpetua）监禁刑（刑法典第22条第1款）。但实际上，这种最严厉刑罚的服刑人，经过若干年后，也可以得到假释或半自由的处理。"有期徒刑"（la reclusione），是适用于重罪的有时间限制的监禁刑，期限为15天到24年（刑法典第23条）。"罚金"（la multa）是适用于重罪的财产刑，罚金数额为10万里拉到1 000万里拉（刑法典第24条）。"拘役"（l'arresto）是适用于轻罪的监禁刑，刑期为5天到3年（刑法典第25条第1款）。"罚款"（l'ammenda）是适用于轻罪的财产刑，数额为4 000里拉到200万里拉。[3]如果法律有专门规定（如刑法典第630条第1、2款，第734条的规定），则不受上述刑罚幅度的限制。[4]不过，法律在刑法典第23条等规定的范围确定法定刑，是一般的规则。

[3] 意大利刑法典第26条。
[4] 意大利刑法典第630条第1款规定对绑架勒索的人处25年至30年的有期徒刑；第2款规定对因此而非故意造成被害人死亡的，处30年有期徒刑；第734条规定，对破坏当局保护的自然环境的人处40万里拉到240万里拉的罚款。

"财产刑"（le pene pecuniarie）有"固定财产刑"和"比例财产刑"两种形式。所谓"固定"（fissi），指法律（以刑法典第25条第1款和第26条为根据）规定了财产刑最高与最低的数额（如刑法典第624条第1款、第626条、第633条、第637条等），甚至直接规定具体的数额（极其少见）的情况。所谓"比例"（proporzionali），是指法律将刑罚的数额与一个可变的基数联系在一起（大多数情况下，这个基数就是某种实体的价值，如犯罪对象或犯罪对象的生产成本、价格或利润），在此基础上（按确定的比例或在特定的幅度内）加倍。属于这种情况的如刑法典第252条（"处物品或工作价值5倍的罚金"），1973年关于走私的第43号总统令第284条（"处应纳关税2倍至10倍的罚金"）。比例财产刑"没有最高限制"（刑法典第27条）。对（在有关劳动的刑事立法中曾经相当普遍的）所谓"渐进性"（progressive）财产刑是否属

第 9 章 犯罪的法律后果

于比例财产刑,人们有不同的看法。这种刑罚也有一个基数和相应的比例。例如,1960 年 1369 号法律第 2 条规定,不遵守有关劳动招标的禁令,按"每个被招工人(基数)每劳动一天(比例)处 10 万里拉罚款"处罚。司法实践中一般认为,每招收一个工人就单独构成一罪,但数罪并罚的罚款总额却不应受刑法典第 81 条规定的限制(参见第十章第三节 3.1),因此,其最后的结果与纯正的比例财产刑完全相似。

在适用于各种犯罪的刑罚中,人们最常见的是"监禁性刑罚"(la pena detentiva)。对于重罪来说,就更是如此。法律规定只能适用财产刑的重罪可说是屈指可数,它们不是情节轻微(如刑法典第 361 条第 1 款、第 392、637、639 等条),就是过失犯罪(如刑法典第 527 条第 2 款)。法律规定的财产刑多属于"并处"(特别是各种侵犯财产罪和以贪利为目的的犯罪,法官可以在有期徒刑的判决中并处罚金;刑法典第 24 条第 2 款),或者作为情节轻微的故意犯罪(如刑法典第 366 条第 1 款、第 388 条第 1、2 款、第 413 条第 1 款等),或某些过失犯罪(如刑法典第 387 条第 1 款、第 590 条等)"可选择"的刑罚。总的来说,立法者是将财产刑视为对侵犯财产罪及以贪利为动机的犯罪的"报复"(contrapasso),或者作为一种轻微的制裁,适用于少数危害不大的犯罪。这种不合时宜的立法模式显然有悖于现代刑事政策的发展方向。因为将财产刑的适用范围扩大到危害程度一般的犯罪,并以此作为必然具有明显局限的监禁刑的替代措施,是现代刑法发展的主流。在将监禁刑作为普遍适用的刑罚的同时,洛克法典规定的法定刑也相当高(有时甚至很严厉),后来立法者不得不采取一些缓和性的措施(如在法典中重新规定减轻情节,参见第七章第二节 7;对刑法典第 69 条的修改,参见第七章第二节 4)。

(2)**附加刑**[5] 刑法典第 19 条对适用于重罪和轻罪的附加刑分别作了规定。适用于重罪的附加刑包括"褫夺公权"(l'interdizione dai pubblici uffici)(刑法典第 28、29、31 及 38 条)、"禁止从事某种职业或艺术"(l'inerdizione da una professione o da un arte)(刑法典第 30、31 条)、"剥夺治产权"(l'inerdizione legale)(刑法典第 32 条及 37 条)、

—363

"禁止担任法人及企业的领导职务"（l'interdizione dagli uffici direttivi delle persone guiridiche e delle imprese）（刑法典第 32—2 条）、"剥夺与公共行政签约的资格"（l'incapacita'di contrattare la pubblica amministrazione）（刑法典第 32—3 条、第 32—4 条）、"终止或暂停行使亲权"（la decadenza o sospensione dall'esercizio della protesta'dei genitori）（刑法典第 34 条）。适用于轻罪的附加刑有：暂停从事某种职业或艺术（刑法典第 35 条）、暂停担任法人或企业的领导职务（刑法典第 35—2 条）。"公布有罪刑事判决"（la pubblicazione della sentenza penale di condanna），是对重罪和轻罪均适用的附加刑。

[5] 2001 年草案中的附加刑都可以作为主刑适用。具体内容参见关于主刑的注释。

从内容来看，附加刑是剥夺或暂停行使公权、亲权、担任公职的权利或取消某种资格的措施，而公布有罪判决（区别于刑法典第 186 条规定的相应的民事判决；参见本节 4.1）则是一种名誉刑。从功能的角度分析，附加刑应该是典型的服务于特殊预防的刑罚，是一种防止犯罪人利用公权、亲权、职务再次进行犯罪的特殊措施（剥夺或暂停可以减少再犯相关犯罪的危险）。实际上，这类刑罚多数是"并处型"的，目的在于增加主刑的严厉性或加重对犯罪人的谴责。褫夺公权可以说是这类刑罚的典型，它既适用于滥用职权的犯罪（刑法典 31 条），也适用于应判决特别严重的监禁刑的场合（刑法典第 29 条第 1 款），不管犯罪与被剥夺的权利之间有无联系，只是根据前提（推定）犯罪人不应该行使那些权利。此外，由于附加刑是某些有罪判决的法定后果，法官没有决定是否适用这种刑罚的权力，因而不可能对这种刑罚是否符合刑罚的目的进行具体的评价，这种情况也使得附加刑只能发挥纯粹加重主刑严厉性的作用。

这里要注意的是：附加刑的刑期分"永远"（perpetue）和"有期"（temporanee）两种情况。有期的附加刑的刑期，或是由法律直接规定（如刑法典第 29 条第 1 款），或是按刑法典第 37 条规定的原则，根据主刑的刑期来决定。

4. 司法阶段中刑罚的裁量[1]

刑法典第 132 条第 1 款赋予法官"在法律规定的范围内""自由裁量"（discrezionlmente）刑罚的权力，同时也规定法官必须说明其是正确运用该权力的理由。根据刑法典第 133 条，法官在裁量刑罚时，"必须考虑一系列的因素"。这些因素可以根据其性质分为说明"犯罪严重性"的因素和说明"犯罪人犯罪能力"的因素两大类。该条规定的影响量刑的"事实"因素，并不符合一些用来说明量刑"目的"（finalistici）标准，甚至可以说与量刑的目的背道而驰。因此，刑法典第 133 条内容丰富，但却目的不明。这条规定不仅有明显的缺陷，同时也会严重地影响量刑的确定性，因为该条没有说明量刑应以报应为目的，还是应以特殊预防为标准。即使在同一个影响量刑的因素面前，如果量刑的目的不同，具体适用的刑罚就会有很大的差别。例如，犯罪人的生活条件（刑法典第 133 条第 2 款 4)，如果是促使犯罪人实施犯罪的条件，从特殊预防的角度考虑，应该是加重处罚的理由；如果从犯罪人的可非难性角度进行评价，则可能是减轻刑罚的条件（为恶劣的生活条件所迫而犯罪，是减轻行为人罪过的因素）。我们在前面已经说过，罪过的内容决定刑罚的范围（参见本节 2)，而特殊预防的目的在量刑时只能在罪过内容决定的刑罚范围内作为减轻刑罚的因素发挥作用。不过，对这个问题，司法实践采用的实际上是一种"和稀泥"的做法，即用报应的观点来评价说明"犯罪严重性"的因素，用特殊预防的观点来评价说明行为人"犯罪能力"的因素，至于这两类因素应该如何分类，是否有程度上的差别，则都不在考虑的范围之内。这样，量刑中法官的裁量权就向法官专横倾斜，而刑法典第 132 条有关法官必须说明量刑理由的规定，在实践中就成了公式化的只言片语（经常是引用某种规定的条文或现成的套语）。

[1] 2001 年草案第 69 条（量刑的原则）规定：(1) 法官在法律规定的限度，根据本章规定的原则（criteri）适用刑罚。(2) 法官根据特殊预防的目的，特别是被判刑人回归社会的需要，在与实施事实的罪过相称的范围内决定刑罚。(3) 就前款规定的意义而言，决定刑罚时，法官应该考虑：1) 作为罪过反映的犯罪与犯罪

危害结果的严重性；2）故意或过失的强度，以及推动行为人实施犯罪的动机；3）犯罪人或其他人在犯罪后所采取的弥补犯罪全部或部分危害的行为；4）以前实施的犯罪，犯罪人犯罪前的行为，犯罪人犯罪时的生活条件；5）对于衡量特殊预防目的有意义的行为人犯罪后的行为，实际的生活条件。(4) 刑罚由法官根据刑种分别决定。

该草案第70条（特殊预防的方向）规定：(1) 所有与本章规定的制度或者与监狱制度规定的监禁刑的替代措施有关的决定，法官在运用自由裁量权时，采用与特殊预防目的最相当的措施。(2) 在评价和决定制裁性措施的选择，不能以树立惩罚的榜样或社会警告理由为出发点。

（1）**说明犯罪严重性的因素** "犯罪的严重性"（la gravita'del reato）首先是由行为的方式（包括性质、类型、手段等；刑法典第133条第1款1）以及危害结果和对被害人的危险程度（刑法典第133条第1款2）因素决定的。这些因素尽管都是客观存在，但要用它们来作为影响犯罪人刑罚轻重的条件，必须根据刑事责任是人格（个人）责任的原则（宪法第27条第1款）来考察这些因素的可非难性（例如，如果行为人事先没有认识的话，突如其来的暴风雨使盗窃变得更为容易就不能作为影响刑罚的情节）。犯罪的严重性最终决定于故意的强度（参见第七章第三节5）和过失的程度（参见第七章第四节5）。

（2）**说明行为人犯罪能力的因素** 刑法典第133条第2款列举了下列说明行为人"犯罪能力"（la capacita a delinquere）的因素：1）[2]犯罪动机（以强度、持续时间和社会伦理价值为评价的标准）和犯罪人的性格（即行为人的人格结构）；2）犯罪的前科（即有罪判决，不包括无罪宣告）及被审记录（即未判决的案件）；3）犯罪时或犯罪后的行为（特别是犯罪人在诉讼过程中的行为，但不包括犯罪人行使权利的行为，如被告人有权拒绝回答询问人的问题，不容许将行使权利的行为作为加重犯罪人刑罚的条件）；4）犯罪人生活的个人、家庭及社会条件（社会环境因素）。

第 9 章 犯罪的法律后果

[2] 原文中为"N.1",意大利刑法典中的原文序号为" 1)",以下 2)、3)、4) 同。

有关犯罪人的犯罪能力对刑罚的影响,长期以来就是一个有争议的问题。理论界一部分人认为,犯罪能力应该理解为"犯罪人再犯新罪的倾向"(attitudine del reo a commettere nuovi reati),因此,其应是一个着眼于未来的因素,或者说是一个与行为人的"社会危险性"(pericolosita`sociale)相应的概念,是可能对行为人适用保安处分的条件(刑法典第 203 条;参见本章第二节 3)。只不过适用保安处分要求的是犯罪人再犯新罪的"或然性"(probabilita`),而犯罪能力只是表示(或大或小的)再犯罪的"可能性"(possibilita`)(当这种可能性变为或然性时,犯罪能力就等于社会危险性)。理论界的其他人不同意上述观点,认为犯罪能力是"主体在已实施的行为中表现出来的倾向",因此是一个面向已然之罪的因素。在这个意义上,犯罪能力即是指影响罪过程度的各种因素的总和(参见第七章第一节 3)。考察它的内容,实际上就是分析主体在犯罪时在多大程度上是出于他的自由选择,在多大程度上是受他的生理因素以及占主导地位的伦理—道德观念等社会因素的制约。

然而,如果量刑时必须同时考虑报应的因素和特殊预防的因素的话,没有任何理由认为影响犯罪能力的因素不能同时具有上述两种意义:首先根据它们来确定罪过的程度,然后参照它们来界定特殊预防的需要。这二者之间可能(但不是必然)发生矛盾,但完全可能得到合理的解决:人们可以将这两方面的因素综合起来作出整体的评价,或者更具体地说,让从上述因素中得出的罪过的程度发挥决定刑罚最高限度的功能。

至于各种情节对法官量刑的影响,请参阅前面有关内容(第七章第二节 4)。

在决定财产刑(罚金和罚款)的数额问题时,除了刑法典第 133 条规定的标准外,法官还必须考虑"犯罪人的经济条件"(根据 1981 年第 689 号法律第 100 条增加的刑法典第 133—2 条第 1 款)。这一规定理由在于,财产刑的严厉程度与受刑人财力的大小紧密相关:对有钱的富商来说是九牛一毛的数额，对靠菲薄的退休金度日的人来说就可能是个天文数字。总之，如果在决定财产刑时只考虑影响犯罪严重性与犯罪人犯罪能力的因素，其结果是必然会造成刑事制裁的不平衡。为了维护宪法（第3条第1款）规定的实质性平等原则，避免刑罚在富人面前贬值，量刑时就必须考虑犯罪人的经济条件。正因为如此，刑法典第133—2条第2款规定，"在根据犯罪人的经济条件，认为法定的最高刑无效或法定最低刑仍过于严厉时"，法官有权将财产刑的数额增至法定最高额的3倍或降至法定最低额的1/3。上述刑法典第133—2条第2款的规定，即所谓裁量财产刑的"总额评估"（Somma complessiva）模式。在这种模式中，影响犯罪严重性和行为人犯罪能力的因素都与犯罪人的经济条件直接挂钩，在综合评价得出的最终结果中，无法说明各个具体因素影响量刑结果的具体过程。加之立法者没有规定如何考察犯罪人的经济条件，更是加剧了这种模式的不确定性和模糊性。现在通行的作法是既考察犯罪人的收入，也考察犯罪人的其他财产。就裁量财产刑的技术而言，（为许多欧洲国家所采用的）"日罚金制"（per tassi giornalieri）显然更为完善。这种方法将决定财产刑的过程分为两个步骤：首先在法律规定范围内，根据犯罪的严重性和行为人的犯罪能力计算对被告应处多少"罚金单位"（tasso）（按每一个罚金单位相当于一天的监禁刑计算）；然后根据法律规定的条件（如犯罪人每天的纯收入）计算出每一罚金单位折合多少货币。最后，将二者相乘（例如，40个罚金单位乘以3万里拉），得出犯罪人应缴罚金的总额。由于犯罪人的经济条件不同，相同的犯罪就可能被处以数额不同的财产刑。因为计算步骤清楚，这种方法具有可能根据犯罪的严重性、行为人的犯罪能力和犯罪主体的经济条件而给予犯罪人以相应处罚的优点。特别是在财产刑因无法执行而必须转换为监禁刑时，这种方法更是有它的优越之处（参见本节11）。

5. 缓刑

"缓刑"（sospensione condizionale della pena），是指根据法官的命令在一定的期限（考验期）内暂不执行被判处的刑罚，在规定期限内，

第9章　犯罪的法律后果

如果被判刑人没有犯重罪或同一性质的轻罪，履行了应遵守的义务，犯罪则消除。鉴于缓刑有利于犯罪人的效果，刑法典（第一编第五章第一节第163等条）将这种制度规定为"消除犯罪"（estinzione del reato）的原因之一。然而，缓刑"消除犯罪"只是一种可能性（因为犯罪的消除取决于被判刑人在缓刑考验期中的表现）；同时，缓刑发挥的是如何处置犯罪人的功能（因为适用缓刑与决定犯罪人是否必须执行被判的刑罚紧密相连）。从这两方面来考虑，将缓刑制度放在审判阶段来分析似乎更合乎逻辑、更为恰当。

缓刑制度源于19世纪后半期英国和美国的"暂缓宣判"（sospensione della pronuncia di condanna）（即为了等待证据暂停刑事诉讼，在有利于被告的情况下，就宣布被告无罪）。移来欧洲大陆后，这一制度演变为"缓执行判决"（sospensione della condanna）。首先为比利时（1888年）采用，然后是法国（1891年），紧接着就是意大利（1904年）。为了解决短期监禁刑固有的缺陷，自上世纪后半叶以来，人们进行了大量的研究来寻找有效的替代措施，缓刑则是其中最成功的代表。短期监禁刑的缺陷在于，由于时间太短，不可能发挥监狱的改造作用，同时它的时间又长得足以显示监禁刑所有的消极作用。就被判刑的犯罪人来说，他既被打上了犯罪人的烙印，又被割断了与家庭和劳动的联系；就社会来说，被判刑人在狱中感染的"犯罪病毒"（il contagio criminale）必然会增大其再犯罪的危险。当一个因第一次实施最轻微的犯罪而被判刑入狱的人走出监狱时，他不仅已学会了实施最严重犯罪的本领，同时他所面临的被抛弃者的新处境也促使其再次犯罪。最初的缓刑，是一种监外执行的处遇措施，因此只适用于监禁刑。在欧洲大陆，缓刑则常常被视为一种与犯罪（轻微）的严重性和犯罪者人格（初犯）相称的一种制裁措施。宣判中包含如果犯罪人再犯罪就会执行刑罚的威慑，看来是既符合报应的要求，又能满足特殊预防的需要。就这点而言，无论是监禁刑还是财产刑都显然应该毫无例外地采用缓刑制度。将缓刑视为监外处遇的形式和将缓刑看成暂缓执行与犯罪严重性和犯罪者人格相称的制裁，二者之间并无冲突，很多国家都同时采用了这两种模式。将缓刑视为监外处遇方式的观念演化成了现在的"*probation*",即各种为保证缓刑取得积极效果而由特定公共服务机关管理、控制被判刑人的形式。将缓刑视为暂缓执行相应刑罚的观念则认为,缓刑只适用于对犯罪人没必要进行监外处遇的情况,对这些犯罪人来说,缓刑宣告本身就是一种足以发挥镇压和威慑功能的制裁。洛克法典就只采用了将缓刑视为缓期执行相应刑罚的模式,并将缓刑扩张到财产刑领域,但完全排除了任何形式的"*probation*"。一直到1975年监狱改革,才采用了一种与"*probation*"相似的"考验"(affinamento a prova)制度。不过,这种制度不是量刑制度,而是刑罚执行制度(参见本节10)。最后,1988年第448号总统令第20条规定了适用于未成年人的"暂停诉讼进行考验"(sospensione di processo e messo in prova)制度,这基本上是缓刑的原型"缓期宣判"的翻版(参见本节8)。

现行的缓刑制度是一系列引人注目的变化的结果。其最初的范围十分有限(只适用于被判一年以下监禁刑的人,对同一人只能适用一次缓刑),一系列宪法法院的裁定和立法改革,从根本上扩张这个制度的适用范围。在扩张后的缓刑制度中,有一种特别的"监禁刑的缓期执行"。这种制度的适用对象是"在不能摆脱吸毒的状态中犯罪被判四年以下监禁刑,包括并处的财产刑,或因同样原因还必须服刑四年以下的人"(1990年第309号总统令第90条)。

(1) **适用缓刑的客观条件**(limite obiettivo) 适用缓刑的客观条件是:判决的刑罚必须为不超过2年的监禁刑,如果有"单独,或并处"财产刑的情况,则"按刑法典第135条规定折算后[1]",刑期不得超过2年(对未满18岁、未满21岁或已满70岁的人,刑期不得超过3年;刑法典第163条第1、2、3款)。这一规定的主要意义在于强调一般预防功能:对于罪行严重的犯罪,法律要求一律必须执行刑罚,不管从特殊预防的角度看是否必要。

[1] 意大利刑法典第135条规定,75 000里拉财产刑折合一天监禁刑。

(2) **适用缓刑的主观条件**(limite soggettivo) 从犯罪人方面说,

适用缓刑的条件是：犯罪人没有因犯罪而被判监禁刑的前科，不是惯犯或职业犯（刑法典第164条第2款1；该款2因推定危险性制度已被废除，现已无实际意义[2]：参见本章第二节3）。然而，上述条件并不是绝对的。刑法典第164条第4款一方面规定原则上"缓刑判决不能超过一次"，同时又规定在"被判处的刑罚与以前即使因重罪被判处的刑罚相加，未超过第163条规定的限制的（即未超过二年）"可以"适用缓刑"。按此规定，在实践中就可能对同一个人适用两次缓刑。对同一个人只能适用一次缓刑的原则规定，主要是出于特殊预防的考虑，对一个反复犯罪的累犯，很难得出其今后不会有社会危险的结论（刑法典第164条第1款[3]）。

[2] 该款2规定，在犯罪人被法律推定为有社会危险时，必须附加适用对人的保安处分。

[3] 该款规定，缓刑只适用于没有再犯罪危险的人。

（3）**适用缓刑的标准**　根据刑法典第164条第1款的规定，"只有根据刑法典第133条规定的情节，法官认为犯罪人不会再犯新罪（不存在产生惯犯的危险），才允许"适用缓刑。由于法官很难根据有意义的材料来作出这种判断，因而，只要符合缓刑主客观条件，缓刑的适用就几乎是自动的。在实践中，除了诉讼过程中有特殊证据表明犯罪人确有再犯罪的危险，法官一律同意适用缓刑。

（4）**缓刑的内容**　缓刑的内容首先表现为"如果被判犯有重罪，刑罚缓期五年，如果被判犯有轻罪，缓期二年执行刑罚"（刑法典第163条第1款）。此外，（如果犯罪有民事受害的人的话）还可能规定被判刑人履行某些因犯罪而产生的民事义务（参见本章第四节1）（刑法典第165条第1款），以及"按法官在判决中规定的方式"及期限，"消除犯罪的危害或危险后果"（刑法典第165条第1、3款）。如果第二次被判缓刑，被判刑人则至少"必须"履行上述义务中的一种，但"不可能履行的情况除外"（刑法典第165条第2款）。不可能履行义务的原因可能是客观的（如没有造成可补偿的损害，不存在应消除的危害或危险后果），也可能是主观的（如一个一贫如洗的人无法对其造成的损害进行物质性补偿）。无法履行义务，不论属于哪种情况，都必须是绝对的不可能。法律规定被判刑人应该履行义务，一方面是为了防止将缓刑变成一张纯粹的"通行证"（alvacondotto）；另一方面也是考虑到特殊预防的要求，促使犯罪人产生对自己造成的损害应承担责任的意识。

（5）**缓刑的效果** 在刑法典的规定中，缓刑的效果最初只与主刑有关，但现已扩展到了附加刑。（根据1990年第19号法律第4条修改的）现行刑法典第166条第1款和（根据1990年第19号第4条增加的）该条第2款规定，被判缓刑本身决不能成为"采取预防措施、不能在法律无特别规定的公私单位工作、或拒绝给予劳动所必要的接受、许可、同意的理由"。根据刑法典第164条第3款的规定，在适用缓刑的情况下，"除没收财产外，不能适用其他保安处分"。

除上述情况外，缓刑并不消除有罪判决的其他刑事法律后果，因犯罪而生的民事债务当然有效（参见本章第四节）。

（6）**缓刑的撤销** 缓刑是有"条件的"暂缓执行刑罚，因此，在考验期内表现不好，缓刑就可能撤销。根据刑法典第168条第1款1的规定，除符合"第164条最后一款规定"的情况（即有可能享受两次缓刑的情况）外，被判刑人在规定的期限内"犯重罪或同样性质的轻罪而被判监禁刑，或不履行其承担的义务"，则"依法撤销"缓刑。此外，被判刑人"缓刑宣告前犯他罪，所判刑罚与暂缓执行的刑罚相加超过第163条规定的限制"，也属于依法必须撤销缓刑的情况（刑法典第168条第1款）。缓刑宣告前行为人实施的其他犯罪，如果在被判缓刑前已经受到宣判，本身就不应该适用缓刑。如果缓刑宣告后发现的漏罪所判的刑罚与暂缓执行的刑罚相加，没有超过第163条规定的限度，则由法官决定是否撤销缓刑（刑法典第168条第2款）。在这种情况下，尽管法官一般都不撤销缓刑，但其前提必须是：法官认为即使有后来发现的漏罪，犯罪人也不会再犯新罪。否则，法官"可以"根据"犯罪的性质和严重性"，撤销缓刑。

（7）**犯罪的消除** 缓刑在考验期内没被撤销，就产生消除犯罪的效果。刑法典第167条第1款规定消除犯罪的条件是，被判刑人在规定的期限内,没有实施"重罪,或同样性质的轻罪";但司法实践将这里规定的重罪,正确地理解为应判监禁刑的重罪(这样就与刑法典第168条第1款规定的法定撤销缓刑的条件协调起来了)。犯罪的消除产生阻却执行主刑和附加刑的法律后果(经1990年第19号法律第6条修改的刑法典第167条第2款),但不消除有罪判决的其他刑事法律后果。

6. 替代短期监禁刑的制裁措施

1981年第689号法律在我们的刑法制度规定了一系列替代短期监禁刑的制裁措施。它们包括:半监禁刑(semidetenzione)、管制(liberta'controllata)、(可替换监禁刑的)财产刑。当时的法律规定,可以替代监禁刑的半监禁刑刑期为6个月以下,可以替代管制的为3个月以下,可以替代财产刑的为1个月以下。1993年转化为188号法律的该年第187号法令第5条第1款将上述措施的适用范围扩展为:可替代监禁刑的半监禁刑的刑期为1年,管制为6个月,财产刑为3个月。考虑到(根据1993年第188号法律增加的)1993年187号法令第5条第二个第1款[1]废除了1981年689号法律第54条的规定,这一适用范围的扩大就具有非常的意义。根据原来的规定,短期刑罚的替代性措施只适用于由初审法官审理的案件,但现在刑事法院、重罪法官审理案件也允许适用上述措施。此外应该注意的是,审理未成年人案件时,半监禁刑和管制可以用来替代刑期在2年以下的监禁刑(1988年448号总统令第30条第1款)。

[1] 意大利刑法典中常有多个条文共有一个序号的情况。

扩大替代性措施的适用,当然是为了将监禁刑严格地限制在确有必要的范围内,然而这种改革却完全不是深思熟虑的结果。在扩大适用范围时,立法者没有想到如何与1981年689号第60条规定相协调的问题。该条根据一般预防的需要,列出了一些犯罪,作为排除适用替代性措施的客观条件。但该条的前提是替代性措施只适用于(该条生效时)初审法官审理的案件,但随着替代性措施适用范围的扩大,该条规定的内容就显得很不合时宜了。例如,按该条规定,替代性措施不得适用于某些过失伤害罪，但却可以适用于过失杀人罪（宪法法院1993年第249号判决已宣布1981年689号法律第60条有关过失伤害罪不得适用替代性措施的规定违宪）。此外，替代性措施至今仍不能适用于过失危害公共健康的行为，但却可以适用于过失造成灾难的犯罪；不能适用于贩卖有害食品罪，但却可以适用于更为严重的贩卖假劣食品罪[2]，等等。当然，上述现在不能适用替代性措施的犯罪，在1981年689号法律开始生效时，都是初审法官有权审理而属于可以适用这些措施的范围。今天，上述不平衡既明显又毫无存在的理由，这种严重违反宪法（第3条第1款）规定的平等原则的现象应该消除。

[2] 根据意大利刑法典第442条规定该罪包括贩卖有毒、变质等对公共健康有危险的食品的行为。

至于这些替代性措施的内容，这里需要说明的是：被判半监禁刑的人，每天必须在专为这种措施而设的机构或监狱内呆10小时（参见本节10），此外还有一系列必须服从的禁令、履行的义务和被取消的资格（1981年689号法律第55条[3]）。管制的内容除禁止离开居住的市（乡、镇）、每天必须到公共安全机关报到外，还包括一些禁令、义务和取消资格（1981年689号法律第56条[4]）。财产刑替代监禁刑的按刑法典第135条以及第133—2条、第133—3条规定的标准和方法计算执行。[5]

[3] 该条规定被判半监禁刑的人有不得持有武器等危险品、暂时取消驾驶资格、缴回护照、随时听从警察传唤，服从专门机关的管理等义务。

[4] 该条规定其他的禁令、义务、取消资格同第55条。

[5] 意大利刑法典第135条规定，每75 000里拉折抵监禁刑一天；第133—2条规定判处财产刑要考虑犯罪人的经济条件；第133—3条规定，根据犯罪人的经济条件，财产刑可分期缴纳。

从犯罪人的角度看，对被判刑5年内又犯可判总和刑期为2年以上监禁刑之罪的惯犯，或者具备一些不利于特殊预防情况的人，不能适用替代性制裁措施。适用替代性措施的标准得根据刑法典第 133 条规定的情节来推定，但如果法官"认为被判刑人不能遵守有关规定"，同样不能适用这些措施；在可能适用多种替代性措施的情况下，法官应"选择最有利于被判刑人重归社会"的方法。如果被判刑人违背有关义务，或发现漏罪的判决不允许采用替代性措施，应该撤销半监禁刑和管制。但是，这种撤销只具有 *ex nunc* 的效果，即这种撤销只能撤销尚未执行的那一部分刑罚。

财产刑的情况与此不同，因为"即使是替代监禁刑"的措施，财产刑仍然是财产刑。这种替代性措施不能撤销，但在不能履行时，可转换为监禁刑。

避免在监狱里执行监禁刑，是采用替代性制裁的根本原因。但除此之外，还有什么具体理由，却比较模糊，特别是它们和缓刑的关系，更是让人费解。一方面，对受缓刑宣告的人也可适用替代性措施，但这却无法解释，为什么（内容相对确定的）替代性制裁措施的适用范围要大大小于（从实践的角度看，可能"没有"内容的）缓刑；另一方面，有些按法律规定不能适用替代性措施的情况，又可能属于可适用缓刑的范畴。最后，根据司法实践中很流行的看法，（根据 1981 年第 689 号法律第 57 条第 3 款[6]）替代性措施也可缓期执行。由于只有在缓刑被撤销的情况下才能执行这种替代性措施，在这种情况下适用替代性措施到底有什么意义呢？为了使现行的制度更为合理，似乎有必要（根据情况）为缓刑增添一些再教育性的制裁措施，并将替代性制裁的适用范围限制为应判短期监禁刑，但不是绝对必须执行，又不能适用缓刑的情况。

[6] 该款规定，对被判缓刑的人也可适用替代性措施，按监禁刑一天折抵半监禁刑一天、管制二天计算。

7. 特殊程序中的减刑

在"简易审判"、"根据要求适用刑罚"、"处罚令程序"等程序中，有专门的减刑规定。在"简易程序"（il giudizio abbreviato）[1]中，"在判决有罪时，法官可以根据全部案情减轻刑罚的三分之一，对无期徒刑代之以三十年的有期徒刑"（刑事诉讼法典第 442 条第二款）。在"根据要求适用刑罚的程序"（applicazione della pena su richiesta）[2] 中，"被告人和公诉人可以要求法官按照自己提议的种类和标准适用替代性刑罚或减轻三分之一的财产刑，或者，在根据案情减轻三分之一的刑罚后，应单处或与财产刑并处的刑罚为 2 年以下的徒刑或拘役时，适用监禁刑"（刑事诉讼法典第 444 条第 1 款）。在"处罚令程序"（il procedimento per decreto）[3] 中，"公诉人可以要求适用直至最低法定刑的一半的刑罚"（刑事诉讼法典第 459 条第 2 款）。显然，这些减刑与犯罪的"情节"无关。

[1] 直译为"截短审判"。经被告人申请和检察官同意是法官决定采取该程序的前提。具体内容参见意大利刑事诉讼法典第六编第一章（第 438 条至第 443 条）。

[2] 参见意大利刑事诉讼法典第六编第二章（第 444 条至第 448 条）。

[3] 参见意大利刑事诉讼法典第六编第五章（第 459 条至第 464 条）。

8. 适用于未成年人的特殊措施[1]

不论在实体上还是程序上，法律对于未成年人犯罪都有许多特殊措施。未成年人的人格尚在形成之中，刑罚的运用应该促使其向积极方向发展，是采用这些以满足对未成年人进行改造和再教育等特殊预防需要措施的主要原因。出于这个考虑，法律在审判量刑阶段专门规定了"因情节轻微而判决中止诉讼"、"暂缓诉讼进行考验"、"司法宽恕"等特别措施。

[1] 原文标题为："la sentenza di non luogo procedere per irrilevanza；la sospensione del processo con messo alla prova e il perdono giudiziale per I minorenni"。

(1) **"因情节轻微而中止诉讼"**（la sentenza di non luogo procedere

per irrilevanza） 根据1988年448号总统令第27条第1款（宪法法院1991年第250号判决宣布该规定因越权而违宪，但1992年123号法律第1条又基本上原封不动地重新规定了这一措施），如果审前调查表明"情节轻微和行为的偶然性，而继续诉讼会不利于未成年人的教育时，检察官可以向法官要求因情节轻微而中止诉讼的判决"。法官在很大程度上有权自由决定是否采取这种措施，这也是未成年人刑事法律的一个特点。

（2）**"缓期诉讼进行考验"**（la sospensione del processo con messo alla prova） 1988年448号总统令第28条规定，法官审理未成年人案件时，可以决定暂停诉讼，将被告交未成年人司法管理机关，进行考察。如果案件的"法定最高刑为无期徒刑或十二年以上有期徒刑时"，暂停诉讼期为"三年以下"，"其他案件，为一年以下"。在暂停诉讼期中，未成年人得遵守有关规定，法官还可以规定一些"旨在弥补犯罪造成的后果和促使未成年人与犯罪被害人和解"的措施。如果考验取得积极的结果，法官应宣布犯罪的消除。这种缓期诉讼适用的范围特别宽，因为它可以适用于所有的犯罪。

（3）**"司法宽恕"**（il perdono giudiziale） 这种制度首见于1930年刑法典第169条，1934年1404号国王令第19条对此作了很大的修改。根据现行刑法典第169条的规定，"如果未成年人法庭认为可能适用二年以下的限制自由刑，或者300万里拉以下的财产刑，即使是并处，可以适用司法宽恕"。其含义是，在"根据刑法典第133条的情节，推论犯罪人不会再犯新罪"时，不宣布有罪判决。这种宽恕只适用于未因重罪被处过监禁刑，并不是重罪或轻罪的惯犯、职业犯（刑法典第169条第3款）。司法宽恕对同一人只能适用一次（刑法典第169条第4款），但发现的漏罪系与被判司法宽恕的犯罪的持续状态相联系的犯罪例外（宪法法院1973年第108号判决）。对被判司法宽恕后发现的漏罪，如果全部犯罪应判的刑罚相加仍然符合适用司法宽恕的条件，仍可适用司法宽恕（宪法法院1976年第154号判决）。对发现的漏罪作如此规定，为的是避免那些本该一次审理（数罪并罚）的犯罪，因分别判决而使被告人失去了获得司法宽恕的机会。

9. 监禁刑的执行

如果没有采取缓刑措施，或者不具备延期执行刑罚的理由，判决生效后就进入刑罚的执行阶段。这是刑罚发展的最后阶段，同时也是决定并"限制"（condiziona）刑罚意义的阶段。调整刑罚这一阶段的法律规范被称为"行刑法"（或"刑事执行法"）。"监狱法"，即有关监禁刑执行的法律，是行刑法的核心。刑法典第144等条及1931年第787号国王令批准的监狱条例，曾是有关执行刑罚的主要法规。1975年（第354号法律）的改革及相应监狱条例，按照宪法第27条第3款规定的再社会化要求，从根本上更新了上述法规的内容。

应该指出的是，在我国，有组织的犯罪十分猖獗、即使在监狱里也常常表现出严重的危险。为了与其进行有效的斗争，立法者规定了一种区别处遇制，要求对那些不与司法当局合作，并与犯罪组织有密切联系的人，要采取特别严厉的措施。

总的来说，采取"包括与外界接触在内的，促使被判刑人重新进入社会"的再教育措施是执行刑罚的关键（1975年354号法律第1条第6款）。而对服刑人的再教育"主要通过进行教育、劳动、宗教、文化活动、娱乐、运动，方便同外界的正当接触和与家庭的联系"来进行（1975年第354号法律第15条第1款：处遇的要素）。

为了达到刑罚执行"必须与各个服刑人的人格需要相适应"的目的（1975年第354号法律第13条第1款：处遇的个别化），必须对服刑人和被监禁人进行分类，并将他们分送到可以对他们采取相应的再教育措施的机构或监狱分部；要对被监禁人进行科学的人格观察，在"统计有关生理、心理缺陷和其他不适应社会原因"的基础上，制定"个人的处遇计划"。监狱的处遇是有弹性的，要根据服刑人发展变化的不同情况采取相应的措施。这里特别值得一提的是，对符合一定主客观条件而不具备社会危险的服刑人，可得到每年不超过45天的"减刑奖"（permessi premio）。相反，如果服刑人或被监禁人有危害监狱安全、扰乱监狱秩序、使用暴力或威胁干涉其他服刑人的活动、在监狱里强迫他人服从自己等行为，则可能受"特别监护"（regime di sorveglienza particolare）的处分，其在监狱中的活动和享有的权利就将受到很多限制。此外，对服刑人的处遇是"渐进性"的，这意味着根据服刑人的表现，处遇可以有不同的内容或者提前结束。处遇的提前结束有以下形式：减刑（liberazione anticipata）、半自由（semiliberta`）和假释（liberazione condizionale）。

尽管监禁刑是由行政机关执行，但却必须接受"监督法官"（magistrato di sorveglianza）的管制与监督。1975年354号法律第67条规定了监督法官的职能，该法律的第70条还规定了与此相应的（设在上诉法院及其分院内的）"监督法庭"的职能。

10. 监禁刑执行的替代措施

替代监禁刑执行的措施可以分为两类：一类是为了从开始就避免在监狱里执行刑罚的措施；另一类则属于刑罚在监狱中执行了一段时间后，改变执行刑罚方式的措施。第一类措施的目的在于，以其他措施来替代没有必要在监狱里执行的监禁刑，以求达到同样（甚至可能更）有效的特殊预防效果。属于这类措施的有"交社会服务机关考察"、"居所执行"和（适用于短期刑的）"半自由管理"。第二类替代监禁刑执行的措施主要有"半自由管理"、"减刑"和"假释"等，都以减少刑期或让服刑人提前出狱为主要内容。为"渐进性处遇制度"服务是这些措施的主要目的，因此，服刑人在狱中的表现是能否适用这类措施的关键。规定这些措施的理由是：如果有利于服刑人再社会化的目的，或者这个目的已经达到，就没有必要再在监狱里执行刑罚。

根据1975年354号法律第4—2条，罪行特别严重或可能重新实施有组织犯罪的服刑人，如果不与司法当局合作，就不能采用半自由措施。1991年152号法律第2条对假释也规定了类似限制，但减刑则不受上述限制。

适用于外国人的驱逐出境，也属于监禁刑执行的替代措施。有关该措施的规定首先见于 1993 年 187 号法令第 8 条，该法令后来成为 1993 年第 296 号法律。

(1) **"交社会服务机关考察"**（l'affidamento in prova al servizio sociale） 这种措施的适用对象是刑期为 3 年以下的被判刑人。原则上说，在有关机构（包括审前先行羁押）中进行至少一个月的人格观察，是适用这种措施必要前提（1975 年 354 号法律第 47 条第 1、2、3 款）。但是，宪法法院 1989 年第 569 号判决宣布该规定部分违宪，因为该规定不允许对某些没有经过审前羁押的人适用上述措施。在既有利于对犯罪人的再教育，又确实能防止其再犯新罪的情况下，应该适用交社会服务机关考察。在决定适用这种措施时，监督法庭应规定犯罪人应在社会服务机构的控制和帮助下遵守的义务。社会服务机构应定期向监督法庭报告犯罪人的情况。对吸毒和酗酒成瘾的人适用这种措施，应遵循法律的专门规定。交社会服务机关考察的期限与应服的刑期相同，如果取得积极效果，则"消除犯罪及其他刑事法律后果"。如果在考验期间，有"违反法律，或不遵守有关规定"等"不宜继续采取"这种措施的行为，则撤销该措施。按最初的规定，这种撤销应具有 *ex tunc* 的效力（即原判刑罚必须全部执行，因为这种措施曾被视为纯粹是一种适用于刑罚执行阶段的缓刑），但宪法法院 1987 年 343 号判决宣布这种规定违宪，因为这种规定"在撤销该措施时，不允许监督法官在决定应执行的监禁性刑罚时，考虑被判刑人在考验期间所受的限制和考验期中的表现等情况"。根据这个判决，交社会服务机关考验现在形式上仍属缓期执行刑罚的措施，但它在实际上已具有刑罚执行的替代性措施的性质（因为在撤销时，监督法庭可以根据考验期的情况，减少实际执行的刑期）。

(2) **"居所执行"**（la detenzione domiciliare） 与交社会服务机关考验相比，这是一种相对次要的措施。根据有关法律规定，其适用对象仅限于处于孕期或哺乳期的妇女、与未满 5 岁的幼儿共同生活的母亲以及未满 5 岁的幼儿母亲已死亡或不可能照顾幼儿的情况下的该幼儿的父亲（宪法法院 1990 年第 215 号判决）、符合特定健康状况的人、60 岁以上丧失（部分）能力的人。在健康、劳动、学习、家庭有特殊需要的未满 21 岁的人，如果与有组织的犯罪没有联系，也可以适用该措施。这种措施在被判刑人的居所或其他私人住所，或者公共的医疗、护理机构执行。离开上述场所就等于脱逃。

（3）**"半自由管理"**（il regime di semilibertà）　这种措施允许服刑人白天用部分时间在监外参加劳动、教育等有利于重归社会的活动。相对交社会服务机关考察相比，半自由管理是一种辅助性的行刑替代措施。其主要适用对象除被判拘役和 6 个月以下有期徒刑的服刑人外，还包括那些"至少已服刑一半"，或经过为适用交社会服务机关措施而进行的人格观察期后，不符合适用社会服务措施的条件，但可采取半自由管理的人。被判无期徒刑的人要适用这种措施，必须"至少服刑 20 年"；对被判短期徒刑的人适用这种措施，则只需服刑人在服刑期间"表明自己有重归社会的意志"；对于其服刑人来说，是否适用这种措施则取决于他们在"服刑中所取得的进步，说明主体有逐渐重归社会的条件"。1975 年 354 号法律第 51 条规定了中止和撤销半自由管理的条件。[1]

[1] 该条规定"无故离开监狱"没有超过 12 小时的，可以撤销半自由管理；超过 12 小时的必须撤销半自由管理。

（4）**"减刑"**（la liberazione anticipata）　这种制度的内容是对"积极参加再教育活动"，并"认识到参加该种活动的目的在于促使他重归社会"的服刑人，"每服刑六个月减刑 45 天"。在适用半自由管理或假释时，这种减少的刑期应视为已经执行的刑期。如果"在以后的刑罚执行过程中"再犯非过失性犯罪，则"撤销"减刑。

（5）**"假释"**（la liberazione condizionata）　假释起源于 19 世纪英国的殖民地澳大利亚。当时通行的作法是：将经过一段时间服刑，表现良好的放逐犯交当地的养殖场主使用，并由养殖场主付给他们相当于政府规定工资的报酬；如果在此期间放逐犯的行为表明其适宜以劳动为谋生方式，则宣判刑罚已经执行完毕。最先在意大利规定这种刑罚制度的是 1889 年刑法典，现行的假释制度由刑法典的第 176 条等调整。根据刑法典第 176 条第 1 款的规定，假释可适用于"服刑至少三十个月并已服所判刑罚的一半，所剩刑期不超过五年"，而且在刑罚执行期间"确有悔改表现"的服刑人。

对受到加重处罚的累犯,法律规定了更严格的假释条件。[2] 对于被判无期徒刑的人,至少必须服刑 26 年才能适用假释。被假释的人,"除确实不可能履行的情况外",必须"履行因犯罪而生的民事债务"。在假释期间,应对被假释人采取"监视自由"(liberta`vigilata)的措施(参见本章第二节 5),但应暂缓执行监禁性保安措施。在原判刑罚期满,或被判无期徒刑的人经过五年后,如果假释未被撤销,"刑罚即告消失,并撤销其他对人的保安处分"(刑法典第 177 条第 2 款)。"如果被假释人犯重罪或性质相同的轻罪,或者违背监视自由的义务",则撤销假释。假释的撤销具有 *ex tunc* 的效果,即假释期不得计算为服刑期,但宪法法院(1988 年第 282 号判决)宣布这一规定违宪,因为该规定"不允许监督法庭在决定还需执行的刑罚时,考虑已过去的假释期及在该期间被假释人的表现和其自由所受的限制"。

[2] 意大利刑法典第 172 条第 2 款规定,受到加重处罚的累犯,至少必须服刑 4 年并已服所判刑期的 3/4 以上,才能适用假释。

前面讲过,对外国人适用的驱逐出境也是一种特殊的执行刑罚的替代性措施。最先规定这种措施的是 1989 年 416 号法律第 7 条,现为 1993 年 296 号法律第 8 条。该条规定"对已判三年以下有期徒刑的外国人,即使刑罚的大部分还未执行,适用立即驱逐回所属国或来自国,但程序上有特殊要求,或有严重的个人健康原因,或因战争、疫情而有严重的安全、健康危险的情况除外"。该措施的适用需要外国人本人、他的辩护人、执行法官的申请,一旦采取该措施,刑罚就无限期地缓期执行,只有外国人重入意大利国境才是重新执行监禁刑的条件。这里要注意的是,不能把这种措施与类似的保安处分混为一谈(参见本章第二节 5)。后者的适用对象是具有社会危险性的外国人,而前者的适用对象则不具备这种危险。除此之外,作为保安处分的驱逐出境适用于刑罚执行完毕之后,而适用作为替代刑罚措施的驱逐出境,则产生缓期执行刑罚的效果。似乎有必要指出,作为替代刑罚的驱逐出境纯粹是为了减轻监狱人满为患的负担而提出来的,它没有什么刑事政策依据,也不符合刑罚目的的要求。

11. 财产刑的执行及转换

刑事诉讼法典第660条和刑事诉讼法典实施规定第181条等，规定了财产刑的执行方式。在刑法典133—3条规定的范围内，财产刑可用分期缴纳的方式执行。[1]

[1] 该条规定法官可根据被判刑人的经济条件，判决被判刑人在3个月至30个月缴纳罚金或罚款，但每月缴纳的数额不得少于30 000里拉。

被判刑人无力缴纳判决所要求的财产，是执行财产刑时最棘手且最有争议的问题（如果是被判刑人不愿缴纳，即被判刑人有足够的收入、财产，但拒绝缴纳，则很好办，一旦发生这种情况，就可以采取强制执行措施）。显然，如果因被判刑人无力缴纳罚金或罚款，就不执行刑罚；就不仅会使刑罚因此而失去意义，同时也使那些无财产的人实质上不可能受到处罚。于是，他们就可以肆无忌惮地实施那些法律只规定了财产刑的犯罪，而不用担心受到任何处罚（他们享有的这种"特权"显然不符合宪法第3条的规定）。在1979年以前，解决这个问题的原则一直是 *qui non habet in aere luat in corpore*[2]。当时的刑法典第136条规定，被判刑人无力缴纳罚金和罚款的，财产刑按"数额"折算为监禁刑（当时的规定是5 000里拉财产刑折抵一天监禁刑）。但是，宪法法院（1971年第139号判决）正确地指出，这一规定违反（宪法第3条规定的）平等原则，因为这实际上是对无财产的人的一种不合理的歧视：在本应受财产刑处罚的情况下，只是因为没有钱，这些人就必须受到监禁刑的制裁。根据这个判决，1981年689号法律对这个问题作出了新的规定。该法第102条第1款规定，被判刑人无力缴纳罚金和罚款时（按刑事诉讼法典第182条第2款规定的方式确认后），财产刑转换为管制。按75 000里拉折抵管制一天计算（该规定后被宪法法院1994年第440号判决宣布为违宪），但罚金折抵管制的刑期一般不得超过1年，罚款折抵管制一般不得超过6个月；在数罪并罚或数刑并处的情况下，罚金折抵管制不得超过一年半，罚款折抵管制不得超过九个月。根据1981年689号法律第102条，总额不超过100万里拉的财产刑，可以转换为附加刑"替代性劳动"（lavoro sostitutivo），按5万里拉折抵替代性劳动一天计算，但折抵后的刑期最多不能超过60天。替代性劳动是"在国家、大区、省、市或护理、教育以及民事、环境、森林保护单位、组织、实体中实施的，有利于集体的无报酬活动"，在居住省的范围内执行，每周劳动一天（被判刑人可要求增加劳动的密度）。在任何情况下，替代性劳动都必须有被判刑人的请求才能适用，因为欧洲人权公约第4条第2款禁止强迫或义务劳动。如果违反管制或替代性劳动的有关规定，则将尚未执行的那一部分刑罚（即扣除已执行部分）转换为有期徒刑或拘役。

[2] 原文为拉丁文，直译为"没有财产的人，以身抵债"。

与以前的规定相比，新制度无疑是一种进步。不过，它仍有尚待改进之处。[3] 这里需特别指出的是，由于仍保留了按"数额"折抵的计算方法，这种制度在将财产刑转换为替代性措施（管制或替代性劳动）时，有将执行期限与被判刑人的经济条件不合理地联系在一起的弊病。比如说，法官决定应处50万里拉的财产刑，影响法官这一决定的，既有犯罪人的经济条件，也有犯罪严重程度与犯罪人的犯罪能力等因素。但是，管制和替代性劳动是限制人身自由的刑罚措施，适用这些措施时，没有理由进行这种双重评价。因为，在决定限制人身自由的刑事制裁，只应考虑犯罪的严重性和犯罪人的犯罪能力。如果采用"日罚金"的计算方法，正如前面所讲的那样（参见本节4），就能将对犯罪严重性和犯罪能力的评价与对犯罪人经济条件的评价区别开来，因而避免上述缺陷。按日罚金制的计算方法，在将财产刑转换为替代性刑罚或监禁刑时，可以直接地按应处罚的天数计算，从而完全做到刑事制裁与犯罪的严重性相适应。

[3] 2001年草案第73条（没有支付的财产刑）规定……（2）如果因被判刑人缺乏缴纳能力而全部或部分没有缴纳，也不可能由有民事责任的人缴纳，经被判刑人同意，财产刑可以转化为提

供公益劳动，如果被判刑人不同意，则代之以半自由性监禁，以每天折抵一定的金额计算期限。财产刑的缴纳，在任何时候终止替代性刑罚的执行。(3) 不是由于被判刑人的过错，并不能由其他有民事义务的人缴纳，而全部或部分没有执行财产刑，在第 90 条规定的期限（10 年～20 年）内消除。

第二节　保安处分

1. 保安处分[1]的概念

1930 年刑法典采用的刑事制裁制度是所谓的"双轨制"（doppio binariao），即除了刑罚以外还辅之以保安处分。前者适用于应负刑事责任的犯罪人，后者适用于有危险的犯罪人（或主体）。在这种制度中，刑罚是一种带威慑性的痛苦的制裁，目的在于镇压已实施的犯罪；保安处分则是一种预防性的制裁，目的在于防止将来实施其他犯罪。根据上述理由，刑罚的期限必须有量的规定，在执行中不得超出，而保安处分的适用则只规定最低期限，其实际执行的时间是不确定的，因为它的期限长短取决于主体的危险性是否消失。

[1] 原文"le misure di sicurezza"，直译为"安全措施"。

刑法典中规定保安处分是刑事实证主义学派影响的反映，该学派主张在刑法中用"危险性"来取代"责任"的概念，并按社会防卫的观念将刑事制裁制度变为预防犯罪的体系。

1930 年刑法典是调和（强调个人责任与报应刑的）刑事古典学派与实证学派主张的结果，然而这种调和却有浓厚的专制主义色彩。这种专制主义色彩首先表现为，刑罚和保安处分不仅具有可选择性（即对应负责任的犯罪人适用刑罚，对有危险性的犯罪人处以保安处分），同时也是具有可相加性（即对被认为既有责任也有危险的犯罪人，同时适用刑罚和保安处分）。除此之外，根据洛克法典最初的规定，保安处分的适用有很大一部分不是以已经证实的具体的危险性为根据，而是按照所谓"推定的危险性"，将这种措施的适用变为一种自动和必然的过程。于是，这种措施的实质功能就由预防蜕变为镇压：对那些被推定具有社会危险的应负责任的犯罪人来说，保安处分实际上是一种无限增大的制裁负担；对那些不应负责任但被推定有危险的犯罪人而言，保安处分无异于一种反常的刑罚的代用品。

在促使保安处分大量适用的推定的危险性被废除后（参见本节3），由于司法实践中没有适当的手段来判断危险性是否存在，这种措施的适用陷入了明显的危机。当然，这种危机的产生还有更深刻的原因：根据共和国宪法，刑罚不再只具有镇压的功能，其本质上也应服务于特殊预防的目的，那种将让刑罚和保安处分分别发挥报应—镇压功能和特殊预防功能的做法，在今天已无立足之地。

保安处分在刑法典第一编第五章中被定义为"行政性"措施，因为1930年刑法典的立法者认为其主要是属于预防警察的管理范围，不是司法措施（尽管这种措施基本上由司法机关在适用）。但现在的理论认为，保安处分无疑是真正的"刑事制裁"措施，属于刑法调整的领域。保安处分可分为对人的保安处分和对财产的保安处分两大类，其中对人的保安处分又可以分为监禁性的保安处分和非监禁性的保安处分两种情况。

由专门法律调整的"预防措施"（le misure di prevenzione）才是真正的行政处分，它们不以实施犯罪为适用的前提，适用的对象是某些特定的对公共安全具有危险性的主体（参见本节7）。

2. 刑法和保安处分

不论是法律渊源还是规范的内容，有关保安处分的规定也应适用罪刑法定原则。宪法第25条第3款规定，"如果不属于法律规定的情况，对任何人不得适用保安处分"；此外，刑法典第199条也明确规定，"对任何人不得适用非本法明文规定的保安处分，也不得在本法规定的情况以外适用保安处分"。宪法第25条没有规定有关保安处分的法律不得具

第9章 犯罪的法律后果

有溯及既往的效力,刑法典第200条第1款也仅限于规定"保安处分由适用时的法律调整"。但是,必须指出的,保安处分只适用于实施了法律规定为犯罪的行为,或由法律规定的特定行为[即所谓的"准犯罪"（quasi-reato）；刑法典第202条第2款]的行为人。如果属于第一种情况,保安处分显然不能适用于行为时没有被规定为犯罪的行为；如果属于第二种情况,通行观点认为应同样适用上述原则,即不允许对行为时没有被法律规定为"准犯罪"的行为适用保安处分。有人认为宪法第25条第2款对个人自由的保障只严格地限于刑罚领域,对类似的制裁措施没有约束力。但如果此说成立,无疑是为"道德欺骗"开了绿灯（为了溯及处罚任何行为,只需在事后将这种行为规定为"准犯罪",然后重重地处以监禁性保安处分就行了）。相反的情况是,对一个行为时被规定为犯罪或准犯罪的行为,似乎没有不适用保安处分的理由,即使行为时没有适用保安处分的规定。不过,对这种情况,人们的认识也不尽相同。

3.1 适用保安处分的前提条件

适用保安处分,必须具备两个前提条件：客观条件和主观条件。适用保安处分的客观条件是实施了犯罪或"准犯罪"。这里所指的犯罪与行为人刑事责任能力无关,因为对无刑事责任能力的人同样可以适用保安处分。所谓"准犯罪"是指刑法典第49条第2款到第4款和刑法典第115条规定的情况（参见第七章第三节10和第四节2）。

适用保安处分的主观条件（刑法典第236条规定的没收财产除外）是指主体的社会危险性,或者说主体再犯新罪的或然性。主体是否具备社会危险主要"根据刑法典第133条规定的情节",特别是其中决定主体犯罪能力的因素"来认定"。前面已讲过（参见本节1）,刑法典最初将危险性分为"应具体确认的危险性"与"根据法律推定的危险性"两种。如果属于后一种情况,只要具备某些法律认为是危险性象征的某些因素,就必须适用保安处分,不允许提出相反的证据。例如,如果一个不应负刑事责任的精神病人,实施了应处无期徒刑的犯罪,就必须在司

—387

法精神病院关押至少 10 年；如果实施了应处 10 年以上有期徒刑的犯罪，就必须关押至少 5 年（刑法典第 222 条）。[1]精神病和犯罪严重性相结合，就是推定危险性的依据。这种推定危险性机制的泛滥，终于使确认具体危险性的规定不再是规则（按刑法典第 203、204 条规定本应如此），而是纯粹的例外。于是，这种措施常常被适用于没有具体危险的主体，完全扭曲了这种措施本应有的功能。人们曾多次从宪法角度提出推定危险性的合法性问题，却收效甚微。但在 1986 年，人们终于看到了（泛泛规定法律推定危险性的）刑法典第 204 条为当年第 663 号法律第 31 条第 1 款规定所废除，该条第 2 款同时还规定，"所有对人的保安处分都只能适用于行为人的社会危险性已经确认的场合"。这一规定显然符合特殊预防的需要（对危险性未经具体证实的人采取预防措施就没有任何意义），然而却产生了在司法实践中没有适当手段来确认危险性的问题。因为刑法典第 220 条第 2 款规定，"除了因执行（注意这里说的是执行，而不是裁定）刑罚或保安处分的目的外"，不允许"就犯罪的习惯性、职业性、犯罪倾向、犯罪者的人格特征以及非精神病的心理品质"进行鉴定。只有在被告是无刑事责任能力（或部分刑事责任能力）的精神病人时，才允许法官在命令进行刑事责任能力鉴定的同时，进行行为人危险性的鉴定。除这种情况外，法官只能用一般的诉讼结果来进行危险性判断。由于这种判断的不可靠性，实际上不可能在司法阶段来确认犯罪人的社会危险性。在这种情况下，保安处分的适用就必然会受到抑制。

[1] 意大利宪法法院 2003 年 7 月 2 日到 7 月 18 日第 253 号判决宣布，该条中规定不允许法官对司法精神病院的收容者根据他的社会危险性状态采取法律规定的更有利于其精神治疗的其他替代性保安处分措施的内容违宪。

3.2 保安处分的适用对象[1]

按刑法典规定，保安处分的适用对象包括三种具有危险的犯罪人：惯犯、职业犯和有犯罪倾向者。

第 9 章　犯罪的法律后果

　　［1］原文"i tipi normativi di deliquenti pericolosi"，直译为"具有危险的犯罪人的法定类型"。

　　具有"犯罪习惯"（l'abitualita`criminosa），是"惯犯"（il delinquente abituale）的特点。这意味着犯罪人犯罪已成习性，将来很可能再重复犯罪。惯犯可以按照法律的规定来推定（根据刑法典第 102 条规定的条件，被判的刑期、犯罪的数量及数罪间的时间间隔），也可以由法官根据案件的具体情况来认定：如果是重罪惯犯，则要求具备刑法典第 103 条规定的前提[2]；如果是轻罪惯犯，则要求具备刑法典第 104 条规定的前提。[3] 在认定惯犯时，法官必须考虑"数罪的性质和严重性、犯罪的时间、犯罪人平时的行为和生活方式"以及其他影响犯罪能力的因素后，才能得出"犯罪人已沉溺于犯罪"的结论。

　　［2］即在因两个非过失重罪被判刑后，又犯新的非过失性犯罪。

　　［3］即在因三个同类型的轻罪被判拘役后，又犯新的同样的轻罪。

　　"职业犯"（il delinquente professionale）是指不仅符合惯犯条件，而且根据"犯罪的性质、犯罪人的行为和生活方式"以及刑法典第 133 条第 2 款规定的情节，确实是"习惯性地，并且部分纯粹地，依靠犯罪所得生活"的犯罪人。犯罪人是否是职业犯，由法官根据上述规定来认定。

　　"有犯罪倾向者"（deliquente per tendenza），既不是累犯，也不是惯犯和职业犯。其构成条件是，实施了"侵犯他人生命、健康的非过失性犯罪"，且"（犯罪）本身或结合刑法典第 133 条第 1 款的规定，表明犯罪人因性格特别恶劣而具有犯罪倾向"。但这种犯罪倾向不能是由行为人的精神病所造成的。有关有犯罪倾向者的规定，不仅从犯罪学的角度看不受欢迎，在实践中也从未被适用过。

　　根据刑法典第 109 条第 1 款的规定，被宣布为惯犯、职业犯或有犯罪倾向者的人必须适用保安处分，在符合累犯的情况下要加重刑罚处罚[4]，同时还产生"法律规定的其他后果"（如刑法典第 151 条，第

389

162—2条规定的后果[5]）。根据1986年663号法律第31条第2款规定，即使对惯犯、职业犯或有犯罪倾向者适用保安处分，也必须事先进行危险性的司法鉴定。不过，法官在根据案件具体情况确认为惯犯和职业犯时，本身就包含着对危险性的认定。因为这种认定是以犯罪人"沉溺于"犯罪或以犯罪所得为生活来源的具体评价为基础的。但是，有关法律推定的惯犯和有犯罪倾向者的规定，今天已无实际意义。

[4] 根据刑法典第107条和第108条第1款，没有犯罪前科的人也可能被宣告为惯犯、职业犯或倾向犯。

[5] 第151条第5款规定对累犯、惯犯、职业犯和倾向犯不得大赦。第162—2条第3款规定在宣判前缴钱结案的方式不适用于累犯、职业犯。

4. 保安处分的适用、执行和撤销

一般来说，保安处分在有罪或无罪判决中适用（刑法典第205条第1款），在某些情况下也可以由监督法官在此以后适用（刑法典第205条第2款、刑事诉讼法典第679条）。如果符合刑法典第206条的规定，保安处分还可以按刑事诉讼法典第313条规定的方式，在判决生效以前适用。

保安处分总是在执行实际判处的刑罚之前，由专门的机构执行，有时也在其他机构的专门部门执行。根据刑法典第213条第3款，保安处分的执行必须"根据受处分人的犯罪倾向、习惯和一般危险的情况，规定专门的教育、治疗和劳动制度"。总的说来，除某些特点外，保安处分和刑罚的执行都应追求相同的目标并遵循共同的基本原则，特别是个别化原则。法律规定，不遵守监禁性保安处分的规定不会被视为"脱逃"；但除收容于司法精神病院的以外，受处分人逃避保安处分的执行，要重新开始计算执行的最低期限（刑法典第214条）。这样规定的理由是：为保安处分不是对受处分人一种痛苦或处罚，而只是一种特殊预防措施，因此，受处分人的脱逃只能被认为是受处分人危险性依然存在的一种证明。

第 9 章　犯罪的法律后果

只有在受处分人"不再具有社会危险"时，保安处分才能撤销。保安处分的撤销分两种情况：（1）在保安处分的最低限度已经执行后，监督法官有义务对受处分人的社会危险性进行重新确认。如果受处分人不再具有危险，则撤销处分；相反，则重新确定一个新的考验期。但是，如果有充分理由认为受处分人的危险性已经消失，也可以不再进行确认。（2）在最低期限执行完毕前，也可以对受处分人的危险性进行再确认。有关提前撤销保安处分的法律规定现已几经更改：最初只有司法部长才有权提前撤销保安处分（刑法典第 207 条），但该规定被（宪法法院 1974 年第 114 号判决）宣布为违宪；于是该权力就由监督法官来行使；后来又规定提前撤销保安处分应由上诉法院的监督庭，即现在的监督法庭决定；现在这个权力又回到了监督法官手中。

5. 对人的保安处分

对人的保安处分有监禁性和非监禁性两类，其中的监禁处分包括：

（1）**农业劳动营**（la colonia agricola）**和劳动所**（la casa di lavoro）这些是为惯犯、职业犯、有犯罪倾向者以及具有其他特殊情况的人而设立的机关。[1] 在这些机关执行保安处分的最低期限，按刑法典第 217 条的规定确定。[2]

　　[1] 如刑法典第 226 条第 3 款规定的在司法感化院的未成年人在满 21 岁后应转入农业劳动营或劳动所；第 231 条第 2 款规定严重违反保护管束规定的人可撤销保护管束，送入农业劳动营和劳动所。

　　[2] 即一般情况最低期限为 1 年，惯犯为 2 年，职业犯为 3 年，有犯罪倾向者为 4 年。

（2）**治疗或监护所**（la casa di cura o di custodia）　这是适用于具有限制刑事责任能力或习惯性酗酒的人的保安处分，在这些机关执行保安处分的最低期限视具体情况而定（刑法典第 219 条至第 221 条）。

（3）**司法精神病院**（l'ospedale psichiatrico giudiziario）　这是为因心理性精神病、聋哑、酒精或麻醉品病慢性中毒等原因而免罪的人所设

—391

立的机关（刑法典第222条[3]）。根据通行的理解，这里的"心理性精神病"（infermita`psichica）不能等同于刑法典第88条规定的"精神病"（infernita`di mente）。由于它不包括一些因生理异常而引起的精神病，所以范围比后者要更窄一些。在司法精神病院执行保安处分的最低期限，根据所犯罪的法定刑来决定。[4]

[3] 意大利宪法法院2003年7月2日到7月18日第253号判决宣布刑法典第222条部分违宪。

[4] 根据意大利刑法典第222条的规定，除所犯之罪为轻罪、过失性重罪、法定刑为财产刑或2年以下有期徒刑的重罪以外，一般为2年以上；若所犯之罪法定刑为［死刑或］无期徒刑或10年以上有期徒刑的，则为10年以上。

（4）**司法感化院**（il riformatorio giudiziario） 这是收容未达到刑事责任年龄（有时也收容达到刑事责任年龄）的未成年人的机关。收容于司法感化院的最低期限有时取决于犯罪的法定刑（刑法典第224条[5]），有时取决于主体的犯罪倾向（刑法典第226条[6]）。

[5] 该条规定，在所犯之非过失罪法定刑为［死刑］无期徒刑或3年以上有期徒刑时，最低收容期限为3年以上。

[6] 该条规定，在未满18岁的人为惯犯、职业犯、有犯罪倾向者时，最低收容期限为3年以上。

对人的非监禁性保安处分有以下几种：

（1）**保护管束**（la liberta`vigilata） 这种措施的特点是由法官确定一系列"避免新罪机会"的规定，然后将受处分人交公共安全机关管束（刑法典第228条）。保护管束根据犯罪的严重性适用，同时也适用于"准犯罪"和一些法律有专门规定的情况。

（2）**禁止在某个（某些）市（乡、镇）或某个（某些）省内居留** 适用于刑法典第233条规定的情况。[7]

[7] 该条规定，犯危害国家安全罪、破坏公共秩序罪或与特定地方的社会道德条件有密切联系的犯罪的人为该措施的适用对象，

最低执行期限为1年。

（3）**禁止出入酒店**　适用于刑法典第234条规定的情况。[8]

　　[8] 该条规定，该措施的适用对象为习惯性酗酒者或在习惯性醉酒状态下实施犯罪的人；最低期限为1年。

（4）**对外国人的驱逐出境**　适用于犯罪到达一定严重性或犯危害国家安全罪的人（刑法典第312条）。注意不要将这种措施与作为执行监禁刑的替代措施的驱逐出境相混淆。

6. 对财产的保安处分

对财产的保安处分包括：

（1）**良好行为保证金**（la cauzione di buona condotta）　这种措施是要求受处分人向罚款金库提供一定数额的保证金，或者提供抵押，或者连带担保，时间为1年以上5年以下。根据法律规定，这种措施只适用于极其有限的场合，而实践中则基本被废弃。如果受处分人没有犯重罪或应处拘役的轻罪，保证金原额退还（或撤销担保）；如果相反，保证金则收归罚款金库。

（2）**没收**（la confisca）　其特点是将某些与实施犯罪有关的物品收归国有。由于适用这种措施的根据不是主体的危险性，所以理论界对这种措施的性质有不同的认识：有一部分人认为，这种措施实际上是一种附加刑，或者说是一种一般的刑事制裁。可作为没收对象的物品包括"用于或准备用于实施犯罪的物品，或因犯罪所得的物品"。这里的"犯罪所得"指的是通过犯罪而得到经济上的利益，如贩卖赃物所得的钱财等。对犯罪所得和"因制造、使用、持有、转让而构成犯罪的物品"应予没收。但是，如果用于犯罪或犯罪所得的物品属于与犯罪无关的人所有，则不得没收；如果因制造、使用、持有、转让而构成犯罪的物品，属于经"行政当局批准"非犯罪人所有的，也不属于没收范畴。

7. 预防性措施

"预防性措施"（le misure di prevenzione），适用于尚未实施犯罪或者曾经实施过犯罪，但对公共安全有危险的人。尽管这也是一种限制人身自由的措施，但从严格意义上说，它并不属于刑法的范畴。为了防止公共安全机关的专权，保证对这种措施适用的司法控制，这种措施的适用现在由1956年1423号法律调整。该法律后来屡经修改，1965年575号法律又专门规定了适用于黑手党分子的预防性措施，1990年、1992年和1993年的法律对后者也进行了不少的补充和修改。

预防性措施的适用对象是那些（"根据事实因素认定的"）沉溺于犯罪习惯，习惯以犯罪所得为生活来源，或沉溺于实施"危害未成年人身心，公共健康、安全、秩序"等犯罪的嫌疑人。有段时间，这种处分曾经也可以适用于某些越轨，但并非犯罪行为的主体（如有劳动力却游手好闲、到处流浪的人）。但是在今天，主体的行为具有明显的犯罪嫌疑也是适用这种预防措施的必要前提。在一般情况下，先由警察局长对有犯罪嫌疑的人以口头警告，告诫其与法律保持一致。如果口头警告无效且行为人已形成对公共安全的危险，则根据警察局长的申请，由法庭决定适用"特殊的安全监督"措施，并确定适当的特殊预防规定。在采取上述特殊监督措施时，可以同时适用禁止在户籍地、习惯居留地以外的某个或某些地区停留的处分。不遵守特殊安全监督措施的规定，按1956年1423号法律第9条和第12条[1]处罚。除口头警告外，警察局长还有权对行为具有威胁公共安全嫌疑的人发布"强制离开令"（il foglio di via obbiligatorio），命令上述嫌疑人非经许可，或在某段时间（最高不超过3年）内，不得重新进入某些地区。

[1] 上述条文规定，不遵守特殊安全监督规定的义务，视不同情况，可处以3个月至1年的拘役，或1年至5年的有期徒刑。

对"涉嫌参加黑手党及类似组织的人"适用的预防性措施非常严厉。"特殊安全监督"可在没有警察局长"口头警告"的情况下，由检察官提出。如果上述嫌疑人有财产、收入与申报的财产或进行的经济活动明显不符，或者有明显的理由认为是犯罪所得或可能会再次用于犯罪的情况下，还可以采取对财产的预防性措施（搜查和没收）。

尽管从实践的角度看，预防性措施是同有组织的犯罪进行斗争的有力手段，但对其是否符合宪法却有不同看法。有人认为，这种措施即使符合宪法第 3 条的规定（即任何限制人身自由的措施都必须严格按法律规定由司法机关适用），也有悖于宪法第 13 条的精神（因为该条要求限制人身自由只能在可满足教育需要的程序中采用）。另一些人认为，宪法第 25 条第 3 款的规定是该措施的依据（因为预防性措施可视为一种特殊的保安处分）；但持异议者认为，宪法第 25 条第 3 款只与刑法典规定的，适用于犯罪以后的保安处分有关。宪法法院一贯坚持认为，这种措施原则上是合法的，因为"在任何国家中，为预防犯罪和社会安全而采取镇压措施，是一种根本的需要和原则"（宪法法院 1964 年第 68 号判决）。

第三节　可罚性

1. 可罚性的概念和意义

"可罚性"（la punibilita`），用 A. Pagliaro 的话来说，就是指"实施犯罪后应该受到刑罚（处罚的状态）"，或者说是某种联系犯罪及其法律后果的"桥梁"（这种后果也可能表现为保安处分），它相当于民法中的法律行为或法律事实的效力（l'efficacia）。犯罪这种特殊的违法行为所具有的那种产生法律规定的法律后果的"能力"（l'attitudine），就是它的"可罚性"。从根本上来说，从犯罪过渡到适用相应的法律制裁，是出于一般预防的需要，因为这实际上是为了实现法定刑的威慑效力，避免使其成为纯粹的摆设。就这一意义而言，这种过渡应该总是必然的，不可避免的。但在现实中，这种过渡可能因一系列的原因而"中断"：有时可能是出于从一般预防的角度看已无处罚的必要（典型的如刑法关于时效的规定）；有时又可能是出于相反的考虑，认为不宜适用法定的刑罚（如可以适用缓刑的情况）。

因此，可罚性的存在要受到一系列独立于犯罪的因素的限制，并因其中某些因素而有不同的实现条件（可罚性的客观条件），或因存在特定情况而被排除(排除可罚性的原因),或因某些行为或事实的存在而消除(消除犯罪和刑罚的原因)。

2. 可罚性的客观条件

从历史的角度看,"可罚性的客观条件"(le condizioni obiettive di punibilita`)源于 ancien re`gime(古代)法官或主权者的刑事裁量权:古代的刑法制度允许法官或主权者根据犯罪人的主观条件(如是否为贵族、僧侣),或特定的情节,或政治需要等情况,来决定是否对其适用刑罚。在启蒙运动之后,由于罪刑法定原则、法律面前人人平等原则以及刑事诉讼强制性原则的确立,已不允许上述情况存在。但是,某些犯罪是否应该受到处罚,的确必须考虑它们客观方面的某些特定条件。于是,法律就规定某种特定结果的存在,是这些犯罪具有可罚性的必要条件。例如,乱伦罪的可罚性就取决于这种行为是否"以造成了公开丑闻的方式"实施(刑法典第 564 条第 1 款)。这种结果虽与乱伦罪本身的危害无关(乱伦罪的危害在于对家庭关系的破坏),但却是国家之所以要处罚乱伦罪的原因。如果不会造成公开的丑闻,乱伦行为的负面影响就只限于很小的范围,而不会向社会扩散。在没有造成公开丑闻的情况下处罚乱伦行为,就会起到向社会扩散这种行为的负面效应的作用。轻罪酗酒行为也属于这种情况,其可罚性取决于是否"在公共场所或公众可见的地方",因"明显醉酒状态而被抓住",即取决于其是否在酗酒状态中被当场抓住。酗酒者是否被当场抓住并不是酗酒的危害所在,但却是可罚性存在的条件,因为只有酗酒被当局立即获知,才是法律惩罚这种行为的理由(酗酒一般都具有"扰乱秩序"的性质,因而会引起当局干预)。就现象而言,可罚性的客观条件可以是性质不同的行为或事实,但这些行为或事实与行为人的行为之间或多或少都具有某种因果联系。例如,宣布破产的判决,是很多破产犯罪的可罚性条件(尽管司法实践不同意这种看法);而是否造成"损害"后果,是泄露秘密文件内容行为的可罚性条件。

根据刑法典第 44 条有关客观可罚性条件的原则规定,"在法律规定

第 9 章 犯罪的法律后果

犯罪的可罚性要求某种条件时，即使促使这种可罚性发生的结果不是出于行为人的意愿，犯罪人仍应对犯罪承担责任"。这是一种"客观归罪"（imputazione obiettiva），但不应被认为是一种属于"客观责任"（responsabilità obiettiva）情况（参见第七章第五节）。因为这里作为处罚条件的结果并不是表明犯罪危害性的因素，不属于犯罪故意认识的内容（参见第七章第三节 2）。事实上，对于这种"客观归罪"的行为，立法者一般都可以将可罚性的客观条件抛在一边，并规定不具备这种条件的也应承担刑事责任，以避免刑事责任与主观罪过的分离。因此，行为可罚性的实现需要客观条件，意味着行为本身就"应该受到刑罚处罚"，只是出于适当性的考虑，法律才将某种特定结果作为行为"必须受到惩罚"的条件。这当然是一种有利于犯罪人的立法规定，因为他只要能避免那种"必须受惩罚"的条件出现，他就可以实施犯罪而不受惩罚。

如何在实践中认定可罚性的客观条件，是一个非常棘手的问题。因为立法中有许多假设性的表述（如刑法典第 571 条中的"如果因行为而产生……"第 433 条中的"当行为产生……时"），似乎都应该理解为对客观可罚性条件的规定。但这种望文生义式的理解却行不通，这不仅因为有的法律条文（如有关乱伦罪和公开酗酒罪的规定）中没有这种表述方式，同时也因为，正如我们马上就会看到的那样，即使使用这种表述方式的法律规定，也不能一概理解为对可罚性客观条件的规定。因此，对这类规定应采用"目的论的方法"（un criterio teleologico）来进行具体情况具体分析：只有与犯罪危害本身存在无关的结果，才能作为认定可罚性客观条件的事实。根据这种标准，对以自己财产为纵火对象的行为来说，刑法典第 423 条中规定的"对公共安全的危险"，就不是可罚性的客观条件，尽管该条文也采用了假设式的表述方式。因为，如果没有这种危险存在，物主烧毁自己东西的行为就是一种可以自由行使的权利，而不是犯罪，其本身不具有任何危害。另一方面，可罚性的客观条件在很多情况下又表现为犯罪典型危害性发展的新阶段或加重方式。属于这类情况的可罚性客观条件又被称为"内在"条件（与此相应的，是那些与犯罪的危害本质没有内在联系的"外部"条件）。例如，滥用教育手段只有在"如果行为有致身体或精神疾病危险"的情况下,才是可罚的行为(刑法典第571条),这里的"危险"就是滥用教育手段行为固有危害发展一个新阶段。在这类情况中,可罚性的客观条件就应该是危害结果的发展进入了新的阶段:就法律本身保护的利益而言,这种危害结果应该是作为构成要件的结果(因为它同样侵犯了法律条文所保护的利益);但由于这种结果的存在同时又意味着行为还侵害了其他利益,该结果又可以视为纯粹作为条件的结果。以刑法典571条的规定为例,法律保护的利益本来是家庭关系,但作为可罚性条件的结果意味着行为侵害了受教育人的健康。刑法典第622条第1款的规定同样属于这种情况,该条提到的造成"损害"的可能性,同样意味着泄露职业秘密行为除侵犯了法条所保护的社会关系外,还侵害了其他的社会关系。[1]

[1] 按意大利刑法典规定,泄露职业秘密行为所侵害的社会关系是个人自由中的隐私权(个人不可侵犯的秘密)。

可罚性的客观条件有别于"诉讼条件"(le condizioni di procedibilità)(如刑事诉讼法典第336等条规定的自诉、被害人的请求、司法部长的要求、起诉授权等)。后者直接与刑事诉讼程序有关,缺乏这些条件不是排除行为的可罚性,而是阻却诉讼的进行。

因此,可罚性的客观条件是一个实体性的法律规定(法官据此宣布犯罪行为不具有可罚性,并因此而产生该案不得再行审理的效果),而诉讼条件纯粹只具有程序上的意义(法官据此宣布不进行审理,但此决定并不排除以后具备诉讼条件时,可重新对该案作出判决)。从实体法的角度看,正确地区分可罚性的客观条件与诉讼条件,对犯罪的时效问题具有特殊的意义(参见本节5)。

"自诉",是被害人要求惩罚犯罪人的意思表示。法律将自诉规定为诉讼条件的情况有:(1)危害不大的重罪,而且这类犯罪所造成的损害在很大程度上取决于被害人本身的感受(如刑法典第571条第1款规定的侮辱、诽谤罪);(2)如果提起公诉,则可能被视为 *strepitus fori*[2],即可能对被害人造成特殊的损害的犯罪(如刑法典第542条[3]对各种侵犯性自由罪的规定)。刑事诉讼法典第120条、第336等条对自诉权的行使、效力、放弃有明确的规定。

[2] 拉丁文，直译为"愚蠢的法庭"。

[3] 1996年第1号法律废除了该条的规定，现意大利刑法典第609—7条只规定各种形式的强奸罪、对未成年人的性犯罪为自诉罪。

以被害人请求和司法部长要求作为诉讼条件的，除在国外实施的犯罪外（参见第三章第一节3等），只有极少数（如刑法典第127条规定的情况[4]）。对于这些条件的法律规定，多与自诉的规定相似（刑事诉讼法典第128条、第341等条）。

[4] 即按意大利刑法典规定本应为自诉罪，但被害人为共和国总统的案件。

3. 排除可罚性的原因

"排除可罚性的原因"（le cause di non punibilita[1]），在理论上是一个极有争议的问题。一般来说，这类原因包括那些具备全部犯罪构成要件，但法律认为不宜适用刑罚（和保安处分）的情况。值得指出的是：当法律用"不罚"[2]（如刑法典第384条第1款），或"排除可罚性（la punibilita'e'esclusa...[3]）"（如刑法典第530条第3款）等表述方式来规定这类原因时，要特别注意正确理解法律规定的含义。事实上，这种方式并不严格符合法律语言的要求。因为法律在规定正当化理由和可宽恕理由时，毫无例外地一律使用了同样的表述方式。

[1] 原文"le cause di non punibilita"，直译为"不可罚的原因"。

[2] 原文"non e` punibile"，直译为"不是可罚的"。

[3] "la punibilita` e` esclusa..."，这一表述的直译才是"排除可罚性"。

然而，在很多情况下，法律运用上述表述方式，无疑是专指排除行为的可罚性。这些情况中，除极少数与犯罪实施有密切内在联系（事前的排除可罚性原因）外；多数都是指犯罪实施以后的情况（事后的排除可罚性的原因)。在"事前的（antecedenti）排除可罚性原因"中，值得一提的是刑法典第 649 条第 1 款的规定。[4]该款规定，侵犯未分居的配偶和某些亲属的某些财产性犯罪，不具有可罚性[但理论界有人认为，这种情况不是排除刑罚（即"不罚"），而是排除犯罪因为刑法典第 649 条第 1 款规定，上述人被宣布不罚的原因是他们不具备犯罪主体的资格，因而行为不构成犯罪]。在"事后的（sopravvenute）排除可罚性原因"中，最典型的是那些犯罪人所采取的有助于抵消危害结果的行为：如在法庭辩论开始前撤回诬告或虚假证明、鉴定、翻译（刑法典第 376 条[5]）；将因自己的过失而脱逃的犯罪人捉拿归案（刑法典第 378 条第 2 款）；在有关当局发觉前，主动阻止伪造、变造、非法制造和流通货币、有价证券、印花（刑法典第 463 条）；在当局命令解散前主动退出聚众暴乱（刑法典第 655 条第 3 款）。这些规定与刑法典第 56 条第 4 款有关主动防止犯罪结果发生的规定非常相似（参见第七章第三节 9），都具有"奖励性"。刑法之所以要采取这类规定，根本原因在于刑法是保护法益的工具，允许在事后消除犯罪造成的危害后果或防止造成进一步的危害，实际上就是对法益的保护。如果事后行为只是部分恢复了犯罪对法律保护利益所造成的损害，该行为就不是排除可罚性的原因，而应该属于刑法典第 62 条第 6 项所规定的减轻情节的范畴（参见第八章第二节 7），如刑法典第 525 条[6]或刑法典第 585 条第 4 款的规定。[7]在具备排除可罚性条件的情况下，法律认为，尽管稍迟了点，刑罚的威慑已经达到了它最初的目的，因而也就没必要再适用了（具备减轻情节时，则是法律认为没必要再适用原来的刑罚）。

[4] 该款规定，针对未合法分居的配偶、直系尊亲和卑亲、姻亲、养尊亲和卑亲、同居的兄弟姐妹实施的一般侵犯财产，不罚。

[5] 意大利宪法法院 1999 年第 101 号判决宣布刑法典第 376 条第 1 款违宪。

[6] 意大利刑法典第 525 条原规定犯各种诱拐罪，在宣告前主动将未加猥亵的被诱拐人送还原处，或置于安全的地方，应减轻处罚。1996 年 2 月 15 日第 66 号法律在废除刑法典第二编第九章第一

第9章　犯罪的法律后果

节时，也废除了属于该节的第525条。

[7] 原文此处有误，意大利刑法典第585条没有第4款。

这些（实际消除或减少犯罪危害的）情况属于"真正的"改悔，不应该将其混同于对各种"程序性合作"给予的"奖励措施"。有关反恐怖主义的紧急立法（特别是1979年第635号法律性法令、1982年第304号法律、1987年第34号法律），以及随后的反麻醉品交易立法（1990年第309号法律第73、74两条的第7款）与反有组织的犯罪的立法（后来转化为1991年第203号法律的1991年第152号法令第8条）均规定，为司法调查提供了有意义合作的人可大幅度地减刑或采取缓刑、假释等措施。在普通刑法中，对绑架勒赎行为也有类似的减轻规定（经1980年第894号法律修订后的刑法典第630条第5款）。从根本上说，这些规定实际上是等于承认，离开了有机会与当局进行"有赏交易"的犯罪人的合作，现行的法律制度的镇压功能，就不能满足一般预防的需要。同时，这种做法也是风险很大的，特别是由于这些"悔罪人"为了能够尽可能地从合作中得到最大的好处，完全可能提供一些虚假的陈述，而这些陈述在法官眼里又具有特殊的效力。

4. 消除犯罪与刑罚的一般规定

在"消除犯罪与刑罚的原因"（della estinzione del reato e della pena）这一标题下，1930年刑法典（第150条等）规定的实际上是各种消除可罚性的原因。1889年刑法典曾将现在的消除犯罪的原因称为消除刑事行为的原因，并将现在的消除刑罚的原因称为消除判决的原因，因此，只赋予这两种情况以程序的意义。实际上，今天仍有一部分人继续坚持这种观念，在某些排除犯罪的原因的适用并不需要事先查明行为人的刑事责任的情况下，更是如此（如对已过追诉时效的犯罪，只要不具备刑事诉讼法典第129条第2款规定的情况，在任何诉讼阶段的法官都必须根据刑事诉讼法典第129条第1款的规定，立即用判决形式进行宣布）。由于犯罪的消除必须以犯罪的实际存在为前提，适用那些不需要事先查明刑事责任的消除犯罪的原因，只会产生中止诉讼的结果。其实体方面的意义只能是"表面的",或者说只是对程序中止的一种反映。但这并不妨碍宣布消除犯罪的判决具有确定实体的意义,因为,这种判决在任何情况都会产生对同一主体的同一行为进行再审的可能性(刑事诉讼法典第 649 条)。

鉴于上述原因,首先应该注意的是,从语言学角度看,刑法典在这个问题上的所用的术语("犯罪的消除","刑罚的消除")并不是严格意义上的本义。因为作为一种违法事实,犯罪是不可能"消除"的(*factum infectum fieri nequi*)。真正能够消除的只是犯罪可能产生的后果,即它的可罚性(参见第三节 1)。就此意义而言,消除犯罪的原因只能是那些在有罪判决生效前发生的事实(即排除所谓"抽象的可罚性"的原因);而消除刑罚的原因则是指那些在有罪判决生效后发生的事实(即与"具体的可罚性"有关的原因)。但这也同样只能是一种大致且不准确的划分。因为,尽管消除刑罚(即消除有罪判决的某些法律后果)的原因,当然只能以生效的有罪判决的存在为前提,但消除犯罪(即消除犯罪的某些抽象的法律后果)的原因,却同样也可能产生于有罪判决之后。这样的例子如缓刑(参见第一节 5),司法宽恕(参见本节 5 和第一节 8),或刑法典第 556 条第 3 款[1]规定的情况。事实上,消除犯罪与消除刑罚的原因之间的区别在于,它们消除刑事法律后果的范围和程度,其中消除力最大的是那些能排除有罪判决的原因,在有罪判决生效后能消除犯罪的次之,最后是那些只能消除刑罚的原因。消除犯罪的原因的共同特点在于,它们能排除各类刑罚和保安处分的适用(刑法典第 201 条第 1 款);而消除刑罚的因素则视具体情况消除刑罚(主刑或附加刑),但却不一定作用于保安处分(刑法典第 210 条第 2、3 款)。

> [1] 该款规定,重婚前的婚姻或构成重婚的婚姻,因重婚以外的原因而被宣告无效,重婚罪即告消除,若已经判决则停止执行并消除相应的刑法后果。

有关消除犯罪和刑罚的法律规范(刑法典第 182 条等)都规定了它们适用范围的"主观性"(即只适用于具备这些条件的个人;刑法典第 182 条),并且在同时具备多个消除条件时,消除犯罪的原因(即使是事后发生的）要优于消除刑罚的原因。但是，消除犯罪的原因决不能消除与之密切相关但却实质不同的犯罪：首先，作为前提的犯罪被消除，其效力不能及于以之为前提的犯罪（如收买赃物罪并不因作为赃物来源的犯罪被消除而随之消除）；其次，在"牵连犯"（reato complesso）的情况下，作为某罪构成要件或加重情节的犯罪的消除，对牵连行为成立犯罪并无影响（刑法典第170条第2款；例如，盗窃罪的消除并不影响抢劫罪的成立[2]）；最后，在有牵连的各罪中，其中之一的消除，并不排除刑法典第61条第2项规定的因犯罪之间的牵连关系而加重的刑罚（刑法典第170条第3款）。除交付罚金和罚款外，消除犯罪和刑罚的原因并不排除因犯罪而产生的民事义务。在诉讼程序中，不论在诉讼的哪一阶段，排除犯罪和刑罚的原因都必须"立即宣布"（刑事诉讼法典第129条），即使对它们的存在尚有怀疑，也是如此（刑事诉讼法典第531条第2款）。

[2] 意大利刑法学界认为，抢劫罪是由拿取他人财物（即盗窃）和私人行使暴力两个因素构成（关于牵连犯的概念，参见本书第十章第三节1）。

5. 消除犯罪的具体原因[1]

刑法典第150条至第169条规定的消除犯罪的具体原因有：犯罪人在判罪前死亡、超过追诉时效、免罪性赦免、缓刑、撤回自诉、轻罪付罚金、司法宽恕。除此之外，刑法分则中还有一些消除犯罪的特别规定，如刑法典第556条第3款有关消除重婚罪的规定。

[1] 本标题原文"le singole cause estintive del reato"，直译为"单个的排除犯罪的原因"。

（1）**犯罪人在判罪前死亡**（刑法典第150条）　这是具有最大效力的消除犯罪的原因（mors omnia solvit）。根据个人责任原则，除归还或赔偿等（因犯罪而产生的）民事义务外，不容许以任何方式将刑事责任（包括偿付监狱费的民事义务[2]）"转移"给其他不是犯罪人的主体。

_403

[2] 本标题原文"le singole cause estintive del reato",直译为"单个的排除犯罪的原因"。

(2) **超过追诉时效** 追诉时效是指自犯罪完成,或(在犯罪未遂的情况下)犯罪行为的停止,或者犯罪的延续或持续状态的结束(如刑法典第158条第1款规定,在惯犯的情况下,即行为人实施最后一个符合惯犯条件的行为)的那一天起计算的一定时期。在犯罪的可罚性取决于一定的条件时,追诉时效应从该条件的实现时起算,但如果只涉及诉讼的条件,则应适用普通的规则(刑法典第158条第2款[3])。总的来说,追诉时效的长短是由法定犯罪的严重程度来决定,而具体犯罪的追诉时效,则是根据该罪法定最高刑,综合考虑法定的加重情节和减轻情节来决定的(刑法典第157条第1、2款);在犯罪情节有竞合的情况下,适用刑法典第69条确定的规则(刑法典第157条第3款:参见第八章第二节4)。由于刑法典第167条第3款的规定,追诉时效的期限常常由法官根据具体情况来决定。

[3] 该款规定如果犯罪的可罚性取决于一定条件时,追诉时效从该条件的实现之日起计算;如果是自诉或当事人请求,有关当局要求追诉的案件,追诉时效自犯罪之日起计算。

在符合刑法典第159条[4]规定的条件时,应暂时停止时效的计算。这实际上是根据 contra non valentem agere non currit praesptio[5] 的原则,对那些不可能立即进行审判的案件暂时停止追诉时效期间的计算;一旦暂停计算的条件消失,时效期间的计算就将继续进行;在这些条件出现前已经经过的期间和条件消失后的期间应合并计算。如果符合刑法典第160条[6]规定的条件,就应中断时效的计算。这些条件实际上都是国家行使惩罚权的形式,与镇压犯罪的公共利益相比,已经经过的时间已不再有意义,因此追诉时效的期间得重新计算。不过,在任何情况下追诉时效期间的延长都不得超过刑法典第157条规定的时间的一半(刑法典第157条第3款)。

[4] 该条规定,在法律规定刑事诉讼程序暂缓进行或防范性羁

第 9 章 犯罪的法律后果

押期间的计算得暂时中止的情况下,暂时停止追诉时效期间的计算。

[5] 原文为拉丁语,直译为"时效对无法行使权利的人(这里指司法机关无法进行追诉)无效"。

[6] 该条规定,追诉时效因有罪判决、处罚令、或司法机关采取了羁押、逮捕、传讯、询问等措施而中断。

不再具有一般预防的需要,是经过一定期限犯罪就不再追诉的根据:在经过一定的时间后,确定刑事责任就失去了应有的意义。正如 G. Crivellari 所言,"每过去一天,人们离遗忘就越接近了一天"。

(3) **免罪性赦免**(l'ammnistia) 免罪性赦免的法律依据是宪法第 79 条,1992 年第 1 号宪法性法律曾对该条进行了修改。免罪性赦免源于主权者的宽恕权(indulgenza principis),其在专制国家的作用是,确认作为最高正义实质上分配者的主权者不受司法约束。

根据修改前的宪法第 79 条,免罪性赦免[包括"免刑性赦免"(l'indulto)]根据参、众两院的授权以共和国总统令的形式颁布。在宪法修改前,为了通过减少诉讼程序中各种犯罪的悬案以解决司法与监狱机关的不足,常常(在很短的时间里)颁布多次这种赦免。就此意义而言,免罪性赦免只是一种功能障碍的表现,因为这种赦免的滥用会大大地削弱刑法的一般预防作用。除此之外,就其本性而言,免罪性赦免与平等原则也格格不入,因为它是造成实质不平等的源泉。免罪性赦免具有消除犯罪的效果,犯有同样罪行的人,只是因为在犯罪时间上有一点差别,就会受到不同对待。只有从刑事政策的角度考虑,才可能以宽大为由对这种不平等作出解释。从此出发,刑法学界认为以下情况是适用免罪性赦免的前提:第一,根据事后的判断,行为属于不具备社会危害性的特殊情况[即所谓的"正义的赦免"(c. d. amnistia di giustizia)];第二,作为实施新的刑法或刑事诉讼法必要的过渡性措施[即所谓的"工具性赦免"(c. d. amnistia strumentale)];第三,在一个社会斗争和冲突的时期刚结束时,作为缓解遗留问题的必要措施[即所谓的"和解性赦免"(c. d. amnistia pacificatrice)]。那些"庆典性的"(celebrative)

免罪性赦免（毫无意义地赦免那些最无资格享受庆典的人，无疑是头脑发昏的表现）、"党派性的"（partigiane）赦免（在政治和社会冲突中获胜的一方赦免支持自己的犯罪分子，本身就是一种真正的犯罪）或只是为了减少积案和减轻监狱等羁押场所人满为患等问题而颁布的免罪性赦免（政治上缺乏远见和蔑视正义的表现），则通通属于应取消之列。

修改后的宪法第 79 条，并没有明确规定免罪性赦免的实质条件。在修改宪法第 79 条时，1992 年第 1 号宪法性法律取消了经议会授权以总统令颁布免罪性赦免的形式，规定只有以法律的形式才能颁布免罪性赦免（包括免刑性赦免）。除此之外，决定进行免罪性赦免的法律还必须受到一个形式上的限制，即这种法律的"每一条和最终投票时，都必须分别得到参、众两院成员的三分之二的多数"批准。人们认为，这种（包括议会中少数派的）广泛多数，不仅能确保对免罪性赦免更严格的限制，还能使人们对这种赦免持更谨慎的态度。

根据法律规定的范围，对在一定期间内实施的某些犯罪，免罪性赦免有消除犯罪的效果。但对规定免罪性赦免的法律提案提出以后实施的犯罪，不能赦免（宪法第 79 条第 2、3 款）。

如果在终审判决前被赦免（即所谓的"真正的赦免"），犯罪的一切刑事法律后果也随之消失；但若是在有罪判决生效后才被赦免（即所谓的"非纯正赦免"），则只是"停止执行判决和附加刑"，而其他法律后果依然存在（如作为累犯的前提，不得缓刑的条件等）。免罪性赦免可以规定被赦免人必须履行的义务或遵守的条件（刑法典第 151 条第 4款；如履行因犯罪行为而产生的民事义务）。在这种情况下，免罪性赦免的适用就必须遵循刑事诉讼法典第 672 条第 5 款的规定。除法律有特殊规定外，免罪性赦免不得适用于严重的累犯、惯犯、职业犯以及倾向犯（刑法典第 151 条第 5 款）。根据宪法法院 1975 年第 175 号判决，被赦免的人有权放弃赦免（如为了通过诉讼来证明自己的清白）。

（4）**缓刑** 缓刑消除犯罪的情况较为复杂，它根据刑法典第 163 条和第 164 条的规定在审判阶段适用，被宣告人较好地经过考验期后，即产生消除犯罪的效果。在有关量刑的章节中，已经对这种制度作过分

第 9 章 犯罪的法律后果

析。这里需要强调的只是,缓刑只有消除主刑和附加刑的作用(刑法典第 167 条第 2 款),并不能消除刑事判决的其他法律后果。

(5) **撤回自诉** 这种消除犯罪的原因显然只适用于告诉才处理的犯罪(刑法典第 152 条第 1 款),法律规定不得撤销的自诉罪不在此限(如刑法典第 542 条第 2 款[7]规定的情况)。撤回自诉是一种与告诉(即要求惩罚犯罪人)相反的意思表示,它可以通过诉讼程序提出,也可以通过非诉讼撤回。在后一种情况下自诉可以用明示,也可以用默示的方式撤回:只要自诉人实施了与告诉相反的行为(如公开地与犯罪人和解),自诉即告撤销(刑法典第 152 条第 2 款)。如果有几个自诉人,其中一个人的撤诉行为无效(刑法典第 154 条第 1 款)。除法律另有规定外,撤诉行为只能在终审判决前进行,并且只有为被告人所接受的情况下才有效(刑法典第 152 条第 3 款)。撤诉不能附加任何条件和义务(刑法典第 152 条第 4 款)。

[7] 该条已为 1996 年第 66 号法律所废除,主要内容为现第 609—6 条。原该条第 2 款规定(为对于侵犯贞操和性名誉的犯罪)而提出的自诉,不可撤回。

(6) **轻罪中的"捐赠"**(l'oblazione nelle contravvezioni) 这种消除犯罪的原因只适用于法定刑为罚款(刑法典第 162 条)或为拘役但可选择罚款的轻罪(根据 1981 年第 689 号法律新增的刑法典第 162—2 条[8])。它要求符合一定条件的被告人,根据法律规定的最高罚款额交付一定金钱,具体说来有两种不同的形式。对于以罚款为唯一法定刑的轻罪,要求交付一定金钱以求免罪是公法规定的权利。只要被告人在庭审开始前或处罚令决定前,交付一笔相当于法定罚款最高额的 1/3 的金钱,并承担相应的诉讼费用,被告人所犯的轻罪就 *ipso iure*[9] 消除。如果轻罪的法定刑不仅是罚款,通过"捐赠"免罪的就必须受如下限制:就主体而言,申请人不能是累犯、惯犯、职业犯(刑法典第 162—2 条第 3 款);就客观方面而言,如果由犯罪所造成,但犯罪人可以排除的危害或危险依然存在,也不能以这种方式来免罪(刑法典第 162—2 条第 3 款)。即使不存在上述限制条件,法官也有权"根据犯罪的严重程度"来决定是否适用这种措施（刑法典第162—2条第4款）。由法官来决定是否适用这种措施的情况，还包括一些以罚款为唯一法定刑的轻罪，即那些有关婴幼儿食品、糖尿病产品、大气污染、和平利用核能、生产安全卫生方面的轻罪（1981年第689号法律第127条）。

[8] 2000年5月6日第144号法律废除了刑法典第162—2条第6款。

[9] 拉丁语意为"依法"。

在很多特别法中都规定了"捐赠"免罪的专门程序，犯轻罪的人可以通过诉前的"行政调解"（按规定交纳一定的金钱）来免罪。这些情况都属于刑法典第162条和第162—2条规定的例外。

这种交钱赎罪的方法，历史上可溯源到对轻罪的处罚权仍属警察当局的时代。它实际上是一种既满足惩罚需要又符合公共利益（可使行政当局和法官摆脱整天忙于轻微琐事的局面）的"调和"措施。就此而言，交钱免罪的方法似乎可纳入非司法性制裁的范畴。但一部分学者认为，这种方法的实质在于将轻罪降格为一种可通过交罚金来解决的行政违法。这种观点值得商榷之处在于，交钱免罪是一种可消除犯罪一切法律后果的方法（并不仅是将轻罪"降格"为行政违法行为）。

（7）**司法宽恕** 这种措施适用的对象是未成年人（刑法典第169条）。在有关量刑的章节中已经讲过这个问题（参见本章第一节8）。

除上述刑法典的规定外，还有必要提一下刑事诉讼法典规定消除犯罪的原因："根据要求适用刑罚"（applicazione della pena su richiesta）（刑事诉讼法典第444条[10]），（除刑法典第240条第2款[11]规定的没收外）当法官适用被告人经公诉人同意后（或者相反）提出的刑罚时，不能同时适用附加刑和保安处分（刑事诉讼法典第445条1）。此外，如果在5年（对重罪而言）或2年（对轻罪而言）内，犯罪人未犯重罪或同样性质的轻罪，犯罪和一切刑法后果即告消除（刑事诉讼法典第445条2）。这种消除犯罪的原因一方面可以鼓励人们运用这种特殊措施，另一方面也有利于（从特殊预防的角度）促使犯罪人不再实施新的犯罪。

第 9 章　犯罪的法律后果

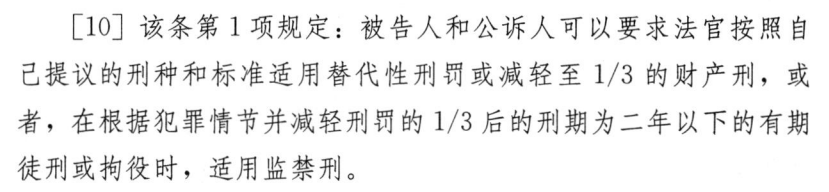

[10] 该条第 1 项规定：被告人和公诉人可以要求法官按照自己提议的刑种和标准适用替代性刑罚或减轻至 1/3 的财产刑，或者，在根据犯罪情节并减轻刑罚的 1/3 后的刑期为二年以下的有期徒刑或拘役时，适用监禁刑。

[11] 该款规定对犯罪所得或刑法禁止制造、使用、携带、持有的物品，必须没收。

6. 具体的消除刑罚的原因

刑法典第 171 条至第 181 条规定的消除刑罚的原因包括：犯罪人在判决后死亡、刑罚因超过特定时间而消除、免刑性赦免与特赦、不在司法档案证明中提及有罪判决、假释、复权。

（1）**犯罪人在判决后死亡**（刑法典第 171 条）　是一种与刑法典 150 条规定类似的消除原因（参见前节）。

（2）**超过特定时间**［或"行刑时效"（prescrizione della pena）］这一规定形式上与追诉时效相似，但根据却不同。规定行刑时效的原因，不在于执行刑罚的必要性会因时间的流逝而减少直至消失（如果是这样的话，刑罚实际执行的期间也应计算为行刑时效的期间，而实际上并非如此），而是因为（从特殊预防的角度看）在经过一定的时间后，就不宜再对特定的主体执行刑罚。因为行刑时效的规定只适用于不是累犯、惯犯、职业犯或倾向犯，并且在行刑时效期间没有因犯同样性质的重罪而被判有期徒刑的主体（刑法典第 172 条第 7 款）。

刑法典第 172、173 条规定了各类刑罚的行刑时效。行刑时效的期间从判决生效之日或被判刑人已经自愿地开始服刑之日起计算（刑法典第 172 条第 4 款和第 173 条第 3 款）。关于行刑时效没有暂停计算或时效中断的规定。

（3）**免刑性赦免**（l'indulto）**和特赦**（la grazia）　这两种由宪法第 79 条和第 81 条第 1 款分别规定的制度，和免罪性赦免一样，也是最高宽恕权的遗迹。免刑性赦免由（批准程序）与决定免罪性赦免相似的法律规定。二者的区别在于，免罪性赦免赦免的是罪（被赦免的对象是

— 409

已被判刑的人亦同），而免刑性赦免赦免的则主要是主刑（法律明确规定赦免附加刑的情况除外；刑法典第 174 条第 1 款），判处的刑罚按照刑法典第 151 条第 5 款[1]规定的条件全部或部分被免除，或者改变。与免罪性赦免一样，免刑性赦免可以规定被赦免的条件或被赦免人必须承担的义务。特赦是一种只有共和国总统才有权颁布的个人措施，这种措施可以免除或者改变全部或部分主刑，如果总统令中有明确规定，也可免除或改变附加刑。

[1] 该款规定，除法律另有规定外，赦免不得适用于累犯、惯犯、职业犯和倾向犯。

（4）**不在司法档案的证明中提及有罪判决**（non menzione della condanna nel certificato del casellario giudiziale） 这是一种法官根据案件情节适用的司法命令。其作法是：在应有关关系人要求出具司法档案证明时，不提及有关的有罪判决，以产生阻止该判决被公开的效果。适用这种措施的前提是：被判的刑罚不能超过一定限度[2]，犯罪人没有前科（刑法典第 175 条）；在事后发现漏罪时，刑罚相加没有超过规定的限度（宪法法院 1975 年第 225 号、1984 年第 155 号判决）。如果被判刑人再犯重罪，这种命令即被撤销。

[2] 根据意大利刑法典第 175 条第 1、2 款的规定，该限度为，监禁刑不得超过 2 年，财产刑不得超过 100 万里拉，在并处监禁刑和财产刑时，折合刑期不得超过 30 个月。

（5）**假释**（刑法典第 176、177 条） 这是一种较为复杂的消除刑罚的原因，其实质是如假释期内未发生应撤销假释的事由，未执行的刑罚就不再执行。在有关刑罚的执行的章节中，已经分析过这种制度（参见本章第一节 10）。

（6）**复权**（la riabilitazione） 这是一种消除附加刑和其他有罪判决后果的措施（刑法典第 178 条）。适用这种措施的前提是：从主刑执行完毕或被消除那一天起，经过至少 5 年（但对于刑法典第 179 条第 2、3 款规定的情况[3]，则至少需要经过 10 年）；被判刑人已提供"有效的证明并有一贯的良好行为"（刑法典第 179 条第 1 款）。若属于刑法典第 179 条第 4 款规定的情况[4]，则不应复权。"如果被复权人在 5 年内再犯非过失性重罪"并被处刑 3 年以上者，复权判决即被撤销。

[3] 即被判刑人是累犯、惯犯、职业犯、倾向犯的情况。

[4] 即被判刑人被适用保安处分或未履行因犯罪而生的民事义务的情况。

第四节　犯罪的民事后果

1. 犯罪与民事违法：弥补犯罪所造成的损害

从根本上说，犯罪在两种情况下可能同时构成民事违法：（1）犯罪本身具有民法典第 2043 条所规定的那种"不正当损害"的性质，如盗窃犯罪对财产持有人所造成的损害，本身也是对民法保护的一种主观的法律状态的侵犯；（2）承担犯罪所造成的损害的人，是不同于被害人的主体，如杀人罪中被害人死亡的结果，最终是由被害人的亲属来承受。从民法角度看，承担犯罪所造成的损害的主体（不论是自然人或自然人的集合体），都是"受害人"。我们在前面讲过，犯罪行为的民事"受害人"与犯罪的被害人（或被动主体）不是同一概念（参见第四章第四节 1）。正是由于这种刑事被害人与民事受害人的相对独立性，刑法典第 198 条才正确地规定，"因犯罪而生的民事义务并不因犯罪与刑罚的消除而消除"。

在犯罪行为同时也是民事违法行为的情况下，"犯罪人"和其他"根据民法规范应当对该行为负责的人"，都必须"根据民法规范承担恢复（及赔偿）的义务"（刑法典第 185 条第 2 款）。这里所说的恢复，是一种在严格意义上要求恢复原状的制裁；而所谓的赔偿，则具有以相应经济价值来进行补偿的性质。除"财产性损失"外，"非财产性损害"也属于赔偿的范围。财产性损失包括犯罪行为实际上已造成的损害，和因犯罪而不能实现的利益。非财产性损害包括精神损失,如犯罪对被害人心理或生理上造成的痛苦(即所谓的 pecunia doloris),以及所有其他不具有财产性质的损失。犯罪对健康造成的损害,如劳动力的削弱、个人及社会关系的减少等,则是介于财产性损失与非财产损失之间的情况。

值得注意的是,根据民法典第2059条的精神,刑法典第185条第2款规定的非财产性损失的范围应该是有限制的。

在刑法中,有一种制裁构成民事违法的犯罪行为的特殊措施。其内容是:在"公布有罪判决""是一种补偿犯罪引起的非财产性损失的手段时",由犯罪人承担公布该判决的费用(刑法典第186条第2款)。刑事诉讼法典第543条规定了适用这种补偿措施的前提条件和具体方式。应该注意这种"公布有罪判决"和(刑法典第36条,刑事诉讼法典第536条规定的)作为某些犯罪附加刑的"公布有罪判决"的区别:后者是(或只能是)防止犯罪人再犯罪的特殊预防措施;而前者则是对犯罪被害人进行精神补偿的一种方式(例如,公布诽谤罪的有罪判决,无疑是恢复受诽谤者名誉的最好方法)。

按照法律规定,恢复原状和公布有罪判决的义务是"不可分的"(刑法典第187条第1款),具体方式则按民法典第1317等条的规定执行。如果同一犯罪有多个被判刑人,他们对犯罪的补偿要承担"连带责任"(刑法典第187条第2款)。

从根本上说,刑法中规定对犯罪造成的损害进行民事补偿的原则,是严格区分民事制裁与刑事制裁的不同作用。民事制裁是为了满足私法领域进行财产补偿的需要,而刑事制裁则着眼于维护公共利益。诉讼中的"要求原则"(il principio di domanda)就是这个基本概念的反映:犯罪行为的受害人如果希望通过刑事诉讼得到补偿,就以民事当事人一方的身份提出要求(刑事诉讼法典第74等条)。在过去,实证主义学派曾主张:补偿不仅对刑事被害人来说是不可或缺的起码措施,同时也是一种进行特殊预防的基本手段;因此,适用这种措施不仅是法官的职责,并且还可以作为制裁某些犯罪的刑罚措施。现行刑法典中有关适用缓刑可附加履行民事义务的规定（刑法典第 165 条第 1 款），实际上就是这种观念的遗迹。现代刑事政策认为在决定补偿时，不仅要考虑损害的大小，还要考虑犯罪人罪过的程度。因此，对于补偿具有作为替代性刑罚措施的价值，倾向持肯定态度。如果是这样的话，补偿就将逐步演化为私法性的处罚。在现行刑法制度中，1948 年第 247 号法律第 12 条规定的财产补偿制度似乎就具有这种性质。该条规定"当侮辱罪是通过出版物来实施时，除刑法典 185 条规定的赔偿损失外，被害人可以以补偿的名义要求一定的财产。具体数额根据危害的严重性和出版物散布的范围决定"。

2. 被判刑人对国家承担的民事义务

被判刑人对国家承担下列民事义务：（1）支付诉讼费（刑事诉讼法典第 535 条第 1、2 款等）；（2）在被判监禁刑时，交纳因该罪而被预防性羁押期间的生活费（刑事诉讼法典第 535 条第 3 款，第 692 条第 1 款）；（3）交付在监狱等机关服刑期间的生活费（刑法典第 188 条第 1 款）。如果"被判刑人经济困难并行为规矩"，则可免除上述债务（1975 年第 354 号法律第 56 条）。尽管这些都是属于民事债务，但其中交付在监狱等羁押机关的生活费却具有严格的个人性质。刑法典第 182 条第 2 款规定，这些债务不得由其他民事责任人或被判刑人的继承人来承担。

3. 有关民事义务的保障

刑法典中规定了一系列保障民事义务履行的措施，其中最主要的是（保护性）扣押和民事行为的撤销。

（1）**扣押**（il sequestro） 在刑法典（第 189 条）中，扣押曾是一种与法定抵押并列的制度（后者被刑事诉讼法典第 218 条所废除）。现在，不论动产还是不动产都可以成为扣押的对象，以保障因犯罪而生的民事义务、财产刑以及刑法典第 189 条第 1 款规定的各种义务的履行。如果被告提供保证金，则可避免扣押财产。刑法典第 189 条第 6 款规定了哪些债权人对扣押的财产有优先权。

(2) **撤销民事行为**（l'azione revocatoria） 在民事行为的撤销问题上，刑法典第 192 条到第 194 条对民法典第 2901 条的规定有所修改，以加强对刑法典第 189 条第 1 款所列的债权人利益的保护。例如，（刑法典第 192 条）规定犯罪人在犯罪后实施的任何无偿行为均属无效，而在一般情况下，只有在债务人明知会造成损害的情况下，民事行为才会被撤销（民法典第 2901 条第 1 款 n.1）；（根据刑法典第 193 条第 1 款）犯罪人在犯罪后的有偿行为如超越了日常管理的范畴，则将被推定为欺诈，但除非证明对方也有恶意，行为不得撤销。那些在日常管理范围内的有偿行为，则按（既适用于非日常性管理也适用于日常性管理的）一般原则处理，即只有在债务人和合同的第三方都对损害有认识时，行为才能撤销（民法典第 901 条 n.2）。至于那些犯罪人在犯罪前（一年内）实施的行为，不论是无偿行为还是超出日常管理范围的有偿行为，实际上都是适用的民法典第 2901 条 n.1、n.2 的规定：要撤销这些行为，必须有行为是"出于欺诈"的证明；如果是有偿行为，还应该提供对方也有恶意的证明。

4. 交付罚金和罚款的民事义务

刑法典第 196、197 条规定：在被判刑人无力交纳罚金和罚款时，得由与犯罪有主观或客观联系的非犯罪人代为交纳。这种义务的性质，一方面是从属性的，因为这种义务只有在被判刑人无力交纳时才出现；同时也是民事性的，因为如果代为交纳人也无力交纳，财产刑因无法履行而转为监禁刑时，服刑的对象仍然是被判刑人（刑法典第 195 条第 2 款、第 197 条第 2 款）。当然，由于这种因犯罪而生的民事义务和刑罚之间的密切联系，当犯罪或刑罚被消除时，交纳罚金与罚款的民事义务也随之消失（刑法典第 198 条）。

承担上述民事义务的主体有下列两种情况：

（1）本身不应承担刑事责任，但对犯罪人负有指挥、领导、监督责任的人；

（2）具备法人资格的单位［但国家的中央、大区、省或市（乡、镇）机关除外］，当其代表、经理、或雇员是因违背职务上的义务而构成犯罪，或为了法人的利益而犯罪。

上述第二种情况属于试图弥补我们刑法中没有规定法人刑事责任的缺陷。但是，如果要想真正弥补这一缺陷，代为交纳财产刑的义务就不能再具有从属的性质，财产刑的数额也得有不同的计算方法，即必须以单位因自己的代表、经理或雇员犯罪而实际所得的利益为基准来计算。

第 *10* 章　一罪与数罪

第一节　概述

1. 概念

当一个主体应对多个犯罪负责时，就产生了"犯罪的竞合"（il concorso di reati）问题。这种竞合可能是实质性的，也可能是仅是形式上的。所谓"实质性（materiale）或真实（reale）"的竞合，是指行为人实施的多个行为触犯了多个刑法规范（例如，某人偷了辆汽车，然后又用该车去抢劫）；而"形式上"（formale）的竞合，则是指行为人实施的一个行为触犯了多个刑法规范（如某人对其妹妹施暴，他的这个行为就既构成了强奸罪又构成了乱伦罪）。不论是实质竞合或是形式竞合，都可以根据它们触犯的是同一罪名或多个罪名而有"同种数罪"（omogeneo）和"异种数罪"（eterogeneo）竞合的问题（刚才举的是两个异种数罪竞合的例子；一个人多次实施抢劫属于"实质性的同种数罪的竞合"，而一个人扔一颗炸弹造成多人死亡则可作为"形式的同种数罪竞合"的例子)。

犯罪竞合给刑法理论和实践都带来一些问题。如从犯罪构成角度分析,应怎样区分实质性的同种数罪竞合与由多个行为构成的一罪(如某人同一晚上偷了两辆车上的汽车收音机,是构成一个盗窃罪呢,还是多个盗窃罪的实质竞合)。从构成角度区分实质性竞合与形式的竞合同样是个问题,因为在构成实质竞合所必需的多个行为与决定形式竞合的一个行为之间,很难划出一个明确的界限(如一个人连续开枪打死数人,应属于实质竞合,还是形式竞合)。由于一个人的行为是构成一罪或是数罪,是实质竞合或是形式竞合,会直接影响到其将受到何种处罚,正确地解决这些问题具有重要的实践意义。在这里有必要说明,处理犯罪竞合问题,一般有三种量刑方式:(1)并科[1](*tot crimina, tot poenae*[2]),即将竞合各罪应处之刑全部相加;(2)限制加重[3],即只适用各罪中最高的刑罚,但可视其他各罪的情况,在一定幅度内加重处罚;(3)吸收,即只适用各罪中最重的刑罚。在这个问题上,正如大家将看到的那样,我们的刑法制度有时采用的是并科方式,有时采用的是限制加重方式,但没有采用吸收方式。

[1] 原文为"cumulo materiale",直译为"实质相加"。
[2] 拉丁语,意为"有多少罪,就有多少刑"。
[3] 原文为"cumulo giuridico",直译为"法定相加"。

除上述问题外,当一个行为符合多个犯罪构成时,还会产生如何区分异种数罪的形式竞合与法条竞合的问题。要解决这个问题,必须分析行为触犯的多个法条间,是否有包容关系,即事实上应该适用的是否只有一个法条。例如,当面侵犯一个正在执行职务的公务员的名誉,即触犯了(刑法典第594条第1款)有关一般侮辱罪的规定(因为公务员也是人),也符合侮辱公务员罪的犯罪构成(刑法典第341条第1款)。但根据特殊法优于普通法的原则,只有关于侮辱公务员罪的规定才是实际上可适用于这种情况唯一法条。

2. 犯罪竞合在刑法体系中的地位

从上面的简单说明中,已经可以看出罪数问题是很多刑法制度的交合点。从抽象教条的角度讲,法条竞合的理论应属于更为广泛的刑法适用范围的问题。[1]因为,这实际上要解决的是某一法条的适用范围因其他法条的存在而受到限制的问题(例如,侮辱罪本应被理解为包含用任何方式对任何人当面施辱的行为,但却不能适用于侮辱正在履行职务的公务员的行为,这即是说有关侮辱罪的法条的适用范围为有关侮辱公务员的规定所限制)。犯罪竞合的理论,一方面因涉及"行为的统一性"(l'unita`)问题而可纳入犯罪构成理论研究的范围;另一方面,由于研究犯罪竞合的实践意义在于解决如何量刑的问题,因而又可以说它属于犯罪的法律后果的范畴。尽管刑法学界多数人认为,犯罪竞合是犯罪的一种表现形式(参见第八章第一节1),但这种观点却大有商榷的余地,因为与犯罪未遂或共同犯罪不同的是,一人犯数罪,并不意味着这些罪的犯罪构成有什么变化。总而言之,由于这个问题涉及刑法制度和刑法理论的不同领域,若将其放在某一问题中进行分析,很难做到不对其进行肢解并避免重复。正是出于这种考虑,我们将这个问题独立出来,单独作为一章。

[1] 事实上 F. Antolisei 就持这种观点。

第二节　法条竞合

1. 特别法优先原则和其他标准

刑法典第 15 条是关于法条竞合最重要的法律规范。根据该条规定,"当不同的法律或同一刑事法律中的不同条款调整同一问题时,特别法或法律中的特别条款优于[1]普通法或法律中的普通条款,法律另有规定的除外"[2]。毫无疑义,该条规定适用于所有那些一个犯罪与另一个犯罪的构成要件之间具有"单向的包容关系"(rapporto di specilita` c. d unlaterale)的情况。这种关系有两种表现形式:一种是特殊规定的全部或部分构成要件是一般规定的特殊化(即因特殊化而形成的特殊规定);另一种形式是特殊规范中包含一般规定所没有的构成要件(即因增添新要素而形成的特殊规定)。例如,侮辱公务员罪与侮辱罪之间的关系,就是因构成要件的特殊化而形成的单向包容关系,因为公务员的概念相对于人来说,是一般与特殊的关系;而绑架勒赎罪与绑架罪之间则是一种因增添新要素而形成的单向包容关系,因为相对绑架罪而言,绑架勒赎多了一个新的构成要素,即行为人主观上必须具有"将释放代价作为为自己或他人追求的非法利益的目的"。在实践中,为了证明上述单向包容关系,可以先假设作为特殊规范的规定并不存在,如果该规范调整的内容自动归入一般规范调整的范围,这两个规范之间无疑存在单向包容关系。例如,假如没有侮辱公务员罪,所有符合该罪犯罪构成的行为,都自然会属于规定侮辱罪的刑法规范调整的范围。

[1] "优于"原文为"deroga"(直译为部分废除)。

[2] 2001年刑法典草案第4条规定:"除非另有规定,特殊的法律或法律的特殊规定排除一般的法律或者法律的一般规定";"当同一事实看来可能适用多个法律规范时,适用能完整地表明该事实无价值的法律。"

但是,如果特别法优先原则只限于在上述意义上使用,其范围就太狭窄了。实际上有很多不具有单向包容关系的犯罪构成,也应该适用这个原则。从法律规范关系的角度看,这类情况应属于法条竞合的"边沿"(confine),但却不适宜将其作为形式的异种数罪处理。例如,相对于刑法典第611条(规定的胁迫他人犯罪罪)而言,刑法典第610条(规定的胁迫罪)是一个增添了新要素的特殊规定,因为它的成立要求被害人实际上受到了强制(而根据第611条,只要"为了迫使……而使用了暴力或胁迫",胁迫他人犯罪罪即告成立);反过来看,刑法典第611条则是因刑法典第610条的某个构成要件的特殊化而形成的特殊规范,因为与后者规定的胁迫他人"进行、忍受或不得为某事"相比,前者规定的只是胁迫行为的一种特殊形式(即胁迫他人"实施构成犯罪的行为")。在上述例子中,两个法条间的包容关系不是单向的,而是相互的,或者说是双向的。(规定扰乱商品、证券市场罪的)刑法典第501

条和（规定扰乱证券市场罪的）民法典第 2628 条之间的关系，也具有这种双向的性质：相对刑法典第 501 条的规定而言，民法典第 2628 条是将前者的主体（由任何人变为公司的管理人员）和行为的对象（由商品、证券变为公司股票）特殊化的结果；而刑法典第 501 条则规定了一个民法典第 2628 条中没有的犯罪目的（即"以扰乱国内……市场为目的"）。由于这种双向包容关系在刑法制度中相当普遍，这种互为特殊规范的具体例子可以说是举不胜举。

总的来说，司法实践一般不愿意，如果说不是直接抵制的话，按刑法典第 15 条的规定来处理这种现象，因而多是将它们当做是形式的犯罪竞合来对待。然而，理论界的多数人认为这种关系应属于法条竞合的范畴。不过，在如何处理这种法条竞合的问题上，人们却有深刻的分歧：一部分人认为所有这些现象都应该适用刑法典第 15 条规定的特别法优于普通法的原则，另一部分人则认为解决这个问题应适用与特别法优于普通法不同的标准。具体地说，就是从属性标准和完全吸收标准（有时这个标准被视为特别法优先原则的唯一的例外）。

"从属性标准"（il criterio di sussidiarietà）的基础，是不同犯罪构成对法益的保护作用。根据这个标准，在多个犯罪构成保护的是同一法益时，它们是为了在不同的阶段和程度上维护该法益而设立的，其中在同一阶段或同一程度起主要保护作用的犯罪构成吸收次要的犯罪构成。例如，与其他在内容上更能维护该法益的规定（如刑法典第 611 条）相比，刑法典第 610 条在维护公民的精神自由方面就只具有相对次要的作用。

"完全吸收标准"（il criterio di consunzione）的基础，则是对犯罪构成所作的价值判断。根据这个标准，当多个法律规定都指向同一社会现象时，只能适用那个能从整体上完全反映该现象无价值的法律规范（例如，就公司管理人员扰乱股票市场而言，民法典第 2628 条就比刑法典第 501 条更能从整体上反映该现象的无价值）。

但是，不论是从属标准或是吸收标准都不具有法定标准的性质，它们都没有法律依据。人们常常引用刑法典第 15 条最后的插入语（"法律另有规定的除外")为据,说明可以用特别法优先以外的原则来解决犯罪竞合问题。但该插入语的真实含义,似乎应该是针对特别法优先原则本身而言的,即除了该条明确规定的特别法优于普通法以外,还在法律有规定的情况下,允许普通法优于特别法。提出从属性标准和完全吸收标准的目的在于对犯罪竞合进行实质性的评价,但由于没有法律依据,不仅不能得出确定不变的结论,同时还会模糊法条竞合和犯罪竞合的界限:这不仅涉及形式的犯罪竞合与法条竞合的界限,甚至会搅混法条竞合与实质的犯罪竞合之间的界限,因为后者同样是一种可以作为整体进行价值判断的社会现象。

2. 对刑法典第 15 条的理解

由于法条竞合现象只能由刑法典第 15 条来调整,因此,必须正确地理解该条的内涵。这里,有两个问题应该注意:一是法条竞合存在的前提(即刑法典第 15 条的前半段,"当不同的法律或同一刑事法律中的不同条款调整同一问题");二是关于法条竞合的处理(即刑法典第 15 条的后半段,"特别法或法律中的特别条款优于……")。

(1)有多个法律或法律规范调整"同一问题",是法条竞合存在的前提。有人将这里的"同一问题"(stessa materia)理解为"同一事实状态"(stessa situazione di fatto)。这样,法条竞合的范围就不仅包括那些具有单向包容关系(即所谓"抽象的包容关系")的法条,同时也包括那些有双向包容关系的法条(即所谓具有"具体包容关系"的法条)。如果将具体"事实"作为一个概念来分析,它永远不可能有确定的内容,因为所谓具体的"事实"总是一种有选择的判断的结果,因而不可能作为内容确定的标准。同一事实完全可能触犯两个以上没有包容关系的法条,例如一个人强奸自己的妹妹就会同时触犯有关强奸罪和乱伦罪的规定,而这种情况显然属于"形式的犯罪竞合"而不是"法条竞合"。在司法实践中,人们多倾向于将"同一问题"理解为法律保护的同一法益,如果同一行为触犯了多个法条,而这些法条保护的法益不同,那就应排除法条竞合的可能,将该行为纳入形式的犯罪竞合范畴。

然而，这种理解的问题在于：如果按其逻辑推理，同一行为触犯了那些具有单向包容关系的法律规范，也可能不具有法条竞合的性质。因为，某一构成要件的特殊化，往往意味着法律保护的犯罪客体的变化（例如，作为侮辱罪的特殊规定，侮辱公务员罪保护的客体除了人的名誉外，还维护国家行政的尊严）。

事实上，所谓"同一问题，"应该是指在不同法条规定的犯罪构成要件之间有一种"结构—逻辑"上的对应关系。如果两个法条规定的犯罪构成要件有一部分相同，而不同的那一部分要件之间又存在一种特殊与一般的关系，只要那个特殊化了的要件，代表了另一法条中那个相应要件的一种可能性，因而在逻辑上能够为该要件所包容，就可以确定这两个法条之间有竞合关系。用这种观点不仅能清楚地解释那些具有单向包容关系的法条竞合现象（如侮辱罪与侮辱公务员罪间的关系），同时还可以用来说明那些具有双向包容关系的法条间的竞合问题，如殴打罪（刑法典第581条）和虐待罪（刑法典第572条第1款）间的关系。相对殴打罪而言，虐待罪是具有特殊犯罪对象的特殊构成（即它的对象不是"他人"，而是"家庭成员"、"未满14岁的人"或其他特定的人）；而相对虐待罪而言，殴打罪则是行为方式特殊化的结果（因为尽管虐待行为可能表现为殴打，但殴打不是构成虐待的必要条件）。如果一般规范和特殊规范规定的犯罪构成要件相互之间具有相容关系，它们在任何其他方面的区别，都不能作为否认它们调整的是"同一问题"的根据。

除对一般规范构成要件的特殊化而形成的特殊规范和一般规范可调整"同一问题"外，因增添新要素而形成的特殊规范和一般规范（如规定绑架勒赎罪的刑法典第630条和规定绑架罪的刑法典第605条）也可能调整"同一问题"。由于在一般规范中不包含可以与特殊规范中增添的因素进行比较的构成要件，因而不能说这两个规范间存在不能竞合的因素。同样的道理还可以用来解释部分因双向特殊化、部分因增添新因素而形成的特殊规范和一般规范间的竞合关系。如规定扰乱商品、证券市场罪的刑法典第501条第1款和规定扰乱证券市场罪的民法典第2628条，这两个法律规范之间不仅存在相互特殊化的关系，而且与民法典第

2628条的规定相比，刑法典第501条规定的构成要件中还包含一个增添的主观要件（即它要求具有特定的犯罪目的）。

然而，那些相互都增添了新的构成因素，同时又互为特殊规范的两个法条，就不可能调整"同一问题"。因为，将二者进行比较，必然会得出调整范围相异的结论。例如，强奸罪和乱伦罪尽管都包含一个共同的因素（性交行为），但前者要求以暴力或胁迫为行为要素，而后者则要求以特定的亲属为行为对象，这两个可比较的因素显然是异质的。这两个法条间的交叉关系，使一个行为同时触犯两个法条成为可能，但这只能属于形式犯罪竞合的范畴。

（2）在确定了哪些法条可能具有竞合关系后，要解决的问题就是，在相互竞合的法条中应适用哪一个法条的问题，即什么样的法条才是刑法典第15条所说的"特别法"。就那些具有单向包容关系的法律规定而言，这是一个很简单的问题，因为那个包含特殊要求的规范就是特别条款（如规定侮辱公务员罪的规范相对规定侮辱罪的规范而言，就是特别法）。但对那些具有双向或相互包容关系的法条来说，确定特别法或特别条款的问题就得具体情况具体分析。正如刑法典第15条所提到的那样，在这种情况下要确定适用的法条，首先应要看这些法条涉及哪些法律，即从规定这些法条的法律在整个法律体系中的地位来确定特别法。例如，在规定扰乱证券市场罪的规范（民法典第2628条）与规定扰乱商品、证券市场罪的规范（刑法典第501条第1款）竞合时，就应优先适用前者，因为与刑法典相比，规定前者的法律（即民法典中有关公司和公司集团的刑法规范）调整的是普通法典以外的特殊关系，因而是特别法。如果用这个标准不能解决优先适用的法条问题，就应该用第二个标准，即主体的特殊性标准。如果一个法条规定的主体能包容另一个法条规定的主体，那它就不是特殊规范。例如，在刑法典第619条第2款[1]与刑法典第616条第2款[2]竞合的情况下（这两款规定有竞合关系，因为前者是后者规定的主体特殊化的结果，而后者与前者相比，则是增添了"造成损害"为新的构成要件），只能适用刑法典第619条第2款，因为该款规定的是特殊主体，即"从事邮政、电报、电话服务的人员"。如果运用第二个标准仍然不能确定应该适用的法条，那就只能以包含更多的特殊化因素为标准，即以最接近具体事实的法律规范为特别法。

[1] 该款规定，犯罪人（这里指从事邮政、电报、电话服务的人员——译注）无正当理由，部分或全部地，泄露（他因职务而获悉的）通信内容，在行为不构成更严重的犯罪时，处 6 个月至 5 年的有期徒刑，并处 60 万里拉至 100 万里拉的罚金。

[2] 该款规定，犯罪人（这里指任何人——译注）无正当理由，部分或全部地，泄露（他人的）通信内容，如果造成损害并不构成更严重的犯罪，处 3 年以下有期徒刑。

应该注意的是：在两个或多个法条具有竞合关系时，法律常常通过保留条款（或明确规定从属性的条款）来指出哪些是应该优先适用的规范。这种保留条款常常有三种表述形式：(1) 确定型，即明确指出应优先适用的具体条款（如刑法典第 530 条规定的"除第 519 条、第 520 条或第 521 条规定情况外"，刑法典第 496 条规定的"除上述各条规定的情况外"）；(2) 相对确定型，即只指出应该优先适用哪一类规定，通常是指出法定刑更重的情况（如刑法典第 513 条第 1 款有关"如果行为不构成更严重的犯罪的话"的表述）；(3) 不确定型，即泛指所有可能适用于同一行为的规定（如刑法典第 616 条第 2 款中有关"如果行为没有被法律其他条文规定为犯罪的话"的规定）。

刑法典第 15 条最后有关"除法律另有规定外"的表述，指的就是有保留条款的情况。通过保留条款这种形式，立法者可以明确地规定特别法优先的原则，同时也可以在适用一般规则不甚合理的情况下，明确规定在具有相互包容关系的法条中应该优先适用的规范。

3. 复合犯

刑法典第 84 条第 1 款规定："当本身就构成犯罪的不同事实被法律视为单一犯罪的构成要件或从重情节时，不适用上述各条（有关犯罪竞合的）规定。"这种情况就是所谓的"复合犯"（il reato complesso），

第 10 章 一罪与数罪

其特点是将不同的犯罪结合为一个新的犯罪,被结合的那些犯罪或者都成为新的犯罪的构成要件(例如,刑法典第 628 条规定的抢劫罪,就是将刑法典第 624 条第 1 款规定的盗窃和刑法典第 610 条规定的私人暴力结合而成的新的犯罪),或者一个成为构成要件,一个成为从重情节(如在刑法典第 625 条第 1 款第 1 项规定的因入室盗窃而构成的加重盗窃罪中,刑法典第 614 条第 1 款规定的侵犯居所罪就是构成加重情节的要件)。上述关于复合犯的概念是狭义的概念,亦被称为"结合犯"(compost)。除此之外,还有广义的复合犯。后者的特点是:以本身就单独构成犯罪的事实为核心,再增加一个有刑法意义的事实,从而形成新的犯罪。例如,强奸罪(刑法典第 519 条)就是由私人暴力罪(刑法典第 610 条)加上性交行为构成的。不论是狭义或是广义的复合犯,在规定复合犯的规范与规定作为构成要件或加重情节的犯罪的规范之间,显然都存在一种单向包容关系。例如,不论是相对盗窃罪或是相对私人暴力罪而言,抢劫罪都是因增添新因素(私人暴力或盗窃)而形成的特别规范;相对私人暴力罪而言,强奸罪则是因强制对象特殊化而形成的特别规范。

有一种观点认为,刑法典第 84 条规定的内容还应该包括那些"可能的"(ventualmente)的复合犯[1][前面讲的都是"必然的"(necessariamente)复合犯]。这种所谓的"可能的"复合犯是指在实施某种犯罪的过程中,行为又构成了另一种犯罪,而后一种犯罪相对前一种犯罪而言,又是一个"特殊的构成要件"。例如,签发空头支票(1933 年第 1736 号国王令第 116 条第 1 款)如果是用来作为诈骗的手段的话,就应被诈骗罪(刑法典第 640 条第 1 款)所吸收。然而,这却是一种使人困惑的观点。事实上,只有那些本身就能单独构成犯罪的事实被"法律"视为"单一犯罪的构成要件或从重情节",才是适用刑法典第 64 条第 1 款规定的前提。而所谓"可能的"的复合犯,只是一种具体的实施某种犯罪的方式,而这种方式并没有被法律规定为该罪的构成要件(诈骗显然不一定要以签发空头支票为手段,签发空头支票本身也不一定就是诈骗行为)。这种所谓"可能的"复合犯,实际上应该属于实质的犯罪竞合。

[1] 一个与中国刑法中的牵连犯相近的概念。

4. 刑法规范与行政违法规范的竞合

1981年第689号法律第9条第1款规定:"当同一行为同时为刑法规范和规定了行政制裁的规范所处罚时……适用特别规范。"显然,这里规定的是特别法优先原则。毫无疑义,这个规定是在专门强调,在调整范围重合的情况下,刑事制裁与(惩罚性的)行政制裁具有同样的功能。然而,在这两种规范竞合的情况下适用特别法优先的原则,却不能不引起刑事政策上的一些困惑。

就某一调整对象而言,行政违法在大多数情况下都是触犯一些"特殊化的"部门的规定,因此相对调整范围广泛的普通刑法规范来说,它们都是应该优先适用的特别规范。但是刑法规范是为了完善与增强行政规范的保护功能而设立的,如果优先适用行政法规范的话,那么又如何能发挥刑法规范特殊的保护功能呢?不过,这里必须指出的是,立法实践总是在规定行政违法时,加入保留条款来处理构成犯罪的行政违法问题。这样一来,上述忧虑就没有存在的必要了,因为在行政规范与刑法规范竞合的情况下,实际上总是刑法规范优先,而行政规范只能适用于那些尚未构成犯罪的行政违法行为。

1981年第689号法律第9条第1款规定的一般规则有两个例外:一个例外具有特定的范围,即该规定不适用于某些在食品进行欺诈方面的刑法条文(1981年第689号法律第9条第3款);另一个例外具有一般的性质,即该规定不适用于刑法规范与各大区或特仑多(Trento)和波耳杂罗(Bolzano)自治省的行政法律竞合的问题。1981年第689号法律第9条第2款规定,如果发生上述情况,优先适用刑法规范,以保证国家的刑事立法专属权,防止出现各大区通过制定较刑法规范更具体的行政规范,来排除适用刑法规范的情况。但该条第2款同时还规定了关于上述两种例外的例外,即刑法规范"只有在没有其他刑法规范时才能适用"。这个措辞含糊的规定似乎是指刑法规范中有绝对不确定的保留条款的情况（参见本章第二节 2）。在实践中，人们常用以下方法来处理这个问题：即只有在刑法规范中没有规定应优先适用其他法律有关犯罪的规定时，才适用刑法条款；如果有类似的保留条款，就应适用其他法律，包括各大区制定的行政制裁性的法律。这种优先适用地方性行政特别法，并以此排斥刑法规范适用的做法，有人认为可以用刑法相对其他法律而言是从属性的法律来解释。但这种做法显然是对国家刑事法律专属立法权的侵害。从这个角度讲，就应考虑上述规定是否违宪的问题。一个例子就足以说明问题：刑法典第 517 条有关贩卖有虚假标志产品罪的规定就包含有一个绝对不确定的保留条款，如果上述做法成立，那么任何一个出于保护当地特殊利益的地方性行政法律（即使只规定了轻微的罚款），只要规定的内容较刑法规范更为具体，就会成为排斥适用刑法典第 517 条的特别法。

第三节　犯罪竞合

1. 形式的犯罪竞合

前面讲过，形式的犯罪竞合的特点是：同一个单独的作为或不作为同时触犯"不同的刑法规范"（形式的异种数罪竞合）或"多次触犯同一刑法规范"（形式的同种数罪竞合）。

在形式的异种数罪竞合中，从根本上说，一个单独的行为是指可同时作为多个犯罪构成的构成要件的行为，即能使不同犯罪构成相互重合的行为。这种行为表现为由主体实施的一系列有内在联系的举动（即作为），或主体没有履行自己承担的多重法律义务（即不作为），完全同时符合几个犯罪的犯罪构成。例如，使用暴力强制同自己的妹妹发生性关系是同时触犯刑法典第 519 条第 1 款和 564 条的第 1 款规定的行为。这两款规定都以非法的性关系为构成要件，如果非法的性行为又同时符合上述两款规定的其他条件（即刑法典第 519 条第 1 款规定的暴力或胁迫，刑法典第 564 条第 1 款规定的特定的亲属关系），在形式上该行为就同时具备上述两款规定的犯罪构成。如果一个负有救助义务的官员见到刑法典第 593 条规定的情况拒不救助的话，他的行为就不仅符合疏忽救助罪（刑法典第 593 条），同时也符合拒绝履行职务罪（刑法典第 328 条第 1 款）的犯罪构成，这个例子与上例具有相同的性质。

如果构成相互竞合的异种数罪的行为之间没有可重合之处，即使行为间也存在紧密的内在联系，也只能属于实质的犯罪竞合。例如，为了强行同被害人性交，强奸者从被害人那里拿了一把刀，这种情况就只能是盗窃罪和强奸罪的实质竞合，因为按法律规定的犯罪构成，盗窃罪的行为是非法地从持有人那里拿走他人的动产（刑法典第 624 条第 1 款），强奸罪的行为是强制同他人性交（刑法典第 519 条第 1 款），构成这两种犯罪的行为没有任何共同之处。

在形式的同种数罪的竞合中，要认定多次触犯同一规范的单一行为，同样也应该分析法律规定的犯罪构成，但方法与认定形式的异种数罪竞合不同。首先，应该确定行为人一系列有内在联系的举动，确实对同一刑法规范保护的利益构成了多个侵害结果，且不属于法条竞合的范畴。在确定了每一个侵害结果都具有独立的意义后（例如，在造成多人死亡的情况下，每一个人的死亡都是杀人罪中的犯罪结果），就可以根据造成这些侵害结果的举动能否分解为符合多个犯罪构成的行为来区分犯罪的形式竞合和实质竞合。造成多个侵害结果的一系列举动，如果只是一个符合犯罪构成的行为，就是形式的犯罪竞合；如果可分解为多个符合犯罪构成的行为，就属于实质竞合。因为只有在第一种情况下，才存在同一行为多次触犯了同一刑法规范的问题。例如，张某扔一颗炸弹造成王某和李某的死亡，不论王某死亡，还是李某死亡的行为，都是张某扔炸弹这一个行为引起的，张某的行为就属于形式的同种数罪竞合；如果相反，张某用手枪连续发射的方式，先杀死王某，然后杀死李某，杀死前者的行为与杀死后者的行为显然可以分解（因为它们是两次射击行为），张某的行为就属于实质的同种数罪竞合。

对于形式的犯罪竞合，不论是同种数罪或是异种数罪的竞合，都应当按限制加重的原则处理，即应按"数罪中处刑最重的刑罚，再加重该刑罚的三分之一"处罚（刑法典第 81 条第 1 款），实际适用的刑罚可等于，但不得超过各罪应处刑罚的总和（刑法典第 81 条第 3 款）。最先规定这种制度的是转为 1974 年第 220 号法律的该年第 99 号法令，刑法典原来规定犯罪的形式竞合和实质竞合一样，应按并科原则处理。至于对形式竞合应如何量刑等各种问题，将在有关连续犯的内容中分析，因为处罚形式竞合和连续犯的原理实际上没有什么差别。

2. 实质的犯罪竞合

实质的犯罪竞合是指同一个主体实施了多个犯罪的情况。如果多次实施同一种犯罪，这种竞合就是同种数罪的竞合（如提佐先造成凯奥的死亡，然后又造成了塞普罗和梅欧的死亡）；如果实施的犯罪不同，则是异种数罪的竞合（如提佐先偷了一辆汽车，然后用该车去抢劫，在逃跑时，不小心又撞死一个行人）。应由同一主体承担刑事责任，是把这些不同犯罪连接到一起的唯一因素。从理论角度研究这个问题有两方面的意义：一是正确地区分实质的犯罪竞合与（由多个具有独立意义的行为构成的）单一犯罪；二是划清实质的犯罪竞合与（因一个单一行为同时触犯多个法条而形成的）形式的犯罪竞合的界限。从实践角度讲，行为是否是实质的犯罪竞合直接影响到对犯罪的处罚。根据刑法典第 73 条第 1 款至第 3 款、第 74 条第 1 款、第 75 条第 1 款和第 77 条的规定，对犯罪的实质竞合问题，我们的刑法制度采用的是并科原则。当对数罪的并罚涉及无期徒刑时，需要特别的注意。刑法典第 72 条第 1 款规定，当竞合中有数罪都应处无期徒刑时，应并科 6 个月至 3 年的日间单独监禁；该条第 2 款规定，当数罪中有一罪应处无期徒刑，而其他个罪刑罚相加为 5 年以上有期徒刑时，应处无期徒刑并科 2 个月到 18 个月的日间单独监禁；刑法典第 73 条第 2 款规定，如果竞合数罪中有数个应处 24 年以上有期徒刑的犯罪时，则应适用无期徒刑。除此之外，为了防止适用的刑罚与犯罪很不相称的情况，（刑法典第 78、79 条）对数罪刑罚的相加还规定了一些具体的限制：如有期监禁刑不得超过各罪中最高刑的 5 倍，有期徒刑不得超过 30 年，拘役不得超过 6 年。

有关犯罪的实质竞合的规定适用于下列三种情况:(1)必须"用一个判决或处罚令""对同一个人宣判数罪"(刑法典第71条);(2)在"一个判决或有罪处罚令后"必须"对同一个人在该判决前、后所犯他罪进行审判"(刑法典第80条);(3)必须对"同一个人执行多个有罪判决或处罚令"(刑法典第80条)。司法实践认为,对上述(2)、(3)两种情况,如果新罪是刑罚执行期间或刑罚执行被中断期间实施的,与新罪刑罚相加的,应该是尚未执行的刑罚,已经执行了刑期就不应再计算在内。因为不如此的话,犯罪人所犯新罪就可能实际上得不到处罚(例如,一个被判有期徒刑30年的人在服刑15年后,又犯应处3年有期徒刑的犯罪,如果已执行了的刑期仍应计算的话,受监禁刑最高不得超过30年的限制,就不可能对行为人所犯的新罪进行处罚)。

3.1 连续犯:构成条件和范围

根据刑法典第81条第2款,"基于同一犯罪意图的数个作为或不作为,即使在不同时间,实施多次触犯同一规定或不同规定的人",是"连续犯"(il reato continuato)。对连续犯应按形式的犯罪竞合处罚,即按"数罪中最重之刑加重三分之一"处罚。根据上述规定,连续犯在结构上与实质的犯罪竞合相同("数个作为或不作为"构成"多次触犯同一规定或不同规定"),但对连续犯的处罚不适用并科原则,而应适用限制加重原则(即按"数罪中最高刑加重三分之一"处罚)。从历史角度看,连续犯的概念最先是由中世纪的法律实践家提出来的。由于当时对犯罪竞合实行极其严厉的并科制度(例如,对盗窃罪数罪并罚就可处死刑),他们试图通过对各种犯罪实质竞合的研究,概括出一些不应该实行并科的情况(如Farinaccio就明确提出,只有"在单个盗窃行为是针对不同对象在不同时间内实施时"[1]才能适用并科原则,而"当某人在同一时间内连续多次盗窃东西,因此被视为一个犯罪时"[2],或者"当某人在不同时间内在同一地方连续多次未中断地实施盗窃行为时"[3]都不能适用并科原则)。

[1] 原文"*quando singula praedicta furta sunt distincta re et*

第10章 一罪与数罪

tempore"为拉丁语。

〔2〕原文"*quando plures res eodem tempore quis furatur, quia tunc unicum reputatur furtum*"为拉丁语。

〔3〕原文"*quando quis ex uno loco, tempore tamen diverso, sed continuato et successivo unam rem sive plures furatur*"为拉丁语。

1889年刑法典（第79条）中有关于连续犯的规定，1927年曾在刑法草案中被删去，但由于司法界的强烈呼吁，最终在定稿时仍得以保留。刑法典第81条最初规定，只有多次"触犯同一法律规定"，即只有同种数罪的实质竞合，才能构成连续犯。1974年第99号法令（后转为第220号法律）第8条，取消了上述限制。因此，按现行刑法规定，任何实质的犯罪竞合都有构成连续犯的可能。

连续犯的构成有两个要件：（1）一人实施多个犯罪；（2）基于"同一犯罪意图"。其中最后一个因素是将多次触犯法律规定的行为连接起来的关键，没有这个因素，多个犯罪行为就因不可能构成连续犯，而属于实质的犯罪竞合。所谓"同一犯罪意图"具有认识因素的性质，是指犯罪人打算在不同时间分次实施的犯罪计划。这种打算应有相对具体的内容，即应包含计划实施的具体的犯罪行为，而不能只是简单地有打算以犯罪为生的动机（如果是这种情况，有可能符合惯犯或职业犯的特征）。根据刑法学界的通说，犯罪意图中还必须包含一个意志因素，即将多个犯罪结合成一个整体的犯罪目的（杀死仇人全家，出于报复的目的；盗枪出于实施抢劫的目的）。在1974年以前，当连续犯还要求以触犯同一法律规范（即构成同种数罪的竞合）为前提时，行为的客观方面是界定连续犯的主要标准，主观方面则只要求有一个简单的犯罪打算就行。尽管行为人每次触犯法律规范的行为都具有独立的意义，但当时的做法是把它们"概括"起来，将它们都视为行为人与法律相对立的态度的体现。1974年以后，由于异种数罪的实质竞合也可能作为连续犯来处理，行为的主观方面就成了决定多个行为是否构成连续犯的唯一标准。这种标准要求行为的主观方面必须能更合理地解释连续行为最初的

431

联系，并且能用统一的犯罪目的来说明为什么对连续犯应承担较轻的责任。不坚持这种标准，就可能放纵那些犯罪能力极强的罪犯，因为只要他们事先对基于不同犯罪目的而实施一系列的犯罪行为都制定了一个全盘的计划，就会因此而构成连续犯，得到较轻的处罚。

与这种法律的要求相反，人们注意到在司法实践中存在扩大连续犯范围的倾向。这种倾向表现为用"排除法"来认定同一犯罪意图，即只有多个犯罪不可能是"连续的"并明显与最初犯罪意图不相容时（如在实施盗窃行为后，因偶然的机会又实施了强奸行为），才能排除连续犯；其他情况，即使明显构成独立犯罪，也按连续犯处理。现在看来，由于司法实践对限制加重处罚原则的偏爱，关于连续犯的规定正在取代有关（采用并科原则处罚的）实质的犯罪竞合的规定。除此之外，根据刑事诉讼法典第 671 条的规定，现在在行刑阶段也可以适用有关连续犯的规定，上述倾向必然有增无减。因为从实践角度看，在行刑阶段正确地认定犯罪意图的可能性，显然是小而又小。

根据纯教条式的理解，由于连续犯要求有统一的可以概括所有不同连续行为的犯罪意图，所以过失行为之间或故意行为与过失行为之间不可能有连续的形态（不论是重罪或是轻罪概莫能外，但只要二者都是故意行为，重罪和轻罪之间的连续行为却可构成连续犯）。然而，刑法典第 81 条第 2 款规定的同一犯罪意图只涉及行为（即"数个作为与不作为"），并没有涵盖所有的犯罪构成要件。从这个角度讲，似乎不能排除过失行为也可构成连续犯的可能，因为在同一犯罪意图支配下的一系列行为，完全可能导致多个行为人不希望的结果发生（例如，一个建筑企业家为了降低成本，在建筑过程中采取一系列不注意生产安全的措施，结果造成一些工人的伤亡）。

在数罪中有一个已被判决的情况下，连续犯是否还可能成立，是一个极有争议的问题。如果已判决的是数罪中最重的罪（如抢劫），尚待判决的是较轻的罪（如盗窃），一般承认二者间存在构成连续犯的可能，并且在构成连续犯的情况下，对后者只适用连续犯应加重的那一部分刑罚（因为最重之罪的刑罚先已决定了）。但与此相反的情况，即已判决

第 10 章　一罪与数罪

的是数罪中较轻的犯罪，尚待判决的是较重的犯罪，是否也存在连续状态呢？承认在这种情况下也可能有连续犯的存在，意味着将全部推翻以前对较轻之罪所作的判决，重新决定刑罚（即以最重之罪为基准，按连续犯的规定加重处罚）。但否认这种情况下存在连续犯，不仅是毫无道理地同罪不同罚的体现，同时也与宪法第 3 条第 1 款的规定格格不入。因为，这样一来，是否适用刑法规定的对连续犯的制裁制度，就完全取决于常常是偶然的程序性因素（即取决于数罪是否在同一程序中审判，或者重罪是否在轻罪之前被判决）。好在现在有了刑事诉讼法典第 671 条，这个问题已经不是一个问题了。正如前面强调过的那样，刑事诉讼法典第 671 条允许在行刑阶段适用有关连续犯（和形式的犯罪竞合）的规定。这样，即使法官审判时对数罪中每一个犯罪都没有适用关于连续犯的规定，并对各罪分别判处了相应的刑罚，执行法官也可根据具体情况来认定数罪间是否存在连续关系。如果数罪间具有连续关系，且原审法官并未否定过这种关系或形式的犯罪竞合，执行法官就可以根据刑法典第 81 条规定的标准来重新确定刑罚（刑事诉讼法典第 671 条 1）。如果重新确定的刑罚符合适用缓刑和不提及有罪判决的条件，执行法官还可依法适用上述措施（刑事诉讼法典第 671 条第 3 款）。

3.2　连续犯：意义及后果

就某些法律后果而言，连续犯应视为单一犯罪处理，但就另一些法律后果而言，行为的连续状态毫无意义，应被当作简单的犯罪实质竞合看待。

就适用刑罚而言，连续犯基本上是被当作单一犯罪来处理的，即，如前所述，适用限制加重原则（该原则在具体适用过程中也可能与并科原则相重合，因为根据刑法典第 81 条第 3 款的规定，按此原则决定的刑罚，只是不得"超过"按并科原则决定的刑罚）。对连续犯的处罚是在数罪中最严重之罪应处之刑罚的基础上再"加重至该刑罚的三分之一"。至于数罪中哪一个是最严重的罪，应参照刑法典第 133 条的规定和具体的犯罪情节来决定。不过，最近有一种做法倾向于根据立法的规

_433

定来决定,理由是:尽管按法律规定的重罪实际上的确可能是较轻的罪,但不能以此为由将法律规定适用于实际上最轻犯罪的法定刑作为处罚连续犯的基准,因为所谓实际最轻的罪是撇开各犯罪间的联系后,对单个犯罪进行评价的结果(例如,某人实施了一系列的盗窃行为后,达到了盗窃数额巨大的程度,但对每一个具体的盗窃行为而言,都只是盗窃数额较大的行为)。某种权威的意见认为,在决定数罪中哪一个是最严重的犯罪时,应排除刑法典第61条第2项将"实施他罪为目的"作为加重情节的情况,否则就很难解释下列矛盾:法律一方面规定以实施他罪为目的是加重情节,同时又规定连续犯(为实现特定犯罪目的而实施的一系列犯罪行为)实际上应从轻处罚。事实上,上述法律规定不矛盾,因为关于实施他罪的目的是加重情节的规定,只适用于已实施的犯罪是实现他罪的手段的情况,或者说,适用该规定的前提是作为目的的犯罪尚未实施。如果后者已经实施,行为就构成连续犯,并根据连续行为中最重的犯罪为基准,来确定具体的刑罚,自然不存在适用上述加重情节的问题。

在连续犯的范围扩展到实质的异种数罪竞合后,构成连续犯的各罪在法定刑性质和种类上的冲突,就成为经常出现的问题。例如,如果连续行为分别构成诬告罪与侮辱罪,刑法典第368条第1款对前者规定的刑罚是有期徒刑,刑法典第594条第1款对后者规定的刑罚是罚金;在连续行为分别构成诈骗罪和赌博罪的情况下,刑法典第640条对前者规定的刑罚是有期徒刑,刑法典第718条对后者规定的刑罚是拘役和罚款。解决这种冲突办法,本应由法律作出明确的规定(如1889年刑法典第68等条的规定那样),但由于现行刑法中没有这种规定,在上述情况下如何决定适用的刑罚,就成了一个非常棘手的问题。司法实践曾倾向于认为:在刑种不同的情况下,就不能采取限制加重原则,只能适用并科的方法决定应处的刑罚;如果以数罪中最重的刑种(如有期徒刑)来处罚法定刑为其他刑罚(如罚金)的犯罪,显然有悖于罪刑法定原则。解决这个问题,必须注意两点:一是按刑法典第81条的规定,对连续犯只能适用法律规定的刑罚;二是限制加重原则并不意味着对连续

第10章 一罪与数罪

犯只能适用最重之罪的法定刑，或者说限制加重原则本身并不排除对连续犯同时适用性质、种类不同的刑罚。在连续行为各罪法定刑的性质、种类不同时，应区别以下两种不同情况分别处理：

（1）在竞合各罪应处刑罚的性质一样，只是种类不同时（如都是监禁刑或都是财产刑，但监禁刑分别为有期徒刑和拘役，而财产刑分别为罚金和罚款），对连续行为的处罚完全可以以各罪中最重之刑为基准来决定应加重的那一部分刑罚的刑期，但不改变原有的刑种（如数罪中最重之刑为6个月有期徒刑，其他连续行为可在此基础上加处2个月的监禁刑，如果其他连续行为属于应处以拘役的轻罪，则加处那一部分刑罚的刑种就应是拘役）。

（2）在竞合各罪应处刑罚的性质、种类均不同（如一个为有期徒刑，一个为罚款）时，对连续行为加处的那一部分刑罚，也可先按监禁刑计算，然后再根据刑法典第135条规定的标准，折算为实际应执行的刑罚（如最重之罪的刑罚为6个月有期徒刑，而连续行为是一个只规定了罚金刑的犯罪时，可先加处2个月的有期徒刑，然后将2个月的有期徒刑折算为150万里拉的罚金）。

对上述第二种情况，司法实践仍坚持原有立场，但在第一种情况下，似乎开始接受限制加重原则，具体方法是延长处罚数罪中最重之罪的刑罚的刑期（即对连续犯只适用单一的刑罚）。这种做法的问题在于，它无端地造成对连续犯处理的不平等，根据刑法典第81条第2款的规定，法定刑的种类不应该是适用该规定的前提。值得注意是，最近有一种做法倾向于对连续犯的情况不加区分，即不管竞合数罪的法定刑性质和种类，一律按最重之罪的法定刑再加重处罚。

在一般情况下，对其他适用于单个有罪判决的刑法制度（如缓刑）而言，连续犯也被视为一个整体。但在附加刑的问题上，通说认为必须适用刑法典第77条的规定，即将构成连续犯的数罪当作独立的犯罪来处理；不过，司法实践的做法是：根据最重之罪的刑期来决定附加刑的刑期，即不考虑附加刑与主刑中加重处罚的那一部分的关系。在消除犯罪与消除刑罚原因的问题上，连续犯一般被视为数个独立的犯罪（例

—435

如，赦免的效力只及于连续行为中应予赦免的犯罪）；在时效起算问题上，连续犯应按单一的犯罪处理（刑法典第 158 条第 1 款），但对消除犯罪所需的期间问题，则应根据连续行为中各罪的法定刑来解决（刑法典第 157 条）。从程序上看，连续犯一般属于简单的犯罪实质竞合的范畴（在地域管辖和级别管辖问题上，新刑事诉讼法典事实上已不把连续犯当作单一的犯罪看待）。

4. 发展犯与犯罪的发展；不可罚的事前行为与事后行为

"发展犯"（il reato progressivo），是指某种犯罪的实施过程中包含一些本身就可能构成独立犯罪的发展阶段，并且这些犯罪阶段与该犯罪所侵犯的是同一或同类犯罪客体的情况。例如，杀人罪一般都有先构成伤害罪的过程。发展犯构成单一的犯罪：就客观方面而言，它们是侵犯主要法益的一系列有内在联系的举动；从主观方面看，它们都共同指向同一违法的结果。在刑法理论中，有一个与发展犯不同的概念——"犯罪的发展"（la progressione criminosa）。这个概念是指一个人在实施了一个犯罪之后，立即产生新的犯意，实施了更为严重的犯罪的情况，例如，提佐在伤害凯奥后，决定杀死他。

所谓"不可罚的事前或事后行为"（l'antefatto e il postfatto non punibile），则是指某些犯罪在一般情况下是另一犯罪的前提或后果的情况（例如，非法携带武器往往是抢劫罪的前提，而为了便利销赃而毁坏被盗财产，则常常在盗窃罪之后发生）。在上述情况下，轻罪都为重罪所吸收，不过理由不同（有些根据从属性原则，按法条竞合处理；有些则被纳入复合犯的范畴。参见本章第二节 3）。事实上，这些情况都属于实质的犯罪竞合，并可按连续犯处理。顺便提一下，理论界提出的上述概念的初衷，本是为了避免在连续犯只能由同种数罪构成的情况下，对这些情况采用严厉的并科原则；现在连续犯的范围已扩展到了异种数罪的竞合，再提这些概念就意义不大了。

附 录

1. 关于我国刑法学界对意大利现行刑法的几点误解[1]

不应现在才有的开场白

在我们刑法学者眼里,意大利显然不仅仅是一个从地理位学角度看坐落在欧洲大陆南端,处处如诗似画地闪耀着灿烂文化光辉的文明古国;也不仅仅是那个培育了最早的资本主义生产关系和伟大的文艺复兴运动,从物质和精神两个方面奠定了现代社会基础的近代人类文明的发祥地。对我们刑法学者来说,意大利意味着贝卡利亚、龙勃罗梭、菲利、加罗法洛、格拉马蒂加等一大串在刑法学说史中永远不会被抹去的名字;意味着一片由这些璀璨得足以为近、现代刑法学各大流派确定理论坐标的超级巨星所组成的天空;意味着在这些刑法大师们所创造的一个又一个刑法理论的里程碑面前,"条条大道通罗马"这句千古俗谚在刑法学领域开始具有了新的含义。

—437

[1] 本文原载于《中外法学》1997年第5期。

遗憾的是，贝卡利亚等人在刑法理论上的成就并未能使他们的祖国在政治经济等方面同样走在世界的前列。几度的"潮起云飞、花开花落"，当贝卡利亚等刑法领域的时代弄潮儿所掀起的一波又一波超新星爆发似的轰动效应渐趋平缓以后，比其他西方国家相对落后的政治、经济状态，终使意大利并不落后的刑法制度和刑法理论不再成为各国刑法学界关注的热点。难学且应用国家不广的意大利语，无形中为意大利与其他各国刑法学者之间的交流筑起了一道很难逾越的语言屏障，更使人们对意大利刑法的了解如同"雾里看花、水中望月"，很难看得"真真切切"。尽管谈起贝卡利亚，龙勃罗梭、菲利等人的理论观点，我们很可能一一道来，如数家珍，但恐怕很少有人知道，意大利之所以有"刑法的故乡与摇篮"的美称，并不是由于贝卡利亚等人对现代刑法学各大流派的形成有创业奠基之功，而是因为早在中世纪，意大利的注释学派（glossatori），特别是后期注释学派（postglossatori o commentatori-pratici）刑法学家就已从对古罗马法的研究中总结出了现代刑法的许多基本原则，从理论上勾画出了现代刑法制度的基本轮廓。[2]不论在我国，还是在世界的其他地方，人们对意大利刑法制度及刑法学理论的现状都不仅了解不多，而且往往存在一些重大误解。[3]全面介绍意大利刑法中尚未为我国刑法学界所了解的东西显然不是本文所能胜任的目的，笔者在这里只想根据自己手里有限的资料澄清几个有关意大利现行刑法典的几个带普遍性的重大误解。

[2] 参见木村龟二：《刑法学辞典》，50页；F. Antolisei, Manuale di Diritto Penale（《刑法学教程》），p. 31；

F. MandovaniDiritto Penale（《刑法学》），p. 62.

[3] 如著名的《牛津法律大辞典》在介绍意大利刑法时，就错误地认为"在1890年意大利又颁布了一部新的刑法典"（这很可能是意大利1889年刑法典在1890年才正式生效而引起的错觉），对意大利现行的1930年刑法典居然只字未提。又如，以卡尔拉拉（Carrara）为代表的刑事古典学派早在19世纪60年代就已提出了

系统的犯罪构成理论，而当今不少国家的刑法学界却普遍认为奠定现代资产阶级犯罪构成理论基础的"桂冠应当属于贝林格"（日本刑法学者泷川幸辰语）。

一、意大利不存在 1968 年刑法典

笔者在这里要说明的第一个问题是，意大利的现行刑法典是仍然是 1930 年 10 月 19 日公布，1931 年 6 月 1 日施行，以当时的司法大臣阿尔伏勒多·洛克命名的"洛克法典"[1]，而不是像我国刑法学界目前普遍认为的那样存在一个 1968 年 10 月修订的刑法典。为了澄清这个误解，增进我国刑法学界对意大利刑法的了解，笔者认为有必要在这里简要介绍一下意大利刑事立法的简况。

[1] 参见 T. Padovani, Diritto Penale（《刑法学》），pp. 6～11；F. Antolisei, Manuale di Diritto Penale（《刑法学教程》），p. 18；F. Mandovani, Diritto Penale（《刑法学》），C. Fiore, Diritto Penale（《刑法学》），G. Fornasari, I Prinicipi del Diritto Penale Tedesco（《德国刑法原理》）有关章节。

在 19 世纪 60 年代以前，长期处于西班牙、奥地利和法国统治下的意大利并没有统一的法制，割据各地的形形色色的王国、共和国都有自己独立的刑法典。如 1819 年的西西里刑法典，1820 年的帕尔玛刑法典，1832 年适用于各教会国家的刑法规则，1853 年的托斯卡那刑法典以及 1859 年的撒丁王国刑法典。其中最值得一提的是 1859 年的撒丁王国刑法典和 1853 年的托斯卡那大公国刑法典。因为前者是意大利统一后第一部几乎适用于意大利全境的刑法典，而后者则恰恰是唯一挡住了用前者来统一意大利刑法的步伐，从而促使了意大利第一部真正统一的刑法典的诞生的刑法典。

1859 年的撒丁王国刑法典是以 1810 年的拿破仑刑法典为蓝本制定的。1861 年撒丁王国统一了除威尼斯、罗马以外的意大利的其他地区，并于 3 月 17 日宣布意大利王国的成立。随着统一的意大利的形成，1859 年的撒丁王国刑法典也逐步被推广适用于意大利的其他地区，到

1879年该法典已适用于除托斯卡那地区外的意大利全境。该法典被拒绝适用于托斯卡那地区主要有两个原因。一个原因是撒丁王国刑法典中有大量规定了死刑的条文，而托斯卡那地区已于1859年再次废除了死刑[2]，有着悠久反死刑传统的托斯卡那人民强烈反对以统一法制为理由而采取恢复死刑这一倒退的措施。另一个原因是1853年托斯卡那大公国刑法是意大利统一前最先进的刑法典，不论在法律规定的内容或立法技术方面都远远超过1859年的撒丁王国刑法典；如果舍弃该法典而采用相对落后的撒丁王国刑法典（后亦被称为撒丁—意大利法典）将不论在刑法的实际运用还是刑事政策方面都会带来难以解决的问题。[3]

[2] 该地区刑法典第一次废除死刑是1786年（参见F. Madovani, Diritto Penale, p. 774)。

[3] 参见 T. Padovani, Diritto Penale, p. 8。

由于撒丁—意大利王国刑法典在推广适用于意大利全境的过程中，各地区往往根据自己的情况采取了一些变通规定，特别是托斯卡那地区适用的仍是统一前的刑法，这样就形成了政治上已经统一了的意大利在法制上并没有一部统一的刑法典的局面。为了改变这种只应该存在于典型的封建割据时代的法制不统一的状况，从统一的那一天起，意大利就开始了制定统一的刑法典的努力。在1866年威尼斯归并意大利王国，1871年教皇的世俗特权被剥夺后，意大利人民终于为自己的国家独立和民族统一事业画上了一个完整的句号。从此，意大利更是加快了制定统一刑法典的步伐。经过近30年的酝酿，1889年6月30日"现代刑法的故乡与摇篮"才终于盼来了第一部真正统一的刑法典。鉴于当时的司法部长扎纳尔德里（Zanardelli）在制定该法典过程中的特殊贡献，人们习惯称这部于次年元月1日生效施行的刑法典为"扎纳尔德里法典"。它是意大利第一部，也可以说是唯一的一部自由资本主义时期的刑法典。相对意大利在封建复辟时期各地区制定的刑法典而言，"扎纳尔德里法典"不论在内容上还是立法技术上都有很大的进步。在一种力求宽和的刑事政策的指导下，该法典全面废除了死刑，规定了假释，采用了训诫、参加公益服务等短期自由刑的替代性措施，缩小了各罪法定最高

附录

刑与最低刑之间的差距,在犯罪的未遂、共同犯罪、数罪并罚的原则等方面也作出了较撒丁王国刑法典更为合理的规定。[4] "其卓越的立法技术"更是"受到意大利国内外高度的评价"。[5]

[4] 参见 C. Fiore, Diritto Penale, pp. 41～42。
[5] 参见木村龟二:《刑法学辞典》,50 页。

早在 19 世纪 70 年代就已崭露头角的意大利实证主义刑法学派,在"扎纳尔德里法典"颁布前后已形成具有世界影响的刑法思潮。在这个思潮的影响下,意大利当时的司法部长摩尔塔拉(Mortara)于 1919 年成立了以实证主义刑法学大师菲利为首的刑法起草委员会。1921 年该委员会提出了著名的较全面地反映了实证主义刑法改革主张的"菲利草案"。由于遭到来自各方面的强烈反对,这个草案最终未逃脱被束之高阁的命运。

1922 年以墨索里尼为首的法西斯攫取了意大利的国家权力,为了适应法西斯统治的政治需要,1925 年成立了一个由阿尔图洛·洛克(Arturo Rocco)教授主持的刑法起草委员会。在征求了议会有关方面的意见后,当时的司法部长阿尔伏勒多·洛克(Alfredo Rocco)对该委员会提出的草案作了最后的修改。1930 年 10 月 19 日这个在意大利被称为"洛克法典"的刑法典正式颁布,1931 年的 7 月 1 日这个法典正式生效施行。这个应法西斯思潮之运而生的刑法典,自然不可避免地带有浓厚的专制主义色彩。如在总则中重新规定了死刑,加重刑罚,减少非监禁性刑罚的适用,严格限制法官的自由裁量权,以推定的人身危险性作为量刑基础而适用的保安处分;在分则中则增加了禁止罢工,惩罚各种思想犯的规定。

法西斯政权倒台后,意大利政府分别于 1944 年 8 月和 9 月两次颁布法令对旧刑法中专制色彩最明显的一些条文进行了修改。如重新废除了死刑[6],取消那些以维护法西斯组织机构为直接目的犯罪规范(如侵犯国家元首名誉自由罪);同时恢复了刑法中的减(从)轻情节,规定公民有合法反抗官吏专横的权利等。

[6] 鉴于国内介绍意大利第二次世界大战后废除死刑情况的有

关材料不太确切，笔者愿在此略作介绍。在法西斯倒台后，意大利政府 1944 年 8 月 10 日 224 号法令宣布对所有刑法典中规定的犯罪不适用死刑（但不包括军法规定的死刑和 1944 年 7 月 27 日 159 号法律中规定的适用于罪行严重的"法西斯及其合作者"的死刑），1945 年 5 月 10 日第 234 号法律又重新规定对最严重的集团犯罪（如抢劫、武装匪帮等）适用死刑，1948 年 1 月 1 日生效的意大利宪法第 27 条最后一款规定："除战时军法规定的情况外，不允许死刑。"同月 22 日的 21 号法律明确规定，除战时军法外，废除所有法律中规定的死刑，并以无期徒刑取而代之。

1948 年 1 月 1 日意大利新宪法生效，意大利这个"以劳动为基础的民主共和国"[7]不得不尴尬地面对一部具有深刻法西斯烙印、专制色彩十分浓厚的现行刑法。为了消除这一不协调的对立，有人呼吁重新采用 1889 年刑法典，但更强烈的呼声是要求制定新刑法典。在这样的背景下，自 1949 年以来意大利先后提出了近十个刑法草案，有的甚至还通过了意大利参议院（Senato）的审议。[8]但这些试图取代 1930 年刑法典的努力不是流产于起草阶段，就是夭折在立法过程中，始终没有一个成为法律。

[7] 意大利宪法第 1 条规定，"意大利是以劳动为基础的民主共和国"。

[8] 如在作了一些修改后，意大利参议院于 1971 年 7 月 2 日就曾通过 1968 年提交其审议的 Gonella 草案。

新的意大利刑法典"千呼万唤"难出台，有三个主要原因。一是意大利战后政局变幻莫测，始终"没有形成一个一贯的刑事政策"。二是 1930 年刑法典在起草过程中曾"广泛地征求过大学教授、法官、司法行政机关和有关学者的意见"，因而形成了令后来者很难超越的立法技术。令人感兴趣的是，带有浓厚专制色彩的意大利现行刑法能在战后建立的民主共和国中苟延至今，其根本原因不在其他，而是由于规定民主共和制的意大利新宪法在现实生活中实施。意大利共产党人在反法西斯斗争中的中坚作用，使其在战后制定宪法的过程中发挥了极其重要的影响，以至意大利人认为，他们的宪法"是一个以个人为基础的自由主义、强调集体利益的马克思主义和注重社会道义的基督教思想等思潮相互冲突、相互妥协、相互折中的产物"[9]。因此，与西方其他国家相比，意大利宪法似乎包含更多的民主成分。用宪法的形式来直接规定几乎所有的刑法基本原则，以防止国家滥用司法权来侵犯公民的自由，可以说是意大利宪法区别于其他国家宪法的典型特征之一。如该宪法第25条第2款、第3款对罪刑法定原则的规定，第27条第1款对"刑事责任是个人责任"[10]的规定，该条第3款、第4款对禁止死刑、禁止不人道刑罚的规定以及对刑罚必须以"对被判刑人进行再教育"为目的的规定等。当这些意大利宪法规定的这些刑法原则与具有强烈民主性的宪法本身融为一体，并通过战后建立的宪法法院等机构的作用而在现实中得以实现时，意大利现行刑法中带有专制的因素自然就在很大程度上被消除、减弱或得到抑制。通过宪法中的民主性来消除刑法中的专制性，这是意大利现行刑法在适用过程中的特点，这也是每一个意大利刑法学家都特别强调宪法对刑法的指导、制约作用，甚至干脆把宪法和宪法性法律直接列为刑法的直接渊源之一[11]的原因。

[9] 参见 F. Mandovani, Diritto Penale, p.26。

[10] 这个规定同时也被意大利刑法学界理解为对"罪过原则"的规定。

[11] 如当代意大利最著名的刑法学家安东里惹（F. Antolisei）在其所著的《刑法教科书》（Manuale di Diritto Penale）中就将宪法及宪法性法律与其他刑事法律一起列为刑法的直接渊源。参见 F. Antolisei, Manuale di Diritto Penale, p.59。

由于上述原因，在意大利参议院1973年试图通过刑法典草案的努力再度受挫后，意大利的立法机关似乎放弃了全面修订刑法的做法[12]，意大利的刑事立法开始进入以"零敲碎打"[13]的方式对现行刑法典中最迫切需要修改的问题进行"修修补补"的阶段。从1974年开始，意大利用单行法规和宪法法院裁决的形式对现行刑法进行了大量的修改。其中重要的如1974年颁布的两个法律扩大了缓刑适用的范围，并"极大地增大了法官的自由裁量权"；1981年的"刑罚制度修改法"取消了对绝大部分行政违法行为的刑事处罚，用大量非监禁性措施来取代自由刑；1975年和1986年的监狱法也对现行刑法的有关规定作了与上述改革方向一致的修改。

[12] 直到1988年意大利司法部才再次组织了一个从属于其立法办公室的委员会，让其起草一个制定新刑法的基本原则和指导方针的大纲，1992年3月该委员会起草的大纲在《司法文献》上发表（参见C. Fiore Diritto Penale第52页脚注66）。

[13] 意大利人称这种方式为"novellistico"，即短篇小说式的，写新闻式的。

通过上面的介绍，读者已经可以很清楚地看到，自1930年以来意大利没有通过新的刑法典，所以关于意大利现行刑法是1968年10月修订的刑法典一说显然是误传。根据目前的材料看，我国台湾地区"司法行政部"印的《各国刑法汇编》（以下简称《汇编》）下册中所录的《意大利刑法典》恐怕是这一误传的根源。该汇编所收的《意大利刑法典》目录和正文都在《意大利刑法典》标题下注明"一九六八年十月修订"。但笔者以上引自当前意大利最权威的刑法教材中材料说明：在1968年，意大利没有重大的刑事立法活动，更不用说通过全面修改的刑法典了。

《汇编》中所译的意大利"1968年10月修订"的刑法典来自何处，笔者不敢妄测。根据本人手里的资料，该说法似乎也不完全是空穴来风，无中生有。因为在1968年曾分别有人提出两个不同的刑法典草案（Reale草案和Gonella草案），其中的一个草案（Gonella草案）于当年的11月19日（不是10月）被正式提交参议院。在对这个草案进行了一些修改后，意大利参议院于1971年（不是1968年）7月2日审议并通过了该草案，但并未在众议院获得通过。1973年参议院再次讨论修改了该草案。从此以后，该草案也同它前面的其他刑法草案一样，有如泥牛入海，再也没能引起立法机关的注意。《汇编》中意大利刑法典的译者，是不是误将上述两个未经过立法机关批准的法律草案之一当作正式的法律文件了呢？

二、意大利刑法典规定的惩罚对象是行为人而不是行为

尽管意大利并不存在 1968 年 10 月修订的刑法，将《汇编》中的译文与意大利现行刑法典原文进行了对照之后，笔者认为《汇编》中意大利刑法典的条文顺序是正确的，译文内容也基本符合原意。但是，通观全文，笔者的感觉是：该译文不是直接根据意大利语原文翻译的，并由此而产生了不少翻译上的错误。一一列举该译文的具体问题当然不是本文的任务，笔者在这里想强调的只是，该译文的表述方式可能使人们对意大利现行刑法典产生的时代背景和立法精神产生重大误解。为了说明《汇编》中意大利刑法典译文在表述方式方面的问题，我们先来看几个将意大利原文和《汇编》中的译文进行比较的例子。

例一，意大利刑法典第 1 条规定的是罪刑法定原则，其原文是"Nessuno puòessere punito per un fatto che non sia espressamente preveduto come reato dalla legge，nècon pene chenon siano da essa stabilite"。该条规定正确的中文译文应是："任何人不得因没有被法律明确规定为犯罪的行为（事实）而受处罚，也不得受法律没有规定的刑罚的处罚。"[1]

[1] 意大利原文中的"Nessuno"的意思是"没有任何人"；"puo"是"可以"的意思，"essere punito"是意语动词"punire"（处罚，惩罚）的被动态；"per"相当于英语里的"for"，在这里表示"因为"或"为了"的意思；"un fatto"即"一个行为（事实）"；"che"（相当于英语里的"that"）引出后面修饰行为的定语从句"non sia espressamente preveduto come reato dalla legge"（没有被法律明文规定为犯罪的）；"ne"等于"也不得"；"con pene che non siano da essa sabilite"指"受（用）法律没有规定的刑罚（的处罚）"。这里值得一提的是"fatto"一词在意大利语里有"行为"和"事实"两种含义，由于在意大利刑法学界有人（如第三学派的代表人物之一 Manzini）认为存在没有行为的犯罪，因此将其译为"事实"似乎更不容易引起争论。

《汇编》中的译者将上述条文译为"行为非经法律明文规定犯罪及刑罚者，不得定罪科刑。"从内容上看，《汇编》中的译文除没有将原文中"也不得受法律没有规定的刑罚的处罚"这一含义明确地表述出来外，似乎没有什么大错。但请读者们注意，译文在表述方式上将原文中的主语"（任何）人"改为了"行为"，这样原文中的"（任何）人不得……受处罚"，在译文中就变成了"行为……不得定罪科刑"。

例二，意大利刑法典第85条的原文是：

"Nessuno può essere punito per un fatto preveduto dalla legge come reato, se, al momento in cui lo ha commesso, non era imputabile.

È imputabile chi ha la capacità di intendere e di volere"

如将其直译为中文，正确的表述方式应是：

"任何人不得因被法律规定为犯罪的行为（事实）而受处罚，如果他在实施该行为时没有责任能力。

有辨认能力和控制能力的人有责任能力。"

《汇编》中意大利刑法典的译者将该条译为：

"无责任能力的人的行为，不罚。

无责任能力人，指无辨别能力及无意思能力之人。"

读者们可以看出上述译文是完全脱离了原文字面束缚的意译。这里且撇开第2款的译文不谈。该条规定第1款意语原文如果意译，应该是"行为时没有责任能力的人，不罚"，《汇编》中的中文却将其译为"无责任能力的人的行为，不罚。"很显然，译者在这里又将原文中的主语，即刑罚处罚的对象"（任何）人"换成了"行为"。

例三，意大利刑法典第575条对杀人罪的规定，其原文是："Chiunque cagiona la morte di un uomo è punito con reclusione non inferiore a 20 anni."如果按字面意思直译，其中文表示应为："无论谁引起他人的死亡，处不低于20年的有期徒刑。"[2]

[2] "Chiunque… è punito con…（无论谁……处……）"是意大利刑法典的分则规范的典型表述模式。

《汇编》中意大利刑法典的译者将该条译为"杀人者，处20年以上的徒刑。"

这一译法除把"引起他人死亡"译为"杀人"[3]外，最明显变动是用汉语中无实在意义的语气助词"者"[4]来取代了原文中的关系代词"chiunque"("无论谁"[5])。经过这么一改,意大利文中"对引起他人死亡的人处不低于 20 年的有期徒刑"这一意思,就变成了"对杀人(的行为)处 20 年以上的徒刑"。原文中的主语,刑罚处罚的对象,"人"在这里仍然被中文译者用"行为"(杀人)这一概念所代替。

[3] 意大利刑法学界也有人主张将"引起他人死亡"(cagiana la morte di un uomo)改为"杀人"(uccidere un uomo),参见 F. Antolisei,Manuale di Diritto Penale(Parte Genereale)。

[4] 汉语中的"者"用在分句中,只有表示停顿的意思,参见《现代汉语词典》有关词目。

[5] 意大利语中为"chiunque",大致相当于英语里的"whoever"。

通过上述几例意大利语原文和《汇编》中文译文的对比,读者们可以很容易地看出,《汇编》中的中文译文改变了意大利刑法典规定的刑罚处罚的对象:按照意大利刑法典原意,刑罚处罚的对象是行为人;而按照《汇编》中的译文,刑罚处罚的就应是行为而不是行为人。遗憾的是,《汇编》中译文的这种不正确表述方式不仅限于以上几个例子,在整个意大利刑法典的翻译中,译者通篇都采用上述表述模式。

笔者这里想强调的是,《汇编》中意大利刑法典的译文与意大利原文间的差异,并不仅仅是一个表述方式的问题:正确地表述意大利刑法典规定的刑罚处罚的对象,不仅有助于我们把握意大利刑法典产生的时代背景和立法精神,同时也是我们正确地理解意大利刑法的基本原则和意大利刑法学理论发展方向的一把钥匙。[6]

[6] 试将同样规定罪刑法定原则的德国现行刑法典第 1 条与意大利现行刑法典的第 1 条作一对比,我们就很容易看出意大利刑法典规定的刑罚的处罚对象与其他刑法典的区别。德国刑法典第 1 条的意大利语译文为:"Un fatto puo`essere punito solo se la punibilita`era determinata per legge prima della commissione del fatto."(一个行为,只有在它的可罚性由行为前的法律所确定时,才应受处罚。)[意大利语译文摘自 G. Fornasari:《德国刑法原理》(I

Principi del Diritto Penale Tedesco），第 23 页。] 很明显，德国刑法典规定的处罚对象是行为，而不是行为人。

从意大利刑法典产生的时代背景和立法精神角度看，意大利 1930 年刑法典是意大利实证主义刑事学派与刑事古典学派相互斗争、相互妥协的产物，或更准确地说，是力求纳上述二派学说的合理内核，弃二派主张之极端的意大利"第三学派"（La Terza Scuola）刑事立法主张的体现。在法西斯统治倒台已经五十多年的今天，一部在法西斯时代制定的刑法典居然还能在有优良刑法理论传统和战后民主意识极强的意大利继续生效，除了本文前面已讲过的几点原因外，还有一个不容忽视的因素：由于主持起草该法典的意大利法律技术学派的主要代表人阿尔图洛·洛克等人的努力，该法典不仅对传统的刑事立法模式进行了大胆的改革，在内容上更是做到了意大利刑事古典学派理论和刑事实证主义主张的有机结合。如该法典开宗明义在第 1 条就明确规定了罪刑法定原则，并用第三章专门规定了犯罪成立的各种要件和排除犯罪的情况，以及在严格按照法益的分类来安排分则的体系，按照法益的重要性来确定法定刑的幅度等方面，无一不坚持了刑事古典学派的基本立场。另一方面，该法典在刑法总则中专门设了"犯罪人"与"被害人"一章对犯罪人进行了分类，强调罪犯的"犯罪能力"、罪犯的人格在量刑中的作用，在刑事制裁措施方面采用了传统刑罚与保安处分并用的"双轨制"，强调刑罚除惩罚外还应有"对罪犯进行再教育"的作用等，这些又都充分反映了刑事实证主义学派的合理主张。该法典强调刑罚处罚的对象是行为人而不是行为，显然是"被处罚的不是（犯罪）概念而是行为人，刑罚的量不是由犯罪概念决定，而应由行为人的行为决定，通过行为人的行为所证明的行为人的品行对量刑具有决定作用"[7]这一实证主义刑事学派观点的反映。《汇编》中意大利刑法典的译者看来没有注意到这个变化，在翻译时仍然是根据"刑罚必须与法律根据具体行为抽象出来的犯罪概念相适应"[8]这一刑事古典学派的思维模式来表述这部深受刑事实证主义学派影响的刑法典的内容，当然可能导致人们对这部法典精神实质的曲解。

［7］参见木村龟二：《刑法学词典》，17页。

［8］同上。

在意大利刑法学界看来，"刑法的进化即不断追求一个完善的将犯罪归责于行为人的标准的漫长过程"[9]。离开了刑罚处罚的行为人而不是行为这一意大利刑法典的基本立场，我们就很难理解意大利刑法学家眼中的刑法基本原则以及全部的意大利刑法学理论。意大利刑法学界认为：由于刑罚处罚的是行为人，或者更正确地说处罚的是通过行为表现出来的行为人的人格，因此人、人的价值、人的能力以及人格的内涵不仅是全部刑法制度的出发点和归宿，也是理解刑法基本原则、建立刑法理论基础。将人理解为全部刑法制度的出发点和归宿，是指刑法必须以"维护人的自由和尊严"为自己的终极目标，立法者只能在公民个人"行为能力与价值判断能力"的范围内运用各种刑法制度（如不得因吸毒而有轻微盗窃行为的人再犯罪的可能性极大，就以特殊预防的需要为借口而"防微杜渐"，对其处以重刑)[10]，"不得把人作为实现任何超个人目的的工具"[11]（如不得仅仅为了追求一般预防的效果而"杀鸡儆猴"，处罚无辜或轻罪重罚）。从强调行为人的作用出发，开始有越来越多的意大利刑法学家把行为人视为刑法学中一个独立于犯罪和刑罚的范畴。[12]

［9］T. Padovani, Diritto Penale, p. 217.

［10］F. Antolisei Manuale di Diritto Penale (Parte Genereale).

［11］F. Mandovani, Diritto Penale, p. 22.

［12］如意大利当代最著名的刑法学家 F. Antolisei 就将其名著《刑法教科书》（唯一被《牛津法律大辞典》提到的意大利当代刑法学家和刑法学著作，该辞典提到的另一刑法学家曼兹尼是本世纪初兴起的意大利第三学派的代表人物）分为刑法概论、犯罪、犯罪人和犯罪的法律后果四部分；目前意大利刑法学界的后起之秀 F. Mandovani 在其代表作《刑法学》中开门见山就讲行为、（行为人）人格、（行为）后果是现代刑法和刑事科学的三大支柱。

在刑法基本原则的问题上，意大利刑法学界也多是以行为人为价值判断的坐标来加以诠释。如意大利宪法第 27 条第 1 款规定："刑事责任是个人责任。"对这一刑法基本原则,尽管曾有人将其基本精神仅仅理解为"任何人不得为他人的行为受罚",即我们所说的"罪责自负、不得株连"原则。但现在意大利刑法学界占统治地位的观点认为,意大利宪法的这一规定实质不在于,或不仅在于强调"一人犯罪一人当",即强调行为客观方面与行为人的关系;相反,"刑事责任是个人责任"的基本精神是强调"无罪过即无犯罪也不得受罚"(nullum crimen, nulla poena sine colpa)的"罪过原则",即强调行为的主观方面与行为人的联系。因为"只有不把行为人理解为一种'盲目'的因素,而将其理解为有能力根据自己的价值标准进行选择,并理性地控制自己的外部行为时","刑事责任才能说是个人的"。[13] 以行为人个人的人格(能力、价值观念)为基础的"罪过原则"(个人只应对对自己有能力进行价值判断范围内的行为负责)同时又是整个刑法(罚)制度的基础,因为不仅在认定犯罪时,只有根据行为人的价值判断能力才能决定行为人的行为是否构成犯罪,因而能从实际上限制、消除形式主义的罪刑法定原则的消极作用[14];在量刑时也只有根据行为人的价值判断能力决定刑罚,才能防止立法者、执法者以一般预防或特别预防为借口"把人作为实现刑事政策的工具"[15],才能真正做到"罪刑相适应",实现对被判刑人"进行再教育"的刑罚目的。[16] 从上面的介绍中我们已经可以看出,意大利刑法的全部理论都是围绕着行为人这个核心而展开的,如果不了解意大利刑法规定的处罚对象是行为人而不是行为这一事实,我们就很难以意大利的刑事立法为基础来理解、把握意大利刑法理论的内容和发展脉络,甚至造成一些不应有的误解。

[13] T. Padovani, Diritto Penale, p. 219.

[14] 1988年意大利宪法法院364号决议宣布,根据意大利宪法第27条第1款的规定,意大利现行刑法典第5条关于"不知法不得免除刑事责任"的规定部分无效。

[15] C. Fiore, Diritto Penale, p. 367.

[16] 参见 T. Padovani, DirittoPenale, p. 219; C. Fiore, Diritto Penale, p. 367.

三、普遍管辖原则不是意大利刑法空间效力的基本原则

中国刑法学界多年来一直认为,意大利和土耳其在刑法空间效力问题上采用的基本原则是普遍管辖原则。[1]根据意大利刑法的有关规定和意大利刑法学界的理解,中国刑法学界的上述看法显然是对意大利刑法的又一误解。

[1] 关于中国刑法学界的这一误解,参见司法部法学教材编辑部编审的高等法学院校规划教材《刑法学》第49页,成人高等法学教育通用教材《中国刑法教程》第23页(均为中国政法大学出版社1994年出版)。

为了说明这个问题我们先来看一看意大利刑法典到底是怎样规定的。该法典第3条规定:

"意大利刑法适用于意大利境内所有的本国国民或外国人[2],本国公法或国际法另有规定的例外。

意大利刑法适用于本国领域外的本国国民或外国人,但只限于本法和国际法规定的案件。"

[2] 其原文"La legge penale obbilga tutti coloro che, cittadini o stranieri, si trovano nel territorio dello Stato"直译应为"所有意大利境内的本国人或外国人都有遵守意大利刑法的义务"或"意大利刑法对所有意大利境内的人、本国人或外国人具有约束力",第2款前半段的"适用于"也是对"obbliga"(对……有约束力,使……承担义务)一词的意译。

该条第1款规定的是意大利刑法的域内效力,第2款则是有关该刑法域外效力的规定。意大利刑法典的第4条(意大利国民和领域)、第5条(守法的义务)、第6条(意大利领域内犯罪)都是对第3条第1款的解释;在第6条之后的第7至第9条则是对意大利刑法域外效力的具体规定[3],即对该法第3条第2款的解释。根据意大利刑法典的上述规定,意大利刑法在域内效力问题上采用的是属地原则应该是毫无疑义的。如果我们假设普遍管辖原则,我们可以看到,在意大利刑法典中属

地原则总是排在普遍管辖原则以前的。按照常例，若是同一法律中在顺序上排在前面的原则应是更普遍、更一般性的原则。很明显，就从形式上看，我们也应得出意大利刑法在空间效力方面的基本原则是属地原则，或至少应是折中原则的结论；认为意大利刑法空间效力的基本原则是普遍管辖原则的看法显然是与人们理解刑法规定的常理相悖的。

[3] 参见《各国刑法汇编》中的意大利刑法典有关条文的译文。

如果笔者从分析条文排列顺序中得出的这一看法尚不足以服众的话，我们还是来看一看意大利的刑法学家们是怎样理解他们国家刑法的空间效力原则的吧。

"属地原则是我们刑法典的基本原则"[4]，"从根本上说，意大利的刑事国际法[5]采用的属地原则"[6]，"和大多数现代国家一样，意大利也不是用绝对的方式规定属地原则，同时也部分地采用了其他原则（以属地原则为主的折中原则）"[7]。在什么是意大利刑法空间效力的基本原则这一问题上，意大利刑法学界的看法是完全一致的。除属地原则外，意大利的刑法学家们认为，根据意大利刑法典第 7 条到第 9 条的规定，意大利刑法在空间效力问题上还采用了：（1）第 7 条、第 8 条、第 10 条规定的保护原则（principio di diffesa）或被害人属人原则（principio di personalita`passiva）；（2）第 9 条规定的行为人属人原则（principio di personalita`attiva）；（3）第 7 条第 5 项规定的对国际犯罪和第 10 条中规定对普通犯罪[8]的普遍管辖原则（principio di universalita`o di extrater-ritorialita`assoluta）。很显然，根据意大利刑法学界的理解，意大利刑法典第 3 条第 2 款是有关意大利刑法域外效力的规定，而不单单是对普遍管辖原则的规定。

[4] 参见 F. Mandovani, Diritto Penale（目录）。

[5] 意大利刑法学界认为，国际刑事法（diritto penale internazionale）即国内刑法中的涉外规范，刑法的空间效力问题是国际刑事法的核心。

[6] T. Padovani, Diritto Penale, p. 66.

[7] F. Antolisei, Manuale di Diritto Penale（Parte Genera-

le），p.100.

　　[8] 根据该条规定，外国人在外国犯侵害外国国家或外国人之罪，根据意大利刑法应处无期徒刑或3年以上有期徒刑的，如果犯罪人在意大利境内且引渡未被允许或接受，经意大利司法部长的请求，可适用意大利刑法。由于实践中基本上不可能发生引渡会被犯罪人本国和犯罪地国政府拒绝的情况，这一规定几乎是形同虚设。

　　适用普遍管辖原则的前提"是国际社会的完全统一，人们评价刑事违法行为标准的完全一致；这些条件的实现还遥遥无期。今天人们还只能运用这个原则来处罚被国际法规定为犯罪的，危害所有国家利益的那些犯罪……"[9]"（普遍管辖）原则只有在世界组成一个国家时才是可理解的，在当今主权国家并存且多元的现实国际环境中，这个原则既不合理也不可行，因为它将一国的惩罚权扩张到了毫无限制的地步。"[10] 在意大利刑法学界看来，对这些犯罪适用意大利刑法，其出发点不是严格意义的行使刑事管辖权，而是"履行国际义务"[11]。听一听意大利刑法学界这些对普遍管辖原则的几乎一致的声音，可能有助于进一步消除我们在这个问题上的误解。

　　[9] T. Padovani，Diritto Penale，p.65.
　　[10] F. Madovani，Diritto Penale，p.913.
　　[11] F. Antolisei，Manuale di Diritto Penale，p.105.

　　说到意大利刑法的空间效力，笔者认为有义务顺便在此介绍一下意大利与中国刑法规定在刑法空间效力问题上的差异。这种差异主要有两个方面：一是意大利刑法典规定居住在意大利境内的无国籍人视同本国人[12]，而中国刑法学界则认为所有的无国籍人都是外国人；二是意大利刑法规定该法适用于意大利舰船、航空器时，要受国际法的限制，中国刑法则无此规定。参考有关的国际法原则与惯例，在第一个问题上，中国刑法把无国籍人视同外国人似乎更符合国际上的主流[13]；而第二个问题，意大利刑法的规定看来更为严谨，可以作为完善中国刑法典有关规定的借鉴。[14]

[12] 参见意大利刑法典第 4 条第 1 款。

[13] "依国际惯例, 无国籍人的居住国应当将他作为外国人看待"(参见王献枢主编:《国际法》, 266 页, 北京, 中国政法大学出版社, 1994)。

[14] 由于中国刑法没有规定中国刑法适用于中国舰船、航空器时, 要受国际法的限制, 中国刑法学界多将一国的飞机、舰船等视为该国的"浮动领土"、"拟制领土"。这一观点是违背国际法基本原则和惯例的, 因为"依据领土主权原则, 沿岸国对其港口内的外籍船舶上发生的刑事案件具有管辖权"。"按照属地管辖权, 各国对其领海内发生的刑、民事案件均有管辖权。"(参见王献枢主编:《国际法》, 167、174 页。)

四、意大利刑法关于犯罪未遂的规定不是主观主义的典型

把意大利现行刑法有关犯罪未遂的规定视为主观主义犯罪未遂理论的典型[1], 是因语言障碍而导致的中国刑法学界对意大利现行刑法规定的又一误解。

[1] 参见《故意犯罪阶段形态论》, 75 页, 上海, 复旦大学出版社, 1992。

在分析意大利刑法中的未遂制度是不是主观主义理论的体现以前, 笔者认为有必要在这里首先说明与此有关的两个事实:

(1)"作为现代意义上的犯罪未遂理论", 并不像刑法学界有些人所认为的那样, "学界公认系资产阶级刑事古典学派创始人, 被称为意大利刑法之父的切查理·贝卡利亚在 1794 年率先提出来的"。[2] 因为这个所谓"学界公认"的事实, 至少在意大利没有得到公认。根据意大利的刑法学家考证, "犯罪未遂(conatus)这一概念是由中世纪的意大利法学家提出来的, 他们准确地用'故意、行为、未完成'(cogitare, agire, sed non perficere)来描述了未遂的本质"。[3] 如果此说成立, 在刑法理论中首创犯罪未遂概念的桂冠应属于意大利 16 世纪到 17 世纪的刑事评论—实践学派, 而不应错戴在 18 世纪末叶才崭露头角的贝卡

利亚身上。因为早在贝卡利亚的处女作《论犯罪与刑罚》发表的一百多年前,前者就明确提出犯罪未遂应作为一种"独立的,因开始犯罪的实行行为应处罚,但危害性较犯罪既遂轻"的刑法制度。[4]

　　[2] 参见《故意犯罪阶段形态论》,75 页;《犯罪构成论》,241 页,北京,法律出版社,1987。

　　[3] F. Antolisei, Manuale di Diritto Penale, p. 406.

　　[4] 参见 F. Mandovani, Diritto Penale, p. 62。

(2) 意大利刑法典第 39 条规定:"根据本法为其分别规定的刑罚的种类,犯罪行为(reato)分为重罪(delitto)和轻罪(contravezione)。"[5]犯罪行为中应判处无期徒刑、有期徒刑或罚金的为重罪;应判处拘役、罚款的为轻罪。[6]由于意大利刑法典第 56 条只规定了重罪的犯罪未遂,因此,意大利刑法中犯罪未遂都只是指重罪的未遂,不涉及轻罪的未遂问题。

　　[5] 亦有人将 delitto 译为"犯罪","contravezione"译为"违警罪"(参见木村龟二:《刑法学辞典》,51 页)。

　　[6] 这是根据意大利刑法第 17 条所作的形式分类。对如何从实质上划分这两种犯罪,意大利刑法学界有不同的看法。

那么,意大利刑法规定的犯罪未遂制度究竟是不是主观主义理论的典型呢?认真分析意大利刑法典中对犯罪未遂的具体规定,当然是解答这个问题的最佳方法。意大利刑法典第 56 条第 1 款规定的是犯罪未遂定义,对于该款规定,笔者目前看到 2 个不同的译文。一是《汇编》中的译文,二是《故意犯罪阶段形态论》一书中的译文。[7]前者将该款译为"实施以犯罪为目的之行为,而未达既遂或不生结果者,依未遂犯处罚之";后者则将上述规定译为"显然以犯罪的意图而为适当的行为,如行为未完成,或结果未发生,负未遂责任。"如果根据《汇编》中的译文,中国刑法学界有人得出意大利刑法典中对犯罪未遂的规定是,"抛开行为的客观性,主要根据行为的犯意来确定犯罪未遂的"典型的结论当然有理[8];如果根据《故意犯罪阶段形态论》一书中的译文,意大利刑法关于犯罪未遂采取的是主观主义立场的看法也勉强能站住脚。然而，这两个译文准确地反映了意大利刑法规定的原意吗？对照该款规定的意大利语原文，参考意大利刑法学界对这一规定的理解，结合意大利刑法对犯罪未遂的其他规定，对这个问题，笔者认为只能得出一个否定的结论。

[7]《故意犯罪形态论》，75 页。

[8] 同上。

意大利刑法典第 56 条第 1 款的意大利语原文是："Chi compie atti idonei, diretti in modo non equivoco a commettere un delitto, risponde di delitto tentato, se l'azione non si compie o l'evento non si verifica."为了能准确地将其翻译为中文，我们先来看看意大利刑法学界是怎样理解这款规定的。按照意大利刑法学界理解，除行为未完成或结果未发生这个消极条件（condizione negativa）外，犯罪未遂的成立包括两个最基本的条件：一是行为的相当性（atti idonei 或 idoneità degli atti）；另一个是行为方向的明确性[9]（atti in modo non equivoco 或 direzione non equivoca degli atti）[10]。

[9] 原文为"inequivocità"，意为"只能作一种理解"或"不能作其他解释"。

[10] T. Padovani, Diritto Penale, p. 339；F. Antolisei, Manuale di Diritto Penale, pp. 408～409.

F. Mandovani, Diritto Penale, pp. 441～443.

关于第一个条件，意大利刑法学界的意见基本上是完全统一的，即"行为的相当性"应理解为未遂行为在客观上对"法律保护的利益的现实危险"[11]。对第二个条件的理解，不论在意大利的刑法学界和还是司法实践中都有不同的看法：有人认为这只是一个具有程序意义的条件，立法者的意图是强调必须要在犯罪意图得到证明后犯罪未遂才能成立，或者该条件就是指犯罪意图[12]；但大多数的人认为，所谓"行为方向的明确性"是指"行为本身，即行为的性质和实施方式，必须能显示行为人的犯罪意图"[13],因为法律在这里强调的是未遂行为的"方式"（modo）必须是"明确的"（non equivoco）[14]。由于行为的方式只能是客观的,因此行为方向明确性同样是构成犯罪未遂的客观条件。

[11] T. Padovani, Diritto Penale, p. 339.

[12] 该款原文中的"diretti... a commettere un delitto"可以理解为"为了……犯罪"。

[13] F. Antolisei, Manuale di Diritto Penale, p. 407.

[14] T. Padovani, Diritto Penale p. 65.

如果把"行为方向的明确性"理解为"明确的犯罪意图",意大利刑法典第56条第1款就应译为"实施相当且犯罪意图明确的犯罪行为的人,如果行为未完成或结果未发生,承担未遂犯罪的责任"。如果"行为方向的明确性"理解为"行为方式的明确性",将意大利刑法的上述规定译为汉语,就应是"以相当且明确的方式实施犯罪行为的人……承担未遂犯罪的责任"。但不论作哪种理解,都应该将行为的相当性即未遂行为在客观上对"法律保护的利益的现实的危险"或"实际完成犯罪的危险"[15]作为意大利刑法典规定的犯罪未遂成立的最重要条件。关于这一点,意大利刑法学界可以说不存在任何分歧。

[15] F. Mandovani, Diritto Penale, p. 443.

到此为止,我们已经可以看出关于意大利刑法中有关犯罪未遂的规定是主观主义的典型的说法完全是由于语言上的障碍所引起的了。大家知道,所谓主观主义犯罪未遂理论的有两个最典型的特征:一是在犯罪未遂成立标准问题上,"抛开行为的客观属性,主要根据行为人的犯意来确定犯罪未遂的概念";二是在未遂犯刑事责任问题上,"主张犯罪未遂与犯罪既遂同等处罚"[16]。意大利刑法典的规定强调行为对法益的危险是认定犯罪的首要条件,即主要是根据行为的客观性质确定犯罪未遂的概念,显然与犯罪未遂的主观主义主张恰恰相反。同时,意大利刑法典第56条第2款规定:对未遂犯"在法律为其犯罪规定的法定刑为死刑时,处24年至30年的有期徒刑（这一规定已废除）；法定刑为无期徒刑时，处12年以上有期徒刑；在其他情况下，减轻三分之一到三分之二的法定刑"。这一规定说明，在未遂犯刑事责任问题上，意大利刑法典采取的是未遂必减的客观主义主张，这也是明显地与主观主义犯罪未遂理论相悖的。

[16] F. Mandovani, Diritto Penale, p. 443.

如果再考查一下意大利刑法典中的其他规定，我们就很容易看出尽管意大利刑法典相对强调行为人人格对刑事责任的影响，但坚持以行为的客观性质为认定犯罪的基础，并根据行为的客观方面来认定犯罪主观罪过的性质，是意大利现行刑法在定罪问题上的一个基本原则。如该法典第56条第3款规定，犯罪人在犯罪过程中自动中止犯罪的，只有在已实施的行为已经独立构成犯罪的情况下才负刑事责任；第115条规定，单纯的犯罪教唆或犯罪共谋不构成犯罪；第49条第2款规定，因犯罪手段不相当或犯罪对象不存在而在客观上不可能造成实际损害或危险的行为不构成犯罪；该条第3款规定，在犯罪构成（主观）要件竞合的情况下，按实际上完成的犯罪处罚等。所有这些规定都说明了，只有明确的犯意，而客观上不可能对法益构成现实危险的行为，按照意大利现行刑法的规定都不构成犯罪。这里附带说一下，也许是在定罪问题上太强调行为客观方面的作用，意大利现行刑法典中还保留着一些纯粹根据行为的客观方面来认定犯罪，即我们所说的"客观归罪"（responsabilita'oggettiva）的规定。[17]尽管意大利刑法学界普遍认为这些规定违背意大利宪法第27条规定的"刑事责任是个人责任"的基本原则，但在立法上这些条文并没有被完全删除，在司法实践中仍在适用。

[17] 如根据意大利刑法典第42条第3款规定，在法律有明文规定的情况下，行为人对没有故意或过失的行为也应承担刑事责任。

根据上述分析，笔者认为我们已经可以完全得出意大利刑法中关于犯罪未遂的规定基本上采取的是客观主义标准的结论。我们说"基本上"，因为意大利刑法中的未遂制度并不否定犯罪故意在认定犯罪未遂中的作用；同时，在未遂的刑事责任问题上，犯罪的主观因素也有着重要的作用。如意大利刑法典第 56 条最后两款规定，在实施行为过程中自动中止犯罪（desistenza），只有在已实施的行为单独就能构成犯罪的情况下才处罚；如主动防止犯罪结果发生（recesso），则比照未遂犯的刑事责任再减轻 1/3 到一半。因此，更准确地说，意大利刑法典中关于犯罪未遂的规定，既不是采用纯粹的客观主义，更不是单纯的主观主义，而是以实质的客观主义，即以行为对法益的现实危险的标准来认定犯罪未遂的客观主义为主，综合考虑犯罪主观方面的折中主义犯罪未遂理论的体现。

中国刑法学界中有人将有关犯罪未遂的立法例分为主张"以因意外障碍而不遂者为未遂犯"的"法国派"和"不以障碍之出于意外者为限，凡未达于既遂状态，而法有规定者皆为未遂犯"的"德国派"，并认为意大利关于犯罪未遂的规定应纳入"法国派"的范畴。[18]重读一下本文中所引的意大利刑法典对犯罪未遂的定义，读者们会发现这种看法显然也是很值得商榷的。因为不论谁翻译的意大利刑法规定的犯罪未遂定义，都没有提到"意外障碍"是犯罪未遂的条件之一，在笔者所见的意大利刑法学著作中也没有人支持上述说法。意大利刑法中有犯罪中止的规定，但不论在立法规定或刑法理论中，犯罪中止都是作为犯罪未遂的一种形态提出来的。

[18] 参见吴经雄等著，刁荣华主编的《中国法学论著选集》，329 页。

并未结束的结束语

本文对笔者所见的一些明显的对意大利现行刑法的误解做了一些简要的说明，但正如笔者一开始就申明的那样，全面地介绍意大利刑法中尚未为中国刑法学界所了解，甚至所误解的情况，不是本文所能胜任的目的。尽管从本文的介绍中，细心的读者可以大致揣摩到意大利刑法与刑法理论的总体精神和基本方向，但比起现实中的意大利刑法和刑法理论来，本文所作的介绍不能说不是挂一漏万。意大利刑法和刑法理论中不少很有特色的东西，尽管早就"邻家有女已长成"，但对于我国刑法学界来说似乎还是"藏在深闺人未识"。如在犯罪未遂问题上,意大利刑法力图以对法益的客观危险为标准来超越刑法理论与实践中根本就不可能解决的犯罪着手问题;在共同犯罪问题上,意大利刑法不从立法上对共同犯罪人进行分类,只根据犯罪的具体情节来决定共同犯罪人的刑事责任;意大利刑法规定犯罪故意的内容必须包括行为人对行为结果的"危害性或危险性"预见等,在中国有关的学术专著中笔者都尚未见有人提及。至于意大利传统的犯罪构成理论也将犯罪成立的条件分为主观要件和客观要件两大部分,可以说是与我国现行的犯罪构成理论最相近的西方国家的犯罪构成理论;意大利刑法学界所提出的根据行为人能力来确定刑法中的因果关系[1],根据人类科学所达到的程度来确定刑法中的因果关系等理论[2],在中国恐怕就更鲜为人知。笔者认为,不论在历史传统,或是现实的人文环境等方面意大利都是在西方各国中与中国最相似的国家,因而也可能是在刑法规定和刑法理论方面能为我们提供更多借鉴的国家。如果我们能尽可能多地了解一些意大利的刑事立法和刑法理论,我们必能发掘出不少能够为我所用,或为我们借鉴的东西,从而起到促进中国刑事立法的完善和刑法理论的繁荣的作用。

[1] 这种理论在意大利刑法学界被称为"人类的因果关系"(causalita` umana)。参见 F. Antolisei, Manuale di Diritto Penale, p. 208。

[2] 这种理论在意大利刑法学界被称为"科学的因果关系"(causalita` scientifica)。参见 T. Padovani, DirittoPenale, p. 157; F. Mandovani, Diritto Penale, p. 179。

2. 1999 年—2003 年修改的意大利刑法典部分条文

一、刑法典总则修改的情况

刑法典第 9 条(本国公民在国外实施的普通犯罪)第 3 款、第 10 条(外国人在国外实施的普通犯罪)第 2 款,根据 2001 年 9 月 29 日第

300号法律将"侵害某一外国或者外国人的犯罪"改为"侵害欧洲共同体、某一外国或者外国人的犯罪"。

刑法典第19条（附加刑）第1款，根据2001年3月27日第97号法律增加了第5—2项"解除雇佣或劳动关系"。

刑法典第32—5条（随有罪判决适用解除雇佣或劳动关系的情况），根据2001年3月27日第97号法律，新增内容如下，"除了第29条、第31条规定的情况以外，对隶属于行政机关、公益单位或者公益优先参与单位的人，因刑法典第314条第1款、第317、318、319、319—3和320条规定的重罪而被处不低于3年有期徒刑的判决，还应解除劳动或雇佣关系。

刑法典第146条（应当推迟刑罚的情况）根据2001年3月8日第40号法律修改为：

以下非财产刑的执行必须推迟：

（1）如果必须受刑的人是怀孕的妇女；

（2）如果必须受刑的人是为未满1岁婴儿的母亲；

（3）如果必须受刑的人是艾滋病患者，或根据刑事诉讼法第286—2条确定的具有严重的免疫系统疾患，或者因其他特别严重的疾病不适宜监禁的人，根据监狱或外面的医疗机构的证明，他们的疾病已经发展到了相应措施或治疗不能起作用的程度。

在前款第1、2项规定的情况下，如果怀孕中止，母亲被宣布丧失对子女的民法典第330条意义的亲权，子女死亡，遗弃或托付给他人，并且怀孕终止或分娩已超过2个月，不再推迟，或者经同意，撤销刑罚的执行。

刑法典第147条（可以推迟刑罚的情况）第1款（3）根据2001年3月8日第40号法律修改为："如果必须执行的限制人身自由的刑罚的受刑人是未满3岁幼儿的母亲；"第3款修改为："在第1款3规定的情况中，如果母亲被宣布丧失对子女的民法典第330条意义的亲权，子女死亡，遗弃或托付给他人，并且怀孕终止或分娩已超过2个月，撤销推迟"；增加的第4款内容为："如果存在实施重罪的具体危险，不适用，或已适用的应撤销第1款规定的措施。"

第168条（缓刑的撤销）根据2001年3月8日第40号法律新增了第3款，内容为，"被认为有违反刑法典第163条第4款和属于刑事诉讼法第444条第3款的情况，缓刑也应予以撤销"。

刑法典第211条，根据1999年6月16日第221号法律增加了第211—2条（保安处分的推迟），"刑法典第146条和第147条适用于本节规定的保安处分"；根据2001年3月8日第40号法律增加了该条的第2款，"如果对实施了既遂或未遂的针对人身或使用武器的暴力犯罪的人必须适用保安处分，或者存在行为人实施新的上述犯罪的具体危险时，法官可以命令将其收容于与具体情况和行为人的精神状况相当的治疗所或其他治疗场所。

宪法法院2003年7月2日到7月18日第253号判决宣布，刑法典第222条有关法官不得对判处收容于司法精神病院的人采取其他替代性措施的规定违宪。

二、刑法典分则修改的情况

1. 宪法法院1999年3月20日至3月30日第101号判决宣布，刑法典第376条第1款违宪。

2. 1999年6月25日第205号法律废除了刑法典第275，297，298，303，327，332，341，344，394，395，396，397，398，399，400，401，657，670条，第692条第2款，第710条，第711条，第726条第2款，第732条；并对第342，343和624条进行了修改。

3. 1999年12月30日第507号法律性法规修改刑法典第345，350，352，465，466，498，527，654，663，663—2，664，666，675，676，677，686，688，692，705，724和725条。

4. 2000年10月6日第275号法律修改刑法典第424，425，449条并增加了第423—2条。

5. 宪法法院2000年11月13日至11月20日第508号判决宣布刑法典第402条违宪。

6. 2000 年 12 月 7 日第 397 号法律增加了刑法典第 371—3 条，379—2 条，并修改了第 371—2，375，376，377 和 384 条。

7. 2001 年 3 月 1 日第 63 号法律增加了刑法典第 377—2 条，修改了刑法典第 384 条第 2 款。

8. 2001 年 3 月 27 日第 97 号法律修改了刑法典第 19 条，增加了第 32—5 条和第 335—2 条。

9. 2001 年 3 月 26 日第 128 号法律修改了刑法典第 168，624 和 625 条，增加了第 624—2、625—2 条。

10. 2001 年 3 月 30 日第 130 号法律修改了刑法典第 411 条。

11. 宪法法院 2001 年 7 月 5 日至 7 月 12 日第 243 号判决宣布刑法典第 271 条违宪。

12. 2001 年 11 月 23 日第 409 号法律修改了刑法典第 461 条。

13. 2001 年 10 月 5 日第 128 号法律增加了刑法典第 384—2 条。

14. 宪法法院 2002 年 7 月 1 日至 7 月 9 日第 327 号判决宣布刑法典第 405 条部分违宪。

15. 宪法法院 2002 年 7 月 10 日至 7 月 17 日第 243 号判决宣布刑法典第 688 条第 2 款违宪。

16. 2002 年 12 月 12 日第 273 号法律修改了刑法典第 624 条。

17. 2003 年 2 月 14 日第 34 号法律修改了刑法典第 280 条，增加了第 280—2 条。

18. 2003 年 4 月 9 日第 72 号法律修改了刑法典第 593 条。

19. 2003 年 8 月 11 日第 228 号法律修改了刑法典第 416，600，600—6，600—7 条，增加了第 624—2 条和第 625—2 条。

当代世界学术名著·第一批书目

心灵与世界	[美]约翰·麦克道威尔
科学与文化	[美]约瑟夫·阿伽西
从逻辑的观点看	[美]W.V.O.蒯因
自然科学的哲学	[美]卡尔·G·亨普尔
单一的现代性	[美]F.R.詹姆逊
本然的观点	[美]托马斯·内格尔
宗教的意义与终结	[加]威尔弗雷德·坎特韦尔·史密斯
帝国与传播	[加]哈罗德·伊尼斯
传播的偏向	[加]哈罗德·伊尼斯
世界大战中的宣传技巧	[美]哈罗德·D·拉斯韦尔
一个自由而负责的新闻界	[美]新闻自由委员会
机器新娘——工业人的民俗	[加]马歇尔·麦克卢汉
报纸的良知——新闻事业的原则和问题案例讲义	[美]利昂·纳尔逊·弗林特
传播与社会影响	[法]加布里埃尔·塔尔德
模仿律	[法]加布里埃尔·塔尔德
传媒的四种理论	[美]威尔伯·施拉姆 等
传播学简史	[法]阿芒·马特拉 等
受众分析	丹尼斯·麦奎尔
写作的零度	[法]罗兰·巴尔特
符号学原理	[法]罗兰·巴尔特
符号学历险	[法]罗兰·巴尔特
人的自我寻求	[美]罗洛·梅
存在——精神病学和心理学的新方向	[美]罗洛·梅
存在心理学——一种整合的临床观	[美]罗洛·梅
个人形成论——我的心理治疗观	[美]卡尔·R·罗杰斯
当事人中心治疗——实践、运用和理论	[美]卡尔·R·罗杰斯

万物简史	[美]肯·威尔伯
动机与人格(第三版)	[美]亚伯拉罕·马斯洛
历史与意志:毛泽东思想的哲学透视	[美]魏斐德
中国的共产主义与毛泽东的崛起	[美]本杰明·I·史华慈
毛泽东的思想	[美]斯图尔特·R·施拉姆
仪式过程——结构与反结构	维克多·特纳
人类学、发展与后现代挑战	凯蒂·加德纳,大卫·刘易斯
结构人类学	[法]克洛德·列维-斯特劳斯
野性的思维	[法]克洛德·列维-斯特劳斯
面具之道	[法]克洛德·列维-斯特劳斯
嫉妒的制陶女	[法]克洛德·列维-斯特劳斯
社会科学方法论	[德]马克斯·韦伯
无快乐的经济——人类获得满足的心理学	[美]提勃尔·西托夫斯基
不确定状况下的判断:启发式和偏差	[美]丹尼尔·卡尼曼 等
话语和社会心理学——超越态度与行为	[英]乔纳森·波特 等
社会网络分析发展史——一项科学社会学的研究	[美]林顿·C·弗里曼
自由之声——19世纪法国公共知识界大观	[法]米歇尔·维诺克
官僚制内幕	[美]安东尼·唐斯
公共行政的语言——官僚制、现代性和后现代性	[美]戴维·约翰·法默尔
公共行政的精神	[美]乔治·弗雷德里克森
公共行政的合法性——一种话语分析	[美]O.C.麦克斯怀特
后现代公共行政——话语指向	[美]查尔斯·J·福克斯 等
政策悖论:政治决策中的艺术(修订版)	[美]德博拉·斯通
行政法的范围	[新西]迈克尔·塔格特
法国行政法(第五版)	[英]L·赖维乐·布朗,约翰·S·贝尔

宪法解释:文本含义,原初意图与司法审查	[美]基思·E·惠廷顿
英国与美国的公法与民主	[英]保罗·P·克雷格
行政法学的结构性变革	[日]大桥洋一
权利革命之后:重塑规制国	[美]凯斯·R·桑斯坦
规制:法律形式与经济学理论	[英]安东尼·奥格斯
阿蒂亚论事故、赔偿及法律(第六版)	[澳]波得·凯恩
意大利刑法学原理	[意]杜里奥·帕多瓦尼
刑法概说(总论、各论)(第三版)	[日]大塚仁
英国刑事诉讼程序	[英]约翰·斯普莱克
刑法总论、刑法各论(新版第2版)	[日]大谷实
日本刑法总论、日本刑法各论(第三版)	[日]西田典之
美国刑事法院诉讼程序	[美]爱伦·豪切斯泰勒·斯黛丽,南希·弗兰克
现代条约法与实践	[英]安托尼·奥斯特
刑事责任论	[英]维克托·塔德洛斯
刑罚、责任和正义——相关批判	[英]阿伦·洛雷
政治经济学:对经济政策的解释	T.佩尔森,G.塔贝里尼
共同价值拍卖与赢者灾难	约翰·H·凯格尔,丹·莱文
以自由看待发展	阿马蒂亚·森
美国的知识生产与分配	弗里茨·马克卢普
经济学中的经验建模——设定与评价	[英]克莱夫·W·J·格兰杰
产业组织经济学(第五版)	[美]威廉·G·谢泼德,乔安娜·M·谢泼德
经济政策的制定:交易成本政治学的视角	阿维纳什·K·迪克西特
博弈论经典	[美]哈罗德·W·库恩
行为博弈——对策略互动的实验研究	[美]科林·凯莫勒
博弈学习理论	[美]朱·弗登伯格,戴维·K·莱文
利益集团与贸易政策	G.M.格罗斯曼,E.赫尔普曼
市场波动	罗伯特·希勒
世界贸易体系经济学	[美]科依勒·贝格威尔,罗伯特·W·思泰格尔

税收经济学	伯纳德·萨拉尼
经济学是如何忘记历史的:社会科学中的历史特性问题	杰弗里·M·霍奇逊
通货膨胀、失业与货币政策	罗伯特·M·索洛 等
经济增长的决定因素:跨国经验研究	[美]罗伯特·J·巴罗
全球经济中的创新与增长	[美]G.M.格罗斯曼,E.赫尔普曼
美国产业结构(第十版)	[美]沃尔特·亚当斯, 詹姆斯·W·布罗克
制度与行为经济学	[美]阿兰·斯密德
企业文化——企业生活中的礼仪与仪式	特伦斯·E·迪尔 等
组织学习(第二版)	[美]克里斯·阿吉里斯
企业文化与经营业绩	[美]约翰·P·科特 等
系统思考——适于管理者的创造性整体论	[英]迈克尔·C·杰克逊
组织学习、绩效与变革——战略人力资源开发导论	杰里·W·吉雷 等
组织文化诊断与变革	金·S·卡梅隆 等
社会网络与组织	马汀·奇达夫 等
美国会计史	加里·约翰·普雷维茨 等
新企业文化——重获工作场所的活力	特伦斯·E·迪尔 等
文化与组织(第二版)	霍尔特·霍夫斯泰德 等
组织理论:理性、自然和开放的系统	理查德·斯科特 等
管理思想史(第五版)	丹尼尔·A·雷恩
后《萨班斯—奥克斯利法》时代的公司治理	扎比霍拉哈·瑞扎伊
实证会计理论	罗斯·瓦茨 等
财务呈报:会计革命	威廉·比弗
当代会计研究:综述与评论	科塔里 等
管理会计研究	克里斯托弗·查普曼 等
会计和审计中的判断与决策	罗伯特·阿斯顿 等
会计经济学	约翰·B·坎宁

©1995 Dott. A. Giuffrè Editors, S. p. A. Milano

Chinese Translation © 2004 by China Renmin University Press

图书在版编目（CIP）数据

意大利刑法学原理（注评版）/［意］杜里奥·帕多瓦尼著；陈忠林译评.
北京：中国人民大学出版社，2004
（当代世界学术名著）
ISBN 978-7-300-05850-4

Ⅰ.意…
Ⅱ.①帕…②陈…
Ⅲ.刑法-法学理论-意大利-教材
Ⅳ.D954.64

中国版本图书馆 CIP 数据核字（2004）第 083556 号

当代世界学术名著
意大利刑法学原理（注评版）
［意］杜里奥·帕多瓦尼（Tullio Padovani） 著
陈忠林 译评

出版发行	中国人民大学出版社		
社　　址	北京中关村大街 31 号	邮政编码	100080
电　　话	010-62511242（总编室）	010-62511398（质管部）	
	010-82501766（邮购部）	010-62514148（门市部）	
	010-62515195（发行公司）	010-62515275（盗版举报）	
网　　址	http://www.crup.com.cn		
	http://www.ttrnet.com（人大教研网）		
经　　销	新华书店		
印　　刷	河北涿州星河印刷有限公司		
规　　格	155 mm×235 mm　16 开本	版　次	2004 年 8 月第 1 版
印　　张	32 插页 2	印　次	2009 年 1 月第 2 次印刷
字　　数	452 000	定　价	64.00 元

版权所有　侵权必究　　印装差错　负责调换